2016年中国空间经济学年会论文集

# 空间经济评论
## Spatial Economic Review

（2016）

主编 薄文广

中国财经出版传媒集团
经济科学出版社
Economic Science Press

图书在版编目（CIP）数据

空间经济评论.2016/薄文广主编.—北京：经济科学出版社，2017.7（2017.10重印）
ISBN 978-7-5141-8219-4

Ⅰ.①空… Ⅱ.①薄… Ⅲ.①区位经济学-文集
Ⅳ.①F207-53

中国版本图书馆 CIP 数据核字（2017）第 166953 号

责任编辑：王东萍
责任校对：杨 海
责任印制：李 鹏

## 空间经济评论
（2016）

主 编 薄文广
经济科学出版社出版、发行 新华书店经销
社址：北京市海淀区阜成路甲 28 号 邮编：100142
教材分社电话：010-88191344 发行部电话：010-88191522
网址：www.esp.com.cn
电子邮件：espbj3@esp.com.cn
天猫网店：经济科学出版社旗舰店
网址：http://jjkxcbs.tmall.com
北京财经印刷厂印刷
787×1092 16 开 23.25 印张 466000 字
2017 年 8 月第 1 版 2017 年 10 月第 3 次印刷
ISBN 978-7-5141-8219-4 定价：58.00 元
（图书出现印装问题，本社负责调换。电话：010-88191510）
（版权所有 侵权必究 举报电话：010-88191586
电子邮箱：dbts@esp.com.cn）

# 空间经济评论编委会
（以姓氏笔画为序）

丁任重　王崇举　邓　翔　任保平　孙久文
安虎森　李国平　张　强　张学良　肖金成
陈建军　杨开忠　金凤君　郑长德　苗长虹
赵作权　赵儒煜　郝寿义　高新才　高国力
倪鹏飞　蒋伏心　覃成林　薛　领　魏后凯

# 序　言

2016 年 11 月 19 日至 20 日，第八届空间经济学年会在天津南开大学召开，来自中国人民大学、南开大学、浙江大学、北京师范大学、上海财经大学、吉林大学、哈尔滨工业大学、东北师范大学、中国海洋大学、南京师范大学、西南民族大学、首都经贸大学、江苏师范大学、安徽师范大学以及中国科学院、中国社科院、中国区域协会等 40 多所高校、科研机构、党政机关的专家共 180 多位代表与会。会议共征集到 81 篇论文。参会的各位专家学者分别报告了他们在空间经济学领域的最新研究成果，并围绕"国家战略与空间经济发展""空间格局演化与经济增长""空间拓展研究""空间经济理论与政策研究""空间创新与绿色经济""城市群发展与新型城镇化研究"等议题展开分组讨论。会后由空间经济评论编委会对论文进行了筛选，最终选出 24 篇文论文，集结成《空间经济评论》(2016)，由经济科学出版社出版。

此次空间经济学年会的顺利召开，得益于南开大学刘秉镰、中国社会科学院倪鹏飞、北京大学薛领、浙江大学陈建军、北京师范大学吴殿廷、中国科学院赵作权、上海财经大学张学良、南京师范大学蒋伏心、国家发改委宏观经济研究院高国力、北京大学杨开忠、中国人民大学孙久文、暨南大学覃成林、中国科学院金凤君、吉林大学赵儒煜、西南民族大学郑长德、同济大学林善浪、浙江工业大学胡晨光、中国人民大学文余源等专家教授在会议期间的精彩专题发言，使得年会增色颇多，再次一并致谢。

感谢全体参会和提交论文的专家学者，你们的热情参与保证了年会的成功，同时中国特色社会主义经济建设协同创新中心以及经济研究所等师生为会议提供了良好的服务，感谢你们。文集的顺利出版，经济科学出版社也付出了大量心血，在此表示衷心感谢。

# 目 录

"朋友圈"优势、内群体条件与互联网创业
　　——基于整合社会认同与嵌入理论的新视角
　　………………………………………………… 刘　刚　王泽宇　程熙镕（1）

农村剩余劳动力转移能否促进产业跨区转移
　　……………………………………………………………… 颜银根（23）

企业异质性对企业重分布及不同区位企业生产率分布的影响
　　——对集聚外部性、空间选择效应和分类效应的细分研究
　　……………………………………………………… 陈菁菁　陈建军（44）

区域海洋经济对国家海洋战略的响应测度
　　……………………………………………………… 王泽宇　张　震（63）

西安区域性金融中心发展水平的实证研究
　　……………………………………………………… 王琴梅　郭艺萌（81）

我国分省劳动者素质与技术水平的协调性研究
　　……………………………………………………… 邹　璇　钟　航（94）

产业集聚对绿色创新效率的门槛效应
　　——基于中国工业省际面板数据的实证研究
　　……………………………………………………… 刘　亮　蒋伏心（109）

空间经济学维度的京津冀文化产业协调发展
　　——基于四大文化体系的研究
　　……………………………………………………… 明佳睿　任国征（125）

"新比较优势"下的"一带一路"战略研究
　　……………………………………………………… 高丽娜　蒋伏心（133）

东北亚地区"一带一路"战略与和龙边境经济合作
　　……………………………………………………… 张　杰　余建刚（145）

房屋购买力、产品差异化与城镇化
　　——以江苏沿海地区为例
　　…………………………………………………………… 黄利秀（154）

财政分权对环境污染的影响机制研究
······路嘉煜　白俊红（163）

结构演进与经济发展
　　——一个理论模型
······刘　洋　刘曙光　黄天赐（180）

产业空间优化政策效应分析
　　——以广东省为例
······邹　璇　余　苹（202）

技术进步对环境污染的影响
　　——一个倒"U"型假说
······白俊红　聂　亮（217）

欠发达地区开放政策取向研究：一体化还是差别化
　　——基于新经济地理学视角
······刘军辉　安虎森（235）

城市生态环境评价的一个指标体系
　　——兼以长三角地区为例测评
······顾凯文　殷广卫（248）

区域一体化、产业转移的福利效应研究
······皮亚彬（257）

文化距离、网络中心性与互联网创业融资
　　——来自众筹数据的实证研究
······穆瑞章　耿天成（275）

区域经济结构转型升级机理分析
······安虎森　Muhammad Imran（290）

当前东北地区经济下行成因与对策分析
······薄文广　肖月明　张　琪（301）

技术创新对"资源诅咒"的化解探析
　　——基于中国地级城市数据的分析
······周亚雄（310）

转移支付与区际经济发展差距
······吴浩波（325）

环境管制、人力资本流动与区域发展
　　——环境库兹涅茨曲线形成机制研究
······何　文（345）

# "朋友圈"优势、内群体条件与互联网创业
## ——基于整合社会认同与嵌入理论的新视角

刘 刚 王泽宇 程熙镕[*]

**摘 要:** 互联网创业条件下涌现了一系列依靠"朋友圈"来获得创业优势的案例,也同时存在着创业者具有高水平社交关系却在创业项目上遭受失败的情况。仅仅基于社会嵌入理论来对创业者的社会网络作用开展研究,难以对上述现象作出有效的解释,互联网创业对与创业社会网络相关的管理学理论提出了新的挑战。本文利用数据挖掘技术生成截面数据库,通过将社会认同理论融入社会嵌入理论的框架之中,在创业者社会网络特性之外引入创业者内群体条件这一新变量,对社会网络在互联网创业中的作用进行实证研究,发现:创业者的社会网络水平在提升创业业绩的过程中受到其内群体条件的影响,从而有效地解释了在相似的创业者"朋友圈"条件下创业业绩存在差异的原因,打开了现有研究忽视创业者与其社会网络成员之间的差异可能对创业业绩产生影响的"理论黑箱"。据此,本文基于创业者的社会网络特性及内群体条件,提出了创业业绩表现的 2×2 矩阵,并得出如下管理启示:创业者应注意推动包括教育水平、创业经验在内的社会网络特性与内群体条件的协调发展,在改善社会网络特性的同时,努力在社会网络中获得内群体认同。

**关键词:** 互联网创业 社会网络特性 内群体条件 创业业绩

## 一、问题提出

在互联网技术发展的背景下,中国政府制订了积极利用互联网创业融资渠道,以支持"大众创业、万众创新"的政策,这一政策导向引发了互联网创业的热潮。专注于智能产品自主研发的移动互联网公司——小米,依赖创业者雷军在互联网行业长期积累的人脉关系组建起高素质的团队,利用创业者的教育水平、创业经验、文化条件与其社会网络成员接近的优势,获得投资并搭建起生产体系与销售渠道,业务收入迅速增长,公司在资本市场上获得了非常高的估值,取得了创业的巨大成功。与此形成鲜明对比的是,马云在本人不具备技术能力和资本的情况下,面对在教育水平、创业经验、文化条件等方面与自己大相径庭的社会网络成员,同样能够

---

[*] 刘刚(1972—),男,江西吉安人,中国人民大学商学院教授,博士生导师,企业管理系主任;王泽宇(1982—),男,天津人,中国人民大学商学院博士后;程熙镕(1989—),女,江苏南通人,中国人民大学商学院博士研究生。

利用社会网络网罗大量的技术人员，并且获得了孙正义等顶尖创业投资人的大力支持，将阿里巴巴发展为中国首屈一指的互联网公司。上述企业的案例为创业者提供了利用高质量的"朋友圈"获得创业成功的新思路。但需要指出的是，创业者的"朋友圈"优势并非是创业成功的唯一道路，例如，全球领先的无人飞行器控制系统及无人机解决方案的研发和生产商——深圳大疆的创始人汪韬白手起家，并不具备显赫的社会网络，但在创业过程中却能够与其社会网络成员默契配合、紧密协作，依然从社会网络中获得了充足的资金、技术和信息支持，实现了创业成功。还有依靠"朋友圈"优势开展创业，这可能潜伏着危险，例如，聚美优品创始人陈欧的第一个创业项目——GG游戏平台尽管获得了两位世界游戏冠军的支持，其本人也拥有斯坦福大学MBA的教育背景，却仍然未能筹集到该创业项目所必需的资金。上述一系列互联网时代的创业现象的出现，都对与创业者的"朋友圈"，即社会网络相关的现有研究提出了挑战。

从理论研究的现状来看，创业者的"朋友圈"优势实际上体现了不同的社会网络特性对其创业业绩所带来的影响。从20世纪80年代开始，社会网络的概念就被引入到了有关创业问题的学术研究之中。依托社会嵌入理论，学者们普遍得出了比较一致的研究结果：良好的创业社会网络能够促进创业者的创业成功。Ostgaard和Birley（1996）利用三种增长率，包括销售增长率、员工雇佣增长率和企业利润增长率作为衡量创业企业业绩的标志变量，他们通过实证研究发现：企业创始人的社会网络规模及其社会网络的建立和扩张时间对创业企业的成功具有显著的正向影响作用。Lehner（2013）的研究同样表明：高水平的创业社会网络能够让创业者或创业组织以更加低廉的方式获得创业所需的资金、技术、人力资源及社会资本，帮助创业者在社会网络中更加顺利地寻找到合适的合作者和创业团队成员，进而促进创业成功。但是，现有的关于创业者社会网络对其创业业绩影响的研究结果往往难以解释以下现象：在同样拥有较强社会网络水平的情况下，小米、阿里巴巴与GG游戏平台的创业者为什么会产生迥然不同的创业业绩？同样也难以说明：在拥有较弱社会网络水平的情况下，大疆科技的创业者凭借什么取得了创业成功？

理论研究结果与创业实践之间之所以出现如此鲜明的反差，到底是由于在互联网时代，颠覆性的技术或管理变革使得创业者不得不面临全新的创业环境所造成的，还是现有的与社会网络相关的创业理论本身就存在着一定的缺陷，需要进一步完善与发展？这亟待学术界通过理论推演和实证研究来做出回答。

为解决上述理论研究与创业实践的悖论，本文基于数据挖掘技术，针对相关互联网创业众筹网站，挖掘并分析相关网络数据，构建了包含来自14个国家和地区的1517个创业项目及其创业者信息，以及97541条创业者社会网络成员信息的互联网众筹数据库。在此基础上，本文将社会认同理论融入社会嵌入理论的框架之中，基于创业者内群体条件这一被现有的相关研究普遍忽视的视角，利用倾向评分匹配方法，研究互联网创业活动中创业者的社会网络特性及其内群体条件对创业业绩的影响，以及创业者的内群体条件对社会网络特性与创业业绩影响关系的调节作用，提炼出互联网创业不同业绩背后的管理学逻辑，以期能够为互联网创业者提供管理学建议。

## 二、理论模型和研究假设

**1. 理论模型构建：内群体条件变量的引入**

社会网络在管理学研究中通常被定义为社会经济活动的参与者（包括个人、政府、企业以及其他经济和社会组织）及其相互之间联系的总和。Zimmer 将社会网络的概念引入创业研究领域，认为创业者所处的社会网络的特性对于其创业业绩起到了决定性的作用。理论界普遍利用社会嵌入理论来解释创业者的社会网络特性对其创业业绩的影响。社会嵌入理论认为，创业者的社会网络有助于创业者与其社会网络成员建立长期的经营合作关系和战略同盟，帮助创业者获取通过一般市场手段难以获取的资源，或者以更为低廉的价格获取上述资源，让创业项目能够更好地满足市场需求，适应竞争环境；同时，创业者的社会嵌入也能够帮助其在创业决策和团队建设过程中获得更为专业的建议，笼络教育水平更高或更富有创业经验的团队成员，最终提升创业团队整体的创业能力。基于社会嵌入理论所开展的对创业者社会网络的研究表明：创业者的社会网络水平直接影响其创业项目能否获得成功，以及创业业绩能否实现提升。

然而，从上文列举的互联网创业案例中可以看出：在互联网创业中，一味发展、增加社会网络成员，或者提升与网络成员连接的便捷性，并不能保证一定能够从社会网络中获得更多的资金、技术和人脉支持。在与自己的教育水平、创业经验、地域文化相差较多的成员进行交往的过程中，创业者往往难以得到有效的建议，无法融入对方的社交圈子。这种理论研究结论与创业实践的背离是否仅仅出现在互联网创业领域呢？通过对相关文献进行逐一的梳理，本研究发现：基于传统创业领域的研究虽然整体上得出了社会网络特性对创业业绩具有正向影响的结论，但也有学者发现，仅从社会网络特性出发，难以全面地解释社会网络对创业的影响作用，如 Cooper 等系统分析了从 1984~1985 年在美国成立的 2246 家企业创始人的社会网络数据，发现仅研究社会网络特性会产生一定的模型内生性，需要更多的相关信息来分析其对创业业绩的具体影响效果；Butler 和 Hansen 也提出：仅从创业社会网络本身出发，而不考虑创业者与社会网络成员的交互关系，难以充分解释社会网络对创业业绩的影响。一些研究基于结构洞理论，利用创业者的社会网络位置，即创业者与其社会网络成员展开联系的便捷程度来解释：在相似的社会网络条件下，为何创业者会实现不同的创业业绩？然而，以社会网络中心性为代表的社会网络位置理论仅能考量创业者与网络成员展开联系的能力,而忽视了网络成员基于自身与创业者在教育水平、创业经验或地域文化等方面的相似性而产生的社会认同,难以有效地分析不同"朋友圈"优势对创业结果的复杂影响。由此可见,不论是针对互联网创业,还是针对传统创业的研究,仅仅基于社会嵌入理论来进行分析,并不能完全解释在相似的社会网络特性下不同创业者创业业绩的差异,也无法对创业者的社会网络对创业业绩的影响做出准确的理论判断。

在对创业业绩的影响方面,与嵌入一定的社会关系相比,基于创业者与社会网络成员同质性的社会认同同样重要,有必要将社会认同理论引入到对创业者社会网络的研究中来。Tajfel(1982)首先将社会认同理论应用于心理学研究,管理学者将上述理论引入组织行为研究中,以分析组织或群体内部其他成员对特定成员的认同程度。在创业领域,社会认同理论的基本含义为:以创业者的社会网络为代表的社会资本发挥作用的前提是,创业者可以获得来自其社会网络成员的认可和支持。创业者与其社会网络成员的同质性程度,即内群体条件对其创业业绩发挥着重要的影响作用。社会认同理论的引入,有助于丰富和拓展创业者社会网络的相关研究。在管理学领域,内群体这一概念主要用来衡量个人在社会关系中与群体内部其他个体的相似性程度,换言之,在创业者所处的社会网络中,与其他社会网络成员的相似性越高,就越具有内群体条件;反之,创业者在其社会网络中的内群体条件就越低。在互联网创业条件下,创业者的社会网络得以极大地扩展,相对于传统的社会网络而言,利用互联网社交平台,创业者无须花费多大的时间成本,就可以结识更多的网络新成员,但这并不意味着网络成员对创业者的认同。此时,创业者与社会网络成员在教育水平、创业经验、地域文化等方面的相似性,能够引起网络成员的共鸣,迅速提升网络成员对创业者的认同感,进而提升其协助创业者开展创业活动的积极性与主动性。因此,有必要将社会认同理论与社会嵌入理论整合在一起,将创业者的社会网络特性和内群体条件统一纳入到理论模型之中,以避免单纯从社会嵌入理论出发来开展创业社会网络研究的不足。

在传统创业环境下,创业者及其社会网络成员信息均具有较强的私密性,特别是对其社会网络信息搜集起来较为困难。在互联网创业条件下,特别是在网络众筹创业平台上,创业者及其社会网络成员的信息较为公开,搜集的难度较之前者要小得多。但由于互联网创业项目众多,传统的问卷调查或手工搜集等数据获取手段难以全面地搜集和处理海量的创业项目、创业者和社会网络成员信息,更难以对创业者的社会网络特性和内群体条件进行有效的实证研究。而数据挖掘技术的发展为本研究有效地搜集和处理互联网创业项目、创业者和社会网络成员的相关信息提供了便利,也使得深入分析创业者的内群体条件对创业业绩的影响成为可能。

由此可见,在现有的创业社会网络相关研究中存在着一个"理论黑箱",即现有研究侧重关注创业者的社会网络水平对创业业绩的影响,而忽视了创业者与其社会网络成员之间的差异可能对创业业绩的影响，使得仅仅基于社会嵌入理论所得出的研究结论难以解释纷繁复杂的创业实践，尤其是互联网创业实践。为打破上述"理论黑箱"，本研究将基于社会认同理论与社会嵌入理论整合的视角，增加创业者内群体条件这一变量，研究创业者内群体条件和社会网络特性对创业业绩的共同影响，包括创业者内群体条件对创业业绩的直接影响作用，以及创业者内群体条件对创业者社会网络特性影响其创业业绩的调节作用，从而为创业者提升创业业绩提供管理学建议。

**2. 社会网络特性对创业业绩的影响**

对于创业者的社会网络特性，现有研究主要关注社会网络成员教育水平、创业经验和地域文化等对其创业业绩的影响。鉴于这三个方面能够有效反映创业者社会网络的基本面貌，同时考虑到互联网创业平台的数据可得性，本研究也将重点关注上述三方面的特性对创业业绩的影响。

具有较高的社会网络教育水平，意味着创业者能从其社会嵌入的过程中获得更为专业和有效的商业、金融、技术和运营知识。另外，较高的社会网络教育水平，也意味着创业者的社会网络成员占据更多、更为重要的社会资源，能够为创业者提供资源支持，或者帮助创业者寻求相应资源的获取途径。最后，较高的社会网络教育水平也意味着创业者通过社会网络能够寻找更多、具有更高技术才能和特殊经营能力的创业合作伙伴，奠定创业成功所必需的人力资源储备。而对于创业者社会网络的创业经验而言，创业者的社会网络成员拥有更为丰富的创业经验，意味着创业者更有可能通过社会交往和网络联系，获取更多的创业技术经验和管理建议。创业者社会网络的创业经验提升也意味着创业者能够更直接地接洽到拥有较强创业经验、技术与管理能力的潜在团队成员和创业合作者，进而提升创业团队在创业活动中掌握市场方向、开发并应用新技术与新产品的能力，最终促进创业成功和创业业绩的提升。因此，特提出：

H1a：创业者社会网络的教育水平能够提升其创业业绩表现。

H1b：创业者社会网络的创业经验能够提升其创业业绩表现。

众筹等融资平台造就了广阔的国际化市场空间，为创业者吸引全世界的消费者购买其创业产品和服务，进行跨国创业创造了有利条件，也造就了新的国际化、网络化的创业新模式。在这一过程中，传统创业模式中并不常见的社会网络成员与消费者地域分布国际化、文化条件多样化的特征也逐渐显现，并且对创业团队的创业业绩产生深远的影响。管理学理论认为，基于社会认同和自我归类等理论视角，潜在的消费者更加偏好与其自身文化背景更为接近的创业者所主导的创业项目，较为接近的文化距离也能够推动创业者了解消费者的需求，促使创业者更好地调整产品、服务和经营策略，以适应消费者特殊的文化需求，进而促进创业项目的成功。已有研究认为，创业者的社会网络成员所在的国家或地区的文化特性能够影响创业者的文化特性，以及创业者与消费者的文化距离。综上所述，创业者社会网络成员的地域分布能够通过影响和塑造创业者的文化特性及创业者与消费者的文化距离，进而影响创业项目业绩。因此，特提出：

H1c：创业者的社会网络与消费者的地域文化差异能够降低其创业业绩表现。

**3. 内群体条件对创业业绩的影响**

根据社会认同理论，无论消费者还是创业合作者都更容易被拥有相似的教育、经历、地域文化或其他人口统计学特征的创业者所吸引。已有研究表明，创业者或者创业企业所处的社会网络的内群体条件能显著地影响其创业业绩。当社会网络的其他成员基于创业者的个人教育、经验水平或地域文化特征认同创业者的内群体成员身份后，能够在社会网络成员中引发社会认同，提升对创业者及其创业项目的好感，促进创业者与其他社会网络成员的交流，并获取他们的信任与支持。可见，上述社会网络成员因创业者内群体条件产生的社会认同和信任感，能够帮助创业者降低通过社会网络获取重要创业资源的成本，提升社会网络成员与创业者的合作意愿，促进创业者与网络成员的合作水平，最终改善创业者的创业业绩表现。因此，特提出：

H2：创业者在其社会网络中的内群体条件能够有效促进其创业业绩表现。

**4. 内群体条件对社会网络特性影响创业业绩的调节作用**

虽然很少有文献直接讨论创业者在社会网络中的内群体条件对其创业业绩（例如社会网络教育水平、创业经验和地域文化等）影响的调节作用。但是，已有研究也发现社会嵌入的过程往往伴随着创业者的社会网络对创业者的身份认同，社会嵌入对创业业绩的最终影响随着创业者被社会认同的效果不同而产生显著的差异。Aldrich 等首先关注了创业者社会网络对于其创业业绩的影响，采用问卷调查的方法，分析了 165 个有效的潜在或者实际创业者的社会网络特性、创业意愿与创业成功的统计关系。上述研究将潜在创业者对商业意识的自我发现和创业企业的利润作为因变量，发现创业者的社会网络对资源的可接近性、创业者的创业意愿及创业企业的利润都有着显著的推进作用，社会网络对创业业绩的影响不仅取决于社会网络成员的水平，而且与网络成员对创业者的认同直接相关。Cohen 和 Levinthal 基于社会嵌入理论提出了吸收能力的概念，认为在社会嵌入过程中，由于创业者自身的教育水平、创业经验或者地域文化的特征不同，他们从社会网络成员或者社会网络的交流过程中获取和吸收必要的知识、信息、人际和资源支持的能力也并不相同，这种差异影响创业者在创业中的业绩表现。基于社会认同理论所进行的相关研究都强调创业者被所处的社会网络成员接受和认可后，吸收和转化社会网络成员所提供的信息、技术、经验、支持能力得到提升，创业者的社会网络吸收能力也受到社会认同的影响。换言之，在社会认同的影响下，创业者的内群体条件能够直接影响创业者从其社会网络的教育水平、创业经验和文化条件中吸收信息和经验并且转化为创业优势的能力。

综上所述，对于社会网络内群体条件较高的创业者而言，其内群体条件可以引发社会网络成员对创业者的社会认同。在相同的社会网络特性下，上述社会认同首先提升了创业者社会网络成员与创业者合作的意愿；创业者与其他社会网络成员具有类似的社会网络教育水平和创业经验条件，还能够促进其更好地吸收所处社会网络的成员所带来的信息、技术和管理能力的优势和经验，促进上述信息、技术和经验更好地转化为创业优势。因此，特提出：

H3a：创业者的社会网络内群体条件对社会网络的平均教育水平具有调节作用，处于社会网络内群体范围的创业者社会网络平均教育水平对创业业绩有更高的促进作用。

H3b：创业者的社会网络内群体条件对社会网络的创业经验水平具有调节作用，处于社会网络内群体范围的创业者社会网络创业经验水平对创业业绩有更高的促进作用。

与上述假设相对应，对于创业者的社会网络成员的地域文化而言，在社会网络成员与创业者交流合作时，更高的内群体条件会将创业者局限在社会网络所营造的文化氛围之中，在社会网络成员的地域文化与消费者的地域文化越接近时，创业者越能借助社会网络学习消费者的文化背景，开发和提供更为符合消费者文化特征的产品和服务，促进创业业绩的提升。因此，特提出：

H3c：创业者的社会网络内群体条件对社会网络地域文化具有调节作用，处于社会网络内群体范围的创业者社会网络地域文化对创业业绩具有更高的抑制作用。

根据上述假设推演，本研究利用倾向评分匹配两步法（方法解析详见研究设计部分）建立了创业者社会网络特性及其内群体条件对创业业绩影响的理论模型（见图1）。

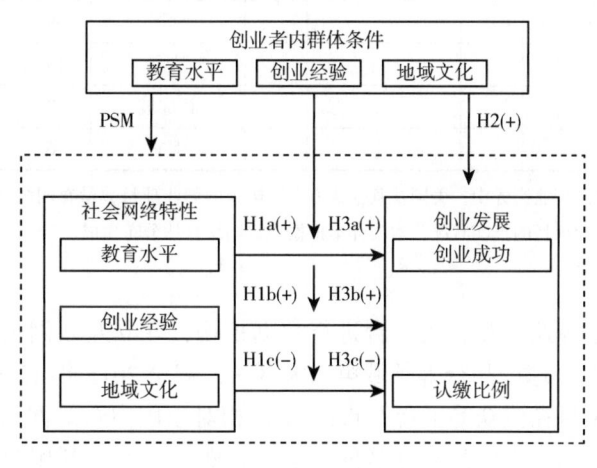

图 1 模型示意图

资料来源：作者整理。

## 三、研究设计

**1. 数据获取**

创业者的社会网络特性及内群体条件的测算以往大多基于对创业者的问卷调查，以获取一手数据的方式进行。但在互联网创业的研究中，涉及的创业项目数量巨大，创业团队分散，且往往不具备统一、固定的营业地点，难以利用传统的问卷调查方式进行数据收集。上述互联网创业项目的特殊性也成为互联网时代对以互联网众筹为代表的网络创业平台进行研究的难点。因此，本研究利用数据挖掘手段，基于互联网众筹网站和相关社交网站挖掘和整理了创业者的个人信息、社会网络信息和创业项目信息，通过客观的数据研究方法分析大数据条件下的互联网创业问题。

本文的数据来源于互联网众筹平台（网址：indiegogo.com），这一互联网众筹平台属于美国的科技金融企业IndieGoGo。本文利用数据挖掘手段收集了自2010年3月到2015年9月设立的1517个利用该平台进行融资的创业者的个人信息和创业项目信息。由于这一平台要求创业者提供其外部社交网站的账号链接，因此本文得以通过相关链接获得其社会网络信息（具体创业者特征分类统计见表1）。

表1　　　　　　　　　　　　创业者相关特征分类统计

| 性别 | 数量 | 教育水平 | 数量 | 创业经验水平 | 数量 | 国家或地区 | 数量 | 国家或地区 | 数量 |
|---|---|---|---|---|---|---|---|---|---|
| 男性 | 1 065 | 博士学历 | 54 | 有创业经验 | 415 | 美国 | 791 | 日本 | 79 |
| 女性 | 452 | 硕士学历 | 497 | 无创业经验 | 1 102 | 英国 | 138 | 澳大利亚 | 33 |
|  |  | 本科学历 | 565 |  |  | 加拿大 | 229 | 韩国 | 16 |
|  |  | 本科以下学历 | 401 |  |  | 德国 | 69 | 中国香港 | 17 |
|  |  |  |  |  |  | 法国 | 15 | 中国台湾 | 28 |
|  |  |  |  |  |  | 新加坡 | 17 | 中国大陆 | 76 |
|  |  |  |  |  |  | 南非 | 6 | 智利 | 3 |

注：在现实的互联网创业实务中，美国及其他西方发达国家的创业项目数量在网络众筹创业平台上占绝大多数。为了客观反映创业项目的真实状况，本文样本根据项目国籍自然分布生成。

资料来源：作者计算。

本文之所以选择这一互联网平台进行数据挖掘，建立互联网创业数据库，是因为：（1）该平台是全球产品众筹领域第二大网站，截至2015年12月有超过28万个各种类型的众筹项目在该众筹平台发布；（2）相对于国内众筹网站而言，该平台要求创业项目成员公布个人信息和互联网社交平台账号，便于利用数据挖掘方法搜集创业者个人信息和社会网络信息；（3）相对于其他互联网众筹网站都有特定服务对象的情况，该平台不希望限定其客户类型。并且，该平台业务具有更强的全球化特点，对创业项目和项目成员所在的国家和地区没有限制。

**2. 变量结构**

（1）因变量：IndieGoGo.com 要求创业团队在其网站上公开创业项目的销售目标，并且由网站标注出众筹期限结束时，消费者认购并且实际扣款成功的众筹产品销售数额。根据网络众筹规则，消费者认缴数额高于或者等于项目目标时，则众筹项目获得成功。反之，众筹项目则宣告失败，已扣除的款项将返还消费者。因此，本文根据上述创业项目的销售目标和投资人认缴投资额，以创业众筹项目创业成功（以最终认缴投资额大于或等于项目融资目标为标准）以及认缴比例（即投资人最终认缴投资额与项目融资目标的比例）作为因变量。

（2）解释变量：根据 Hoang 和 Antoncic 以及 Witt 的研究成果，本文通过创业者社会网络成员的平均教育水平、创业经验水平和社会网络成员与创业项目消费者的平均文化距离三个社会网络特性生成相关的模型解释变量。

本文对创业者社会网络成员的学历赋值，基于相关社交网站中团队成员标注的社会网络成员教育信息，把创业者社会网络成员的教育水平分为 4 类，并分别以相应取值代替：博士为 3 分，硕士为 2 分，本科为 1 分，本科以下为 0 分。对网络成员赋值后计算得出的平均分值即为社会网络的教育水平。对于团队成员的创业经验，由于相关社交网站提供了所有创业者的社会网络成员的职业属性，本文在删除了未标注职业信息和标注无法识别的社会网络成员后进行匹配，采用在发起本次众筹行为之前，是否有过其他创业经历来表示创业者社会网络成员先前的创业经验，有上述经验的为 1，没有为 0，通过社会网络成员创业经验的平均值来度量创业者社会网络成员的创业经验。由于 IndieGoGo.com 和相关社交网站分别对消费者和社会网络成员标注了其所在国家和地区，根据 Shane 的研究，本文利用 Hufstede 文化评分标准计算全部社会网络成员和消费者的文化评分，再利用上述平均文化评分的差值作为衡量创业者社会网络地域文化的解释变量。

最后，本文根据 Target Group Index（TGI）的研究成果，分别利用社交网站和 IndieGoGo.com 数据生成了创业者和其社会网络成员的教育水平、创业经验和所在国家或地区的文化评分三个维度，每个维度分别按照如下公式计算内群体条件：

$$ingroup_i = \frac{\sum(LC_i - NC_{im})}{n} \quad (1)$$

其中，$ingroup_i$ 为每个维度创业者的内群体条件，$LC_i$ 为创业者每个维度的赋值，$NC_{im}$ 为每个创业者社会网络成员在每个维度的平均赋值。另外，本文注意到，社会认同发生的过程是社会网络成员对创业者特性综合判断的结果，单一的创业者内群体条件不能引发社会网络成员的集体认同感。因此本文将上述三个维度的内群体条件加总取平均值，作为衡量内群体条件的基础变量。最后，创业者内群体是一个根据创业者和创业者社会网络成员身份特性的相似性所即刻发生和判断完成的社会认知概念，内群体影响按照是否处于内群体位置而体现为单一的创业影响，内群体内部或者非内群体创业者内部并不存在连续的内群体差异化影响,以虚拟变量的形式而非连续变量的形式构造内群体变量似乎更具有管理学理论基础的支撑。本文根据 Fagot 的研究成果,并且出于稳健性考虑,分别将上述变量 45~55 中位数和 40~50 中位数作为内群体标准,对上述内群体基础数据取值在 45~55 中位数和 40~50 中位数之间的创业者,分别设置两个取值为 1 的内群体虚拟变量,在这两组中位数范围之外的则取值为 0。

(3)控制变量:由于创业者的年龄、性别、种族、教育水平、创业经验、众筹网站的使用时间都能影响创业业绩,本文加入创业者年龄、性别虚拟变量、种族虚拟变量、创业者平均教育水平、创业者创业经验虚拟变量、创业者社交媒体注册时间和众筹网站注册时间作为控制变量。IndieGoGo.com 网站上的众筹项目在标注融资目标时,限定并公开了创业项目的业绩目标(单位为万美元)和开放购买期限(单位为天),上述变量无疑对创业成功与否和创业业绩起到一定的影响作用,因此本研究将其作为控制变量。根据王君泽等的研究,本文进一步将潜在投资者对创业项目的正面评价数作为控制变量。最后,本文加入技术虚拟变量作为控制变量,对已经完成创业项目产品样品制造并公开进行展示的项目取 1,对尚未进行样品展示的项目取 0。

### 3. 计量模型

在计量模型研究方法方面,由于以众筹平台为代表的互联网创业项目往往仅能追踪单个项目固定时间内的整体创业表现,仅能形成截面数据库,在截面数据分析方法上传统的最小二乘法回归(OLS)难以剔除选择性偏差和混合偏差的影响。Heckmn 等提出了倾向评分匹配方法(PSM)处理上述问题,其主要思想是利用 Logit 模型构建一个与处于社会网络内群体的创业者数据集(处理组)具有类似特征的社会网络非内群体数据集(控制组),上述类似特征可能影响不同组群创业者的创业业绩表现,进而比较内群体条件对创业业绩所带来的不同影响。另外,由于上述处理组和控制组之间其他影响创业业绩的特性近似,基于上述数据进行回归分析能够去除数据内生性,特别是消除开展内群体条件对社会网络创业业绩调节作用实证分析时的统计学偏差。

因此本文分别采用内群体虚拟变量作为 Logit 模型,因变量如下:

$$P(group = 1) = \Phi(age, gender, eduction, ex, nettime, tar, day, review, tech, race)$$

(2)

其中,$group$ 为创业者内群体虚拟变量,$age$ 为创业者年龄,$gender$ 为创业者年龄的虚拟变量,$education$ 为创业者的教育水平,$ex$ 为创业者的创业经验水平,$nettime$ 为创业者众筹账号的注册时间,$tar$ 为创业项目的业绩目标,$day$ 为项目开放时间,$review$ 为社会网络认同度,$tech$ 为技术虚拟变量,$race$ 为创业者种族的虚拟变量。

通过(2)式估计了每一个内群体观测的概率值,利用 PSM 方法在非内群体数据内为每个内群体观测值匹配 3 个观测值以建立控制组,并且生成新的样本。

根据 Chang 等的研究,分别利用下面公式对未匹配数据和匹配数据进行差分分析，以创业业绩为因变量，分析创业者社会网络内群体条件对创业业绩的影响：

$$\Delta = E[y|m(X_i) = inner, X_i] - E[y|m(X_j) = outer, X_j] \quad (3)$$

$$\Delta_{ATT} = E[y|m(X_i) = inner, X_i] - E[y|m(X_j) = outer, X_j] \quad (4)$$

其中，$p(X_i) \approx p(X_j)$

随后，以创业成功作为因变量，本文利用截面数据 Probit 模型，分析内群体虚拟变量以外的解释变量的创业业绩影响：

$$Y_i^* = F^{-1}(P_i) = X_i^T \beta \quad (5)$$

并且，以认缴比例作为因变量，本文利用截面数据多元最小二乘法模型，分析内群体虚拟变量以外的解释变量的创业业绩影响：

$$Y_i = \alpha + \sum \beta X_i + \varepsilon \quad (6)$$

需要指出的是，由于 Probit 模型属于离散选择模型，根据 Wiersema 和 Bowen 的研究，在对模型回归系数进行管理学解释时，应当进行模型回归系数的边际效应计算，并利用边际效应估计自变量对因变量的影响程度。

最后，本文根据 Chang 等的研究成果，采用按照内群体虚拟变量分组回归方法研究创业者的社会网络内群体条件对社会网络成员教育水平、创业经验和文化距离特征的调节作用。

## 四、模型回归结果和分析

### 1. 模型回归结果和假设检验

利用 STATA 软件，本文首先输出模型各个变量的统计特征，并对各变量进行相关系数检验，具体结果见表 2 和表 3，变量的相关系数矩阵结果显示，本文选取的解

表 2　　　　　　　　　　　　　模型统计特征

| | 1.创业业绩(%) | 2.创业成功 | 3.网络教育水平 | 4.网络创业经验 | 5.文化距离 | 6.内群体条件(连续) | 7.创业者年龄(岁) | 8.创业者性别 | 9.创业者教育水平 | 10.创业者创业经验 | 11.众筹网注册时间(月) | 12.创业目标(万美元) | 13.项目期限(天) | 14.创业认同度 | 15.技术虚拟变量 |
|---|---|---|---|---|---|---|---|---|---|---|---|---|---|---|---|
| 平均值 | 2.615 | 0.379 | 1.475 | 0.097 | 51.019 | 1.379 | 30.177 | 0.667 | 1.947 | 0.371 | 17.176 | 3.604 | 26.15 | 27.801 | 0.571 |
| 标准差 | 1.749 | 0.415 | 0.996 | 0.107 | 5.179 | 0.894 | 24.28 | 0.577 | 2.015 | 0.406 | 28.763 | 3.792 | 7.091 | 84.589 | 0.406 |
| 最小值 | 0 | 0 | 0 | 0 | 31.192 | -2.139 | 18 | 0 | 0 | 0 | 9 | 0.5 | 10 | 0 | 0 |
| 最大值 | 27.86 | 1 | 3 | 0.75 | 85.43 | 3.717 | 79 | 1 | 3 | 1 | 78 | 25 | 90 | 791 | 1 |

资料来源：作者计算。

表 3  模型相关系数

| | 1 | 2 | 3 | 4 | 5 | 6 | 7 | 8 | 9 | 10 | 11 | 12 | 13 | 14 |
|---|---|---|---|---|---|---|---|---|---|---|---|---|---|---|
| 1. 认缴比例 | 1 | | | | | | | | | | | | | |
| 2. 创业成功 | 0.294 | 1 | | | | | | | | | | | | |
| 3. 网络教育水平 | 0.156 *** | 0.179 *** | 1 | | | | | | | | | | | |
| 4. 网络创业经验 | 0.102 *** | 0.115 *** | −0.109 | 1 | | | | | | | | | | |
| 5. 文化距离 | −0.198 | −0.107 | 0.219 | −0.091 | 1 | | | | | | | | | |
| 6. 内群体条件（连续） | 0.307 *** | 0.205 *** | 0.117 * | 0.098 ** | −0.256 | 1 | | | | | | | | |
| 7. 创业者年龄 | −0.079 ** | 0.014 | 0.184 *** | 0.017 * | −0.081 | 0.068 * | 1 | | | | | | | |
| 8. 创业者性别 | 0.162 * | 0.077 * | 0.241 *** | −0.046 | −0.419 | 0.149 * | 0.298 *** | 1 | | | | | | |
| 9. 创业者教育水平 | 0.283 *** | 0.217 *** | 0.014 *** | 0.096 *** | −0.210 | 0.264 *** | 0.172 | 0.079 | 1 | | | | | |
| 10. 创业者创业经验 | 0.091 * | 0.138 ** | 0.145 ** | 0.069 *** | −0.124 | 0.179 *** | 0.095 ** | 0.104 * | 0.231 ** | 1 | | | | |
| 11. 众筹网注册时间 | 0.184 *** | 0.049 | 0.151 | 0.101 ** | 0.014 | 0.038 | −0.015 | 0.145 | 0.029 | −0.17 | 1 | | | |
| 12. 创业目标 | −0.241 | −0.079 | −0.261 | 0.002 | 0.419 | 0.149 * | 0.13 | 0.205 | 0.170 | 0.037 ** | 0.201 ** | 1 | | |
| 13. 项目期限 | 0.414 *** | 0.151 *** | 0.195 *** | 0.491 *** | 0.210 ** | 0.264 *** | 0.009 *** | 0.072 *** | 0.117 | 0.023 | 0.015 | 0.090 *** | 1 | |
| 14. 创业认同度 | 0.145 ** | 0.130 ** | 0.208 | 0.213 ** | 0.194 *** | 0.079 ** | 0.185 | 0.152 *** | 0.147 *** | 0.043 *** | 0.026 | 0.110 * | 0.093 ** | 1 |
| 15. 技术虚拟变量 | 0.085 *** | 0.073 *** | 0.128 ** | 0.119 ** | 0.039 | 0.139 ** | 0.088 *** | 0.104 *** | 0.241 *** | 0.128 *** | −0.016 | 0.097 *** | 0.028 | 0.206 *** |

注：Z 统计量显著性标注如下：***、**、* 分别代表在1%、5%和10%水平下显著。
资料来源：作者计算。

释变量对因变量都具有显著的相关系数,各个解释变量、控制变量之间的相关系数大多都低于 0.3。由此可见,各个解释变量,控制变量之间的相关性较低,模型的多重共线性问题可以避免。

随后,出于保证模型稳健性的考量,本研究根据公式(2)分别以 45~55 中位数和 40~50 中位数标准生成处理组,并利用 Logit 模型以内群体虚拟变量作为因变量进行回归(具体结果见表 4),并且利用处理组(内群体创业者样本)和总样本内的其他数据进行评分,利用提靴法自举 1 000 次评分结果生成与处理组数据相对应的控制组数据(来自内群体之外的样本),每个内群体观测值匹配 3 个非内群体观测值(每个被匹配的非内群体观测值允许出现重复),再根据公式(3)和公式(4)进行倾向评分匹配分析(具体结果见表 5)。

表 4　创业者社会网络内群体 Probit 和 Logit 模型回归结果

|  | 45~55 中位数为标准的内群体变量 || 40~50 中位数为标准的内群体变量 ||
| --- | --- | --- | --- | --- |
|  | Probit 模型 | Logit 模型 | Probit 模型 | Logit 模型 |
|  | (1) | (2) | (3) | (4) |
| 创业者年龄 | 0.001 (0.002) | 0.002 (0.002) | 0.001 (0.002) | 0.002 (0.002) |
| 创业者性别 | 0.015 (0.049) | 8.59e-04*** (1.01e-04) | 0.021*** (0.003) | 8.18e-04*** (1.25e-04) |
| 创业者教育水平 | 0.077*** (0.005) | 0.025*** (0.002) | 0.097** (0.015) | 0.026*** (0.002) |
| 创业者创业经验 | 0.026** (0.008) | 0.039 (0.068) | 0.039* (0.018) | 0.046* (0.028) |
| 众筹网注册时间 | 1.64e-05 (2.89e-05) | 2.15e-05* (1.01e-05) | 1.23e-05 (2.19e-05) | 2.03e-05 (3.19e-05) |
| 创业目标 | 6.79e-06 (3.88e-05) | 0.001 (0.002) | 6.79e-06 (4.83e-05) | 0.001 (0.002) |
| 项目期限 | 2.83e-04* (2.06e-04) | 4.58e-07 (6.10e-06) | 6.16e-04 (0.001) | 3.28e-06 (6.29e-06) |
| 社会网络认同度 | 0.001 (0.001) | 0.002*** (0.001) | 0.001 (0.002) | 0.002*** (0.001) |
| 技术虚拟变量 | Included | Included | Included | Included |
| 种族虚拟变量 | Included | Included | Included | Included |
| Pseudo $R^2$ | 0.278 | 0.215 | 0.303 | 0.329 |
| Log Likelihood | -360.908 | -819.793 | -409.670 | -719.909 |
| 观测值数量 | 1 517 | 1 517 | 1 517 | 1 517 |

注:(1) t 和 Z 统计量显著性标注如下:***、**、*分别代表在 1%、5% 和 10% 水平下显著。(2)( ) 中为模型标准误。

资料来源:作者计算。

表 5　　　　　创业者社会网络内群体对创业业绩倾向评分匹配结果

|  | 45~55 中位数为标准的内群体变量 || 40~50 中位数为标准的内群体变量 ||
|---|---|---|---|---|
|  | 创业成功 | 认缴比例 | 创业成功 | 认缴比例 |
|  | (5) | (6) | (7) | (8) |
| 未进行倾向评分的组间差异 | -0.005<br>(0.009) | 0.011*<br>(0.006) | 0.004<br>(0.011) | 0.011**<br>(0.003) |
| 倾向评分后的组间差异（ATT） | 0.007***<br>(0.001) | 0.015***<br>(0.002) | 0.005**<br>(0.002) | 0.010*<br>(0.006) |
| 处理组观测值数量 | 157 | 157 | 318 | 318 |
| 匹配观测值数量 | 308 | 316 | 590 | 598 |

注：（1）T 统计量显著性标注如下：***、**、* 分别代表在 1%、5% 和 10% 水平下显著。（2）（　）中为模型标准误。

资料来源：作者计算。

　　由表 5 的模型结果可见，倾向评分匹配之后，内群体虚拟变量对创业业绩都具有显著的正向影响。但在未进行倾向匹配的组间比较中，仅模型（6）和模型（7）的影响显著。在利用倾向评分匹配剔除了样本偏差影响的条件下，本研究模型回归结果证明，创业者在处于社会网络内群体时，与社会网络成员相同或近似的创业者特性能够引发社会网络的社会认同，促进创业业绩的提升。模型回归结果验证了假设 H2。

　　进一步，本研究分别利用 Logit 模型所匹配后的处理组（内群体创业者）和控制组（非内群体创业者）数据进行面板数据回归分析，探究创业者的社会网络特性对创业业绩的作用，以及内群体条件对上述业绩影响的调节作用，本研究分别使用截面数据 Probit 模型和最小二乘法模型，以创业业绩和创业成功为因变量，对上述数据进行分组回归并且检验本研究理论假设，并且输出处理组和控制组之间的 Z 统计量比较回归系数的差异（具体回归结果见表 6）。

表 6　　　创业者社会网络特性对创业业绩影响的最小二乘法模型回归结果

|  | 45~55 中位数为标准的内群体变量 |||| 40~50 中位数为标准的内群体变量 ||||
|---|---|---|---|---|---|---|---|---|
|  | 创业成功（Probit） || 认缴比例（OLS） || 创业成功（Probit） || 认缴比例（OLS） ||
|  | 处理组 | 控制组 | 处理组 | 控制组 | 处理组 | 控制组 | 处理组 | 控制组 |
|  | (9) | (10) | (11) | (12) | (13) | (14) | (15) | (16) |
| 社会网络教育水平 | 0.017***<br><0.009><br>(0.001) | 0.009<br><0.016><br>(0.017) | 0.048***<br>(0.004) | 0.012***<br>(0.001) | 0.021***<br><0.008><br>(0.003) | 0.010***<br><0.003><br>(0.001) | 0.050***<br>(0.007) | 0.028**<br>(0.010) |
| Z 检验结果 | 0.470 || 8.731*** || 3.479*** || 1.802* ||

续表

|  | 45~55 中位数为标准的内群体变量 |  |  |  | 40~50 中位数为标准的内群体变量 |  |  |  |
|---|---|---|---|---|---|---|---|---|
|  | 创业成功（Probit） |  | 认缴比例（OLS） |  | 创业成功（Probit） |  | 认缴比例（OLS） |  |
|  | 处理组 | 控制组 | 处理组 | 控制组 | 处理组 | 控制组 | 处理组 | 控制组 |
|  | (9) | (10) | (11) | (12) | (13) | (14) | (15) | (16) |
| 社会网络创业经验 | 0.035** <0.017> (0.009) | 0.019*** <0.006> (0.001) | 0.065*** (0.003) | 0.028 (0.033) | 0.031*** <0.011> (0.003) | 0.011 <0.004> (0.021) | 0.036*** (0.003) | 0.021*** (0.002) |
| Z 检验结果 | 1.767* |  | 1.117 |  | 0.943 |  | 4.160*** |  |
| 文化距离 | -0.009 <-0.001> (0.018) | -0.029 <-0.020> (0.048) | -0.019 (0.041) | -0.006* (0.003) | -0.007 <-0.002> (0.021) | -0.029 <-0.010> (0.042) | -0.079 (0.081) | -0.026 (0.039) |
| Z 检验结果 | 0.999 |  | 0.317 |  | 0.469 |  | 0.590 |  |
| 其他控制变量 | Included | Included | Included | Included | Included | Included | Included | Included |
| Pseudo $R^2$ | 0.310 | 0.208 |  |  | 0.265 | 0.219 |  |  |
| Log Likelihood | 372.98 | 410.54 |  |  | 329.40 | 331.90 |  |  |
| R-sq |  |  | 0.410 | 0602 |  |  | 0.536 | 0.440 |
| F |  |  | 49.67 | 59.81 |  |  | 89.86 | 129.93 |
| 观测值数量 | 157 | 316 | 157 | 316 | 318 | 598 | 318 | 598 |

注：（1）t 和 Z 统计量显著性标注如下：***、**、* 分别代表在 1%、5% 和 10% 水平下显著。（2）< > 中为 Probit 模型边际效应；( ) 中为模型标准误。

资料来源：作者计算。

如表 6 所示，从模型（9）到模型（16）的回归结果表明，在 8 个模型中，社会网络教育水平除模型（14）的控制组外都具有显著的正向回归系数，而社会网络创业经验水平在除模型（12）和模型（14）的所有模型中，对创业业绩有显著、正向的回归系数。社会网络教育水平和创业经验水平的提升能够显著地促进创业者利用社会网络发生社会嵌入，获取相应资源、信息和提升相应的创业经验和能力，最终提升创业业绩。假设 H1a 和 H1b 得到模型回归结果的验证。另外除模型（12）外，创业者的社会网络成员与创业项目消费者之间的文化距离对创业业绩不具有显著的回归系数，创业者社会网络成员处于不同国家或地区所带来的文化影响并不能帮助创业者理解消费者文化背景或协助创业者获取相应的创业经验，假设 H1c 被模型回归结果拒绝。

另外，模型（9）到模型（16）的回归结果中处理组（内群体创业者）的回归结果与控制组（非内群体创业者）相比，创业者的社会网络教育水平和创业经验水平都存在更高的回归系数，或者处理组回归系数显著而控制组并不显著，且上述回归系数差异通过了 Z 统计量检验。换言之，处于社会网络内群体位置的创业者，在社会嵌入的过程中，通过缩小自身创业特征与社会网络其他成员相对应特征的差距，获得了其他成员的社会认同，能够从社会网络和社会嵌入过程中更为便捷地获取资源、信息，依靠社会网络积累创业经验和能力的水平进一步提升。因而，创业者内群体条件对其社会网络特性的创业业绩影响存在调节作用。假设 H3a 和 H3b 被模型回归结果支持。

最后，模型回归结果显示，处理组和控制组之间，创业者社会网络成员与创业项目消费者文化距离的影响没有显著的差异，创业者即使处于社会网络内群体位置，对消费者的文化差异需求也没有明显的学习作用，对文化距离的调节作用并不显著。因此，模型回归结果拒绝了假设 H3c。

假设 H1c 和 H3c 被拒绝的主要原因在于：在互联网技术发展和全球一体化的条件下，消费者对创业项目所形成的最终产品的跨文化认同感得以不断强化，特别是对本研究所选取的电子科技类创业项目而言，不同文化条件下消费者对产品的差异性需求并不明显。因此，创业者及其社会网络成员所处的地域文化与消费者所处的地域文化是否趋近，对创业业绩不构成直接的影响。

**2. 进一步检验**

为了进行稳健性检验，本研究在内群体变量连续化的条件下检验所提出的理论假设，进一步设定代表内群体程度的连续变量，下列内群体变量越小则内群体条件越显著，取值为 0 时则为完全内群体：

$$ingroup_i = \left| \frac{\sum (LC_i - NC_{im})}{n} \right| \tag{7}$$

然后，本文基于截面数据广义矩对不同因变量分别进行回归，并且利用创业者的内群体条件与其他解释变量乘积项方法，考察创业者的社会网络内群体条件对社会网络相关特性影响创业业绩的调节作用（具体结果见表 7）。

表 7　创业者社会网络特性的截面数据广义矩模型回归结果

|  | 以创业成功为因变量 |  | 以认缴比例为因变量 |  |
| --- | --- | --- | --- | --- |
|  | (17) | (18) | (19) | (20) |
| 社会网络教育水平×内群体条件 |  | −0.004 ***<br>(1.17e−04) |  | −0.015 ***<br>(0.001) |
| 社会网络创业经验×内群体条件 |  | −0.005 **<br>(0.001) |  | −0.021 *<br>(0.011) |
| 文化距离×内群体条件 |  | 0.001<br>(0.001) |  | 2.77e−05<br>(3.78e−04) |
| 社会网络教育水平 | 0.009 ***<br>(0.001) | 0.008 ***<br>(0.001) | 0.026 ***<br>(0.002) | 0.019 ***<br>(0.001) |

续表

|  | 以创业成功为因变量 |  | 以认缴比例为因变量 |  |
|---|---|---|---|---|
|  | (17) | (18) | (19) | (20) |
| 社会网络创业经验 | 0.018 *** <br> (0.002) | 0.017 *** <br> (0.002) | 0.041 *** <br> (0.003) | 0.038 *** <br> (0.002) |
| 文化距离 | $-2.37e-04$ <br> $(2.28e-04)$ | $-2.87e-04$ <br> $(4.19e-04)$ | $-0.001$ <br> (0.001) | $-4.89e-04$ * <br> $(1.77e-04)$ |
| 内群体条件 | 0.049 *** <br> (0.003) | 0.017 *** <br> (0.001) | 0.060 *** <br> (0.005) | 0.042 *** <br> (0.003) |
| 其他控制变量 | Included | Included | Included | Included |
| criterion Q (b) | 419.928 | 442.109 | 776.709 | 850.706 |
| 观测值数量 | 1 517 | 1 517 | 1 517 | 1 517 |

注：(1) t 和 Z 统计量显著性标注如下：***、**、* 分别代表在1%、5%和10%水平下显著。(2)( )中为模型标准误。

资料来源：作者计算。

根据模型（17）到模型（22）的回归结果本研究可以看到，创业者的社会网络教育水平、社会网络的创业经验水平、内群体条件都对创业业绩具有正向的显著影响，另外创业者的内群体条件也与创业社会网络教育水平和创业经验水平的交叉项分别具有显著、正向的回归系数。因此，本研究在上一节论述中得到的结论稳健性被模型（17）到模型（20）证明。利用连续的创业者内群体条件作为调节变量进行截面数据广义矩回归的模型结果分别验证了假设 H1a、H1b、H2、H3a 和 H3b 的内容，并且依然拒绝 H1c 以及 H3c 有关创业者社会网络与消费者文化距离的相关假设。

## 五、结论与启示

**1. 主要结论**

创业者的"朋友圈"优势实际上是创业者较高的社会网络特性及内群体条件产生的对创业业绩的推动作用，实证研究表明：（1）在互联网创业过程中，创业者的社会网络特性可以帮助其获取相应的资源、建立创业团队、提升技术水平和完善销售渠道，并能通过社会网络提高创业者自身的学习能力，最终提升其创业业绩水平。（2）创业者的内群体条件，即创业者与社会网络成员之间的教育水平和创业经验的同质性能够有效地提升其创业业绩，创业者应努力成为被其他社会网络成员普遍认可的内群体中的一员。（3）创业者的社会网络特性对其创业业绩的影响受到其内群体条件的调节作用，内群体条件的提升能够增强创业者利用并嵌入其创业社会网络的能力，改善社会网络特性对创业业绩的影响。

## 2. 实践启示

在互联网创业条件下，创业者的社会网络特性和内群体条件同时影响着其创业业绩，两者互相影响，缺一不可。有鉴于此，本文提出了创业者的创业业绩表现矩阵（见图2）。

|  | 低内群体条件 | 高内群体条件 |
|---|---|---|
| **高社会网络特性** | 高社交网络特性<br>低内群体条件<br>（阿里巴巴；<br>GG游戏平台） | 高社交网络特性<br>高内群体条件<br>（小米） |
| **低社会网络特性** | 低社交网络特性<br>低内群体条件<br>（普通创业者） | 低社交网络特性<br>高内群体条件<br>（大疆科技） |

（纵轴：创业者社会网络特性；横轴：创业者内群体条件）

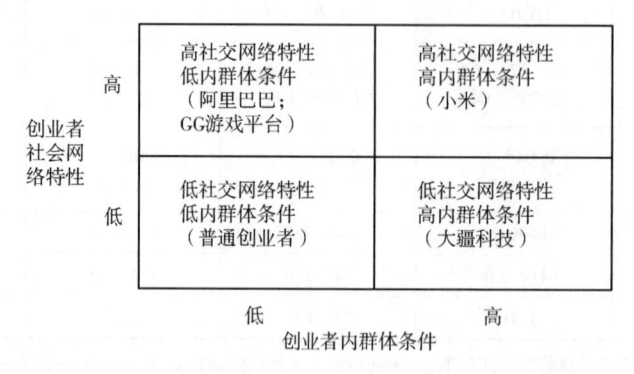

**图2　基于创业者社会网络特性与内群体条件的创业业绩表现矩阵**

资料来源：作者绘制。

在矩阵左下角，是处于创业起步阶段的普通创业者，其社会网络特性和内群体条件均处于较低水平，其社会网络成员并不具备较高的知识和经验水平，在提供创业资源、技术、信息以及提升创业者的学习能力等方面只能提供极为有限的帮助。同时，由于创业者的内群体条件也不突出，其他社会网络成员未对创业者形成强烈的社会认同，致使他们提供创业协助的意愿较弱。

在矩阵左上角，创业者具有较高的社会网络特性，在社会网络中吸纳了较多的拥有较高教育水平和较多创业经验的社会网络成员，但其自身的教育水平、创业经验却与他们存在着较大的差距，导致内群体条件较低。此时，社会网络有能力为创业者提供资源、技术和信息支持，提升创业者的团队建设水平和学习能力。在社会网络水平极高的情况下，社会网络对创业业绩的促进作用远远大于内群体条件较低情况下对创业业绩的阻碍作用（代表企业阿里巴巴在发展早期，利用了创业者马云社会网络中的技术人才和专业投资人，来获取技术和资金资源）。但是，由于创业者内群体条件并不优越，如果创业者不能在短期内迅速提升自己的相关特性，社会网络成员难以对创业者产生社会认同，对创业者的协助意愿不足，较高的社会网络水平对创业业绩的促进作用很快会被较低的内群体条件对创业业绩的阻碍作用抵销。如模型（12）和模型（14）所示，作为非社会网络内群体成员，创业者有可能受到社会网络其他成员的排斥，难以充分利用高质量的社会网络带来的各种资源与便利（代表企业为GG游戏平台）。

在矩阵右下角，创业者的社会网络教育水平或创业经验虽然处较低的水平，但是其却具有较高的内群体条件，获得了社会网络成员的广泛认同。此时，虽然创业者的社会网络能够提供的创业支持较为有限，但是创业者能够较大限度地挖掘已有"朋友圈"的潜能，社会网络的作用得到充分的发挥，创业业绩也能够得以大幅度的提升（代表企业为大疆科技）。

在矩阵右上角，创业者的社会网络特性和内群体条件都处于较高水平，社会网络成员不仅能够为创业者提供丰富的创业资源和建议，而且对创业者具有极强的社会认同，提供相关协助的意愿处于较高水平。创业者从"朋友圈"中获得的推动作用最为显著（代表企业为小米）。

可见，创业者的社会网络特性及其内群体条件对其创业业绩的影响具有同等重要的地位。创业者在利用"朋友圈"创业的过程中，一方面，应注重打造高水平的"朋友圈"，努力提升其社会网络特性；另一方面，应确保自身条件与社会网络相适应，融入社会网络的内群体，最大限度地发挥"朋友圈"优势对创业业绩的促进作用：

（1）拓展人际交往的广度与深度，建设具有较高教育水平和较多创业经验的社会网络。从人际交往的广度看，创业者应积极利用同学会、同乡会、形式多样的俱乐部等多种形式，广泛参与各种企业管理或行业发展论坛，拓展自己的人脉关系，并从教育水平、创业经验等维度对不同的交往对象予以甄别。从人际交往的广度看，对于符合自己期望的交往对象，创业者要努力创造条件与他们开展多渠道、多路径的深度交流，将他们吸纳为长期、稳定的社会网络成员。这样一来，创业者就可以建立起强大的"朋友圈"优势，实现社会网络由低水平向高水平的转化（在图2中，创业者由矩阵右下角向右上角转化）。

（2）认识到"物以类聚、人以群分"的价值，注意自身与社会网络成员之间的差异可能带来的风险。创业者若盲目地追求社会网络水平，而忽视自身教育水平与创业经验的提升，将导致自身的社会网络内群体条件较低，很容易造成被社会网络成员排斥的情形。创业者在注重社会网络成员的教育水平与创业经验的同时，也应兼顾自身教育水平与创业经验的提升，积极参与各种脱产、半脱产或在职的创业管理和相关技术培训，通过参与成熟企业的实际运作过程丰富经营管理阅历，或与经验丰富的成功创业人士密切交流获取创业经验，与社会网络成员及时分享创业经验和信息，缩小与社会网络成员在教育水平与创业经验上的差距，提升内群体条件，以便更好地融入高质量的"朋友圈"（在图2中，创业者由矩阵左上角向右上角转化）。

（3）对于普通创业者而言，在不具备其他核心优势（如技术、渠道、资金等）的情况下，如果想利用"朋友圈"优势实现创业成功，那么既要努力结识教育水平较高、创业经验较丰富的社交网络成员，又要努力提升自身各方面的素养，这无疑具有较高的实现难度。此时，创业者可以考虑放弃独自创业，而与其他人合作创业，通过团队成员的优势互补，确保创业项目顺利起步。

### 3. 研究贡献与未来展望

本文的主要的贡献在于：（1）利用互联网数据，将与内群体条件相关的社会认同理论纳入社会嵌入理论之中，发展了与创业者社会网络条件相关的管理学理论基础，发现了在社会嵌入理论发挥效用的过程中，创业者与其社会网络成员身份的相似性所带来的社会认同是社会嵌入理论影响创业效果的重要边界条件。（2）提出了基于创业者的社会网络特性与内群体条件的创业业绩表现矩阵，为刚刚起步的中国互联网创业者指明了努力的方向，从创业者的社会网络建设、社会交往同质性、合作创业等方面提出了管理学建议。

当然，本文也存在着以下局限性：（1）未能区分不同类型的教育背景（如营销类教育背景与技术类教育背景）和创业经验（如线上创业经验与线下创业经验）对互联网创业业绩的影响。（2）由于共线性问题，本文未对创业者的国籍及其社会网络位置等变量进行控制。因此，未来的研究可以进一步关注创业者的不同知识、技能和创业经验如何推动不同形式的互联网创业的成功，探索其中不同的影响机制和更多的情境因素，包括创业者的国籍及其社会网络位置等发挥的具体作用。

### 参 考 文 献

[1] 陈仕华，李维安. 公司治理的社会嵌入性：理论框架及嵌入机制［J］. 中国工业经济，2011（6）：99 – 108.

[2] 周志成. 高等教育哲学视阈下的创新创业教育［J］. 北京交通大学学报（社会科学版），2011（3）：122 – 125.

[3] 吴晓求. 互联网金融：成长的逻辑［J］. 财贸经济，2015（2）：5 – 15.

[4] 张玉利，薛红志，杨俊. 企业家创业行为的理性分析［J］. 经济与管理研究，2003（5）：9 – 13.

[5] 黄玲，周勤. 创意众筹的异质性融资激励与自反馈机制设计研究——以"点名时间"为例［J］. 中国工业经济. 2014（7）：135 – 147.

[6] 王君泽，王雅蕾，禹航，徐晓林，王国华，曾润喜. 微博客意见领袖识别模型研究［J］. 新闻与传播研究，2011（6）：81 – 88.

[7] Ostgaard, T A and S Birley. New Venture Growth and Personal Networks. Journal of Business Research［J］. 1996, 36（1）：37 – 50.

[8] Lehner, O M. Crowdfunding Social Ventures：A Model and Research Agenda. Venture Capital［J］. 2013, 15（4）：289 – 311.

[9] Brass, D J. Being in the Right Place：A Structural Analysis of Individual Influence in an Organization. Administrative Science Quarterly［J］. 1984（1）：518 – 539.

[10] Zimmer, C. Entrepreneurship through Social Networks. The Art and Science of Entrepreneurship. Ballinger, Cambridge, MA［M］. 1986：3 – 23.

[11] Freeman, L C. Centrality in Social Networks Conceptual Clarification. Social Networks［J］. 1978, 1（3）：215 – 239.

[12] Mian, S A and H W Hattab. How Individual Competencies Shape the Entrepreneur's Social Network Structure: Evidence from the MENA Region [J]. International Journal of Business and Globalization. 2013, 11 (4): 399 –412.

[13] Jarillo, J C. Entrepreneurship and Growth: The Strategic Use of External Resources [J]. Journal of Business Venturing. 1989, 4 (2): 133 –147.

[14] Witt, P. Entrepreneurs' Networks and the Success of Start-Ups [J]. Entrepreneurship & Regional Development, 2004, 16 (5): 391 –412.

[15] Cooper, A C, T Folta and C Y Woo. Information Acquisition and Performance by Start-Up Firms [J]. Frontiers of Entrepreneurship Research. 1991, 36 (5): 276 –290.

[16] Butler, J E and G S Hansen. Network Evolution, Entrepreneurial Success, and Regional Development [J]. Entrepreneurship & Regional Development. 1991, 3 (1): 1 –6.

[17] Miller, D and L Breton-Miller. Governance, Social Identity, and Entrepreneurial Orientation in Closely Held Public Companies [J]. Entrepreneurship Theory and Practice. 2011, 35 (5): 1051 –1076.

[18] Tajfel, H. Social Psychology of Intergroup Relations [J]. Annual Review of Psychology. 1982, 33 (1): 1 –39.

[19] Turner, J C, I Sachdev and M A Hogg. Social Categorization, Interpersonal Attraction and Group Formation [J]. British Journal of Social Psychology. 1983, 22 (3): 227 –239.

[20] Evans, D, B Thirey and L Boguchwal. Network Models of Entrepreneurial Ecosystems in Developing Economies [J]. In European Conference on Innovation and Entrepreneurship. 2015.

[21] Hoang, H and B Antoncic. Network-Based Research in Entrepreneurship: A Critical Review [J]. Journal of Business Venturing, 2003, 18 (2): 165 –187.

[22] Song, Y and T Vinig. Entrepreneur Online Social Networks-Structure, Diversity and Impact on Start-Up Survival [J]. International Journal of Organizational Design and Engineering. 2012, 2 (2): 189 –203.

[23] Manev, I M and W B Stevenson. Nationality, Cultural Distance, and Expatriate Status: Effects on the Managerial Network in a Multinational Enterprise [J]. Journal of International Business Studies. 2001 (1): 285 –303.

[24] Gómez, C, B L Kirkman and D L Shapiro. The Impact of Collectivism and In-Group/Out-Group Membership on the Evaluation Generosity of Team Members [J]. Academy of Management Journal. 2000, 43 (6): 1097 –1106.

[25] Urban, B. Entrepreneurial Networking Differences: An Ethnic In-Group and Out-Group Analysis [J]. Journal of Industrial Psychology. 2011, 37 (1): 1 –14.

[26] Bradford, B. Policing and Social Identity: Procedural Justice, Inclusion and Cooperation between Police and Public [J]. Policing and society. 2014, 24 (1): 22 –43.

[27] Aldrich, H, B Rosen and W Woodward. The Impact of Social Networks on Business Foundings and Profit: A Longitudinal Study [J]. Frontiers of Entrepreneurship Research, 1987, 7 (154): 68.

[28] Cohen, W M and D A Levinthal. Absorptive Capacity: A New Perspective on Learning and Innovation [J]. Administrative Science Quarterly. 1990 (1): 128 –152.

[29] Leonard, D and S Sensiper. The Role of Tacit Knowledge in Group Innovation. California Management Review [J]. 1998, 40 (3): 112 – 132.

[30] Bae, T J, S Qian, C Miao and J O Fiet. The Relationship between Entrepreneurship Education and Entrepreneurial Intentions: A Meta-Analytic Review [J]. Entrepreneurship Theory and Practice. 2014, 38 (2): 217 – 254.

[31] Stuart, R and P A Abetti. Start-up Ventures: Towards the Prediction of Initial Success [J]. Journal of Business Venturing, 1987, 2 (3): 215 – 230.

[32] Shane, S. Uncertainty Avoidance and the Preference for Innovation Championing Roles [J]. Journal of International Business Studies, 1995, 26 (1): 47 – 68.

[33] Cady, J F. Marketing Research Data, Antitrust Litigation and Industrial Organization Research: The Target Group Index [J]. Antitrust Law Journal, 1978, 47 (3): 1077 – 1088.

[34] Fagot, C M. Une Avancée Presse Dans La Recherche Single-Source [J]. Décisions Marketing, 1994, 15 (3): 23 – 37.

[35] Kirby, E and S Worner. Crowd-funding: An Infant Industry Growing Fast. International Organization of Securities Commissions [EB/OL]. Report Number: SWP3. https://www.iosco.org/research. 2014.

[36] Tomczak, A and A Brem. A Conceptualized Investment Model of Crowdfunding [J]. Venture Capital, 2013, 15 (4): 335 – 359.

[37] Heckman, J J, H Ichimura and P E Todd. Matching as an Econometric Evaluation Estimator: Evidence from Evaluating a Job Training Programme [J]. The Review of Economic Studies. 1997, 64 (4): 605 – 654.

[38] Chang, S J, J Chung and J J Moon. When do Wholly Owned Subsidiaries Perform Better than Joint Ventures? [J]. Strategic Management Journal. 2013, 34 (3): 317 – 337.

[39] Wiersema, M F and H P Bowen. The Use of Limited Dependent Variable Techniques in Strategy Research: Issues and Methods [J]. Strategic Management Journal. 2009, 30 (6): 679 – 692.

# 农村剩余劳动力转移能否促进产业跨区转移

颜银根[**]

**摘　要**：为促进本地经济发展，欠发达地区应加大对本地农村剩余劳动力转移培训力度。本文综合发展经济学 Lewis 模型和新经济地理学 Krugman 模型，构建了农村剩余劳动力跨区转移的空间经济模型，采用面板和双重差分估计来检验农村剩余劳动力转移培训的产业转移效应。研究表明：当前针对"所有转移农村劳动力"的培训政策并无"产业转移效应"，但存在"城市化效应"。此外，"就地转移劳动力"同样不存在"产业转移效应"，但有着更强的"城市化效应"。唯有"欠发达地区企业"在区域一体化水平突破"门槛值"时有"产业转移效应"。本文对中西部地区转移劳动力培训具有重要启示：若以促进城市化为目的，选择"就地转移劳动力"补贴更有效；而若以吸引产业转移为目的，则一方面需要针对"欠发达地区企业"进行补贴，另一方面需要着重提高区域一体化水平。

**关键词**：农村剩余劳动力转移　剩余劳动力转移培训　产业区际转移　新经济地理学

## 一、问题的提出

伴随东部沿海地区经济快速发展，东部沿海地区工资水平整体提高，企业成本增加。一些企业为了寻求更低的成本，获得更高的经营利润，转移至中国内陆地区或周边发展中国家。企业在重新确定区位时影响因素众多，而企业能够在迁入地寻找到合适的技能劳动力满足本企业的用工需求，是企业迁移过程中需要重点考虑的问题。为了能够吸引相关企业转移至本地，中西部地区地方政府纷纷出台对本地农村劳动力转移进行培训的补贴政策。对此，中央政府也给予了高度重视。2010年1月，国务院办公厅发布了《关于进一步做好农民工培训工作的指导意见》，提出要加大增加政府投入，加强培训能力。同年9月，国务院发布的《关于中西部地区承接产业转移的指导意见》中也指出，产业转移承接地需要加强职业技能培训，落实农

---

[*] 基金项目：2016年度江苏高校优秀青年骨干教师"青蓝工程"资助；国家自然科学基金青年基金"开放经济下中国梯度城镇化探析"（批准号 71503070）；教育部人文社会科学研究规划基金一般项目"中国滞后城市化之谜与破解"（批准号 14YJA790069）；中国博士后科学基金第八批特别资助项目"开放经济下中国城市化水平与质量扩散机制研究"（批准号 2015T80526）。

[**] 颜银根（1981 - ），江苏大丰人，南京审计大学经济与贸易学院副教授，硕士生导师，南京大学长江三角洲经济社会发展研究中心应用经济学博士后。

民工培训补贴政策，切实做好农民工培训工作。

传统的发展经济理论和新劳动力流动理论认为，劳动力流动会缩小区域间的收入差距（Lewis, 1954；Taylor & Martin, 2001）。劳动力流动不仅提高了总体的经济效率，而且可能是一种"帕累托改进"（姚枝仲、周素芳，2003；钟笑寒，2006）。农村劳动力的流动，除了对城乡和区域的收入差距产生影响之外，对地区的产业发展同样起着重要作用。20世纪90年代初期以来，大量农村劳动力跨地区流动和FDI流入沿海地区，中国制造业在沿海地区形成了集聚（Fujita & Hu, 2001；范剑勇等，2004），沿海与内地形成了新的空间"二元"结构（林理升、王晔倩，2006）。中西部地区劳动力跨省迁移在推动中国制造业集聚的同时，也延缓了中西部地区工业化的进程（敖荣军，2005），并因此导致中西部地区经济发展滞后。而在劳动力流动过程中，除了工资水平（Lewis, 1954）之外，城市居民的失业（Zarembka, 1970）、转移农村劳动力能否找到合适工作（Fields, 1975）、家庭的选择（Mincer, 1978）以及中国的户籍制度（梁琦等，2013）等等都是影响着劳动力跨区域流动的重要因素。值得一提的是，根据的中国家庭金融调查与研究中心（2012）研究显示，2012年6月中国农民工的失业率更是高达6%，远高于同期城市居民的失业率。究其原因，是因为劳动力市场对农村移民存在就业歧视（吴贾等，2015）。尽管随着中国经济的发展，劳动力市场一体化程度有所提高，但排斥民工的歧视性就业政策仍然存在（蔡昉，2000）。正因为如此，对农村剩余劳动力的培训显得尤为重要。

为了提高农民工技能水平，中央和地方政府对农民工培训也给予了足够的扶持。仅2006年中央就下拨了20亿元农民工培训补贴，并推出了"阳光工程"，补助也达到了6亿元。但根据2014年《全国农民工监测调查报告》显示，外出农民工中接受技能培训比例仍然偏低，仅为32%。政府加强对农民工的培训，从市场经济的角度来看，至少会对劳动力市场和产品市场产生两方面的影响：（1）政府培训增加了地区技能劳动力的数量，从而为落户于欠发达地区的企业提供了技能型劳动力，满足企业生产经营需要；（2）政府培训增加了地区技能劳动力的数量，地区购买能力将发生变化。前者为企业提供相关技能劳动力，从而可能会促进企业转移；后者能够增加本地市场潜能，同样会促进企业转移。如果不考虑劳动力跨区转移时，对本地劳动力获取技能给予适当的培训补贴，工人为了获得高工资也具有获取技能的积极性（Toulemonde, 2006），的确可以促进本地工业发展。甚至，当所有培训的农村剩余劳动力进入本地工业部门，推动欠发达地区产业增加，部分发达地区工人可能会因此而流入，从而促进发达地区的产业向欠发达地区转移。

但是，一旦考虑农村转移劳动力跨区域跨部门转移，情况可能会发生变化：欠发达地区花重金培养的劳动力可能会为发达地区所用，从而对欠发达地区的转移劳动力培训非但不会引起产业从发达地区向欠发达地区转移，反而可能造成产业在发达地区进一步集聚。如果培训的多数工人转移至其他地区，则地方政府可能不再具有培训农村劳动力的动力。换句话说，允许劳动力跨区域流动同样会成为聚集力。因此，需要对农村劳动力转移培训是否能够真正有效地促进产业转移进行再思考。尽管新经济地理学的一些模型，比如 Krugman 核心—边缘模型（Krugman，1991），为产业转移分析提供了理想的框架。从现有的文献来看，仅有少量文献提及农村剩余劳动力转移的问题（张杰飞等，2009），但并没有文献触及转移培训的问题。为弥补现有研究的不足，本文拟在将发展经济学 Lewis 模型和新经济地理学 Krugman 模型综合，并纳入农村剩余劳动力转移及培训的分析框架，探讨如下两个问题：（1）当前的农村劳动力培训政策能否有效吸引产业转移？（2）如果当前劳动力培训不具有产业转移效应，那么，怎样的培训补助才能有效吸引产业转移？为了说明这两个问题，本文拟通过理论模型进行数理分析，并采用计量方法进行检验。

本文其余部分结构安排如下：第二部分，构建包含农村剩余劳动力转移及政府技能培训的理论模型，重点分析对农村剩余劳动力转移培训对产业区际转移的影响；第三部分，采用固定面板效应和双重倍差（DID）对当前中国农村劳动力培训的政策进行评估；第四部分，构建新的理论模型，探讨两种新的培训补贴方法是否能够促进产业转移；第五部分为全文的结论与启示。

## 二、农村剩余劳动力培训的产业转移效应

### （一）基本假设

假定理论模型为 $2 \times 2 \times 2$ 模型，即两地区（A 地区和 B 地区）、两部门（农业部门和工业部门）、两要素（农民和工人）。与传统的新经济地理学模型 Krugman（1991）核心—边缘模型相似，假定农产品处于完全竞争的市场中，生产规模报酬不变，生产中仅使用农民一种要素作为可变投入；工业品处于垄断竞争的市场中，工业品生产存在规模报酬递增，生产中使用工人作为固定投入和可变投入。农产品在区域间贸易不存在贸易成本，工业品在区域间贸易存在冰山交易成本（$\tau$）。针对传统的发展经济学农村剩余劳动力流动模型，如 Lewis（1954）、Todaro（1969）以及 Harris & Todaro（1970）的研究都指出：在存在大量剩余劳动力的地区，随着地区工业经济的发展，农民逐步从农业部门向工业部门转移。但是，纵观发展经济学的文献，本文发现有以下两个极其重要的问题在传统的文献中没有得到足够关注：

1. 农民转变为工人过程中的培训问题。农民转变为工人，需要进行技术培训，否则无法满足用工的需求，这是客观的事实。那么，技术培训的资金来源于何处？多数时候，企业内部消化了对农民工的技术培训，但这无疑会增加企业的成本，从而使得企业在市场上不具有竞争力。除了企业内部培训外，政府的无偿培训是另外一种重要的途径。前文指出，仅 2006 年中央就下拨了 20 亿元农民工培训补贴，同

年还开展了"阳光工程"项目,这两点足以体现中央政府对转移劳动力培训是足够重视的。为此,不妨假定农村转移劳动力的培训成本由政府来承担。① 同时,由于这项培训经费支出仅占政府收支的极少部分,则可以完全忽略税种的问题。即,无须考虑政府支出这项经费到底是通过资本税、消费税还是收入税。②

2. 转移劳动力是选择本地就业还是异地就业的问题。农民工跨区域流动是中国劳动力流动的重要方向,③ 农民从农业部门转向工业部门,抑或从本地转向其他地区,其首要动因是能够获得更好的效用水平。除此之外,影响农民工迁移的因素还包括对周边环境的适应程度、对乡土的眷恋、地区文化和语言的差异等等。这些因素对不同的个体影响不同,某些劳动力可能会认为这些是不可逾越的障碍,而另外一些劳动力则会认为这些因素对他们影响并不大。在这些因素的综合作用下,就地转移和异地转移会呈现出一定的差异。

考虑个体的差异性,那么农民工对本地转移还是异地转移则存在着迁移概率差异的问题。早期的相关研究对移民的问题有着大量的研究,为了分析移民的不同偏好,McFadden(1978)建立了随机效用理论(random utility theory)。不妨采取类似于 McFadden 的假设,即假定农村劳动力在迁移过程中满足随机效用理论,迁移与否取决于迁移前后的总效应水平的变化。对应地,该群体从 A 地区向 B 地区迁移过程中面临的综合效用函数为:

$$v_{A \to B}^h = V_B + \varepsilon_{A \to B}^h \tag{1}$$

其中,$V_B$ 即为农民从 A 地区农业部门迁移到 B 地区工业部门获得的间接效应水平,是一种经济效用,由消费者的收入水平和所面临的商品价格指数共同来决定;$\varepsilon_{A \to B}^h$ 代表单个转移劳动力 $h$ 从 A 地区农业部门转移到 B 地区工业部门,个人所获得的额外效用,这是一种非经济效用,由个体对移民的偏好程度来决定。由于个体存在差异,因此 $\varepsilon$ 值对不同个体而言是不同的。同时,由于个人做出移民决定是相对独立的,按照随机效用理论,$\varepsilon_{A \to B}^h$ 应当是随机的,并且服从独立同分布。在本文的研究中,农民除了从 A 地区农业部门迁移到 B 地区工业部门之外,也有可能会选择从 A 地区的农业部门就地转移到本地的工业部门。与异地迁移相似,农民从 A 地区农业部

---

① 事实上,企业在用人过程中更加愿意招聘相对有着工作经验的人员,这也表明企业并不愿意花费巨大的精力来培养人员。尤其是,相对低技能的劳动力,比如农民工。因此,假定农村转移劳动力培训的成本由政府承担是合理的。当然,到底是由中央政府提供培训,还是由地方政府负责培训,并不在本文的研究范围之内。

② 农村劳动力转移培训工作主要由当地的就业培训中心以及民办职业培训机构来完成,政府对这两类培训机构分别给予补贴。从本文整理的 2004~2013 年全国 31 个省份两部门的补贴与财政收入比值数据来看,该比值最大值为新疆自治区在 2004 年的数值,但也仅仅达到 0.76%,而全国的均值更是低至 0.06%。因此,有理由相信这一补贴可以不用考虑经费的来源问题。

③ 2014 年中国农民工监测调查报告显示,中国农民工跨省流动比例相对较高,并且有增加的趋势,中部地区和西部地区外出农民工跨省流动比例分别达到了 62.8% 和 53.9%。

门向工业部门就地转移时，同样存在着经济效用（$V_A$）和非经济效用（$\varepsilon_{A \to A}^h$）。按照随机效用理论，即使 $\varepsilon_{A \to A}^h$ 与 $\varepsilon_{A \to B}^h$ 在数值上不同，但只要假设这些转移的农民非经济效用 $\varepsilon$ 值都服从 Weibull 分布，那么，就可以得到转移劳动力 $h$ 就地转移的概率：

$$\rho = \frac{\exp(V_A/v)}{\exp(V_A/v) + \exp(V_B/v)} \tag{2}$$

根据（2）式，可以得到农民异地转移的概率为 $1-\rho$。其中，$v$ 为转移农村劳动力选择迁移的异质性程度。如果 $v \to 0$，即转移劳动力不存在异质性时，那么影响他们迁移的唯一因素就只有间接效应函数；但是，如果 $v \to \infty$，即表明转移劳动力存在极强的异质性，从而 $\rho \to 1/2$。换句话说，当农民在移民上没有偏好差异时，那么影响他们具体迁移到哪个地区的因素只有一个，即哪个地区有着更高的间接效应水平；但是，如果农民工在移民上有着巨大的偏好差异，则间接效用水平已经变得不重要，农村转移劳动力向两地区转移的数量几乎相等，农民就地转移还是异地转移并不会受两地区的间接效应水平的影响。在新经济地理学的一些文献中，如 Tabuchi 和 Thisse（2002）、Murata（2003）以及 Russek（2010）等都对此有所阐述。本文中，打算延续 Russek 的假设，即工人在区域之间的流动根据综合效用水平来确定。此外，为了让研究更加贴近现实，在本文的研究中同时还考虑工人跨区域流动时存在迁移成本 $\gamma$。①

**（二）代理人行为**

1. 消费者行为。与多数新经济地理学的研究相似，本文研究中假定消费者效用函数为两层效应函数。上层效用函数为 Cobb-Douglas 对数效用函数，下层效用函数为 Dixit 和 Stiglitz（1977）式 CES 效用函数。

$$U = (1-\alpha)\ln C_A + \alpha \ln C_M, \quad C_M = \left(\int_0^{n^W} c_m^{(\sigma-1)/\sigma} dm\right)^{\sigma/(\sigma-1)} \tag{3}$$

其中，$U$ 表示代表性消费者的效用函数，$\alpha$ 为常数，是消费者对工业品的支出份额。$C_A$ 为代表性消费者对农产品的需求，$C_M$ 为代表性消费者对工业品组合的需求量，$c_m$ 为代表性消费者对第 $m$ 种工业品的需求量。$n^W$ 为两地区工业品种类数的总和，包括 A 地区工业品的种类数 $n$ 和 B 地区工业品的种类数 $n^*$。② 假定单个消费者所有的收入 $y$（假定工资是唯一的来源）全部用于消费，不存在储蓄漏出。那么，以农产品为计价物（即农产品价格 $p_A$ 等于1），则消费者的预算约束函数为：

$$C_A + PC_M = y, \quad P = \int_0^{n^W} p_m^{1-\sigma} dm \tag{4}$$

---

① 工人的迁移成本在中国是明显存在的，包括地区的住房、福利等。这种迁移成本的存在，导致中国技能劳动力在空间上的流动受到了限制，也导致产业在空间上的非均衡分布。

② 与此处相似，为了方便的表示参数，下文中使用上标（*）代表 B 地区与 A 地区相对应的变量，上标（W）代表两地区相应变量的总和。

(4) 式中，$P$ 为 A 地区工业品组合的价格指数。在预算约束函数（4）式下，最优化消费者的效应函数（3）式，则可以得到代表性消费者对农产品需求量 $C_A$、工业品组合需求量 $C_M$ 以及第 $m$ 种工业品需求量 $c_m$ 的分别为：

$$C_A = (1-\alpha)y, \ C_M = \alpha y/P, \ c_m = \alpha y p_i^{-\sigma}/P^{1-\sigma} \quad (5)$$

对应地，代表性消费者间接效应函数：

$$V = \bar{C} + \ln y - \alpha \ln P \quad (6)$$

其中，$\bar{C} \equiv \alpha \ln \alpha + (1-\alpha)\ln(1-\alpha)$ 为常数。

2. 生产者行为。采用与倪鹏飞等（2014）相似的设计，假定两地区可采用的农业生产技术完全相同，生产单位农产品需要 $a_A$ 单位的农民作为可变投入，生产中无须可变投入。B 地区农村不存在剩余农业劳动力，但 A 地区农村拥有大量剩余农业劳动力。为了确保本地农民不存在显性失业，A 地区使用相对较低的农业生产技术，生产效率比 B 地区低，生产单位农产品时需要使用 $a_A/\theta$ 单位的农民作为可变投入。发展经济学经典的理论，如 Lewis（1954）二元经济理论有着与此相类似的假设，即假定欠发达地区的农业劳动生产效率更低。根据上文的假设，农业生产部门为规模报酬不变部门，从而 A 地区和 B 地区这两个地区的农业生产成本函数分别为：

$$c_A = a_A w_A x_A/\theta, \ c_A^* = a_A w_A^* x_A^* \quad (7)$$

其中，$w_A$ 和 $w_A^*$ 分别为 A 地和 B 地农民的工资收入；$x_A$ 和 $x_A^*$ 分别为 A 地和 B 地农产品的产量。由于农业部门是规模报酬不变的部门，从而两地区农产品的价格与边际成本相等，即始终有：$p_A = a_A w_A/\theta$，$p_A^* = a_A w_A^*$。上文中，假定农产品贸易不存在运输成本，因此在开放经济中当两地农产品出现贸易时，农产品的价格必然相等，从而始终有 $w_A/\theta = w_A^*$。

在不失一般性的情况下，单位化农产品的边际投入量 $a_A$ 以及农产品的价格，则 A 地区农民的工资水平 $w_A = \theta$，B 地区农民的工资水平为 $w_A^* = 1$。在 A 地区工业化未完成之前，本地的农民工资始终为工人工资的 $\theta$ 倍（$\theta<1$），从而 A 地区农民工资水平始终为 $\theta w$。特别地，A 地区农业生产效率提高 $\theta=1$，A 地区完成工业化，即农业生产效率的提高将伴随着二元结构的解体而实现工业化（王永钦、高鑫，2016）。同时，从前文分析可知，$w_A/\theta = w_A^*$，因此 A 地区在整个工业化阶段始终存在 $w = w_A^* = 1$。此外，由于 B 地区已经完成了工业化，因此 B 地区的农民和工人的工资水平完全相等，即始终有 $w^* = w_A^* = w = 1$。

不同于农业部门，两地区的工业部门都是规模报酬递增部门，生产过程中除了使用工人作为固定投入之外，还使用工人作为可变投入。假定代表性工业企业的边际投入量为 $a$，固定投入为 $f$，工人的工资水平为 $w$，则代表性企业的成本函数为：

$$TC(x_M) = (f + ax_M)w \tag{8}$$

最优化企业的利润函数,可以得到工业产品的价格为:

$$p_m = \frac{\sigma}{\sigma - 1} aw \tag{9}$$

均衡时,企业获得零利润,从而代表性企业的产量为: $x_M = (\sigma - 1)f/a$。由此,可以得到单个企业需要工人数量为 $\sigma f$。从中不难发现,如果一个地区的工人数越多,那么本地的工业企业数量也将是越多的。

(三) 培训补贴、劳动力流动与产业空间分布

初始阶段,假设两地区人口规模相同,每个地区劳动力的数量均为 $L$。所不同的是,B 地区已经完成了工业化,而 A 地区正处于工业化进程中。因此,即使两地区劳动力数量相同,两地区的工人数量和农民数量也会不同,两地区城市化率会存在着显著的差异。对应地,假设 B 地区初始的农民人数为 $(1-\alpha)L$,工人数为 $\alpha L$。A 地区尚未完成工业化,其农业劳动力投入相对更多,初始 A 地区农民数量为 $(1-\alpha)L/[(1-\alpha)+\alpha\theta]$,工人数量为 $\alpha\theta L/[(1-\alpha)+\alpha\theta]$。

假定初始阶段为均衡状态,即农民不再出现跨部门流动,并且工人也不出现跨区域流动。如果想满足这两个条件,则初始的均衡对变量初始值有着一定的约束:

1. 农民不存在跨部门流动。农民跨部门流动中一个重要的原因是农民工转变为农民工后,其收入水平得到提高。但与此同时,农民工也需要为此支付培训成本。因此,稳定的初始均衡要求农民培训成本等于其通过培训所获得的额外工资收入。对应地,可以得到 $\eta = 1 - \theta$。

2. 工人不存在跨区域流动。均衡时,要求要么工人迁移前后的实际收入水平相等,要么所有工人集中在一个地区 ($\lambda = 0$ 或者 $\lambda = 1$)。很显然,按照前文的假设,这里并不会出现角点解 ($\lambda = 0$ 或者 $\lambda = 1$) 的情况,不会出现所有工人集中在单一地区。因此,在两地区工人不存在跨区域流动时,则要求两地区工人迁移前后的实际收入水平相等。由于 A 地区初始未完成工业化,其工业份额更低,从而 A 地区的价格指数更高。因此,如果出现工人跨区域的流动,则只有唯一的流动可能方向,即 A 地区的工人向 B 地区流动。

$$\Delta V_S \equiv \ln(y/y^*) - \alpha \ln(P/P^*) = 0 \tag{10}$$

由于两地区工人工资相等,由 (9) 式可知两地工业品价格相等,从而 (10) 式变形为:

$$\left[\frac{\lambda + \phi(1-\lambda)}{\phi\lambda + (1-\lambda)}\right]^\alpha = \left(\frac{1}{1-\gamma}\right) \tag{11}$$

由 (11) 式可知,$\lambda = [(1-\gamma)^{-1/\alpha} - 1]/\{[1 + (1-\gamma)^{-1/\alpha}](1-\phi)\} \equiv \bar{\lambda}$ 为均衡结果。此外,如果初始阶段均衡,则有:

$$\frac{(1-\gamma)^{-1/\alpha}-1}{[1+(1-\gamma)^{-1/\alpha}](1-\phi)} = \frac{\theta}{(1-\alpha)+(1+\alpha)\theta} \quad (12)$$

现在，假设中央政府对 A 地区的转移农村剩余劳动力实行补贴，补贴额为 $\delta_1$，则 A 地区的转移农民工收入水平由 $\theta$ 变成了 $1-\eta+\delta_1$。① 如果 A 地区农民就地转移，那么其面临的价格指数并没有发生变化，引起农民迁移的动因只有两部门的工资差异；但是，如果 A 地区农民异地转移，除了两部门工资差异引起农民迁移外，两地区的价格指数差异同样也会影响着 A 地区农民向 B 地区迁移。

农民向工人转变时，存在着身份转变成本。因此，不难发现，只要农民工的收入水平小于1，即 $\delta_1<\eta$ 时，则 A 地区总是存在剩余劳动力。并且，在整个过程中，农民工的收入始终与农民的收入相等。否则，农民总有转变为农民的动机，以获得更高的效用。对农村转移劳动力实行补贴后，从初始状态到新的均衡，会引起了三个方面的变化：(1) 农民工的均衡收入发生变化，从原来的 $1-\eta$ 变为 $1-\eta+\delta_1$，进一步引起农产品和工业品需求的增加；(2) 农业部门的从业人数在减少，工业部门从业人数在增加；(3) 两地区的工业企业数量增加，导致两地区工业成本的价格指数发生变化，而这会引起农村剩余劳动力的进一步转移。假定转移劳动数量为 $T_1$，就地转移劳动力概率为 $\rho_1$，则就地转移农业劳动力数量为 $\rho_1 T_1$，异地转移农业劳动力数量为 $(1-\rho_1)T_1$。农产品市场均衡时：

$$(1-\alpha)[L+(L-L_A)+L_A(1-\eta+\delta_1)] = (L_A-T_1)(1-\eta+\delta_1)+(1-\alpha)L \quad (13)$$

其中，$L_A=(1-\alpha)L/[(1-\alpha)+\alpha(1-\eta)]$。根据 (13) 式，可以得知，当 A 地区农村剩余劳动力培训补贴为 $\delta_1$ 时，A 地区转移的劳动力总数量为：

$$T_1 = \frac{\alpha(1-\alpha)\delta_1}{(1-\alpha\eta)(1-\eta+\delta_1)}L \quad (14)$$

对 (14) 式求 $T_1$ 关于 $\delta_1$ 的导数，得到：

$$\frac{dT_1}{d\delta_1} = \frac{\alpha(1-\alpha)(1-\eta)\delta_1 L}{(1-\alpha\eta)(1-\eta+\delta_1)^2} > 0 \quad (15)$$

(15) 式表明，对转移劳动力的补贴促进了剩余劳动力的转移。这就表明，A 地区转移劳动力的补贴越高，则 A 地区转移劳动力的数量越多，A 地区城市化水平越高。从某种意义上而言，中国当前的农村剩余劳动力补贴起到了促进欠发达地区城市化水平的目的，即存在"城市化效应"。这种"城市化效应"促进欠发达地区工业增加，形成了"城市化效应"。但是，这种补贴是否能够促进产业区际转移，从而缩

---

① 很显然，只要初始的 $\theta<1$，即 A 地区存在剩余劳动力，那么 A 地区的初始产业份额总是小于 B 地区。因此，如果中央政府试图通过对转移劳动力补贴进行培训，则必然是对 A 地区进行补贴。

小地区经济发展的差异呢？为此，不妨继续分析工业品市场供求均衡。均衡时，

$$\begin{cases} \dfrac{\sigma}{\alpha}f = \dfrac{E}{n+\phi n^*} + \phi\dfrac{E^*}{\phi n + n^*} \\ \dfrac{\sigma}{\alpha}f = \dfrac{E^*}{n^*+\phi n} + \phi\dfrac{E}{\phi n^* + n} \end{cases} \quad (16)$$

其中，$\phi = \tau^{1-\sigma}$ 为贸易自由度，满足 $\phi \in [0,1]$。联立（16）式中两个方程式，可以得到：

$$\lambda_1 - \dfrac{1}{2} = \Phi\left(S_{E1} - \dfrac{1}{2}\right),\ \Phi = \dfrac{1+\phi}{1-\phi} \quad (17)$$

（17）式中 $\lambda_1$ 为 A 地区的产业份额，$S_{E1}$ 为 A 地区的工业品支出份额。很显然，由于 $\phi \in [0,1]$，则 $\Phi \geq 1$。与之相对应地，

$$\begin{cases} E_1 = [L_A - (1-\rho_1)T_1](1-\eta+\delta_1) + (L-L_A) + \Delta L_1 \\ E_1^* = (1-\eta+\delta_1)(1-\rho_1)T_1 + L - \Delta L_1(1-\gamma) \end{cases} \quad (18)$$

其中，$\Delta L_1$ 为 B 地区向 A 地区净转移的工人数。由于在本文研究中仅适用工人一种要素生产工业品，因此 $\Delta L_1$ 也代表了工业产业从 B 地区向 A 地区的转移。均衡时，（11）式仍然成立，$\lambda = \bar{\lambda}$ 仍然为唯一均衡结果。从（11）式中可知，$d\lambda_1/d\delta_1 \equiv 0$，即补贴多少对产业在空间分布没有任何影响，不存在"产业转移效应"。此外，根据（2）式对 $\rho_1$ 的定义，可以得到：

$$\Delta V_U = \nu \ln \dfrac{\rho_1}{1-\rho_1} \quad (19)$$

而在对转移劳动力进行劳动力培训补贴时，就地转移和异地转移的农民面临着相同的工资水平，但价格指数不同。因而，将（2）式带入到（19）式，可以得到 $\Delta V_U = -\alpha \ln(P/P^*)$。农村劳动力迁移时，始终存在：

$$\dfrac{\rho_1}{1-\rho_1} = \left[\dfrac{\lambda_1+\phi(1-\lambda_1)}{\phi\lambda_1+(1-\lambda_1)}\right]^{-\alpha/\nu} \quad (20)$$

从（20）式可知，$d\rho_1/d\lambda_1 < 0$。由于 $d\lambda_1/d\delta_1 = 0$，根据（20）式还可以得到 $d\rho_1/d\delta_1 = 0$，即对欠发达地区转移劳动力培训补贴也不存在"就地转移效应"。特别地，当 $\lambda_1 = 1/2$ 时，$\rho_1 = 1/2$。而根据上文的假设，由于 A 地区初始均衡时未完成工业化，因而初始的 $\bar{\lambda} < 1/2$。在这样的条件下，劳动力空间流动时，始终有 $\rho_1 > \lambda_1$，即 A 地区就地转移的比重始终高于本地的产业份额。考虑工人跨区域流动，均衡时，A 地区工业劳动力比重：

$$\lambda_1 = \dfrac{\alpha\theta L/[(1-\alpha)+\alpha\theta] + \rho_1 T_1 + \Delta L_1}{\alpha L + \alpha\theta L/[(1-\alpha)+\alpha\theta] + T_1} \quad (21)$$

由于 $\rho_1 > \lambda_1$，并且 $dT_1/d\delta_1 > 0$，因而可以得到 $\Delta L_1 < 0$。这就表明，在形成新的均

衡过程中，A地区的工业产业值增加更多地源于"城市化效应"（源于本地的城市化水平提高），而不是"产业转移效应"。并且，根据（12）式、（17）式、（18）式以及（21）式，在约束条件 $\Phi \geq 1$，$0 < \delta_1 \leq \eta < 1$，可以发现：在 $\Phi < \tilde{\Phi}$ 时，补贴程度越高，则会导致从A地区向地区转移的工人增加。① 换句话说，在两地区之间贸易自由化水平相对较低时，补贴程度越高，落后地区除了有大量的农民转移到发达地区工业部门之外，还会出现大量的工人向发达地区转移。与Russek（2010）相似的是，技能劳动力与非技能劳动力可能会产生相互作用，从而共同地向某个地区集聚。但不同的是，除了相互促进流动外，工人的流动也为农民工就地转移提供了更大的可能，从而本地城市化出现了加速。当然，这并不是本文关注的重点。这里仅需知道，补贴非但没有能够促进产业从发达地区向欠发达地区转移，反而促进了产业从欠发达地区向发达地区的集聚，从而现有的补贴政策失效。综合上文分析，可以得到如下假说：

理论假说：农村劳动力的培训补贴虽然能够促进本地工业产值的增加，但这源于本地农村劳动力的就地转移，即本地城市化水平的提高带来了工业产值的增加；农村劳动力的培训无法提高本地工业产值占经济系统的份额，更是无法促进发达地区产业向欠发达地区转移。

当前，中国区域一体化水平并不算高，因而有理由相信，现行农村剩余劳动力转移培训促进了欠发达地区工人向发达地区转移，针对欠发达地区的农村劳动力培训的好处更多地被发达地区获得。因此，可以毫不夸张地说，当前的劳动力培训政策是失效的。为了更清楚地说明这个问题，下文中构建简单的计量模型来对当前的劳动力培训政策进行评估。

## 三、农村劳动力转移培训的产业转移效应评估

早在2003年，国务院就下发了《2003~2010年全国农民工培训规划》，农业部、财政部、劳动和社会保障部、教育部、科技部、建设部等多部门共同组织实施农村劳动力转移培训阳光工程（简称为"阳光工程"）。截止到2016年，"阳光工程"仍然在实行。目前农村劳动力的培训主要是将经费拨付给培训机构，按培训人数给予农村转移劳动力培训的机构进行补贴。上述的理论模型中发现，对欠发达地区培训的农村剩余劳动力会随着劳动力跨地区转移而转向发达地区，反而不利于发达地区产业向欠发达地区转移。对此，文中将进行计量检验。

**（一）计量模型、数据来源与方法**

按照上文的理论假说，本文需要检验三个方面的内容：（1）农村劳动力的转移培

---

① 而 $\Phi_B$ 的大小则由 $\alpha$、$\eta$、$\delta$ 共同来决定，可以计算出 $\Phi_B$ 的显性解，相对比较复杂，如需要详细内容，可联系作者索取。

训是否促进了地区工业总值的增加？（2）农村劳动力的培训是否促进了地区产业份额的增加？（3）转移培训能否促进产业转移？其中，前两个内容的验证为第三个内容的验证提供佐证。根据前文的理论假说，首先设定计量模型1：

$$\ln industry_{i,t} = \gamma_{11} + \gamma_{12}\ln trainum_{i,t} + \gamma_{13}\vec{z}_{i,t} + \varepsilon_{i,t} \qquad (22)$$

其中，$\varepsilon_{i,t} = \phi_i + \mu_{i,t}$，$\ln industry_{i,t}$为$i$省$t$年的工业产业增加值对数，$\ln trainum_{i,t}$为$i$省$t$年劳动力培训人数对数。各省的工业生产总值可以从《中国统计年鉴》（2006~2014）中得到，而劳动力培训人数可以从《中国劳动统计年鉴》（2006~2014）中的数据进行加总得到。通过"各地区就业训练中心综合情况"和"各地区民办职业培训机构综合情况"这两个条目，并且子条目包括"按培训对象分组：农村劳动者"，将两者加总之后即可得到不同年份各省农村劳动力培训的情况。当然，这里劳动劳动力培训的指标也只是一个近似的代理变量。$\vec{z}$为控制变量向量组，包括贸易开放度（*EXPR*）、利用外资水平（*FDIR*）、地区失业率（*UEMR*）、地区人均基础设施（ln*INF*）以及地区人均研发（ln*RES*）等，下文同。其中，贸易开放度为地区进出口总额/地区国内生产总值的对数，外资利用水平为地区利用外资/地区国内生产总值的对数，地区人均基础设施为地区公路里程/地区总人口的对数，地区人均研发为地区获批三项专利总数/地区总人口的对数。

计量模型1只是检验了第一个内容，即估算出劳动力培训人数变化是否影响着地区工业总产值。但如果想检验劳动力培训是否促进地区产业份额的增加，则需要设定计量模型2：

$$indr_{i,t} = \gamma_{21} + \gamma_{22}\ln trainum_{i,t} + \gamma_{23}\vec{z}_{i,t} + \varepsilon_{i,t} \qquad (23)$$

与（22）式相比，（23）式中除被解释变量换为$i$地区$t$年的工业产业增加值占全国份额之比*indr*外，其他的变量与（22）式一致。上文提到了《中国劳动统计年鉴》中提供了2005~2013年省级的农村劳动力培训人数。按照第二部分理论研究中的假设，地区农村与城市收入水平之比与地区的剩余劳动力比重相关，由此可以估算出各地区农村剩余劳动力数量。根据各地区参与培训的农村剩余劳动力数量与农村剩余劳动力数量之比，则估算出各地总体的剩余劳动力的培训补贴程度，作为$\delta_1$的代理变量。其中，各省城镇居民收入采用总收入，农村居民收入采用人均纯收入，数据来源于《中国区域经济统计年鉴》。此外，从《中国统计年鉴》（2006~2014）可以获得"按三次产业分国民生产总值"，并且可以计算出各省在2005~2013年间工业产值占全国的份额。根据这两组数据，设定计量模型3，进一步对计量模型2进行文件性检验：

$$indr_{i,t} = \gamma_{31} + \gamma_{32}trainsub_{i,t} + \gamma_{33}\vec{z}_{i,t} + \varepsilon_{i,t} \qquad (24)$$

其中，*trainsub*为农村劳动力培训补贴力度的代理变量。模型1至模型3可以证实假说的前两个部分。但是，截至目前为止，本文尚没有分析产业转移的问题。产业转移的数据在所有的统计年鉴中都不存在，但所幸的是，通过所掌握的河南省

2010～2012年间1968家转移企业的数据可以进行相关分析。值得一提的是，2010年12月，国家人力资源和社会保障部还公布了"全国农村劳动力转移就业工作示范县"名单。根据这两个方面的信息，本文可以采用双重差分分析方法（Difference-In-Difference，DID）对转移劳动力培训是否促进产业转移来做政策评估。要想评价这一政策的效果，本文需要对研究对象的事前差异进行控制，从而在做验证时本文将研究对象分为两组，处理组（培训示范县，变量"treated"设为"1"）和参照组（不是培训示范县，变量"treated"设为"0"），同时根据"示范县"出台前后设置时间虚拟变量period，出台前变量"period"设为"0"，出台后变量"period"设为"1"。因此，可以得到转移劳动力培训对产业转移影响的估算模型4：

$$transfer = \beta_0 + \beta_1 period_i + \beta_2 treated_i + \beta_3 period_i \cdot treated_i + \xi_i \quad (25)$$

式（25）中，$transfer$ 为地区使用外省资金，作为产业转移的代理变量，$\beta$ 为对应的系数，$\xi$ 为残差项，假定服从独立同分布（i.d.d）。根据对河南省转移数据的汇总，本文最终得到了2010～2012年期间河南省18个地市109个县的产业转移数据。虽然示范县的授予前期有着更好的工作基础，但是"示范县"的称号使得各省在剩余劳动力转移培训过程中将更多的资金向"示范县"倾斜。[①] 不妨将2010年看作时间虚拟变量period，2010年之前（含2010年）所有的年份设置虚拟变量"0"，2010年之后所有的年份设置虚拟变量"1"。河南省凡是被列为"示范县"的设置为处理组，treated设置为"1"，否则treated设置为"0"。

**（二）变量描述与说明**

本文研究样本包括两个面板数据：（1）2005～2013年中国内地31个省份（含直辖市、自治区）面板数据；（2）2010～2012年河南省109个县面板数据。其中面板数据1中包括279个样本，为非平衡面板数据；面板数据2中包括327个样本，为平衡面板数据。表1中报告了相关变量的最大值、最小值、均值以及标准差。从表1中可以看出，多数变量的变异系数还是比较大的，这也表明在省份这一地理尺度上地区之间的差异相对较大。

表1　　　　　　　　　主要变量的描述统计

| 变量 | 定义 | 单位 | 观察值 | 均值 | 标准差 | 最小值 | 最大值 |
| --- | --- | --- | --- | --- | --- | --- | --- |
| lnindustry | 工业增加值对数 | — | 279 | 8.0498 | 1.3305 | 2.8611 | 10.2193 |
| indr | 工业增加值占全国份额 | — | 279 | 0.0377 | 0.0339 | 0.0002 | 0.1372 |
| lntrainum | 劳动力培训人数对数 | — | 270 | 12.0263 | 1.0196 | 7.8395 | 13.7315 |
| trainsub | 农村劳动力培训补贴力度 | % | 275 | 0.0412 | 0.0712 | 0.0000 | 0.4582 |
| EXPR | 贸易开放度 | % | 279 | 481.2084 | 593.2122 | 54.2681 | 2 590.5050 |
| FDIR | 利用外资水平 | % | 279 | 0.0563 | 0.0787 | 0.0071 | 0.7693 |

① 河南省2010年底被评为"农村劳动力转移就业工作示范县"的12个县分别为新郑市、杞县、嵩县、滑县、长垣县、鄢陵县、禹州市、唐河县、民权县、光山县、太康县、遂平县。

续表

| 变量 | 定义 | 单位 | 观察值 | 均值 | 标准差 | 最小值 | 最大值 |
|---|---|---|---|---|---|---|---|
| *UEMR* | 地区失业率 | % | 273 | 3.6176 | 0.6485 | 1.2000 | 5.6000 |
| ln*INF* | 地区人均基础设施 | — | 279 | -5.6443 | 0.8097 | -6.7696 | -3.2551 |
| ln*RES* | 地区人均研发 | — | 279 | 0.5801 | 1.2429 | -1.9277 | 3.6056 |
| *transfer* | 地区年产业承接总额 | 亿元 | 327 | 18.1958 | 24.0221 | 0 | 253.0500 |
| *treated* | 处理组虚拟变量（是＝1） | — | 327 | 0.1101 | 0.3135 | 0 | 1 |
| *period* | 实施时间虚拟变量（是＝1） | — | 327 | 0.6667 | 0.4721 | 0 | 1 |

资料来源：作者利用Stata13.0整理加工。

为了更加直观地了解转移劳动力培训与工业增加值的关系，图1中分别给出了工业增加值对数（ln*industry*）与劳动力培训人数对数（ln*trainum*）、工业增加值占全国份额（*indr*）与劳动力培训人数对数（ln*trainum*）以及工业增加值占全国份额（*indr*）与农村劳动力培训补贴比例（*trainsub*）散点图以及拟合线。从图1中可以看出，只有劳动力培训与工业增加值有着明显的正向相关，而劳动力培训人数或者劳动力培训补贴比例与工业增加值占全国份额都没有很好的正向相关性。

（a）劳动力培训人数对数与工业增加值对数　　（b）劳动力培训人数对数与工业增加值占全国份额　　（c）农村劳动力培训补贴比例与工业增加值占全国份额

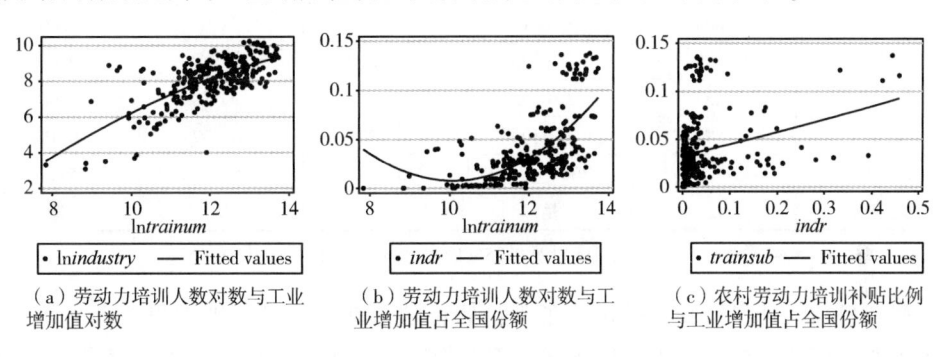

**图1　劳动力培训与工业增加值散点图**

### （三）估计结果与解释

表1中给出了农村剩余劳动力转移培训对地区工业产值及其占全国份额的回归结果。与散点图拟合的结果相似，估计结果（1.1）显示，劳动力培训人数增加1%，则地区工业产值增加0.05%。这一结果在5%的显著性水平下仍然显著，这就表明地区农村转移劳动力培训的人数越多，那么地区工业增加值也就越大。从而，也验证了理论假说的第一个部分，即对欠发达地区农村劳动力的培训的确可以促进地区工业产值在增加。需要指出的是，这一结果是在增加了控制变量向量组的结果，可以有效地减少控制变量遗漏引起的内生性问题。相关控制变量回归系数显示，研发会对工业产值增加有着显著的正向影响，而失业率则会产生负向影响，这与李小平等（2015）的研究结果是相似。

理论研究中指出，尽管培训人数的增加会促进地区工业值的增加，但是并不会促进地区工业值占全国的份额提高。估计结果（1.2）研究结果证实了这一假设，在10%的显著性水平下 ln$trainum$ 系数仍然不显著。并且，在加入了劳动力培训人数对数（ln$trainum$）二次项后，其系数在10%的显著性水平下也是不显著的。在替换代理变量后，$trainsub$ 的系数仍然不显著。无论是劳动力培训人数（ln$trainum$）还是补贴比例（$trainsub$），都对地区的工业产值份额没有显著的影响，从而证实了本文理论研究中的第二个假说内容，即对欠发达地区农村劳动力的培训不会增加地区工业的份额（见表2）。

表2　农村转移劳动力的培训对地区工业产值及占全国份额的影响回归结果

| 变量 | ln$industry$ |  | $indr$ |  |  |
|---|---|---|---|---|---|
|  | （1.1） | （1.2） | （1.3） | （1.4） | （1.5） |
| ln$trainum$ | 0.0494* | -0.0006 |  |  |  |
| $trainsub$ |  |  | -0.0003 | -0.0005 | -0.0020 |
| $EXPR$ | 0.0000 | 0.0000 |  | 0.0000 | -0.0000 |
| $FDIR$ | 0.2819 | 0.0039 |  | -0.0026 | 0.0038 |
| $UEMR$ | -0.1804*** | -0.0019* |  |  | -0.0019* |
| ln$INF$ | 0.0076 | 0.0278*** |  |  | 0.0263*** |
| ln$RES$ | 0.5487*** | 0.0022*** |  |  | 0.0023*** |
| 常数 | 7.8873*** | 0.2100*** | 0.0379*** | 0.0374*** | 0.1943*** |
| 观察值 | 266 | 266 | 275 | 275 | 275 |
| 固定效应 | 是 | 是 | 是 | 是 | 是 |

注：*、**、*** 分别表示在5%、1%以及0.05%的水平显著，利用Stata13.0分析。

截到目前，计量检验只是检验了理论假说的前两个部分，即农村劳动力培训会促进工业产值的提高，但不会促进地区工业份额的增加，尚未分析产业转移的问题。利用河南省县级面板数据，表3中给出了农村劳动力培训对产业转移的双重倍差（DID）分析结果。从表中可以看出，农村劳动力培训的"示范"效应并没有能够对地区的产业转移产生影响。即便在40%的分位数水平上回归，其结果仍然是不显著的。而这与上文中结论1和结论2是一致的，进一步验证了当前的转移劳动力培训政策在产业转移上是失效的推断。

表3　农村劳动力培训对产业转移的影响双重倍差分析结果

|  | 产业转移 | 标准误差 | t值 | P值 |
|---|---|---|---|---|
| Baseline |  |  |  |  |
| Control | 6.127 |  |  |  |
| Treated | 4.104 |  |  |  |

续表

|  | 产业转移 | 标准误差 | t 值 | P 值 |
| --- | --- | --- | --- | --- |
| Diff（T－C） | －2.023 | 6.868 | －0.29 | 0.768 |
| Follow-up |  |  |  |  |
| Control | 23.719 |  |  |  |
| Treated | 29.374 |  |  |  |
| Diff（T－C） | 5.655 | 4.856 | 1.16 | 0.245 |
| Diff-in-Diff | 7.679 | 8.411 | 0.91 | 0.362 |

注：利用Stata13.0分析。

综合以上分析，本文初步得到这样的结论：对欠发达地区农村劳动力的培训，虽然可以促进地区工业产值增加，但地区工业占全国的份额并不会因此增加，当前的劳动力培训政策无助于产业区际转移。当前，对欠发达地区农村劳动力的培训，存在"城市化效应"，但不存在"产业转移效应"。

## 四、是否存在能够促进产业区域转移的培训方式

本文第二部分和第三部分，从理论和实证上检验了当前劳动力培训补贴政策并不存在"产业转移效应"。其根本原因在于，对欠发达地区所进行的劳动力培训，促进了更多数量的欠发达地区农民向发达地区转移。伴随着欠发达地区农民异地转移，发达地区的工业品"价格指数"进一步降低。在"价格指数效应"的作用下，欠发达地区的部分工人也向发达地区转移，从而原本对欠发达地区所进行的劳动力培训变相成为对发达地区的补贴。那么，是否存在一种补贴政策能够促进发达地区的产业向欠发达地区转移呢？这里，集中讨论两种常见的劳动力补贴政策：（1）仅针对欠发达地区的转移劳动力就地转移提供补贴；（2）仅针对欠发达地区的企业给予劳动力培训补贴。

**（一）针对本地就业的转移劳动力给予直接补贴**

上文中指出，现行的劳动力培训补贴失效的一个重要原因是培训的劳动力会向发达地区转移，并且存在欠发达地区的工人向发达地区转移。尽管欠发达地区的工业产值增加，但其占经济系统的工业份额不会增加，更不会引起发达地区的产业向欠发达的地区转移。那么，是否可以选择只针对本地就业劳动力进行直接补贴呢？其效果又将如何呢？

前文的分析中，假定转移劳动力无论转移到哪个地区名义工资都相等。并且，当农民工转移时，农村的劳动力数量减少，农业生产效率提高，从而农民的工资也增加。现在，只针对就地转移劳动力进行培训，就地转移劳动力的收入水平变为 $1-\eta+\delta_2$，其中 $\delta_2$ 为新的就业转移补贴额。设定转移劳动力的总数量为 $T_2$，则就地转移劳动力数量为 $\rho_2 T_2$，异地转移劳动力数量为 $(1-\rho_2)T_2$。此时，A地区农村劳动力数量发生了变化，其数值变化为 $(1-\alpha)L/[(1-\alpha)+\alpha\theta]-T_2$。均衡时，其对应的工

资与异地转移劳动力的工资相同。假定异地转移劳动力的收入水平为 $w_2$，从而有 $w_2 = \theta_2$。农产品市场达到均衡时，有：

$$(1-\alpha)[L + (L_A - \rho_2 T_2)\theta_2 + \rho_2 T_2(1 - \eta + \delta_2) + (L - L_A)] = (L_A - T_2)\theta_2 + (1-\alpha)L \tag{26}$$

同样，可以得到 A 地区只对剩余劳动力就地转移给予培训补贴对应的转移劳动力数量：

$$T_2 = \frac{\alpha(\theta_2 - \theta)(1-\alpha)}{[1 - \alpha(1-\theta)][\theta_2 - \rho_2(1-\alpha)(\theta_2 - \theta - \delta_2)]} L \tag{27}$$

对应地，A 地区工业劳动力份额：

$$\lambda_2 = \frac{\alpha\theta L/[(1-\alpha) + \alpha\theta] + \rho_2 T_2 + \Delta L_2}{\alpha L + \alpha\theta L/[(1-\alpha) + \alpha\theta] + T_2} \tag{28}$$

由于两地区的工人工资没有发生变化，因而（11）式仍然成立，始终有 $d\lambda/d\delta = 0$。即地区的产业份额仍然不会受到就地转移劳动力补贴的影响。与现行的劳动力补贴政策相比，该政策所不同的是，就地转移劳动力的补贴引起了农民迁移概率的变化：

$$\nu \ln \frac{\rho_2}{1 - \rho_2} = \ln \frac{1 - \eta + \delta_2}{\theta_2} - \frac{1}{1-\gamma} \tag{29}$$

由于 $1 - \eta + \delta_2 > \theta_2$，因而可以得到 $\rho_2 > \rho_1$，即仅对欠发达地区就地转移劳动力进行补贴时，欠发达地区更多的劳动力会选择"就地转移"。联合（21）式、（28）式以及（29）式，从而可以得到 $\Delta L_2 < \Delta L_1$，即此时欠发达地区有更多的工人向发达地区转移。此外，当工业产品市场均衡时，（18）式仍然成立。所不同的是，两地区的支出额发生了变化：

$$\begin{cases} E_2 = (1 - \eta + \delta_2)\rho_2 T_2 + (L_A - T_2)\theta_2 + \Delta L_2 \\ E_2^* = (1 - \rho_2)\theta_2 + L - \Delta L_2(1-\gamma) \end{cases} \tag{30}$$

根据（18）式、（28）式、（29）式以及（30）式，可以得到 $d\rho_2/d\delta > 0$，$dT_2/d\delta > 0$ 以及 $d\Delta L_2/d\delta < 0$。这就表明，虽然现在的补贴方式改变为仅对欠发达地区劳动力的就地转移进行补贴，但仍然没有形成"产业转移效应"。与欠发达地区劳动力补贴相似，其存在"城市化效应"（源于本地城市化水平的提高）。需要重点指出的是，由于存在着"就地转移效应"，其"城市化效应"更加明显。由此，得到命题1。

命题1：针对农村剩余劳动力转移的"就地转移"培训补贴，同样不存在"产业转移效应"，但存在"城市化效应"和"就地转移效应"，并且其"城市化效应"相对现行的劳动力培训政策更加明显。

## (二) 对吸纳劳动力就业的企业给予培训补贴

从上文的分析中可以看出，无论是采用对欠发达地区的转移劳动力进行技能培训补贴，抑或是对欠发达地区就地转移劳动力给予培训补贴，始终无法促进欠发达地区的产业份额增加。所不同的是，后一种方式比前一种补贴方式更能促进欠发达地区的产业总额增加，以及城市化水平的提高。那么，是否存在促进发达地区产业向欠发达地区转移的补贴方式呢？

不妨考虑对欠发达地区企业给予补贴，则均衡时企业在两地区选择区位时，两地区的企业利润关系有：$\pi = (1+t)\pi^*$。从而，可以得到企业在两地区设厂时，出售商品的价格就会不同，即 $p_m = p_m^*/(1+t)$。根据（11）式，均衡时两地区工人流动满足：

$$\frac{\lambda P + \phi(1-\lambda)}{\phi\lambda P + (1-\lambda)} = (1-\gamma)^{-1/\alpha}, \quad P = (1+t)^\sigma \tag{31}$$

从（31）式可以发现，在两地区贸易自由化水平比较低（即 $\phi < (1-\gamma)^{1/\alpha}$）时，$d\lambda/dt < 0$；而在两地区贸易自由化水平比较高时（即 $\phi \geq (1-\gamma)^{1/\alpha}$）时，$d\lambda/dt \geq 0$。这就表明，即使是对企业进行补贴，也只是在区域间的贸易自由化水平达到比较高的时候才有效。那么，补贴是否促进了产业转移呢？假设转移劳动力数量为 $T_3$，就地转移劳动力数量为 $\rho_3 T_3$，异地转移劳动力数量 $(1-\rho_3)T_3$。对应地，A 地区农村劳动力数量变为 $(1-\alpha)L/[(1-\alpha)+\alpha\theta] - T_3$。农产品市场达到均衡时有：

$$(1-\alpha)[L + L_A\theta_3 + (L-L_A)] = (L_A - T_3)\theta_3 + (1-\alpha)L \tag{32}$$

同样，可以得到 A 地区只对欠发达地区企业培训补贴时所对应的转移劳动力数量：

$$T_3 = \frac{\alpha(\theta_3 - \theta)(1-\alpha)}{[1-\alpha(1-\theta)]\theta_3}L \tag{33}$$

从（33）式可以得知，不考虑 $t$ 通过 $\theta_3$ 对 $T_3$ 的间接影响，则可以得到 $dT_3/dt = 0$。对应地，A 地区工业劳动力比重：

$$\lambda_3 = \frac{\alpha\theta L/[(1-\alpha)+\alpha\theta] + \rho_3 T_3 + \Delta L_3}{\alpha L + \alpha\theta L/[(1-\alpha)+\alpha\theta] + T_3} \tag{34}$$

对农民工来说，现在两地区的名义工资水平不存在差异。仍然假设工人从 A 地区向 B 地区转移，则：

$$\nu\ln\frac{\rho_3}{1-\rho_3} = -\frac{1}{1-\gamma} \tag{35}$$

由于 $d\rho_3/dt = 0$ 以及 $dT_3/dt = 0$，则可以得到 $\Delta L_3 > 0$。显然，这与前文的假设工人从 A 地区向 B 地区转移不相吻合。从而，需要重新设定假设，即假设工人从 B 地

区向A地区转移,而不是前文所设的从A地区向B地区流动①,对应地:

$$\nu\ln\frac{\rho_3}{1-\rho_3} = -(1-\gamma) \tag{36}$$

从（36）式中可以发现,在 $\phi > (1-\gamma)^{1/\alpha}$ 时,始终有 $\Delta L_3 > 0$,并且 $d\Delta L_3/dt > 0$。这就表明,对厂商的补贴不但可以促进产业份额增加,更会促进产业转移,存在"产业转移效应",这与安虎森、吴浩波（2016）的研究结果是一致的。

$$\begin{cases} E_3 = L - L_A + [L_A - (1-\rho_3)T_3\theta_3] + \Delta L_3(1-\gamma) \\ E_3^* = (1-\rho_3)\theta_3 + L - \Delta L_3 \end{cases} \tag{37}$$

工业市场均衡时,（16）式仍然成立。结合（33）式~（37）式,则可以得到: $dT_3/d\theta_3 > 0$ 以及 $\partial\theta_3/\partial t > 0$。因此,可以得到 $\partial T_3/\partial t > 0$。即对欠发达地区的企业补贴同样会促进欠发达地区的城市化水平,存在"城市化效应"。但由于 $d\rho_3/dt = 0$,不存在"就地转移效应",从而有着明显的"产业转移效应"。由此,得到命题2。

命题2：如果将针对农村剩余劳动力转移的培训补贴给予欠发达地区企业,可能不再存在"就地转移效应",但仍然存在"城市化效应",同时存在"产业转移效应"。在区域间贸易自由化水平相对较高时,则可能会促进欠发达地区产业份额进一步提高。

表4中综合了上述研究的主要结论。从表4中可以看出,本文研究中所探讨的三种补贴方式都具有"城市化效应",即无论是哪种形式的劳动力培训都可以促进欠发达地区的城市化水平提高。所不同的是,"就地转移劳动力培训补贴"同时具备"就地转移效应",能更好地促进本地城市化水平;而"欠发达地区企业劳动力培训补贴"则可能具备"产业转移效应",能更多地促进产业区际转移。因此,到底选择哪种方式,主要看政府的政策目标。如果政府以产业转移为目标,那么转移劳动力的培训补贴应该针对欠发达地区企业,并且需要提高区域间一体化的水平。

表4　　　　不同补贴方式的城市化效应、就地转移效应与产业转移效应

| 补贴方式 | 城市化效应 | 就地转移效应 | 产业转移效应 |
| --- | --- | --- | --- |
| 所有转移劳动力的培训补贴 | + | 0 | 0 |
| 就地转移劳动力培训补贴 | + | + | 0 |
| 欠发达地区企业劳动力培训补贴 | + | 0 | +/0 |

注："+"表示存在正效应,"0"表示不存在效应。

---

① 之所以这里能够出现"产业转移",其根本原因是随着A地区更多的农村劳动力"就地转移",本地的价格指数水平降低。在存在迁移成本时,本地的工人可能不再愿意迁移,甚至发达地区的产业也愿意迁移到欠发达地区,以获得更多的劳动力。在现实世界中,的确因为迁移成本的原因,工人相对农民的流动性更低,从而确保欠发达地区产业不至于完全被发达地区所吸引走。

## 五、结论与启示

从 2005 年开始,中国产业空间分布出现了明显的变化,东部地区的产业逐步向中西部地区转移。企业在重新选择区位时,通常会考虑当地是否具有与之相匹配的技能劳动力(Yeaple,2003)。而为了吸引企业迁移至本地,中央以及地方政府正在大力培训欠发达地区转移农村剩余劳动力。转移农村剩余劳动力的培训有着多方面的目的,包括促进城市化水平提高、承接发达地区转移产业以及提高欠发达地区居民收入水平以促进区域协调发展等。

农村剩余劳动力的转移是发展中国家所共同面临的问题,而转移农村剩余劳动力是否具有一定的技能水平,直接影响着这些发展中国家在全球化中是否具有竞争力。为此,本文首先在新经济地理学的框架下纳入发展经济学中的农村剩余劳动力转移的理论,同时在研究中对三种不同的农村剩余劳动力补贴政策进行了探析,以此分析农村剩余劳动力培训的"产业转移效应"。理论研究表明,现行的农村劳动力培训补贴能够促进本地农村劳动力就地转移,从而促进工业产值的增加,但这并无法促进发达地区产业向欠发达地区转移,也无法提高本地工业产值占经济系统的份额。换句话说,即现行的转移劳动力的培训政策存在"城市化效应",但不存在"产业转移效应";现行的劳动力培训政策能够促使欠发达地区的城市化水平提高,但无法促进发达地区的产业向欠发达地区转移。通过对 2005~2013 年全国 31 个省份的面板计量分析,以及河南省 109 个县 2010~2012 年的双重倍差分析,经验数据证实了理论假说:对欠发达地区农村劳动力的培训,虽然可以促进地区工业产值增加,但地区工业占全国的份额并不会因此增加,当前的劳动力培训政策无助于产业区际转移。

为了进一步说明劳动力培训的产业转移效应,文中随后通过数理分析对"就地转移劳动力培训补贴"以及对"欠发达地区企业培训补贴"这两种不同的补贴方式的政策效果进行评估。研究结果表明:对欠发达地区就地转移劳动力给予补贴同样不存在"产业转移效应",同时存在"城市化效应",并且形成了"就地转移效应";而对欠发达地区的企业给予补贴,则能够有效地促进欠发达地区产业增加以及产业转移,并且可以促进欠发达地区的城市化水平,即同时存在"城市化效应"和"产业转移效应",甚至可能导致产业向欠发达地区集聚,从而促进区域协调发展。相比现有的劳动力培训补贴政策,"就地转移劳动力培训补贴"虽然同样不存在"产业转移效应",但是有着更强的"就地转移效应"和"城市化效应",城市化进程得到加速;而对"欠发达地区企业培训补贴",虽然不存在"就地转移效应",但同时具备"城市化效应"和"产业转移效应",能够同时促进欠发达地区城市化和承接产业转移。整体而言,现行的对"欠发达地区劳动力的培训"和"就地转移劳动力培训补贴"的政策都不具有长期效应,无法促进欠发达地区产业份额增加。

本文的研究得到以下三个方面的重要启示：

（1）在存在劳动力跨区域流动的选择时，如果仅仅是针对转移农村剩余劳动力的培训补贴，并不会改变产业空间分布的长期结果。并且，无论是针对所有转移农村剩余劳动力培训补贴，还是只针对欠发达地区就地转移劳动力培训补贴，都无法改变这一事实。当前，将这种转移农村剩余劳动力的补贴直接补贴给个人，虽然在一定程度上能够更好地利用资金，真正用到实处。但是，这种方式无法改变其缺乏"产业转移效应"的本质。

（2）对欠发达地区农村剩余劳动力转移培训的补贴不存在长期效应，但是这种补贴仍然有助于欠发达地区的城市化和农业现代化。尽管农村剩余劳动力的转移培训补贴并不会促进产业转移，但是这种补贴对提高城市化水平还是有重要意义的。因此，对欠发达地区的转移农村劳动力进行补贴，其目标应当促进地区城市化和农业现代化，而不是吸引东部沿海地区的产业转移。

（3）如果以吸引产业转移为主要目的，则应当将转移农村劳动力的培训补贴补给那些欠发达地区的企业，产生长期效应。通过提供企业的利润而促进产业真正的转移。但是，需要指出的是，这种方法也只有在区域间一体化水平相对较高时才能促进欠发达地区产业变强。否则，在吸引发达地区产业向本地转移的同时，由于本地转移劳动力大量异地转移，反而会导致欠发达地区的产业份额进一步降低。

## 参 考 文 献

[1] 姚枝仲，周素芳. 劳动力流动与地区差距 [J]. 世界经济，2003（4）：35-44.

[2] 钟笑寒. 劳动力流动与工资差异 [J]. 中国社会科学，2006（1）：34-46.

[3] 范剑勇，王立军，沈林洁. 产业集聚与农村劳动力的跨区域流动 [J]. 管理世界，2004（4）：22-29.

[4] 林理升，王晔倩. 运输成本、劳动力流动与制造业区域分布 [J]. 经济研究，2006（3）：115-125.

[5] 敖荣军. 制造业集中、劳动力流动与中部地区的边缘化 [J]. 南开经济研究，2005（1）：61-66.

[6] 梁琦，陈强远，王如玉. 户籍改革、劳动力流动与城市层级体系优化 [J]. 中国社会科学，2013（12）：36-59.

[7] 中国家庭金融调查与研究中心. 中国家庭金融调查报告 [R]. 2012.

[8] 吴贾，姚先国，张俊森. 城乡户籍歧视是否趋于止步——来自改革进程中的经验证据：1989-2010 [J]. 经济研究，2015（11）：148-160.

[9] 章元，刘时菁，刘亮. 城乡收入差距、民工失业与中国犯罪率的上升 [J]. 经济研究，2011（2）：59-72.

[10] 蔡昉. 中国城市限制外地民工就业的政治经济学分析 [J]. 中国人口科学，2000（4）：1-10.

[11] 张杰飞，李国平，柳思维. 中国农业剩余劳动力转移理论模型及政策分析：Harris-Todaro 与新经济地理模型的综合 [J]. 世界经济，2009（3）：82-95.

[12] 倪鹏飞，颜银根，张安全. 城市化滞后之谜：基于国际贸易的解释 [J]. 中国社会科学，

2014 (7): 107 - 124.

[13] 王永钦, 高鑫. 内生二元结构的政治经济学: 公共品、劳动力市场与税率 [J]. 世界经济, 2016 (2): 3 - 22.

[14] 李小平, 周记顺, 王树柏. 中国制造业出口复杂度的提升和制造业增长 [J]. 世界经济, 2015 (2): 31 - 57.

[15] 安虎森, 吴浩波. 转移支付与区际经济发展差距 [J]. 经济学 (季刊), 2016, 15 (2): 675 - 692.

[16] Lewis W A. Economic Development with Unlimited Supplies of Labour [J]. The Manchester School, 1954, 2: 139 - 191.

[17] Taylor J E, Martin P L. Human capital: Migration and rural population change [M] //Bruce L G, Gordon C R. Handbook of Agricultural Economics. Elsevier, 2001: 457 - 511.

[18] Fujita M, Hu D. Regional disparity in China 1985 - 1994: The effects of globalization and economic liberalization [J]. The Annals of Regional Science, 2001, 1: 3 - 37.

[19] Zarembka P. Labor Migration and Urban Unemployment: Comment [J]. The American Economic Review, 1970, 1: 184 - 186.

[20] Fields G S. Rural-urban migration, urban unemployment and underemployment, and job-search activity in LDCs [J]. Journal of Development Economics, 1975, 2: 165 - 187.

[21] Mincer J. Family Migration Decisions [J]. Journal of Political Economy, 1978, 5: 749 - 773.

[22] Toulemonde E. Acquisition of skills, labor subsidies, and agglomeration of firms [J]. Journal of Urban Economics, 2006, 3: 420 - 439.

[23] Krugman P. Increasing Returns and Economic Geography [J]. The Journal of Political Economy, 1991, 3: 483 - 499.

[24] Todaro M P. A model of labor migration and urban unemployment in less developed countries [J]. The American Economic Review, 1969, 1: 138 - 148.

[25] Harris J R, Todaro M P. Migration, Unemployment and Development: A Two-Sector Analysis [J]. The American Economic Review, 1970, 1: 126 - 142.

[26] McFadden D. Modelling the choice of residential location [J]. 1978.

[27] Tabuchi T, Thisse J. Taste Heterogeneity, Labor Mobility and Economic Geography [J]. Journal of Development Economics, 2002, 1: 155 - 177.

[28] Murata Y. Product Diversity, Taste Heterogeneity, and Geographic Distribution of Economic Activities: Market vs. Non-market Interactions [J]. Journal of Urban Economics, 2003, 1: 126 - 144.

[29] Russek S. Differential Labour Mobility and Agglomeration [J]. Papers in Regional Science, 2010, 3: 587 - 606.

[30] Dixit A K, Stiglitz J E. Monopolistic Competition and Optimum Product Diversity [J]. The American Economic Review, 1977, 3: 297 - 308.

[31] Yeaple S R. The Role of Skill Endowments in the Structure of U. S. Outward Foreign Direct Investment [J]. The Review of Economics and Statistics, 2003, 3: 726 - 734.

# 企业异质性对企业重分布及不同区位企业生产率分布的影响
## ——对集聚外部性、空间选择效应和分类效应的细分研究[*]

陈菁菁  陈建军[**]

**摘　要**：新经济地理学对不同区位企业生产率差异的解释是集聚外部性，但随着企业异质性的加入，这种解释显得太过片面，"空间选择效应"和"分类效应"对地区间的生产率差距均有着显著的影响。本文基于集聚外部性、"空间选择效应"（包括"单边选择"和"双边选择"）和"分类效应"在不同区位（核心和外围）企业生产率分布三大特征（均值、标准差、偏度）上的差异化表现，来分析制造业细分行业中导致其地区间生产率差距的主导因素。结果发现，"空间选择效应"和"分类效应"能够解释大部分行业的地区间差距，而只有很小一部分行业是由于集聚外部性而产生差距的；并且，行业的资本劳动比和不对称的市场规模是影响空间选择效应和分类效应作用大小的两个主要因素。

**关键词**：企业异质性　重分布　地区间生产率差距　空间选择效应　分类效应

## 一、引　言

在现实中，我们可以观察到企业的地理集中和较高的平均生产率之间的相互关系。在城市经济和经济地理的文献中，也有许多研究已经证实了核心地区（如城市地区或制造业人口密集地区）的企业，会比外围地区的企业有着更高的生产率（Rosenthal and Strange，2004；Melo et al.，2009；Aiello and Ricotta，2016）。但何为因何为果呢？是核心地区较大的市场使企业更富有生产力，还是生产率较高的企业的地理集中提升了该地区的平均生产率。如果集群和生产率的相互关系取决于较大市场中的外部性效应，那么就可以通过鼓励空间集聚来提高其生产要素的总体产出水平；然而，如果两者的相互关系取决于企业的重分布行为，那么鼓励空间集聚的政

---

[*] 基金项目：国家自然科学基金项目（J2011187）；浙江省自然科学基金（LY13G030042）。
[**] 陈菁菁（1983－），女，浙江慈溪，浙江大学经济学院博士后，杭州师范大学经济与管理学院讲师，硕士生导师；陈建军（1955－），男，浙江杭州，浙江大学公共管理学院教授，城市发展与管理系主任，博士生导师，经济学博士。

策就只会强化地区间的不平衡。

新经济地理学对这些实证结论的传统解释是与技术外溢、劳动力池和垂直关联有关的集聚外部性。然而,近来许多研究都指出,核心地区较高生产率的另一个来源是企业的选择效应(selection),它不仅会吸引更多企业,而且会吸引最成功的企业(Melitz,2003;Melitz and Ottaviano,2008;Baldwin and Okubo,2006;Picard and Okubo,2012;陈建军等,2013)。现实中,这样的例子数不胜数。比如,1818年,Koenig 和 Bauer 从英国伦敦返回德国巴伐利亚来建立旋转式压片机的新工厂,是因为巴伐利亚是世界上印刷业最大的市场。随后,其他高质量印刷厂商也将工厂搬迁至巴伐利亚,将这一地区变成了全世界印刷业的"领头羊";类似的,第二次世界大战后,病人监护设备产业集聚在美国,是因为对成熟的监护设备,美国富有的私人医院比欧洲社会化的医疗体系有着更高的需求;再比如,2015年顺丰选择湖北鄂州建设园区和机场,无非是看重中国中部城市的战略位置,靠近全国最大的物流城市武汉。另一方面,较大市场中的更为激烈的竞争会引起效率最低的企业破产(Melitz,2003)或重分布(Baldwin and Okubo,2006),从而增加核心地区的平均生产率(分类效应,sorting)。可见,随着企业异质性的加入,不能再仅仅用集聚外部性来解释核心外围地区平均生产率的差距,我们需要考虑异质性企业的重分布行为对不同区位生产率分布的影响。

本文即以核心地区和外围地区的生产率差距这一现象为切入点,通过对制造业细分行业生产率分布函数三大特征(均值、标准差、偏度)的对比分析,试图找出各行业中导致地区间生产率差距的主导机制是什么。如果主导机制因行业而异,那又是何种因素导致了行业间主导机制的差异化表现,以期对制定更有针对性、更有效的产业政策有一定的引导作用?

## 二、文献综述

在将企业异质性引入 NEG(New Economic Geography)之前,由于企业都是同质的,因此不论企业往哪里重分布(relocation)或是有多少企业重分布,都不会影响任何区位的平均生产率水平。但是随着 Melitz(2003)将企业层面的生产力水平异质性引入国际贸易的模型后,企业的异质性对地区平均生产率变化的影响就开始引起各方关注。在国际贸易的研究领域[1],由于假设只允许贸易而不允许企业重分布,核心地区平均生产率的提高是通过贸易开放推动高生产率企业进入出口市场进而占有更多市场份额、迫使低生产率企业退出市场(破产)这一过程来实现的。而在 NEG 的研究领域,基本假设中企业的进入成本为零,企业就不会破产退出市场,但可以重分布到另一个

---

[1] 鉴于本文的研究主题,对于国际贸易领域企业异质性假设所引起的变化,不做展开。

地区，这样，不同生产率企业的重分布就会改变不同区位的平均生产率水平。

因此，在异质性企业 NEG 的研究中，关注的一个核心问题就是，企业的"空间选择效应"[①]是怎样的？具体来说就是，怎样的企业会选择核心地区？怎样的企业又会选择外围地区？它们选择的条件又是什么？另一个被关注较多的问题就是，既然不同的企业有不同的区位偏好，那么企业是否会在空间上形成自我分类？下面，我们将对异质性企业 NEG 研究中，对"空间选择效应"和"分类效应"这两个问题的探讨进行梳理[②]，进而提出后文实证研究中所要检验的问题。

（一）空间选择效应

现实中，高生产率的企业重分布到核心地区是经常发生的，这是"空间选择效应"中最早被观察到并被研究的一个问题。直观的来看，在传统的同质性企业 NEG 模型中，空间均衡发生在集聚力（本地市场效应，HME）和扩散力（拥挤效应）相当之时。这时，加入企业层面的生产率异质，均衡就被打破了，企业会重分布直到形成新的均衡。由于在相同的劳动力投入下，高生产率的企业会生产更多、销售更多，核心地区的 HME 对其吸引力更大，而它们较高的生产率水平也更能抵挡住核心地区激烈的本地竞争（扩散力）带来的损害。Baldwin 和 Okubo（2006）就在模型推导中证明了这一点。他们在 FC 模型（footloose capital model）的基础上加入了外生的[③]企业生产率[④]异质性。企业逐利的特点决定了其重分布行为是依重分布前后收益大小而定的，从他们给出的重分布引起的企业利润变化函数[⑤]可以知道：

$$\pi[a] - \pi^*[a] = a^{1-\sigma}\frac{(1-\phi)E^w}{K^w\lambda\sigma}\frac{2\phi\left(s-\frac{1}{2}\right)}{((1-\phi)s+\phi)(1-s+\phi s)} \quad (1)$$

首先，只要核心地区的市场份额超过一半，且存在交易成本（$s>1/2$，$\phi<1$），则外围地区企业迁移到核心地区会获益，而核心地区企业迁出则会亏损；再者，利润的变化是劳动力边际成本（$a$）的减函数[⑥]，也就是说从外围地区迁移到核心地区的收益随着企业生产率的提高而提高。因此，外围地区生产率较高的企业会先重分布到核心地区，进而提高了核心地区的平均生产率水平。显然，对"空间选择效应"的忽视会高估集聚外部性的作用，这不仅会使许多研究中对集聚经济的衡量有偏，

---

[①] 这里称之为"空间选择效应"，是为了与 Melitz（2003）提出的"选择效应"相区分。NEG 领域中的选择效应强调的是空间对企业的选择，而国际贸易领域中的选择效应强调的是出口市场对企业的选择。

[②] 在异质性企业 NEG 的研究领域中，还有许多值得探讨的问题，比如供给异质性和需求异质性的不同影响，比如异质性对传统 NEG 模型中集聚力和扩散力的影响，又比如异质性背景下产业引导政策有效性的问题，等等。这些不是本文所关注的，故不再展开，可参看 Redding（2010）和颜银根（2014）。

[③] 模型中假设每个企业的生产率是事先确定的，不会因为迁移而发生变化，故而是外生的。

[④] 在模型中用劳动力边际成本表示企业生产率。

[⑤] 具体推导过程见原文。

[⑥] 因为 $1-\sigma<0$，$0\leqslant a\leqslant 1$。

也会使得那些基于集聚经济的产业政策失效。因此，许多学者开始尝试将集聚外部性和"空间选择效应"区分开来，而两者在生产率分布函数特征上的差异（后者的标准差更小）也使我们能够实现这一目的。比如，Syverson（2004）用美国多部门的企业数据，发现企业生产率分布的方差与贸易能力没有关系。但 Del Gatto 等（2008）用意大利企业面板数据，发现行业内成本方差在出口导向的行业中较小。Combes 等（2012）采用企业数据，用四分位回归来证实集聚和选择对生产率大小的相对重要性，发现空间生产率差异主要是由集聚引起的，但选择对一些细分行业也是重要的。那么，为何实证中"空间选择效应"对生产率差异的影响并不显著或者说并不统一呢？是否不仅仅只有高生产率的企业会重分布到核心地区，低生产率的企业也会？

**（二）双边选择**

现实中，我们可以看到各种生产率差异很大的企业的重分布行为，而且重分布方向也不一定仅指向核心地区，关键在于各种参数条件如何。比如，2015 年华为终端总部项目落户东莞松山湖南区，发展与手机等所有终端关联的研发、销售和增值业务，中兴通讯也在 2016 年 7 月将生产基地从深圳北迁至河源。作为 IT 行业核心地区的深圳为何会遭遇这种反向的选择呢？主要是由于过度的集聚造成土地、办公、交通成本上升，即使是高生产率的企业也难以承受，特别是那些处在扩张期的企业，它们在保留总部享受 HME 的同时，把子公司迁到成本相对较低的城市无疑是明智之举。可见，影响企业空间选择的因素更加复杂了，Okubo 等（2010）用 Ottaviano 和 Thisse（2004）的线性垄断竞争模型①替代了 D - S 垄断竞争模型，把区位、企业类型、市场规模、交易成本这些因素都考虑了进来，给出了在不同区位上不同类型企业的出清条件，得到的最主要的结论是关于市场规模的不对称和贸易自由化（或者说是交易成本）对异质性企业区位的影响。结果发现在贸易可行且市场规模差异足够大的情况下，外围地区所有的企业——高生产率和低生产率的企业都会重分布到核心地区，因为这时靠近较大市场的收益超过了竞争的成本。

再者，我们知道企业的区位决策其实是由企业家决定的，哪里资本回报率高就选址在哪里。而资本回报率是由资本劳动比和生产率共同决定的。当假设所有企业资本投入同质时，资本劳动比也固定了下来，企业的区位决策就仅仅取决于生产率②。而当假设大规模和高生产率企业③使用较多资本、较少劳动力时（这一假设基

---

① 其优势在于能够解释价格竞争对异质性企业跨空间分布方式的影响。

② 在资本同质的情况下，决定企业区位的直接因素是重分布前后的收益，而如公式（1）所示，收益是取决于生产率的。因此，从根本上说，是否重分布也是取决于生产率的。

③ 在异质性企业 NEG 模型中，大规模企业和高生产率企业所指是一样的。因为每个企业都投入一个单位的劳动力，那么当企业生产率较高，即边际劳动成本较低时，其产出规模自然就较大。为了分析的目的，后文在论述时，会交替使用这两个概念，二者并无区别，特此说明。

本符合现实①），那么高生产率的企业就会拥有高的资本劳动比，而低生产率的企业就会拥有低的资本劳动比，在劳动力投入给定的情况下，两者都能得到较高的资本回报率（Okubo and Forslid，2010）。因此，我们就会看到核心地区既有生产率高且机械化的企业，也有生产高价格手工产品的企业的空间选择（称之为"双边选择"，而上文的"空间选择效应"在后文中则称之为"单边选择"，以示区别）。可见，"双边选择"与"单边选择"在生产率分布上的表现是不一样的，在"双边选择"的情况下，核心地区的平均生产率并不一定大于外围的，因为低生产率的企业也重分布到核心地区了。这也是那些实证研究在"空间选择效应"对地区间生产率差距的影响上结论并不统一的原因之一。

而"双边选择"的结果就是核心地区的生产率分布比外围地区有着更宽的范围，已有学者在实证中证明了这一点（Okubo and Forslid，2010；Okubo and Tomiura，2010）。

对于"双边选择"还有一个值得一提的问题是，虽然高生产率企业和低生产率企业都会重分布，但是前者重分布的收益永远是高于后者的②，在存在竞争成本（拥挤效应）的情况下，只有当迁移的收益超过成本了，迁移才可能发生。因此"高生产率的企业会先于低生产率的企业迁移"这一观点不管在何种假设、何种模型下都是成立的。

（三）分类效应

"分类效应"和"空间选择效应"是分不开的，只有企业进行了选择（或者说重分布），才有可能在空间上形成自我分类。早在 Baldwin 和 Okubo（2006）的研究中就涉及到"分类效应"，但届时的空间自我分类是在政策引导下形成的。我们知道仅在市场自发的情况下，只有外围地区较高生产率的企业会重分布到核心地区，并且当重分布的收益不足以抵消重分布成本时，迁移就会停止，那些生产率低于阈值③的企业是不会迁移的。那么如果出现一个方向的力量来吸引企业到外围地区，均衡又会有怎样的变化呢？其实这个力量一直是存在的，就是传统 NEG 模型中的扩散力——拥挤效应。而在 Baldwin 和 Okubo（2006）的研究中，为了更清晰地突出研究

---

① 关于资本密集性和企业规模或者说生产率的关系研究可参看 Hall（1992）、Cabral 和 Mata（2002）、Cohen 和 Klepper（1996）、Boothby 等（2008）等研究。该内容不是本文的重点，故不再展开。

② 不论是 Baldwin 和 Okubo（2006）中给出的重分布利润变化函数，还是 Okubo 和 Forslid（2010）中给出了两类企业的迁移收益 $\Delta \pi^h$ 和 $\Delta \pi^l$，都可以证明这一点。前者是生产率的增函数，生产率越高，重分布的收益越大；后者是两类企业市场份额（$s_h, s_l$）和市场规模差异（$\lambda$）的函数，不论 $s_h, s_l, \lambda$ 为何，$\Delta \pi^h$ 恒小于 $\Delta \pi^l$。

③ 这是重分布收益与重分布成本相等时的生产率，Baldwin 和 Okubo（2006）给出了其最原始的表达式 $a_R^{1-\sigma+\rho} = \dfrac{2\phi\left(s-\dfrac{1}{2}\right)}{(1-\phi)(1-s)}$，显然它受交易成本（$\phi$）和市场规模（$s$）的影响。

目标,并没有涉及拥挤效应,而是用旨在促进外围地区产业发展的补贴这样一种外生变量作为扩散力。如果企业要离开核心地区,则必然有损失,那么若补贴能超过损失则该政策是成功的,反之则是失败的。又由于企业生产率异质,每个企业离开核心地区的损失是不一样的,据(1)式可知,生产率越低的企业离开核心地区的损失越小,因此也越可能被外围地区的补贴吸引。所以除非补贴足够高或者说与企业的收益水平正相关,能够把高生产率的企业也吸引过来,否则在固定的一般水平的补贴下,吸引到外围地区的企业只能是低生产率的(梁琦等,2012)。这就是"分类效应"——高生产率企业重分布到或留在核心地区,而低生产率企业重分布到或留在外围地区。这是由于产业引导政策的介入才产生的结果,那么完全在市场的作用下,是否也会有"分类效应"呢?答案是肯定的,Okubo 等(2010)就指出低生产率企业愿意远离高生产率企业来减缓竞争的本质也会推动空间上的自我分类。再者,即使没有补贴作为扩散力,核心地区的拥挤效应这一扩散力是肯定存在的,外围地区高生产率企业迁入的收益要承受得住拥挤带来的竞争成本,才可能迁入。而那些低生产率企业则是由于迁入的收益小于成本,才会选择继续留在外围地区。那么,那些本就位于核心地区且生产率和留在外围地区企业相当的企业(也就是核心地区的低生产率企业)又会如何呢?显然,它们面临的是"两害相权取其轻"的选择,是迁出核心地区遭受较小的 HME 损失,还是留在核心地区承担较高的竞争成本[①],显然理性的企业会选择损失较小的方案,也就是重分布到外围地区。

从另一个角度来讲,企业的行为是由企业家决定的,而企业家是明白自己的管理才能的,能够理性的决策进入哪个地区。Nocke(2006)从企业家的角度研究了企业的进入和退出决策,发现一个完美的分类结果:因为核心地区中更激烈的竞争,核心地区的每个进入者都比外围地区的企业有着更高的生产率。也就是说完美的分类总是会发生的,这在没有重分布成本的时候是可以成立的,但是重分布成本使得核心和外围地区的企业在重分布时的净收益并不对称(从绝对值上来看,外围地区企业重分布的净收益要大于核心地区的),即使外围地区全部高生产率的企业都重分布到核心地区了,核心地区的低生产率企业也不一定会全部被挤出,否则就没有完美分类了。Okubo 和 Forslid(2010)也证明了完美分类需要在一定的条件下才能出现。他们证明了贸易成本降低,会促进高生产率企业在核心地区逐渐集聚(因为它们能在竞争较为激烈的环境中存活),而低生产率企业通过分布在外围地区来避开高生产率企业带来的激烈竞争。只有在一定范围的贸易成本下,才会形成全部高生产

---

[①] 企业能够享受到的 HME 的大小是与其生产率水平正相关的。生产率较高的企业,生产和销售的较多,位于核心地区能够节约的交易成本就较多,因此其享受的 HME 也较大;反之,生产率较低的企业则只能享受到有限的 HME。但不论生产率水平如何,企业在核心地区承受的拥挤效应是一样的,竞争带来的要素成本的上升不会因为企业的生产率水平而有所变化,故低生产率企业对核心地区拥挤效应的承受力要弱于高生产率企业。

率企业在核心地区而全部低生产率企业在外围地区的完美分类。而当经济越来越一体化（贸易成本更低）时，HME 会成为主导，也就是说当市场的空间分离无法为位于外围地区的低生产率企业提供足够保护，使其远离来自核心地区高生产率企业的竞争时，低生产率企业也会选择核心地区，毕竟在那里有较多的消费者。

**（四）小结**

综上所述，随着企业异质性的加入，地区间生产率的差距不再仅仅受集聚外部性影响，企业的空间选择和自我分类都会产生影响。"单边选择"时，仅有高生产率企业会重分布到核心地区，而"双边选择"时，则高生产率企业和低生产率企业都会重分布到核心地区，但是低生产率的企业重分布的动机会略小，故而迁移的数量会少于前者。而"分类效应"可以说是企业选择的另一种结果，在仅考虑 HME 时，不会有企业进行反向选择而形成不同生产率企业自我分类的现象，只有在模型中加入了政策或拥挤效应这种扩散力之后，才会出现高生产率企业迁往核心地区、低生产率企业迁往外围地区的分类。如果核心地区所有企业的生产率都高于外围地区的，则是一种完美分类。本文将根据这四种机制各自的特征，对长三角地区核心和外围的企业生产率分布进行对比分析，来确定哪种机制在地区生产率差距上占了主导作用，以期对产业引导政策有所指引。这是本文要解决的第一个问题，而答案可能是因行业而异的。

早期一些研究在这方面的观点已初露端倪。比如 Combe 和 Overman（2002）、Duranton 和 Overman（2005）就提出不同行业的区位模式有很大差异，企业区位分布模式受企业或行业特性，以及行业或地区的分类方式影响：一些产业中，大企业易集聚而小企业分散，而在另一些产业中则反之。笔者在较早的研究中也发现了生产性服务业和制造业这两大行业在城市范围中空间行为的差异：核心地区享有规模经济和范围经济的生产性服务企业（大规模企业）生产更高端、较个性化的服务，外围地区的小规模企业则为周边的商业及居民客户提供标准化的服务产品；小规模制造业企业分布在核心地区来运输标准化产品，大规模的制造业生产则在外围地区进行（陈菁菁，2011）。

但这些研究并未把行业的特征与导致地区间生产率差距的机制联系起来，而这也是本文所关心的第二个问题，什么行业是集聚外部性主导的？什么行业是"空间选择效应"和"分类效应"主导的？决定这种行业差异的因素是什么？

# 三、实证分析

**（一）实证策略**

虽然集聚外部性、"单边选择"、"双边选择"和"分类效应"都会使得核心地区有着较高的平均生产率，但它们对于核心和外围地区企业生产率的分布有着不同的暗示。我们根据第二部分的分析，分别图示了这四种机制下核心和外围的生产率分布（图1）。图中的实线表示的是核心地区的分布，虚线表示的是外围地区的分布。

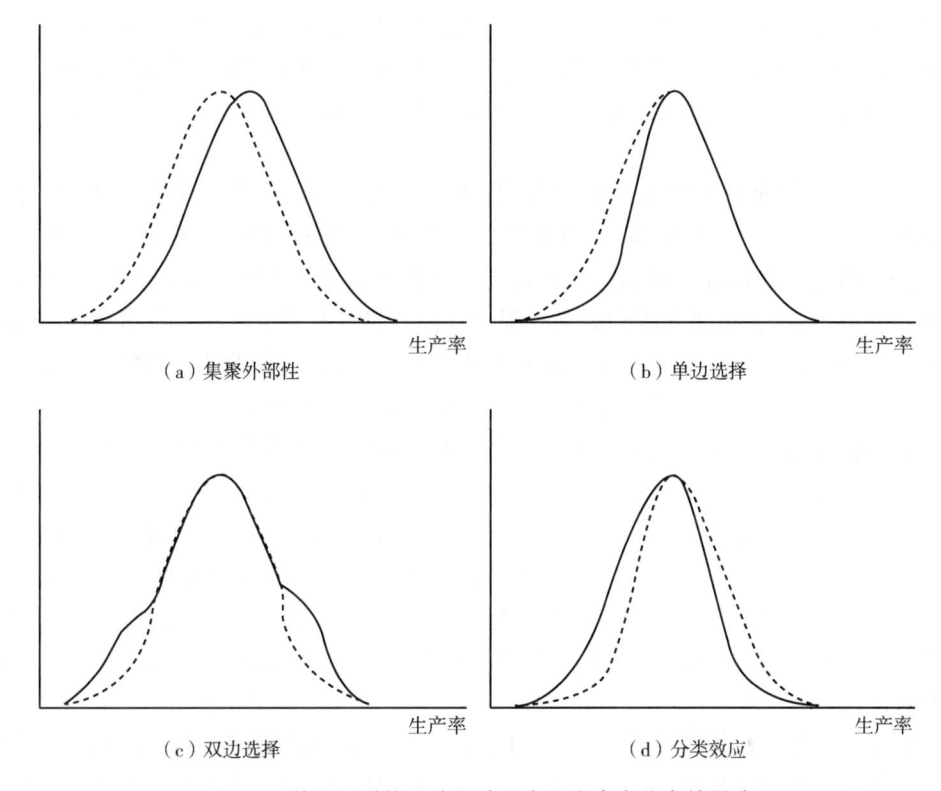

(a) 集聚外部性

(b) 单边选择

(c) 双边选择

(d) 分类效应

**图1 四种机制对核心外围地区企业生产率分布的影响**

图1（a）呈现的是标准的集聚模型，所有的企业都从核心地区的区位中获益，这意味着与外围地区的企业生产率分布相比，核心地区的企业生产率分布整个往右平移了。

图1（b）展示的是在一个标准的异质性企业模型中单边选择的情况，核心地区的分布从左边被截断了。虽然"单边选择"最显著的特征是高生产率企业迁移到核心地区，但是我们并不以此作为分析其生产率分布变化的特征，因为这种高调的迁入背后包含着对低生产率企业的挤出。由于核心地区的拥挤效应对位于核心地区的每个企业都是一样的，而低生产率企业迁出的损失是小于高生产率企业迁入的收益的。那么如果拥挤带来的竞争成本刚好与高生产率企业迁入收益相当的话，则外围高生产率企业不会迁入，但核心低生产率企业必然迁出，因为迁出的损失小于继续待在核心地区所承受的竞争损失了。所以，相比外围地区高生产率企业的重分布行为，核心地区低生产率企业的迁出才是"单边选择"中必然会发生的，用这一特征

(生产率分布的左端被截断)作为"单边选择"的表征更为合适。

图1（c）则是双边选择的情况，外围地区生产率分布的两端都被截断了，核心地区的分布两端均有一个向上的跳跃，但正如前文所分析的，重分布时高生产率企业总是先于低生产率企业行动的，因此分布曲线两端的截断（跳跃）是不对称的，右端的截断会早于或者说高于左端。这一机制的主要特征就是核心地区的生产率分布范围比外围地区更宽（Okubo and Forslid，2010；Okubo and Tomiura，2010）。

图1（d）则是分类效应，本文以外围地区高生产率企业迁入且核心地区低生产率企业迁出作为"分类效应"的特征，这与前人的研究有所不同（Okubo and Forslid，2010）。在以往的研究中，往往仅以外围地区高生产率企业迁入这一方面来表征"分类效应"，主要是因为如果外围地区仅有高生产率企业迁入，那么核心地区的低生产率企业肯定会被挤出（具体分析见上段），因此"外围地区高生产率企业迁入"这一方面就暗含了"核心地区低生产率企业迁出"的内涵，并且"核心地区低生产率企业迁出"已经作为了"单边分类"的特征，为了有所区别，故而简化处理了。但笔者认为，这种简化处理会弱化对"分类效应"影响地区生产率差异的理解。而且，这和"单边选择"中仅用低生产率企业迁出核心地区来表示的简化处理不同。在那时，由于低生产率企业迁出核心地区是必然发生的，而外围地区高生产率企业迁入则不是，故而不应在普遍性分析时有所体现；而这里，若以外围地区高生产率企业迁入表示"分类效应"，那么核心地区低生产率企业的迁出是必然发生的，应该要有所体现。

最后，值得一提的是，图1（b）、1（c）、1（d）虽然都有截断，但截断的位置有所不同，图1（b）和图1（d）都是从峰值处开始截断的，这是单边选择和分类效应最完美的情况下会出现的现象，为了突出显示它们的特征，故而用这种完美的情况图示；而图1（c）的截断是发生在"半山腰"的，这是因为如果从峰值处截断的话，那么外围地区所有的企业就都重分布到了核心地区，形成了完全集聚，那么从图上来看就只剩核心地区的生产率分布曲线，也就无从显示出"分类效应"对生产率分布曲线的影响特征了。从后文的分析来看，现实中也没有这种极端的情况。

从这些图示，我们可以得到关于生产率分布三大特征（均值、方差、偏度）的一些可检验的假设。表1列出了对图1中四种机制下三大特征值的预测，其中下标c表示核心地区。纯粹的集聚只会影响到均值（x）。而选择和分类会影响所有三个特征：单边选择会减少核心地区分布的范围（标准差变小），双边选择则会增加核心地区分布的范围（标准差变大）。而分类对范围的影响往往是模糊的，因为核心和外围地区的生产率分布都有一端被截断了，在不同的参数下，对分布范围的净影响是不同的。它最主要的特征是引起了分布的偏度的变化，外围地区生产率分布的右端被截断会产生正的偏度系数，核心地区则相反，会产生负的偏度系数，并且从绝对值上看，前者会大于后者（因为高生产率企业会先于低生产率企业行动）。

显然，在现实中这几种机制可能会同时作用，问题是它们谁占主导，是否因行业而异。下面，我们将通过这些预测的检验来回答这一个问题。

**表1　　　　　　　　四种机制对生产率分布三大特征值的影响预测**

|  | 均值 | 标准差 | 偏度 |
|---|---|---|---|
| 集聚外部性 | $x_c > x$ | $sd_c = sd$ | $sk_c = sk \approx 0$ |
| 单边选择 | $x_c > x$ | $sd_c < sd$ | $sk_c < 0 \approx sk$ |
| 双边选择 | $x_c > x$ | $sd_c > sd$ | $sk_c \approx sk$ |
| 分类效应 | $x_c > x$ | $sd_c \gtrless sd$ | $sk_c < 0 < sk$ |

## （二）数据

我们用的是长三角地区2007年工业企业数据库中的制造业企业数据。剔除需要特许经营权的烟草制造业，一共有29个二位数行业的96854家企业，行业的详细分类及数量见附录A和附录B。长三角地区一共有27个地市，我们将围绕上海、杭州、苏州的16个城市定为核心地区，其他11个城市则为外围地区[①]。由于理论模型中，对于生产率的衡量用的都是边际劳动成本，因此在进行实证分析时，我们没有去计算全要素生产率，而是用人均增加值（增加值除以就业人数）来表示企业的生产率（具体数据见附录C）。

## （三）分析

1. 地区间生产率差异的主导机制分析。

我们感兴趣的是，生产率分布的均值、标准差和偏度在核心、外围地区之间的差距，是否是行业间异质的。根据前文的分析预测，核心地区有着较高的生产率，因此我们仅关注 $x_c - x > 0$ 的行业。在这些行业中，范围差距是负（$sd_c - sd < 0$）的行业是由"单边选择"主导的，而范围差距是正（$sd_c - sd > 0$）的行业则是由"双边选择"主导的。而"分类效应"主导的行业，其标准差差距可能为正也可能为负，但是偏度系数的变化趋势却是一致的，它会在外围地区产生正的偏度系数而核心地区产生负的偏度系数[②]（各行业的主导机制见附录C）。我们在每种机制主导的行业

---

① 核心地区为：上海、苏州、无锡、杭州、南京、宁波、绍兴、常州、嘉兴、台州、镇江、湖州、舟山、南通、扬州、泰州；外围地区为：徐州、盐城、金华、合肥、芜湖、马鞍山、铜陵、安庆、宣城、池州、滁州。

② 这里我们用核心、外围地区的偏度系数特征而不是两地偏度系数差距来表征是因为，在"单边选择"的情况下，偏度系数差距也是负的，只是要比"分类效应"下更大一些（更靠近0）。既然能通过直接分析两地的偏度系数特征来确定"分类效应"，那么就没有必要准确的划分"单边选择"和"分类效应"之间的边界。这种划分本身就会具有主观性，并不一定都是合理的。

中选择取了一个最有代表性的行业，以图示之。图2就展示了皮革、毛皮、羽毛（绒）及其制品业、农副食品加工业、文教体育用品制造业、印刷业和记录媒介的复制这四大行业在核心、外围地区生产率分布的情况，分别代表了集聚外部性（图2（a））、单边选择（图2（b））、双边选择（图2（c））和分类效应（图2（d））四种机制。可以看出，虽然大致趋势是类似的，但实证的结果确实不如预测的结果特征明显，这显然是由于四种机制在每个行业中都是存在的，主导机制的特征难免受到其他机制的削弱。

(a) 皮革、毛皮、羽毛（绒）及其制品业

(b) 农副食品加工业

(c) 文教体育用品制造业

(d) 印刷业和记录媒介的复制

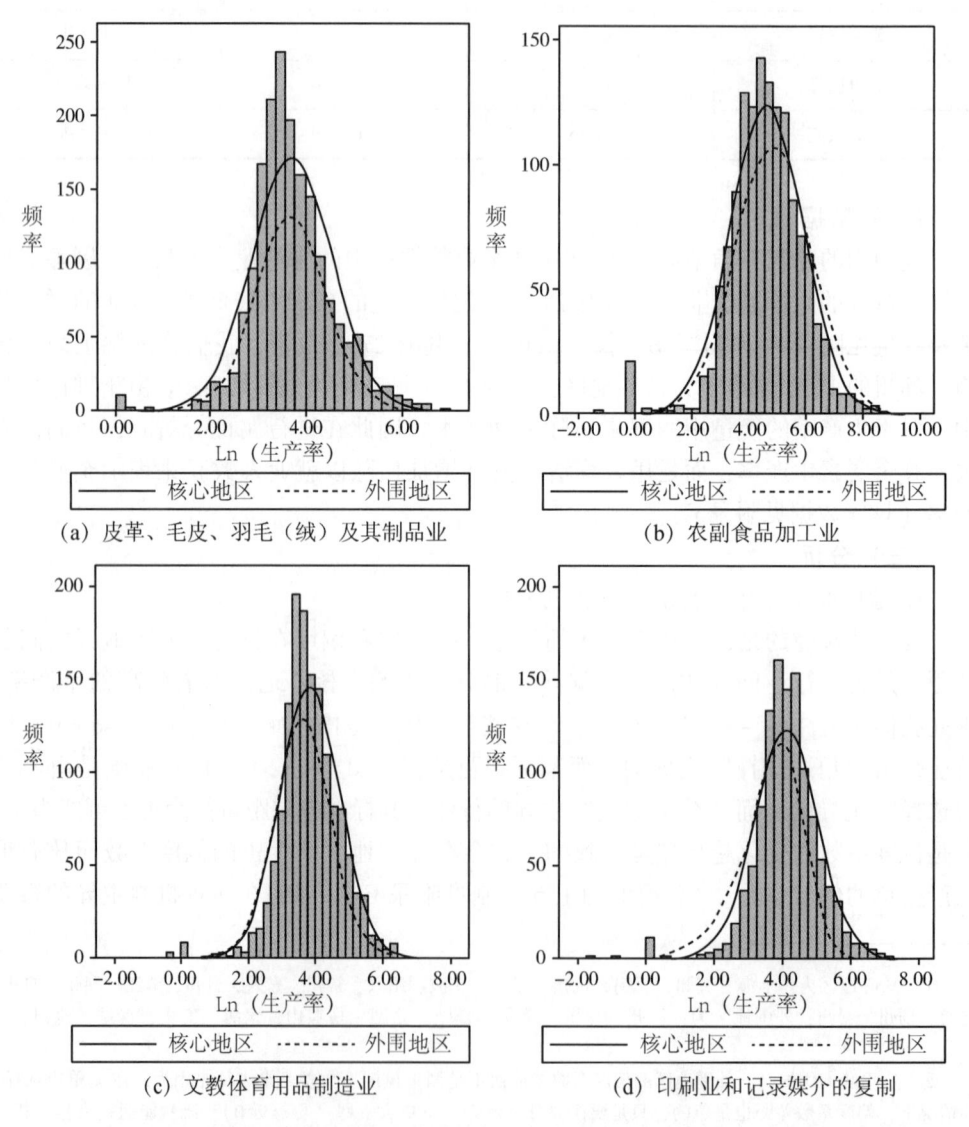

图2 四种机制主导下的代表性行业的核心外围地区生产率分布曲线

为了更清楚地判断各种机制起作用的情况，我们把所有行业的标准差差距（$sd_c - sd$）和偏度差距（$sk_c - sk$）画到了一张图里，得到一副更清晰的画面（图3）：其中，一些行业的生产率平均水平是下降的（即 $x_c - x < 0$），我们关心的是另外四类行业：有很大一部分行业（单边选择和双边选择）主导的，只有很少的行业是单纯的集聚效应引起的。该图的结果只是一个大致的趋势，并不是对四种机制的绝对区分，因为选择和分类的边界是模糊的，它们的偏度差距都小于0，只是选择比分类更接近0。如果对选择（不论单边还是双边）的定义更狭窄（如原来是要求 $|sk_c - sk| < 0.5$，现在要求 $|sk_c - sk| < 0.1$），显然会减少选择效应主导行业的数量，增加分类效应的行业。同样的，若对标准差差距和偏度差距都更加严格的限制，则会进一步减少集聚效应的行业。

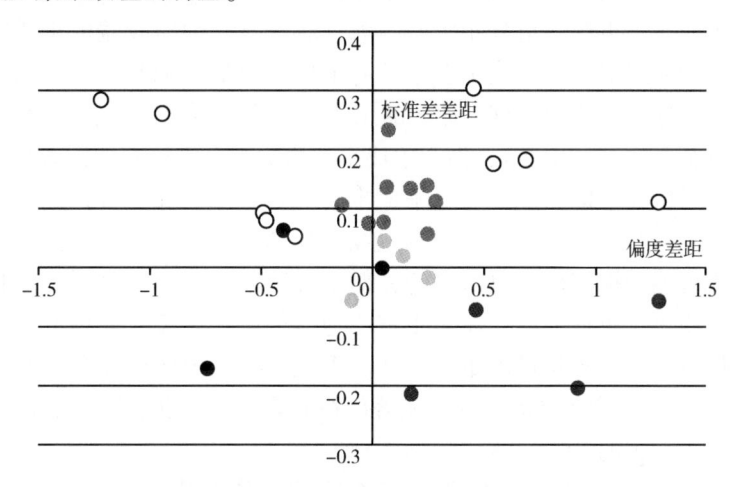

**图3　制造业细分行业标准差差距和偏度差距散点图**

可见，这四种机制都会影响地区间的生产率分布，并且在不同行业中，主导机制并不相同。那么这是为何？这是我们要解决的第二个问题，我们要找到影响"空间选择效应"和"分类效应"作用大小的因素，搞清楚怎样的行业是"空间选择效应"主导的，怎样的行业是"分类效应"主导的。

2. 选择和分类的影响因素分析。

由前文可知，我们知道企业的重分布决策实际上是取决于其资本回报率的，因此除了企业的生产率水平，其资本劳动比也会影响结果。放到行业层面来看的话，如果A行业的资本密度高于B行业，那么两个行业中相同生产率水平的企业重分布的趋势是不同的，两个行业中生产率分布高端的企业基本不受影响（因为它们的重分布主要是受其较高的生产率水平决定的），但对于生产率低端的企业则有较大的影响，因为它们是主要依靠较低的资本劳动比来提升重分布后的资本回报率的。因此，资本密集度低的行业会引起核心地区生产率分布更宽的范围，可以预期行业的资本密集度与选择（标准差差距）是负相关的。

更进一步的，异质性企业的重分布行为除了受资本密集度和生产率的影响外，还受重分布成本和拥挤效应的影响：外围地区重分布到核心地区的企业所获得的收益必须能够抵消重分布成本和竞争成本（拥挤效应）才会迁移；而核心地区的企业重分布到外围地区的损失（利润损失和重分布成本之和）必须小于继续留在本地的竞争成本的损失才会迁移。为了分析的便利，我们将生产率水平定位高、中、低三个水平，迁移成本和拥挤效应带来的竞争成本分别分为低（=1）和高（=3）两个水平。我们在固定的生产率水平下，分别调整迁移成本和竞争成本，通过对企业重分布净收益或者说净损失的变化，来分析这两个因素对异质性企业重分布行为的影响。由表2可知，当迁移成本或竞争成本变高时，外围地区原本会重分布的中等生产率水平的企业，不再选择重分布了，因为这时重分布的净收益由于成本的增加由正变负了。而迁移成本和竞争成本对于核心地区企业的影响却是不同的，迁移成本的增加只会增加这些企业留在核心地区的想法（从表中可以看出，迁移成本增加后，核心地区所有企业的区位不变）；但竞争成本的增加则会将核心地区效率最低的企业挤出，因为这时留在本地的损失（竞争成本）超过了重分布到外围的利润损失和迁移成本两者之和。甚至，如果竞争成本继续增加的话，那么核心地区的中等生产率水平的企业也可能会被挤出。也就是说，对于外围地区的企业来说，迁移成本和竞争成本都是抑制重分布行为的；而对于核心地区的企业来说，迁移成本仍然是起抑制作用的，但竞争成本却是推动重分布的。因此，我们预期重分布成本与选择（标准差差距）和分类（偏度差距）都是显著负相关的；竞争成本与选择也是负相关的，但与分类却是正相关的。①

在下面的分析中，我们以行业的资本劳动比作为资本密集度的衡量，以外围地区11个城市到上海的距离作为迁移成本，以两地的市场规模差距作为竞争成本。

表2 不同重分布成本和竞争成本下核心和外围地区各种生产率水平企业的重分布行为

| 重分布成本 =1<br>核心地区竞争成本 =1 | | 生产率水平 | | |
|---|---|---|---|---|
| | | 高 | 中 | 低 |
| 核心→外围 | 利润变化 | -5 | -3 | -1 |
| | 净收益 | -5-1+1<0 | -3-1+1<0 | -1-1+1<0 |
| 外围→核心 | 利润变化 | 5 | 3 | 1 |
| | 净收益 | 5-1-1>0 | 3-1-1>0 | 1-1-1<0 |

① 选择的主要特征在于对分布范围的影响，因此我们用标准差差距来表示；而分类的主要特征在于对分布偏度的影响，因此可以用偏度差距来表示。

续表

| 重分布成本 = 1<br>核心地区竞争成本 = 1 | | 生产率水平 | | |
|---|---|---|---|---|
| | | 高 | 中 | 低 |
| 重分布成本 = 1<br>核心地区竞争成本 = 3 | | | | |
| 核心→外围 | 利润变化 | -5 | -3 | -1 |
| | 净收益 | -5-1+3<0 | -3-1+3<0 | -1-1+3>0 |
| 外围→核心 | 利润变化 | 5 | 3 | 1 |
| | 净收益 | 5-1-3>0 | 3-1-3<0 | 1-1-3<0 |
| 重分布成本 = 3<br>核心地区竞争成本 = 1 | | | | |
| 核心→外围 | 利润变化 | -5 | -3 | -1 |
| | 净收益 | -5-3+1<0 | -3-3+1<0 | -1-3+1<0 |
| 外围→核心 | 利润变化 | 5 | 3 | 1 |
| | 净收益 | 5-3-1>0 | 3-3-1<0 | 1-3-1<0 |

注：净收益 < 0 时，企业不会重分布。

表3 标准差差距分析

| 标准差差距（$sd_c - sd$） | 1 | 2 | 3 |
|---|---|---|---|
| lnK/L | -0.19 ***<br>(-5.77) | -0.20 ***<br>(-5.89) | -0.19 ***<br>(-5.73) |
| lnΔMS | | | -0.088 *<br>(-1.66) |
| lnD | | -0.11 ***<br>(-3.30) | -0.10 ***<br>(-3.02) |
| C | -0.63 ***<br>(-3.44) | -0.021<br>(-0.09) | 0.13<br>(0.55) |
| $R^2$-adj | 0.012 | 0.016 | 0.016 |
| F-stat | 33.32 | 22.16 | 15.7 |
| N. obs. | 286 | 286 | 286 |

表 4　　　　　　　　　　　偏度差距分析

| 偏度差距（sk_c − sk） | 1 | 2 | 3 |
| --- | --- | --- | --- |
| ln∆MS | 0.065** (2.27) | 0.065** (2.18) | 0.075*** (2.26) |
| lnK/L |  |  | 0.04 (0.15) |
| lnD |  | −0.079*** (−2.73) | −0.067*** (−1.96) |
| C | −0.37*** (−3.44) | −0.81*** (−4.18) | −1.22*** (−5.85) |
| $R^2$-adj | 0.0016 | 0.004 | 0.014 |
| F-stat | 5.15 | 6.3 | 13.07 |
| N. obs. | 286 | 286 | 286 |

表 3 的结果表明了标准差差距与行业的资本劳动比和市场规模差距都是稳定负相关的。表 4 则表明了偏度差距与市场规模差距是显著正相关的，一旦控制了资本劳动比这两变量后，这种关系就更稳健了。两次回归中，对距离的估计都得到了预期的符号，因为较长的距离意味着较高的重分布成本，会减少企业的重分布行为。

因此，可以说资本密集度越低、市场规模越不对称的行业，"空间选择效应"主导的特征就会越明显。对于这些行业，促进集聚经济的产业政策只会加剧地区间的不平衡，无法提高生产要素的总体产出水平。再者，那些市场规模越不对称的行业，则越有可能形成高生产率企业集聚在核心地区、低生产率企业集聚在外围地区的分类，因此可以通过减少市场规模的差异来降低"分类效应"对外围地区生产率水平不好的影响。并且，企业的重分布行为不可能在很大的空间范围中发生，因为距离太远，重分布成本太高。

## 四、结　　论

在传统的 NEG 模型中，所有企业都是同质的，企业的重分布不会改变地区间的平均生产率，但是在现实中，核心地区的平均生产率高于外围地区是非常普遍的一个现象，这在许多实证研究中都已证明了。而异质性企业假设的加入，使得我们能够在理论层面来分析，企业的重分布对不同区位企业生产率分布的影响。我们发现，除了新经济地理学用来解释地区间平均生产率差异的集聚外部性之外，异质性企业带来的空间选择效应和分类效应也会对地区间平均生产率差异产生影响，并且这种影响不论对学术研究还是对政策建议都有重要的指导意义。一方面，同质性假设下对空间选择效应和分类效应的忽视，会高估集聚外部性的作用，导致对集聚程度的衡量被高估（Baldwin and Okubo，2006）；另一方面，对地区间生产率差距来源的模糊处理，会导致许多产业政策失效（Baldwin and Okubo，2006；Okubo and Tomiura，2012；Forslid and Okubo，2012；Okubo，2010）。因此，有必要区分集聚外部性、"空间选择效应"（又分为"单边选择"和"双边选择"）和"分类效应"对不同区位企业生产率分布的影响，并且这四种机制在生产率分布三大统计特征上的差异也使得我们能够进行这种区分。据此，我们得到了几个预期，并进行了恰当的检验：

首先，集聚外部性会提高所有核心地区企业的生产率，其均值会增加，但标准差和偏度不会变化，因此其生产率分布曲线会整体右移；"单边选择"则会将核心地区低生产率的企业挤出，因此核心地区的企业生产率均值也会增加，同时表征分布范围的标准差会降低；"双边选择"会将外围地区高生产率和低生产率的企业都吸引进来，因此除了均值的增加，标准差也会较大幅度的增加；而"分类效应"由于高生产率企业迁移到核心地区、低生产率地区迁移到外围地区，在两个地区产生的均值差距是最大的，同时它还会引起核心地区负的偏度系数和外围地区正的偏度系数。从细分行业的分析来看，集聚主导的行业并不占多数，反而是选择和分类主导的行业占了很大比重，基本各占一半。这也是为何现实中的许多引导产业集聚的政策并没有提升行业的整体效率，而仅仅加剧了地区间不平衡的原因之一。

其次，通过分行业的分析，我们确定了四种机制都会起作用，但在不同的行业中作用大小不一，因此呈现出了不同的主导机制。而具体是何种机制起主导作用则是由资本密集度和市场规模差异决定的：资本密集度和市场规模差距对选择效应都有显著的影响，且都是负相关关系；而分类效应则主要是受市场规模差距的正向影响，资本密集度对此没有显著影响，这与我们的预期是一致的。

区分清楚不同行业的主导机制以及不同机制的影响因素，为我们后续分析如何更有效地制定产业政策有着重要的启示作用，这是笔者后续要研究的问题。再者，由于数据的可得性问题，本文仅从制造业企业出发进行了实证，没有考虑服务业的情况，然而服务业的重要性日益增加，且其资本密集度和地区间的市场规模差距也有着显著的不同于制造业的特征，因此，对其进行深入分析有助于我们得到更完善的结论。这也是未来研究可以拓展的一个方向。

# 附录

## A 行业分类

| 行业代码 | 行业名称 | 行业代码 | 行业名称 |
|---|---|---|---|
| 13 | 农副食品加工业 | 29 | 橡胶制品业 |
| 14 | 食品制造业 | 30 | 塑料制品业 |
| 15 | 饮料制造业 | 31 | 非金属矿物制品业 |
| 17 | 纺织业 | 32 | 黑色金属冶炼及压延加工业 |
| 18 | 纺织服装、鞋、帽制造业 | 33 | 有色金属冶炼及压延加工业 |
| 19 | 皮革、毛皮、羽毛（绒）及其制品业 | 34 | 金属制品业 |
| 20 | 木材加工及木、竹、藤、棕、草制品业 | 35 | 通用设备制造业 |
| 21 | 家具制造业 | 36 | 专用设备制造业 |
| 22 | 造纸及纸制品业 | 37 | 交通运输设备制造业 |
| 23 | 印刷业和记录媒介的复制 | 39 | 电气机械及器材制造业 |
| 24 | 文教体育用品制造业 | 40 | 通信设备、计算机及其他电子设备制造 |
| 25 | 石油加工、炼焦及核燃料加工业 | 41 | 仪器仪表及文化、办公用机械制造业 |
| 26 | 化学原料及化学制品制造业 | 42 | 工艺品及其他制造业 |
| 27 | 医药制造业 | 43 | 废弃资源和废旧材料回收加工业 |
| 28 | 化学纤维制造业 | | |

## B 各行业企业数量

| 行业代码 | 核心地区 | 外围地区 | 合计 | 行业代码 | 核心地区 | 外围地区 | 合计 |
|---|---|---|---|---|---|---|---|
| 13 | 1 371 | 589 | 1 960 | 29 | 976 | 264 | 1 240 |
| 14 | 742 | 142 | 884 | 30 | 4 552 | 1 139 | 5 691 |
| 15 | 370 | 108 | 478 | 31 | 3 105 | 730 | 3 835 |
| 17 | 13 080 | 1 570 | 14 650 | 32 | 1 680 | 169 | 1 849 |
| 18 | 1 034 | 728 | 1 754 | 33 | 1 622 | 202 | 1 824 |
| 19 | 1 795 | 989 | 2 784 | 34 | 5 792 | 880 | 6 672 |
| 20 | 949 | 994 | 1 943 | 35 | 9 760 | 1 334 | 11 094 |
| 21 | 924 | 158 | 1 082 | 36 | 4 092 | 403 | 4 495 |
| 22 | 1 888 | 473 | 2 361 | 37 | 4 209 | 538 | 4 747 |
| 23 | 1 153 | 435 | 1 588 | 39 | 6 711 | 647 | 7 358 |
| 24 | 1 470 | 503 | 1 973 | 40 | 3 524 | 270 | 3 794 |
| 25 | 217 | 32 | 249 | 41 | 1 437 | 85 | 1 522 |
| 26 | 5 311 | 1 294 | 6 605 | 42 | 1 578 | 406 | 1 964 |
| 27 | 924 | 249 | 1 173 | 43 | 218 | 22 | 240 |
| 28 | 953 | 92 | 1 045 | 合计 | 81 437 | 15 445 | 96 854 |

**C  各行业核心地区和外围地区生产率分布的描述性统计**

| 行业代码 | 均值差距 | 标准差差距 | 偏度 核心 | 偏度 外围 | 类型 | 行业代码 | 均值差距 | 标准差差距 | 偏度 核心 | 偏度 外围 | 类型 |
|---|---|---|---|---|---|---|---|---|---|---|---|
| 13 | 0.217 | -0.073 | -0.569 | -1.033 | 2 | 29 | 0.258 | 0.092 | -1.048 | -0.556 | 4 |
| 14 | 0.237 | 0.133 | -0.760 | -0.930 | 3 | 30 | 0.507 | 0.044 | -0.243 | -0.295 | 1 |
| 15 | 0.166 | 0.181 | -0.693 | -1.379 | 4 | 31 | 0.229 | 0.052 | -0.761 | -0.413 | 4 |
| 17 | 0.129 | 0.056 | -0.113 | -0.360 | 3 | 32 | 0.221 | -0.205 | -0.477 | -1.397 | 2 |
| 18 | 0.418 | 0.110 | -0.370 | -1.654 | 3 | 33 | -0.214 | -0.002 | -0.212 | -0.254 |   |
| 19 | 0.055 | 0.074 | -0.050 | -0.031 | 1 | 34 | 0.196 | 0.135 | -0.449 | -0.512 | 3 |
| 20 | 0.073 | 0.138 | -0.382 | -0.627 | 3 | 35 | 0.096 | 0.076 | -0.396 | -0.445 | 3 |
| 21 | 0.026 | 0.260 | -0.832 | 0.113 | 4 | 36 | 0.058 | -0.057 | -0.776 | -0.680 | 1 |
| 22 | 0.040 | -0.019 | -0.647 | -0.897 | 3 | 37 | -0.081 | -0.058 | 0.656 | -0.63 | 2 |
| 23 | 0.158 | 0.283 | -0.865 | 0.354 | 4 | 39 | -0.012 | 0.079 | -0.223 | 0.255 | 4 |
| 24 | 0.178 | 0.105 | -0.259 | -0.120 | 3 | 40 | 0.142 | 0.232 | -0.610 | -0.68 | 3 |
| 25 | 0.066 | 0.111 | -0.344 | -0.628 | 4 | 41 | -0.092 | 0.019 | 0.231 | 0.095 | 1 |
| 26 | 0.236 | 0.175 | -0.140 | -0.680 |   | 42 | -0.605 | 0.062 | -0.188 | 0.213 |   |
| 27 | 0.395 | -0.215 | -0.726 | -0.900 | 2 | 43 | 0.089 | 0.303 | 0.564 | 0.112 | 4 |
| 28 | -0.339 | -0.172 | -1.085 | -0.344 |   |   |   |   |   |   | 1 |

注：所有的差距都是核心地区减去外围地区；类型：1 表示"集聚"，2 表示"单边选择"，3 表示"双边选择"，4 表示"分类效应"。

# 参考文献

[1] 陈建军，袁凯和陈国亮. 基于企业异质性的产业空间分布演化新动力 [J]. 财贸经济，2013，(4)，11-20.

[2] 陈菁菁. 空间视角下的生产性服务业与制造业的协调发展研究 [D]. 浙江大学，2011.

[3] 梁琦，李晓萍和昌大国. 市场一体化、企业异质性与地区补贴——一个解释中国地区差距的新视角 [J]，中国工业经济，2012，(2)，16-25.

[4] 颜银根，微观主体异质性行为：新经济地理学的最新研究方向——兼评《产业空间分异与我国区域经济协调发展研究》一书 [J]. 经济地理，2014，34 (12)，15-20.

[5] Aiello F and Ricotta F. Firm heterogeneity in productivity across Europe evidence from multilevel models [J]. Economics of Innovation and New Technology, 2016, 25 (1), 57-89.

[6] Baldwin R E and Okubo T. Heterogeneous firms, agglomeration and economic geography: Spatial selection and sorting [J]. Journal of Economic Geography, 2006, (6), 323-346.

[7] Combes P P, Duranton G, Gobillon L, Puga D and Roux S. The productivity advantages of large cities: Distinguishing agglomeration from firm selection [J]. Journal of Econometrica Society, 2012, 80 (6), 2543-2594.

[8] Del Gatto M, Ottaviano G I P and Pagnini M. Openness to trade and industry cost dispersion Evidence from a panel of Italian firms [J]. Journal of Regional Science, 2008, 48 (1), 97–129.

[9] Duranton G. and Overman H G. Testing for Localization Using Micro-Geographic Data [J]. Review of Economic Studies, 2005, 72 (4), 1077–1106.

[10] Forslid R and Okubo T. On the development strategy of countries of intermediate size: An analysis of heterogeneous firms in a multi-region framework [J]. European Economic Review, 2012, 56, 747–756.

[11] Melitz M J. The impact of trade on intra-industry reallocations and aggregate industry productivity [J]. Journal of Econometrica Society, 2003, 71 (6), 1695–1725.

[12] Melitz M J and Ottaviano G I P. Market size, trade, and productivity [J]. Review of Economic Studies, 2008, 75 (1), 295–316.

[13] Melo P C, Graham D J and Noland R B. A meta-analysis of estimates of urban agglomeration economies [J]. Regional Science and Urban Economics, 2009, 39 (3), 332–342.

[14] Nocke V. A gap for me_Entrepreneurs and entry [J]. Journal of the European Economic Association, 2006, (7), 929–956.

[15] Okubo T. Firm heterogeneity and location choice [J]. RIETI discussion paper No. DP2010-11, 2010.

[16] Okubo T and Forslid R. Spatial Relocation with Heterogeneous Firms and Heterogeneous Sectors [J]. RIETI Discussion Paper Series 10-E-056, 2010.

[17] Okubo T, Picard P M and Thisse J F. The spatial selection of heterogeneous firms [J]. Journal of International Economics, 2010, 82, 230–237.

[18] Okubo T and Tomiura E. Productivity distribution, firm heterogeneity and agglomeration: Evidence from firm level data [J]. RIETI Discussion Paper Series 10-E-017, 2010.

[19] Okubo T and Tomiura E. Industrial relocation policy, productivity and heterogeneous plants Evidence from Japan [J]. Regional Science and Urban Economics, 2012, 42, 230–239.

[20] Picard P M and Okubo T. Firms' Locations under Demand Heterogeneity [J]. Regional Science and Urban Economics, 2012, 42 (6), 961–974.

[21] Redding S J. Theories of heterogeneous firms and trade [J]. http://www.nber.org/papers/w16562, 2010.

[22] Rosenthal S S and Strange W C. Evidence on the nature and sources of agglomeration economies [J]. Handbook of Regional and Urban Economics, 2004, 4, 2119–2171.

[23] Syverson C. Market structure and productivity: A concrete example [J]. NBER Working Paper 10501, 2004.

# 区域海洋经济对国家海洋战略的响应测度

王泽宇　张　震[**]

**摘　要**：区域海洋经济作为沿海地区经济的重要组成部分，实现其对国家海洋战略响应程度高低的测度，直接关系到整个沿海地区乃至全国经济发展的优劣。本文梳理中国各个时期海洋发展战略的演变趋势，运用以综合赋权法为基础的模糊识别模型、VAR模型及 GIS 空间技术对海洋经济发展水平进行测度，并分析海洋经济与国家海洋战略之间的响应关系。研究结果表明：（1）1996～2013 年中国海洋经济低值地区发展速度提升较快，高值地区发展有减缓趋势，区域差距逐渐缩小，整体发展水平呈现波动性上升态势；（2）山东、浙江、江苏省对国家海洋战略响应程度一直保持高水平，海洋经济向好的方向发展趋势明显；辽宁、天津、河北省市早期响应程度较高，2006 年以后趋于弱递减平稳状态；上海、广西省市对战略响应程度保持较高水平，且波动幅度较小，海洋经济发展较为稳定。广东、福建、海南省海洋经济发展受国家海洋战略影响不断提升，但存在一定滞后期。因而，未来应因地制宜地分类制定海洋经济发展战略与政策以充分发挥作用。

**关键词**：区域海洋经济　国家海洋战略　响应差异模型　可变模糊识别　测度

## 一、引　言

海洋作为人类生存与发展的基本环境，是未来人类拓展发展空间的重要资源。21 世纪世界海洋"国土化"趋势不断增强、海洋科技迅猛发展，在以资源争夺为核心的海洋竞争日趋激烈背景下，中国对海洋的重视程度空前提高。党的十七大报告与国民经济和社会发展"十二五"规划纲要明确要求坚持陆海统筹，推进海洋经济发展，提高海洋开发、控制、综合管理能力；党的十八大首次提出"海洋强国"战略；党的十八届五中全会着重强调拓展蓝色经济发展新空间等，进而将海洋的重要性提升至前所未有的高度。与此同时，中国海洋经济发展空间格局正值国家海洋意识觉醒与海洋战略主导的扩张期而快速变化，近年来沿海地区掀起了海洋经济大发展的热潮，海洋经济区纷纷建立并上升为国家战略，大"S"型海域经济带逐步形成。纵观沿海主要国家与地区海洋经济发展历程，相关战略与规划实施都在一定程度上推动了海洋经济规模

---

[*] 基金项目：国家自然科学基金青年项目（41301129）；国家自然科学基金（41671119）；辽宁省创新团队项目（WT2014005）。

[**] 王泽宇（1981 - ），女，辽宁铁岭人，博士后，副教授，主要从事海洋经济地理研究。张震（1989 - ），男，河南永城人，硕士，主要从事海洋经济研究。

扩张，然而鲜有学者对其具体效果进行评估、测度，难以全面反映国家发展战略、政策的制定实施与海洋经济发展的相互关系，导致相关海洋政策与战略的完善对区域海洋经济发展的适用性降低，较大程度上影响了新常态下海洋经济发展的进程。

海洋经济是指开发利用海洋资源形成的各类海洋产业以及与其相关的各种经济活动总称。国家海洋战略是国家机关维护国家海洋利益、实现海洋事业发展的行动规范与准则，其内涵是指政府为了实现一定的社会与经济目标对海洋发展进行诸如规划、引导、促进、调整、保护、扶持或限制等方面的干预和实践。目前从世界海洋经济发展与国家海洋战略之间关系的研究来看，国外主要涉及海洋权利、海洋利益与海洋经济相关测度等方面，如 Alfred Thayer Mahan 详细阐述了海权的重要性及其功能等，其提出的海权三环节与三要素理论成为后来国家海洋战略的理论基础；Francis Bacon、Waiter Raleigh 等主张发展适当的海洋战略，实施指导国家海上斗争的海洋战略；Barry Buzan、Gerard J. Mangone 等从美国海洋霸权出发，分析海洋政策对海洋制度的决定性影响，并从理论与实践上对海底制度进行了阐释；Robert Keohane. han、Josephnye、Gilpin 等分析了国际海洋政治中国际与国内、政治与经济等各种因素和各种行为体的互动关系，并提出解释国际制度变化的四种理论模式；Henry Mark S. 、Barkley David L. 、Morgan R. 等通过海岸带对海洋经济发展的研究，测度了卡罗莱纳州海岸带对其海洋经济的贡献。

国内，对于海洋经济发展理论研究较为丰富，其研究主要涵盖以下方面：（1）从国家海洋发展战略的角度，研究海洋经济发展战略、海洋科技发展战略、海洋文化发展战略、海洋环境保护战略等。如马仁锋等通过对海洋科技发展状况的梳理，立足于海洋科技国际发展趋势，指出了未来研究的前沿领域；宋云霞等系统研究新中国成立以来党和国家发展海洋经济的战略思想及实践，讨论了新阶段发展海洋经济的主要战略对策；赵宗金从海洋文化与海洋意识的角度，探讨了海洋文化发展战略；吴险峰通过对中国海洋环境保护法律法规、政策措施的分析，对其与工业发展提出了相应对策。（2）从区域海洋经济发展的角度，研究区域海洋经济理论发展状况、海洋经济发展差异演化、海洋经济可持续发展水平测度、海洋经济产业结构演变、海洋经济综合评价等。如张耀光等在分析中国区域海洋经济差异特征基础上，提出了中国海洋经济类型区划分问题；韩增林等基于国家规定的循环经济评价指标体系，对辽宁沿海地区循环经济发展进行评价并提出相关政策；覃雄合等以代谢循环视角对环渤海地区海洋经济可持续发展进行了测度；楼东等对中国沿海各省、市、自治区主要海洋产业进行关联度分析，并对相关产业产值进行了预测；曹忠祥等以区域视角对海洋经济的实质与特性进行了分析；孙才志等对环渤海地区 17 个城市海洋产业结构进行了评价；王双通过指标分析对中国沿海地区海洋经济进行区域分类，并归纳了不同类型区域特征。

而对于响应的相关研究，主要有如下方面：如郑元文等对山东省 17 地市产业结构演变的城市化响应强度进行了研究；王珍珍等运用 VAR 模型，对我国制造业与物流业联动发展的模式及二者的关系进行了实证检验;秦云鹏等基于 VAR 的脉冲响应函数对青岛市的经济发展与环境污染二者间关系进行分析;郭建科等在 RCI 与脉冲响应函数基础上,对环渤海地区主要海港城市的港城关系状况进行测度与驱动模式进行了分析;杨林等采用广义脉冲响应函数分析方法,探索了海洋灾害的发生对我国海洋经济发展综合指数的影响机理及其在时序维度上的动态特征等。

上述关于国家海洋战略与区域海洋经济发展的研究较为丰富和全面,得出了大量富有实际意义的结论,但鲜有学者对区域海洋经济发展与国家海洋战略间相互关系进行探讨。基于上述研究,本文以区域海洋经济为研究对象,从响应程度的角度运用模糊识别和响应差异模型对区域海洋经济对国家海洋战略的响应水平进行测度,据此分析海洋经济发展分异及其对国家海洋战略响应的影响因素,并阐释相互影响机制,一定程度上弥补了海洋经济与国家海洋战略相关研究的不足,以期为中国在新常态时期制定与完善相关发展战略和规划提供一定参考依据。

## 二、中国海洋发展战略演变及海洋投资演化趋势

1. 中国海洋相关战略体系的演变。

近年来面对海洋经济发展新状况,世界沿海各国纷纷制定宏微观发展战略对海洋经济进行调控,中国政府对此亦较为重视。中国政府相继出台的涉海纲领性文件与发展战略,主要可以分为三个时期:

(1) 改革开放之前。1978 年以前,由于受新中国刚成立的政治环境和传统海洋观念影响,国家制定的海洋政策主要集中在建立强大的海军队伍、保障海上运输安全、船舶和海港安全等海防方面。

(2) 改革开放至 20 世纪 80 年代末。此段时期为中国海洋开发与管理政策基本框架雏形形成时期。随着改革开放程度加大,涉外交流逐步加深,海洋开发利用逐渐被提上日程,受当时科技水平与国际环境影响,国家主张对相关区域及边疆存有争议海域实施国际合作共同开发的政策。加之,政府对海洋经济与海洋相关领域发展的高度关注,逐步形成统筹海洋开发战略、资源保护整治规划、涉海科技研发政策等较为全面的政策体系。

(3) 20 世纪 90 年代初以后。此阶段自 1991 年中国第一个国家海洋工作会议召开以后,海洋发展开始加速,相关发展制度与战略规划日臻完善。其相继实施战略的核心内容主要有:①1995 年《全国海洋开发规划》,提出海洋开发整体战略和"八五"、"九五"目标,着重对海洋资源开发规划、海洋国土整治、海洋经济结构调整、区域综合开发及重点工程进行讨论;②1996 年《中国 21 世纪议程》确立中国未来发展所需实施的可持续发展战略,将海洋资源的可持续开发与保护作为重要行动方案确立;③2003 年中国第一个指导全国海洋经济发展的纲领性文件《全国海洋经济发展规划纲要》由国务院颁布,

确定了2003~2010年中国海洋经济发展的战略目标、原则、产业布局及相关领域的发展方向与主要措施；④2008年《国家海洋事业发展规划纲要》出台，强调以海洋强国为目标、统筹国家海洋事业发展、维护国家海洋权益，加强海洋综合管理，重点强化海洋科技自主创新能力；⑤2012年党的十八大报告将"建设海洋强国"上升为国家战略，并着重阐述了海洋经济、海洋环境、海洋资源、海洋权益等方面发展状况，指出中国海洋事业发展迎来了新机遇与挑战。当前，中国海洋经济发展已经进入新常态，传统海洋经济转型升级与产业结构优化不断推进。

纵观中国海洋发展战略与规划完善过程，可见20世纪90年代以后发展相对较快。因而本文着重对其进行统计梳理（图1）。

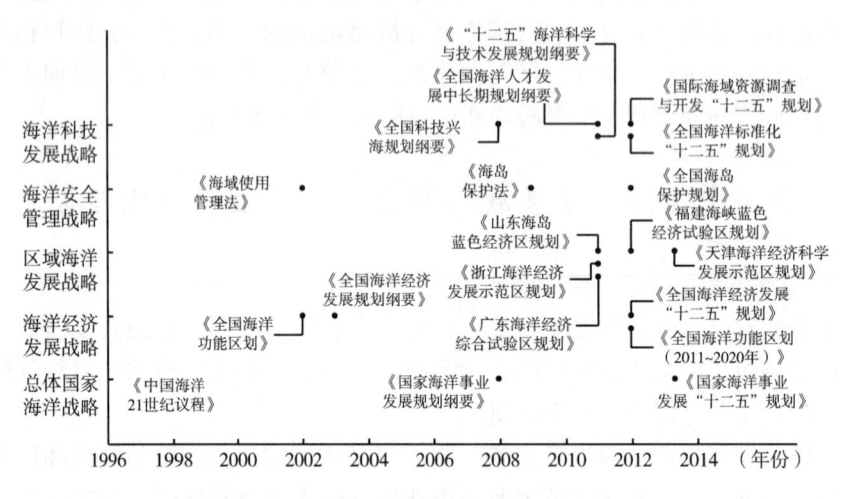

图1 1996~2014年中国海洋发展战略与规划纲要

2. 中国沿海地区海洋投资演化趋势。

中国沿海地区海洋投资水平整体呈上升趋势，其中2003年以后海洋投资总量开始大幅度提升，2003年比1996年投资总量增长约1.2倍，2013年比2003年投资总量增长高达7倍（见图2）。新中国成立以来，随着中国对海洋发展的重视，海洋开发与管理逐步进入正轨，相关的发展战略与纲要、规划等也相继出台。但由于历史发展问题海洋功能区域划分及海洋能源资源开采进程一直发展缓慢，近年来随着世界沿海国家兴起海洋经济发展新热潮，中国也开始进行海洋经济发展战略的重大调整，以中央政府为中心，沿海地方政府纷纷制定与完善涉及海洋经济、文化、生态、社会民生等方面的省级纲要与规划。加之当前海洋经济发展步入新常态，海洋经济发展提质增效与困境摆脱开始倒逼地方政府对产业结构、科技发展、生态保护、海洋权益维护等相关纲要、规划进行修订与完善。由中国海洋发展战略与规划纲要（见图1）可知，自2003年以来海洋发展重大战略与纲要等逐渐增多，特别是2008年"海洋强国"战略提出以后，地方政府开始筹划海洋经济发展进而颁布较多规划、纲要。伴随海洋发展新纲要、规划相继出台，海洋基础设施建设投资、海洋科技研发投入、海洋经济金融保险事业发展、海洋生态环保投入、沿海民生水平提升等相关资本投入总量呈现骤增趋势,至2015年底,中国在围绕"海洋强国"与"21世纪海上丝绸之路"建设中,海洋工程项目高达15000多个,投资总额超过2万亿元。总体而言1996年以来中国针对海洋开发与管理方面出台的相关战略、纲领逐步增多,海洋投资水平相应得到大幅度提升,二者发展态势基本一致,因而海洋投资总量变化趋势在一定程度上表征了海洋战略制定与实施的程度。

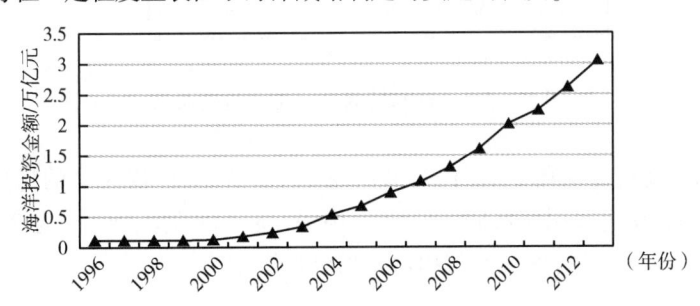

**图 2　中国沿海地区海洋投资趋势**

资料来源:历年《中国海洋统计年鉴》。

## 三、研究方法与数据来源

1. 测度方法。

(1) 可变模糊识别模型。陈守煜教授建立的可变模糊集理论是工程模糊集理论与方法的进一步发展,相对隶属函数、相对差异函数与模糊可变集合的概念与定义是描述事物量变、质变时的数学语言和量化工具。

模糊可变集合定义:设论域 $U$ 上的模糊概念事物 A,对 $U$ 上的任意元素 $u$, $u \in U$,在相对隶属函数的连续统数轴上任意一点,$u$ 具有吸引性质 $A$ 的相对隶属度为 $u_A(u)$,具有排斥性质 $A'$ 的相对隶属度为 $u_{A'}(u)$,模糊集中 $u_A(u) \in [0,1]$,$u_{A'}(u) \in [0,1]$,且满足:

$$u_A(u) + u_{A'}(u) = 1 \tag{1}$$

设 $U$ 的模糊可变集合

$$V = \{(u,D) \mid u \in U, D_A(u) = u_A(u) - u_{A'}(u), D \in [-1,1]\} \tag{2}$$

$D_A(u)$ 称为 $u$ 对 $A$ 的相对差异度。因此可令:

$$\begin{cases} A^+ = \{u \mid u \in U, u_A(u) > u_{A'}(u)\} \\ A^- = \{u \mid u \in U, u_A(u) < u_{A'}(u)\} \\ A^0 = \{u \mid u \in U, u_A(u) = u_{A'}(u)\} \end{cases} \tag{3}$$

$A^+$、$A^-$、$A^0$分别为模糊可变集合的吸引域、排斥域、渐变式质变界。

（2）相对差异函数模型。

设 $x_0 = [a, b]$ 为实轴上模糊可变集合 $V$ 的吸引域，即 $0 < D_A(u) < 1$，区间，$x = [c, d]$ 为包含 $x_0(x_0 \in X)$ 的某一上、下界范围域区间，见图3。

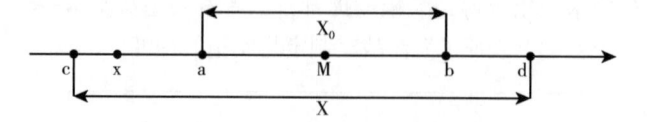

**图3 点 $x$、$M$ 与区间 $X_0$、$X$ 的位置关系**

根据模糊可变集合 $V$ 的定义可知，$[c, a]$ 与 $[b, d]$ 均为 $V$ 的排斥域，即 $-1 < D_A(u) < 0$。设 $M$ 为吸引域区间 $[a, b]$ 中 $D_A(u) = 1$ 的点值。$x$ 为 $X$ 区间任意点的量值，则 $x$ 落入 $M$ 点右侧时，其相对差异函数模型为：

$$\begin{cases} D_A(u) = \left(\dfrac{x-b}{M-b}\right)^\beta, x \in [M, b] \\ D_A(u) = \left(\dfrac{x-b}{d-b}\right)^\beta, x \in [b, d] \end{cases} \tag{4}$$

则 $x$ 落入 $M$ 点左侧时，其相对差异函数模型为：

$$\begin{cases} D_A(u) = \left(\dfrac{x-a}{M-a}\right)^\beta, x \in [a, M] \\ D_A(u) = \left(\dfrac{x-a}{c-a}\right)^\beta, x \in [c, a] \end{cases} \tag{5}$$

当 $x$ 落入范围区域 $[c, d]$ 之外时，令

$$D_A(u) = -1, x \in [c, d] \tag{6}$$

式中：$\beta$ 为非负指数，通常可取 $\beta = 1$，即相对差异函数模型为线性函数。

根据式（1）及式（2）可得出：

$$\mu_A(u) = [1 + D_A(u)]/2 \tag{7}$$

因此，当 $D_A(u)$ 确定后，可根据式（7）求解相对隶属度 $\mu_A(u)$。

设评价对象 $u$ 用 $m$ 个指标进行评价，其指标特征值向量 $x = \{x_i\}$，对应的相对隶属度向量为 $\mu_A(u) = (\mu_A(u)_1, \mu_A(u)_2, \cdots, \mu_A(u)_m) = \{\mu_A(u)_i\}$，$i = 1, 2, \cdots, m$。设 $m$ 个指标的权向量为 $w = (w_1, w_2, \cdots, w_m) = \{w_i\}$，$\sum_{i=1}^{m} w_i = 1$，则参考连续统任一点指标 $i$ 特征值的相对隶属度 $\mu_A(u)$，$\mu_A'(u)$ 与左右极点的广义距离分别为：

$$d_g = \left\{ \sum_{i=1}^{m} [w_i(1 - \mu_A(u)_i)]^p \right\}^{1/p} \tag{8}$$

$$d_b = \left\{ \sum_{i=1}^{m} [w_i(\mu_A(u)_i)]^p \right\}^{1/p} \tag{9}$$

因此，推导得出模糊可变识别模型：

$$V_A(u) = 1/[1 + (d_g/d_b)^\alpha] \tag{10}$$

式中：$V_A(u)$ 为识别对象 $u$ 对 $A$ 的相对隶属度；$\alpha$ 为优化准则参数，$\alpha=1$ 为最小一乘方准则，$\alpha=2$ 为最小二乘方准则；$p$ 为距离参数，$p=1$ 为海明距离，$p=2$ 为欧式距离。

通常情况下，模型（10）中 $\alpha$ 与 $p$ 有四种搭配，根据已有研究结果，当 $\alpha=2$，$p=2$ 时，式（10）变为：

$$V_A(u) = 1 \bigg/ \left[ 1 + \left(\frac{d_g}{d_b}\right)^2 \right] \tag{11}$$

为模糊优选模型。

在模糊概念分级条件下，用最大隶属原则对级别归属进行识别，容易导致最后评价结果的错判，因此本文采用级别特征值公式，利用级别变量 $h$ 隶属于各等级的相对隶属度信息，作为可变模糊集理论判断、识别、决策的准则。

$$H(u) = \sum_{h=1}^{c} [V_A(u) \times h] \tag{12}$$

再根据 $H(u)$ 值最终判定我国沿海地区海洋经济综合发展水平。

（3）Kernel 密度估计。核密度估计是在概率论中用来估计未知的密度函数，对于数据 $x_1, x_2, \cdots, x_n$ 的函数形式如下：

$$f_h(x) = \frac{1}{nh} \sum_{i=1}^{n} K\left(\frac{x - x_i}{h}\right) \tag{13}$$

其中，核函数（kernel function）$K(\cdot)$ 是一个加权函数，本文选取高斯核函数对我国海洋经济发展水平的演进过程进行估计，其函数表达式为：

$$Gaussian: \frac{1}{\sqrt{2\pi}} e^{-\frac{1}{2}t^2} \tag{14}$$

由于非参数估计无确定的函数表达式，因而通常采取图形对比的方式来考察其分布变化。具体而言，通过作出海洋经济发展水平的 Kernel 密度图形，对其位置、形态、走势进行观察分析，进而研判海洋经济发展水平在时间上的演化进程。

（4）VAR 模型。VAR 模型是将 VAR 系统中所有变量都视为内生变量对称地引入到各方程中，从而较少受到既有理论的约束，方便分析各个变量之间长期动态影响而避免变量缺省问题，其主要用于时间序列系统预测和研究随机扰动对变量系统的动态影响。普通 VAR 模型表达式：

$$y_t = A_1 y_{t-1} + \cdots + A_p y_{t-p} + B_1 x_{t-1} + \cdots + B_r x_t - r + \xi_t \quad (15)$$

式中，$y_t$ 为 $m$ 维内生变量向量，表示沿海各省海洋经济发展水平；$x_t$ 为 $d$ 维外生变量向量，表示沿海各省海洋战略投资量；$A_1$，$\cdots$，$A_p$，$B_1$，$\cdots$，$B_r$ 为待估计参数矩阵；$\xi_t$ 为随机扰动项；内生变量和外生变量分别为 $p$ 和 $r$ 阶滞后期。

VAR 回归模型的建立主要是针对平稳时间序列，因而在回归之前必须先对其进行单位根及协整检验。若存在单位根，即不满足平稳性检验，则需要经过差分后才能平稳。协整检验从考察变量平稳性入手，来探求非平稳经济变量间蕴涵的长期均衡关系，避免使用差分后的序列进行建模时产生长期调整信息丢失的问题。本文基于 VAR 模型中的广义脉冲响应函数，凭借 Eviews 7.2 软件对区域海洋经济与国家海洋战略之间的响应关系及相互影响程度进行动态测度。在计算过程中各省海洋战略投资量与海洋经济发展水平分别记为"tz + 各省拼音首字母"与"zh + 各省拼音首字母"，各省海洋战略投资量与海洋经济发展水平取对数后则分别表示为"lntz + 各省拼音首字母"与"lnzh + 各省拼音首字母"，"dtz + 各省拼音首字母"与"dzh + 各省拼音首字母"分别表示对各省投资量与海洋经济发展水平的数值取一阶差分。

2. 指标体系与综合权重。

（1）评价指标体系构建。海洋经济是一个复杂的系统，发展涉及各个方面。然而由中国海洋发展战略演变及相关战略分类可知，其内容主要涉及海洋经济规模扩张、产业结构优化、科技创新与研发、生态环境保护等 4 方面，因而本文结合经济学、生态学等学科相关内容，主要从海洋经济规模、海洋经济运行效率、海洋科技支撑、海洋经济环境治理 4 方面对区域海洋经济发展水平评价指标体系进行建构，以反映相关战略与规划实施效果（见表1）。

表 1　　　　区域海洋经济发展水平评价指标体系

| 总体层 A | 维度层 B | 指标层 C | 指标解释及计算 |
| --- | --- | --- | --- |
| 区域海洋经济测度指标体系 | 海洋经济规模 $B_1$ | 海洋产业总产值（亿元）$C_1$ | 各类海洋产业总产值之和 |
| | | 海洋经济增加值（亿元）$C_2$ | 本期海洋产业总产值——基期海洋产业总产值 |
| | 海洋经济效率 $B_2$ | 海域集约利用指数（亿元/千公顷）$C_3$ | 海洋产业产值/确权海域面积 |
| | | 海洋产业岸线经济密度（亿元/千米）$C_4$ | 海洋产业总产值/岸线长度 |
| | | 单位 GDP 能耗（%）$C_5$ | 吨标准煤/万元 GDP |

续表

| 总体层 A | 维度层 B | 指标层 C | 指标解释及计算 |
|---|---|---|---|
| 区域海洋经济测度指标体系 | 海洋经济效率 $B_2$ | 海洋经济贡献度（%）$C_6$ | 海洋经济增加值/地区 GDP |
| | 海洋科技支撑 $B_3$ | 海洋科研机构密度（%）$C_7$ | 地区海洋科研机构数/全国海洋科研机构总数 |
| | | 海洋科研机构人数（个）$C_8$ | 在一国或一地区海洋科研机构中长期从事海洋研究与开发活动的人数 |
| | | 海洋科技成果应用率（%）$C_9$ | 海洋科研机构成果应用课题比例 |
| | 海洋经济环境治理 $B_4$ | 工业废水排放达标率（%）$C_{10}$ | 工业废水排放达标量/工业废水排放量 |
| | | 海洋自然保护区建成数（个）$C_{11}$ | 一国或一地区针对某种海洋保护对象所划定的海域、岸段和海岛区的总数 |
| | | 开建废水与废物治理项目数（个）$C_{12}$ | （开建废水＋开建废物）治理项目数量 |

数据来源：历年《中国海洋统计年鉴》、《中国环境统计年鉴》、《中国统计年鉴》。

（2）综合权重计算。指标权重确定方法主要有主观赋权法和客观赋权法。为使数据权重能够客观、真实、有效地反映其所带来的信息，采取主观赋权法 AHP 和客观赋权法 EVM 结合使用。设由层次分析法确定的数据权重向量组为 $\delta = \{\delta_i\}^T (i=1, 2, \cdots, n)$，利用熵值法确定的客观权重向量组为 $u = (u_i)^T (i=1, 2, \cdots n)$，则综合指标权重为 $W_i$。其中

$$W_i = \frac{(\delta_i u_i)^{0.5}}{\sum_{i=1}^{n}(\delta_i u_i)^{0.5}} (i = 1,2,\cdots,n) \qquad (16)$$

具体计算步骤参见《对指标属性有偏好信息的一种决策方法》一文。

3. 研究区域与数据来源。

本文研究对象主要涉及沿海 11 个省（香港、澳门、台湾除外），包括天津市、河北省、辽宁省、上海市、江苏省、浙江省、福建省、山东省、广东省、广西（壮族自治区）、海南省。文中数据①均来源于《中国海洋统计年鉴》《中国环境统计年鉴》《中国统计年鉴》，选取样本数据的时间跨度为 1996~2013 年。

---

① 2006 年是《海洋生产总值核算制度》实施第一年，在海洋统计年鉴中相比之前年份，统计数据差异较大。

## 四、结果及分析

1. 区域海洋经济发展水平测度。

通过公式（12）计算得出 1996~2013 年中国沿海地区海洋经济综合发展水平，如表 2 所示。

**表 2**       **1996~2013 年中国沿海地区海洋经济发展水平**

| 年份<br>地区 | 1997 | 1999 | 2001 | 2003 | 2005 | 2007 | 2009 | 2011 | 2013 |
|---|---|---|---|---|---|---|---|---|---|
| 天津 | -0.68 | -0.66 | -0.34 | 0.03 | 0.19 | 0.28 | 0.05 | 0.25 | 0.32 |
| 河北 | -0.71 | -0.75 | -0.69 | -0.17 | -0.10 | 0.70 | 0.49 | 0.76 | 0.53 |
| 辽宁 | 0.78 | 0.75 | 0.65 | 0.73 | 0.79 | 1.07 | 1.20 | 1.29 | 0.98 |
| 上海 | -0.29 | 0.08 | 0.00 | 0.25 | 0.55 | 0.73 | 0.66 | 0.75 | 0.75 |
| 江苏 | -0.25 | -0.53 | -0.56 | 0.19 | 0.21 | 0.68 | 0.73 | 0.75 | 0.59 |
| 浙江 | 0.65 | 0.64 | 0.67 | 0.97 | 0.99 | 0.96 | 1.03 | 0.97 | 1.05 |
| 福建 | -0.16 | 0.10 | 0.20 | 0.78 | 0.67 | 0.94 | 1.07 | 0.99 | 0.82 |
| 山东 | 0.40 | 0.48 | 0.38 | 0.89 | 1.08 | 1.48 | 1.32 | 1.26 | 1.05 |
| 广东 | 0.49 | 0.49 | 0.74 | 0.76 | 1.14 | 1.09 | 1.06 | 1.14 | 1.02 |
| 广西 | -0.64 | -0.44 | -0.65 | -0.86 | -0.54 | 0.09 | 0.14 | 0.05 | 0.04 |
| 海南 | -0.83 | -0.82 | -0.47 | -0.55 | -0.42 | 0.09 | 0.10 | 0.17 | 0.20 |
| 全国均值 | -0.11 | -0.06 | -0.01 | 0.27 | 0.41 | 0.74 | 0.71 | 0.76 | 0.67 |

注：受篇幅限制，本文选取奇数年份发展水平。

1997~2011 年，全国均值显示出我国沿海地区海洋经济综合发展水平明显呈递增趋势，2011 年以后出现回落。河北、江苏、福建综合发展水平提升最大，分别由 1997 年的 -0.71、-0.25、-0.16，发展至 2013 年的 0.53、0.59、0.82，提升水平分别达到 1.51、1.31、1.23；而广东、山东海洋经济综合发展水平自 2005 年以来一直稳居 1.00 以上，发展水平最高；广西、海南两省海洋经济综合发展水平虽有提升，但仍处于最低位置；其他省市海洋经济综合发展水平则呈现小幅度波动上升趋势。

2. 区域海洋经济发展时间演化分析。

为了分析区域海洋经济发展时间演化态势，本文应用 Eviews 7.2 对表 2 中国沿海地区海洋经济发展水平进行 Kernel 估计，得出 Kernel 密度二维图（见图 4）。其中选取具有代表性的首末年份 1997 年、2013 年以及中间年份 2005 年的数据绘制 Kernel 密度曲线，通过对不同时期的比较，得出中国海洋经济发展动态变化特征。

(1) 从位置上看，3个年份的密度函数中心呈现向右移动趋势，说明中国沿海地区海洋经济发展水平正在逐步提升。其中，2005年相比1997年有大幅度右移，而2013年相比2005年右移幅度增大较为明显，反映出1997年之后中国沿海地区海洋经济发展经历了由缓慢提升到迅速发展的过程。

(2) 从形状上看，图4左侧起始值由1997年到2005年向右小幅度移动，到2013年则出现较大幅度移动，图4右侧则有相反趋势，到2013年图像整体跨度减小，说明海洋经济发展水平较高区域（如山东、广东、浙江等省）增速减缓或稍有回落，发展水平较低地区（如广西、海南等省）逐步提升，区域间发展水平差距逐渐缩小。

(3) 从峰值变化来看，考察期内区域海洋经济发展水平峰值，均呈现上升趋势。具体来看，1997年与2005年，中国海洋经济发展水平峰值明显低于其他年份峰值，且呈现宽峰分布，说明此时海洋经济发展水平高低分布较为分散，到2013年，逐渐呈现出尖峰形状且峰顶密度较高，说明中国区域海洋经济发展水平集中度逐渐提高，且集中值右移明显，发展态势较好。

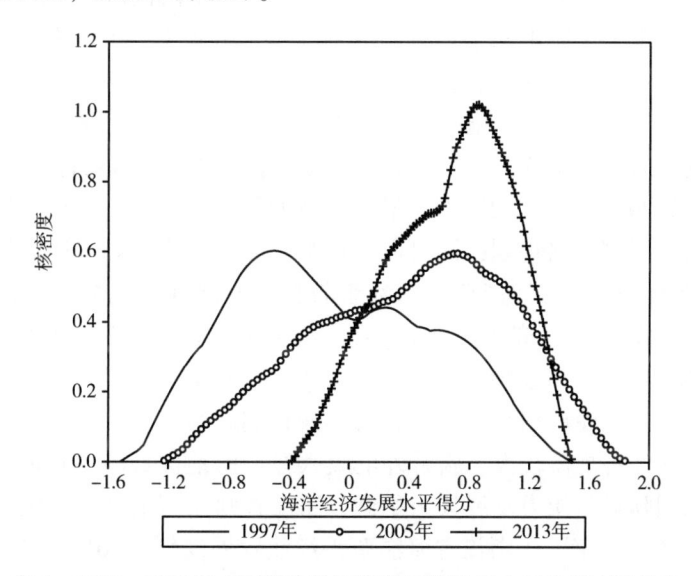

**图4 1997~2013年中国沿海地区海洋经济发展水平的核密度分布**

3. 区域海洋经济发展空间演变分析。

本文主要选取1997年、2005年、2013年进行分析。1997~2013年我国沿海11个省市海洋经济综合发展水平的空间差异逐渐减小：低水平区域已由1997年的河北、天津、江苏、广西、海南5省市降至2013年的广西、海南2省；中等水平区域由上海、福建2省市增至2013年的河北、江苏、上海、福建4省市；而高水平地区数量基本保持不变。总体而言，我国沿海海洋经济发展水平增长趋势明显。其中低水平区域逐渐减少，中高水平区域逐渐增多，且环渤海区域中山东、辽宁、天津，长三角中江苏、上海、浙江，珠三角中广东省等发展水平较高，势头较为强劲。

整体来看，随着海陆联动一体化发展思路的确立，国家开始实施中心区域带动的海洋发展战略，区域海洋经济实现大幅度增长，其中环渤海海洋经济区、长三角海洋经济区与珠三角海洋经济区所辖沿海省份发展水平明显较高，广西、海南省海洋经济发展一直处于较低状态。环渤海经济区占全国总量5.26%的面积创造出全国1/4的经济总量，其中海洋经济贡献率较大，近年来凭借优越的经济区位条件与政府扶持政策迅速发展。长三角与珠三角海洋经济区海洋交通区位便利，作为海洋经济发展较早地区，受国家发展战略与政策影响较大，相关产业发展基础雄厚，海洋科技水平相比较高；广西、海南省自然资源丰富，一直作为国家区域战略重点支持对象，但海洋科技水平落后、产业结构合理化水平较低，且地处边陲涉海外贸规模较小，内生发展能力薄弱，导致近年来海洋经济发展落后于其他区域。

具体而言，1997~2013年河北、江苏两省都经历了由低水平发展阶段至中等水平阶段的提升过程，天津市和福建省则分别经历了低水平—中水平—低水平、中水平—高水平—中水平的波动过程，其他省市发展水平所处相对位置基本保持不变。山东、广东、浙江等省率先实施区域海洋发展战略，在海洋经济、科技、环境等方面发展极具优越的政策支持，因而一直处在较高水平区域。山东省自1991年率先提出"海洋山东"战略以来，相继出台了"一体两翼"战略、《山东半岛蓝色经济区发展规划》等一系列战略规划，同时以蓝色半岛经济区为基础，凭借雄厚的科技力量与新能源利用，现代海洋产业体系完善较快，发展规模优势明显；而广东省在1999年确立"建设海洋经济强省"战略后，相应制定了《关于加快发展海洋经济的决定》、《广东省海洋经济发展"十一五"规划》、《广东省海洋功能区划》、《广东海洋经济综合试验区发展规划》等，为其海洋科技创新与经济结构优化提供了制度保障。广东省海洋经济规模较大、旅游外汇收入在沿海地区最高，其依靠成熟的产业体系与较强的国际竞争能力发展较为稳健；浙江省则在《浙江海洋经济发展示范区规划》基础上先后制定了《浙江省海洋新兴产业发展规划（2010-2015）》、《浙江省重要海岛开发利用与保护规划》、《浙江省"三位一体"港航物流服务体系建设行动计划》等，为海洋产业、海岛开发与港行物流发展提供了较大便利。并且其海洋科技发达，现代海洋第二、第三产业比重较大，产业内部结构优化水平较高，对海洋环保建设投入最多，资源利用状况较好。而辽宁、福建、江苏省在整个研究期间海洋经济综合发展水平虽有提升，但仍处于中等水平。自"海上辽宁"战略提出以来，至"辽宁沿海经济带"上升为国家战略，辽宁省海洋经济取得较大发展，产业结构合理化水平提升、科技发展较为迅速，现代海洋产业比重逐渐增加，但基础设施较弱，增长潜力较大；江苏省发展较为迅速，已由低水平发展至中等水平，自

1995年"海上苏东"战略实施以来,其一直努力打造"兴海强省"的地位,注重海洋环保建设投入,海洋生态监控区面积位居第二,风能资源利用状况较好,但总体规模较小,第二、第三产业比重偏低,缺乏国际竞争力,发展仍具一定潜力;而福建省作为"海上丝绸之路"的起点,在研究期内虽有提升,但近年来却出现回落状况,自"九五"时期以来随着"海洋经济大省"与"建设海上田园"战略部署完成,海洋经济实现10.75%的高速增长,但由于海洋经济发展科技水平较低,海洋新能源利用率不高,环境问题严重,近年来海洋经济发展减缓。海南、广西两省区滨海旅游发展迅速、海洋生态环境较好,近年来海洋发展战略逐步完善,但由于基础设施较差、经济系统发育度低、海洋科技创新缓慢、产业结构不合理等,海洋经济效率较低,整体发展一直处于低水平状态。而当前国家实施的"一带一路"发展战略将在很大程度上推动其加速发展。

4. 海洋战略与海洋经济发展相互关系。

"响应"一词原指系统在激励作用下所引起的反应,本文是指海洋经济发展对国家海洋战略实施与变动形成的反应与交互反馈效应。国家海洋战略实施对支撑海洋经济发展的生产要素合理分配产生重大影响,因而根据投入—产出关系选取各区域海洋战略投资量衡量其实施水平,并构建海洋战略变量对区域海洋经济水平变量的广义脉冲响应函数模型,以揭示海洋战略实施对促进各区域海洋经济发展产生效果的变化趋势。由于可变模糊识别得到的区域海洋经济发展水平值在0值附近波动,因而对海洋战略投资量取对数分析,以减少变量之间的差异程度及数据波动和异方差的影响。

(1) 模型检验及分析。本文利用ADF检验来确定变量的平稳性(表3):

表3　　　　　　　　　　　　　ADF检验表

| 变量 | 检验类型 (c, t, k) | ADF检验 | Prob. | 1% level | 5% level | 10% level | 结论 |
| --- | --- | --- | --- | --- | --- | --- | --- |
| dzhTJ | (0, 0, 0) | -1.639 | 0.0937 | -2.755 | -1.971 | -1.604 | 平稳 |
| dzhHB | (0, 0, 0) | -3.909 | 0.0007 | -2.718 | -1.964 | -1.606 | 平稳 |
| dzhLN | (c, 0, 0) | -6.752 | 0.0001 | -3.920 | -3.066 | -2.673 | 平稳 |
| dzhSH | (0, 0, 0) | -4.195 | 0.0003 | -2.718 | -1.964 | -1.606 | 平稳 |
| dzhJS | (c, t, 0) | -4.757 | 0.0020 | -3.920 | -3.066 | -2.673 | 平稳 |
| dzhZJ | (c, 0, 0) | -3.420 | 0.0260 | -3.920 | -3.066 | -2.673 | 平稳 |
| dzhFJ | (0, 0, 0) | -2.603 | 0.0129 | -2.718 | -1.964 | -1.606 | 平稳 |
| dzhSD | (0, 0, 0) | -2.032 | 0.0436 | -2.718 | -1.964 | -1.606 | 平稳 |
| dzhGD | (0, 0, 0) | -4.003 | 0.0005 | -2.718 | -1.964 | -1.606 | 平稳 |
| dzhGX | (0, 0, 0) | -5.002 | 0.0001 | -2.718 | -1.964 | -1.606 | 平稳 |

续表

| 变量 | 检验类型 (c, t, k) | ADF 检验 | Prob. | 1% level | 5% level | 10% level | 结论 |
|---|---|---|---|---|---|---|---|
| dzhHN | (0, 0, 0) | −4.015 | 0.0005 | −2.718 | −1.964 | −1.606 | 平稳 |
| dtzTJ | (c, 0, 0) | −5.745 | 0.0003 | −3.920 | −3.066 | −2.673 | 平稳 |
| dtzHB | (0, 0, 0) | −3.229 | 0.0037 | −2.755 | −1.971 | −1.604 | 平稳 |
| dtzLN | (0, 0, 0) | −3.486 | 0.0021 | −2.755 | −1.971 | −1.604 | 平稳 |
| dtzSH | (0, 0, 0) | −2.863 | 0.0080 | −2.755 | −1.971 | −1.604 | 平稳 |
| dtzJS | (c, 0, 0) | −5.002 | 0.0015 | −3.959 | −3.081 | −2.681 | 平稳 |
| dtzZJ | (c, 0, 0) | −4.589 | 0.0031 | −3.959 | −3.081 | −2.681 | 平稳 |
| dtzFJ | (c, 0, 0) | −3.828 | 0.0128 | −3.959 | −3.081 | −2.681 | 平稳 |
| dtzSD | (0, 0, 0) | −2.032 | 0.0436 | −2.718 | −1.964 | −1.606 | 平稳 |
| dtzGD | (c, 0, 0) | −4.913 | 0.0015 | −3.920 | −3.066 | −2.673 | 平稳 |
| dtzGX | (0, 0, 0) | −5.737 | 0.0000 | −2.718 | −1.964 | −1.606 | 平稳 |
| dtzHN | (0, 0, 0) | −4.015 | 0.0005 | −2.718 | −1.964 | −1.606 | 平稳 |

注：检验类型中的c和t表示带有常数项和趋势项，k表示综合考虑AIC、SC选择的滞后期，d表示一阶差分。

从表3中可以看出，变量经过一阶差分后均变成平稳序列，即都是I（1）的序列，可以采用Johansen检验来判断序列之间是否存在协整关系。检验结果如表4：

表4　　　　　　　　　协整检验表

| 地区 | 脉冲响应变量 | 零假设 | T统计量 | 5%临界值 | P值 |
|---|---|---|---|---|---|
| 天津 | dzhTJ 与 dtzTJ | 不存在协整关系* | 13.04375 | 12.3209 | 0.0378 |
| 河北 | dzhHB 与 dtzHB | 不存在协整关系* | 20.52481 | 12.3209 | 0.0017 |
| 辽宁 | dzhLN 与 dtzLN | 不存在协整关系* | 22.73163 | 12.3209 | 0.0007 |
| 上海 | dzhSH 与 dtzSH | 不存在协整关系* | 24.30529 | 12.3209 | 0.0003 |
| 江苏 | dzhJS 与 dtzJS | 不存在协整关系* | 31.31894 | 15.49471 | 0.0001 |
| 浙江 | dzhZJ 与 dtzZJ | 不存在协整关系* | 35.02378 | 15.49471 | 0.0000 |
| 福建 | dzhFJ 与 dtzFJ | 不存在协整关系* | 20.07118 | 12.3209 | 0.0021 |
| 山东 | dzhSD 与 dtzSD | 不存在协整关系* | 20.27038 | 12.3209 | 0.0019 |
| 广东 | dzhGD 与 dtzGD | 不存在协整关系* | 18.51513 | 12.3209 | 0.0041 |
| 广西 | dzhGX 与 dtzGX | 不存在协整关系* | 19.98304 | 12.3209 | 0.0022 |
| 海南 | dzhHN 与 dtzHN | 不存在协整关系* | 11.41513 | 12.3209 | 0.0706 |

注：*表示在5%显著水平下拒绝了零假设。

由表4可知，在5%的显著性水平下，检验结果拒绝了沿海各地区海洋战略投资量与区域海洋经济发展水平之间不存在协整关系的零假设。即海洋战略投资量与区域海洋经济发展水平之间存在长期协整关系。

（2）脉冲响应函数分析。协整分析只是说明各变量之间在结构上的因果关系和长期关系是否均衡，但没有表现出各变量的单位变化通过其内在联系对整个系统的扰动，以及各变量对这些扰动的综合反映，为此需要进一步作脉冲响应分析，进而判断它们之间的长期关系。脉冲响应函数是用来衡量随机扰动项的一个标准差冲击对其他变量当前和未来取值的影响轨迹，能够比较直观刻画出变量之间的动态交互作用及效应。为了进一步分析海洋战略投资量①与区域海洋经济水平两个变量的动态特征，对其进行脉冲响应分析，即分别计算各地区 lntz 和 lnzh 的一个标准差冲击对各自 lntz 和 lnzh 的影响。图 5 横轴表示期数，纵轴表示因变量对自变量的响应状况，实线表示脉冲响应函数。

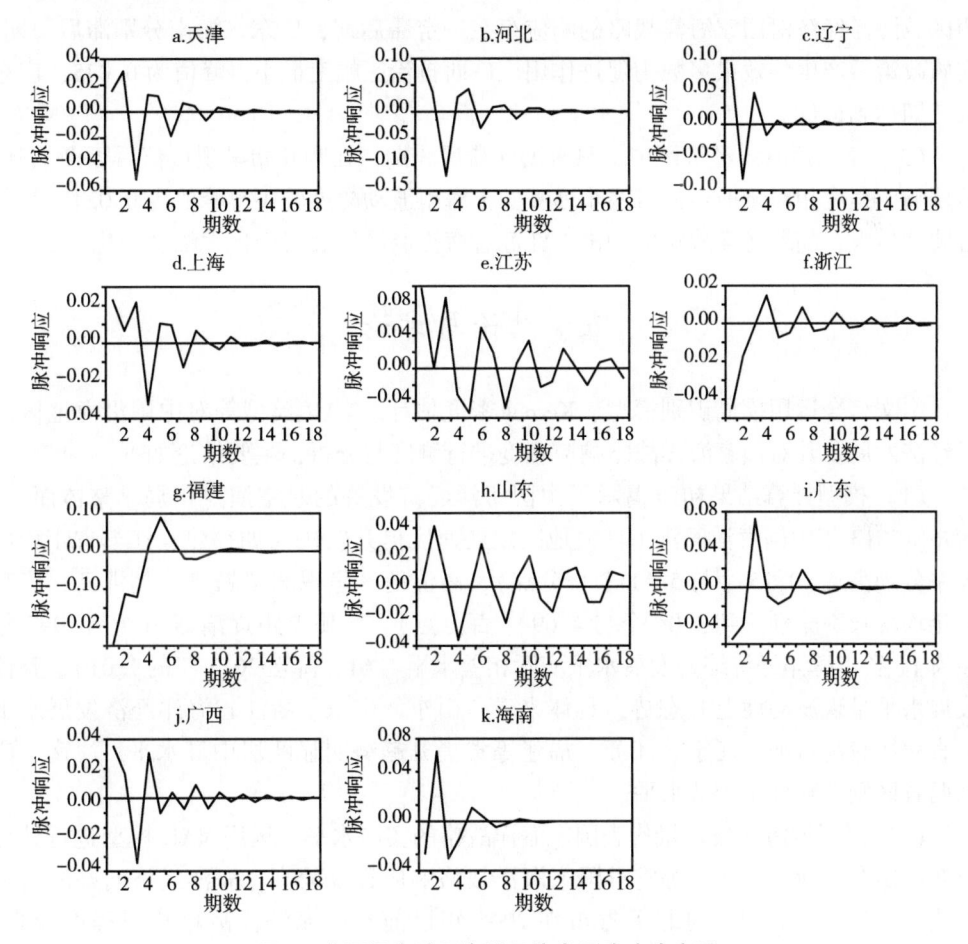

**图 5 中国沿海地区海洋经济发展脉冲响应图**

---

① 海洋战略投资量是各地区针对相关海洋战略实施，对海洋开发与管理所投入的资金总额。文中海洋战略投资总额 =（海洋产业总产值/国民生产总值）× 社会固定资产投资总额。

图 5 可知：

（1）环渤海海洋经济区海洋战略效果在第二期出现一定下滑，到第三期时出现反弹，随着时间的过渡，这种冲击引起的响应程度逐步减少并最终趋向于稳定状态。其中山东持续大幅波动，效果明显，即中国海洋战略实施有利于其海洋经济的发展，且该作用长期有效。辽宁、天津、河北省市在第一期受冲击后趋于平稳，天津冲击幅度较小，仅有 0.03，之后呈现递减的趋势。

（2）珠三角海洋经济区、海峡西岸经济区、北部湾经济区等沿海经济区中，期数越多的状况下基本趋于 0，说明系统比较稳定。其中福建滞后 4 期达到最大，到第 5 期以后响应为正值，并逐步趋近于 0，其在当期不会引起区域海洋经济的响应，说明区域海洋经济对国家海洋战略的响应存在一定滞后期，广东、海南分别滞后一期，实施政策后产生的效果多数为促进作用，广西自治区幅度最小，峰值为 0.035，广东第三期达到最优。

（3）长三角海洋经济区中，只有浙江滞后 3 期，在刚开始呈现负值后逐渐上升，后期响应程度相对于前期而言逐步递减。上海市波动幅度较小，峰值为 0.024，江苏省波动最大，随着海洋战略的冲击，江苏省海洋经济发展将产生大幅度变化。

## 五、结论与讨论

本文综合运用模糊识别模型、Kernel 密度估计、VAR 模型等对中国沿海地区海洋经济发展及其对国家海洋战略响应程度进行测度与分析，主要结论如下：

（1）模型计算结果初步揭示了中国海洋经济发展的时空演变格局。整体而言，1996~2013 年中国海洋经济中低值地区发展速度提升较快（如福建、江苏省年均增长率分别高达 10.75 个与 5.51 个百分点），高值地区呈现减缓趋势（如浙江、广东省年均增长率分别达到 3.04 个与 4.69 个百分点），区域差距逐渐缩小（从 1997 年沿海 11 省市海洋经济综合发展水平实际相差水平 1.61，降至 2013 年的 1.01），整体发展水平呈现波动性上升态势；具体来看，山东、广东、浙江省海洋经济发展水平一直稳居较高水平，辽宁、江苏、福建等省提升趋势明显跃居中等水平，海南、广西两省区则一直处于较低水平。

（2）以区域海洋投资量代表国家海洋战略的实施水平，运用 VAR 模型进行计算可知，山东、浙江、江苏等省对国家海洋战略响应程度较高，海洋经济向好发展趋势明显；辽宁、天津、河北等省市在 2006 年以前对国家海洋战略响应程度较高，2006 年以后逐渐呈现轻微递减的平稳状态；上海、广西等省市对发展战略响应程度波动较小，海洋经济发展较为稳定；广东、福建、海南等省海洋经济发展受国家海洋战略影响不断提升，但存在一定滞后期。

本文结合经济学、生态学、统计学等学科知识，综合应用相关模型对区域海洋经济对国家海洋战略的响应进行测度分析，一定程度上为政府新时期指导海洋经济发展与政策完善提供了科学依据。但由于数据的可得性与统计口径问题，在计算过程中对涉及海洋产业的数据进行了处理，特别是 2006 年《海洋生产总值核算制度》的实施，导致海洋产业数据前后差异较大，因而结果可能存在偏差。

## 参 考 文 献

[1] 谢里，樊君欢，吴诗丽．中国区域发展战略实施效果动态评估［J］．地理研究，2014，33 (11)：2069 - 2081．

[2] 王业强，魏后凯．"十三五"时期国家区域发展战略调整与应对［J］．中国软科学，2015 (5)：83 - 91．

[3] 殷克东，方胜民．海洋强国指标体系［M］．北京：经济科学出版社，2008．

[4] 马汉．海权对历史的影响（1660 ~ 1783）［M］．安常容，成忠勤，译．北京：解放军出版社，2008．

[5] 钮先钟．西方战略思想史［M］．桂林：广西师范大学出版社，2003．

[6] 巴里·布赞．海底政治［M］．时富鑫译．北京：三联书店，1981．

[7] 杰勒德·曼贡．美国海洋政策［M］．张继先，译．北京：海洋出版社，1982．

[8] 罗伯特·吉尔平．《世界政治中的战争与变革》［M］．上海：上海人民出版社，2007．

[9] 罗伯特·基欧汉，约瑟夫·奈．《权力与相互依赖——转变中的世界政治》［M］．林茂辉，等译．北京：中国人民公安大学出版社，1991．

[10] Henry Mark S, Barkley David L. The contribution of the coastal to the south Carolina economy：agriculture［J］．*Clemson University Regional Economic Development Laboratory*, Clemson, S C. 2002.

[11] Rozelle S. Rural industrialization and increasing inequality：emerging patterns in China's reforming economy［J］．*Journal of Comparative Economics*，1994，19（3）：362 - 388．

[12] Morgan R. Some factors affecting coastal landscape aesthetic quality assessment［J］．*Landscape Research*，1992，24（2）：167 - 185．

[13] 马仁锋．中国海洋科技研究动态与前瞻［J］．世界科技研究与发展，2015，37（4）：461 - 467．

[14] 宋云霞，唐复全，王道伟．中国海洋经济发展战略初探［J］．海洋开发与管理，2007 (3)：48 - 54．

[15] 赵宗金．海洋文化与海洋意识的关系研究［J］．中国海洋大学学报，2013 (5)：13 - 17．

[16] 吴险峰．我国海洋环境保护的法律原则和政策措施［J］．海洋环境科学，2005，24（3）：72 - 76．

[17] 张耀光，王国力，刘锴，等．中国区域海洋经济差异特征及海洋经济类型区划分［J］．经济地理，2015，35（9）：87 - 95．

[18] 韩增林，王泽宇．辽宁沿海地区循环经济发展综合评价［J］．地理科学，2009，29（2）：147 - 153．

[19] 覃雄合，孙才志，王泽宇．代谢循环视角下的环渤海地区海洋经济可持续发展测度［J］．资源科学，2014，36（12）：2647 - 2656．

[20] 楼东, 谷树忠, 钟赛香. 中国海洋资源现状及海洋产业发展趋势分析 [J]. 资源科学, 2005, 27 (5): 20-26.

[21] 曹忠祥, 任东明, 王文瑞, 等. 区域海洋经济发展的结构性演进特征分析 [J]. 人文地理, 2005 (6): 29-32.

[22] 孙才志, 杨羽頔, 邹玮. 海洋经济调整优化背景下的环渤海海洋产业布局研究 [J]. 中国软科学, 2013 (10): 83-95.

[23] 王双. 我国海洋经济的区域特征分析及其发展对策 [J]. 经济地理, 2012, 32 (6): 80-84.

[24] 郑元文, 赵明华. 山东省产业结构演变城市化响应强度时空变化规律研究 [J]. 鲁东大学学报 (自然科学版), 2013, 29 (4): 342-346.

[25] 王珍珍, 陈功玉. 制造业与物流业联动发展的模式及关系研究——基于VAR模型的脉冲响应函数及方差分解的分析 [J]. 珞珈管理评论, 2011 (2).

[26] 秦云鹏, 于晓黎, 方景清. 青岛市经济增长引发环境污染的冲击响应模式分析 [J]. 中国海洋大学学报, 2010, 40 (2): 117-121.

[27] 郭建科, 杜小飞, 孙才志, 等. 环渤海地区港口与城市关系的动态测度及驱动模式研究 [J]. 地理研究, 2015, 34 (4): 740-750.

[28] 杨林, 成前, 王悦. 海洋灾害与海洋经济发展的脉冲响应分析 [J]. 海洋环境科学, 2014, 33 (3): 431-435.

[29] 国家海洋局. 全国海洋开发规划 [EB/OL]. (1995-06-20) [2016-08-18]. http://www.soa.gov.cn/xw/ztbd/2014/wsznq/ywdt/201407/t20140722_33231.html.

[30] 国家海洋局. 《中国海洋21世纪议程》[M]. 北京: 海洋出版社, 1996.

[31] 国务院. 全国海洋经济发展规划纲要 [EB/OL]. (2003-05-09) [2016-08-18]. http://www.gov.cn/gongbao/content/2003/content_62156.htm.

[32] 国家海洋局. 国家海洋事业发展规划纲要 [EB/OL]. (2008-02-22) [2010-09-22]. http://www.gov.cn/gzdt/2008-02/22/content_897673.htm.

[33] 王泽宇, 郭萌雨, 孙才志, 等. 基于可变模糊识别模型的现代海洋产业发展水平评价 [J]. 资源科学, 2015, 37 (3): 534-545.

[34] 王泽宇, 张震, 韩增林, 等. 中国15个副省级城市经济转型成效测度及影响因素分析 [J]. 地理科学, 2015, 35 (11): 1388-1396.

[35] 李耀臻, 徐祥民. 海洋世纪与中国海洋发展战略研究 [M]. 青岛: 中国海洋大学出版社, 2006.

[36] 刘家学. 对指标属性有偏好信息的一种决策方法 [J]. 系统工程理论与实践, 1998, 19 (2): 54-57.

[37] 国家海洋局. 中国海洋统计年鉴 [M]. 北京: 海洋出版社, 1997-2014.

[38] 国家统计局, 环境保护部. 中国环境统计年鉴 [M]. 北京: 中国统计出版社, 1997-2014.

[39] 中华人民共和国统计局. 中国统计年鉴 [M]. 北京: 中国统计出版社, 1997-2014.

[40] 刘艳军, 李诚固. 东北地区产业结构演变的城市化响应机理与调控 [J]. 地理学报, 2009, 64 (2): 153-166.

# 西安区域性金融中心发展水平的实证研究[*]

王琴梅　郭艺萌[**]

**摘　要**：文章在分析区域性金融中心形成机理的基础上，从金融发展环境和金融自身发展水平两方面建立了评价西安金融中心发展水平的五个二级指标和十八个三级指标，利用主成分分析法对西安市2004~2014年这11年间金融中心的发展水平进行评价。结果显示：西安金融中心的发展水平逐年上升，且增长强劲，然而仍然存在金融资源集聚程度不高、金融辐射程度较低等问题。因此，积极推进西安金融集聚区的形成、利用丝绸之路经济带扩大西安金融中心的辐射广度和深度、推动西安金融的创新、加强金融风险监管等，就成为西安进一步提升区域性金融中心发展水平的必然选择。

**关键词**：区域性金融中心　丝绸之路经济带　西安　主成分分析

丝绸之路经济带建设离不开金融的支持，其路径之一，就是选择各方面条件较好的核心城市形成区域性金融中心，以此为依托集聚金融资源，并有效地配置金融资源，提高金融资源的利用效率。西安是古丝绸之路的起点，又处在现代丝绸之路经济带的核心位置，无论在经济发展、地理区位、金融业基础还是国际合作方面，均处在西北五省区中的领先位置。因此，西安有条件、有基础、有能力建设成丝绸之路经济带上的区域性金融中心，主要辐射西北五省区及中亚地区，以此推动丝绸之路经济带的建设。

## 一、文献综述与问题的提出

关于区域性金融中心的国内外研究成果，主要集中在以下几个方面：（1）关于金融中心形成条件的研究。胡坚（1994）从资金的供求是金融中心形成的先决条件，金融服务历史地理等天然赋予的优势则是金融中心形成的必要条件。唐旭（1996）从基础设施条件、金融因素、经济因素等方面指出形成金融中心必须具备的八大条件。Henry Kaufman（2001）认为，具有严格信息披露制度和较为完善的法律体系，是形成金融中心应该具备的最重要的条件。（2）关于金融中心形成机理的研究。

---

[*] 基金项目：本文系2016年国家社科基金项目"丝绸之路经济带'核心区'物流业效率及其影响因素研究"（16XJL004）的阶段性成果。

[**] 王琴梅（1962－），女，汉族，甘肃古浪人，陕西师范大学国际商学院教授，博士生导师，研究方向为发展经济学与中国区域经济发展；郭艺萌（1990－），女，汉族，河北高邑人，陕西师范大学国际商学院2014级硕士研究生，研究方向为区域经济理论与政策。

Kristen Bindemann（1999）指出，区位理论对供给、需求、沉淀成本、内部和外部规模经济以及规模不经济、交通成本、心理成本、信息和不确定问题等因素的考察，使之成为解释金融中心形成和发展的重要基础理论之一。冯德连、葛文静（2004）通过对规模经济学、区位经济学和金融产品流动性理论三大金融中心成长的理论流派分析，提出了金融中心成长机制的"轮式模型"。王保庆、李忠民（2012）用地理区位、金融集聚和制度供给三大理论解释金融中心演化的一般路径，认为金融中心建设应综合分析城市所处区位、金融业的集聚和制度供给等因素。（3）关于金融中心实证方面的研究，学者们大都从金融中心的评价体系及竞争力角度进行研究。如 Reed H. C.（1981）设定了 9 个金融变量，利用聚类分析法比较了 76 个城市的金融竞争力。Yi-Cheng Liu 等（1997）利用层次成簇分析和主成分分析对亚太地区的金融中心进行排名，并发现信用水平、经济发展水平及金融业的开放度构成了金融中心发展的决定性因素。胡坚、杨素兰（2003）的金融中心评价指标体系包括经济因素、金融因素和政治因素共 27 个二级指标，通过回归和参数检验的方法，检验这些指标对国际金融中心评估的显著性，得到了判断一个地区能否成为国际金融中心和评价国际金融中心运行效率的回归模型。陆红军（2007）建立了一套国际金融中心综合竞争力的评价指标体系，并利用因子分析法对六个国际金融中心进行了实证分析，揭示了形成国际金融中心综合竞争力的关键要素和核心指标。（4）关于区域性金融中心的研究。任英华、徐玲、游万海（2010）通过空间计量模型对金融集聚影响因素进行研究，发现金融集聚在省域之间有较强的空间依赖性和正的空间溢出效应。钱明辉、胡日东（2013）在新地理经济学的理论框架下，通过空间区位分析，对我国各城市构建区域性金融中心的能力进行合理评价，认为应优先发展金融服务业集聚区域的中心城市。

综上所述，近年来研究金融中心的相关文献比较多，研究角度广且深入。然而现有文献对以下几个方面的研究鲜有涉及：（1）关于西安建设"丝绸之路经济带"上的区域性金融中心的研究目前相关文献较少；（2）互联网金融发展快速，但以往的研究成果中未将互联网金融这一指标列入金融中心的评价指标体系中。基于此，本文将在阐述区域性金融中心的形成机理和形成条件的基础上，重新建立金融中心发展水平评价指标体系，利用主成分分析法分析西安区域性金融中心的发展水平，并提出相应的构建措施。

## 二、区域性金融中心的形成机理

### （一）金融中心、区域性金融中心的界定

什么是金融中心呢？饶余庆（1997）认为金融中心是银行与其他金融机构的高度集中，各类金融市场能自由生存和发展，金融活动与交易较任何其他地方更能有

效地进行的都市。谢太峰（2006）认为，金融中心是资金融通活动密集的地方，这样的地方一般是城市，金融中心应该是交易成本最低、交易效率最高、交易量大的一个资金交易集聚地。Yossef Cassis（2013）认为，金融中心是在一个特定的城市空间，一定数量的金融服务的集合体，金融中心承担了协调金融交易和安排支付清偿的工作。由此可见，金融中心是经济繁荣，大量金融资源集聚，多层次金融市场活跃，金融产业为其支柱性产业，且会计师事务所、律师事务所等服务行业相对比较完善的城市。在这样的城市中，各种金融活动能够高效低成本地进行，金融资源能够得到有效配置，并为本地区或国家及其周边地区提供货币资本借贷、结算等金融服务，通过金融辐射，带动附近地区经济的发展。

对于区域性金融中心的概念理解，学者 Reed H. C.（1981）的腹地分类法界定相对比较全面和深入，Reed 依据金融中心的腹地范围的不同将金融中心分为五个等级：地方性金融中心——服务的范围为其直接腹地；区域性金融中心——服务范围为直接腹地外更大的区域；国家性金融中心——服务范围为整个国家；国际区域性金融中心——服务范围为邻近国家和政治属地；全球性金融中心——服务范围为全球。本文认为区域性金融中心和金融中心的实质是相同的，金融中心属于更宽泛的概念，区域性金融中心属于更具体的概念，它是在金融中心概念的基础上根据金融中心服务腹地范围的大小而定义的，因此，区域性金融中心是向其直接腹地及周围区域提供多种金融服务的金融中心。本文所研究的西安区域性金融中心主要服务的范围为我国西北地区及"丝带"上的沿线近邻国家，如中亚。

**（二）区域性金融中心的形成机理**

金融中心的形成往往伴随着地区经济的繁荣及金融产业的集聚。接下来本文将运用区位理论、集聚理论和增长极等理论分析区域性金融中心的形成机理。

1. 区位优势带来的工商业产业的大量集聚是金融集聚产生的需求拉力。

根据阿尔弗雷德·韦伯（1909）的工业区位论和埃德加·M·胡佛（1931）的运输区位论等，工商业产业的企业总是选择在那些交通运输和通讯信息条件好的地理区位落户和集聚，逐渐形成了产业集聚、人口集聚的中心，也就是城市。Venon R.（1985）在研究金融集聚的原始动机时也指出，城市不断涌现的商机对于那些具有很大不确定性的产业和服务业有着巨大的吸引力。根据这些理论，工商业产业和人口的聚集形成的发达的城市经济，既为银行等金融机构的进入和聚集形成了服务需求和拉力，同时也为它们的进入和聚集创造了很好的条件，进而为区域性金融中心的形成奠定了基础。具体而言：（1）金融中心的形成离不开工商业产业的集聚。世界上已有的金融中心如伦敦、纽约、东京等总是位于工商业高度发达的经济中心城市，经济的高度发展会派生出对金融产品及金融服务的需求，进而吸引金融机构的入驻，逐渐形成金融集聚。以纽约的集聚过程为例，纽约港吸引了大量的批发商，批发商又有着巨大的资金需求及大量业务往来，这又吸引了大量的金融机构前来，形成金融集聚区，经过多年发展，纽约成为国际金融中心。（2）金融中心的形成离不开金融产业的集聚。金融产业的集聚是各类金融机构及其辅助性行业的集中发展，一个金融中心城市必定包含数量众多、功能齐全且种类多样的金融机构。金融产业的集聚能够通过促进金融业的良性竞争，推动金融创新、拓宽投融资渠道、降低金融交易成本，方便跨时跨地结算、活跃多层次的金融市场、提高金融资产的流动性、更加高效地配置资本等途径推进产业优化升级，支持企业发展，促进经济繁荣。而经济的繁荣又进一步增加对金融服务的需求，强化金融集聚，二者互相推进，循环累积，使该城市逐渐成为该区域的经济中心和金融中心。

2. 政府在区位条件和资源禀赋优越的地区进行金融聚集的制度安排。

有的地区的金融集聚主要是靠政府强力支持、推动而形成的。政府在创立启动机制、强化良性循环、退出低效发展等方面对金融中心的形成具有非常重要的作用。具体来说：（1）政府在制度、政策方面给予有力支持。制度是历史的携带者，制度把路径依赖传授到经济过程，不同地区制度路径不同，从而导致金融景观产生差异，结合制度环境和制度安排及两者的关系，可以更好地解释金融中心的形成及其演化路径。政府是制度的设计和供给者，政府可以根据经济发展的形式及当地的区位、资源禀赋等优势人为地设计优惠政策及相关制度，扶持金融产业在当地的发展，使该地区获得金融产业发展的先发优势，吸引金融人才、金融机构及相关辅助性行业入驻，进而能够在较短的时间内形成具有多种功能的金融集聚区。（2）政府对当地经济社会有组织地规划及有效监管。政府有效的规划和监管会使该地区拥有稳定的投融资环境，保证金融活动的顺利进行，降低金融风险，增加投融资者的信心，为金融产业的发展营造健康良好的环境，促进金融产业高效有序地进行，这将进一步推动金融集聚区的发展。（3）政府有能力保证金融集聚良性高效地发展。政府有责任、有能力依据经济形势及该地区金融的实际发展情况，适时改变政策及战略，避免金融集聚沿着低效的路径发展下去。

总之，政府推动形成的金融集聚具有超前于经济的特点，在一定程度上先于经济的发展，而后带动该地区经济的发展。如新加坡的金融集聚便是典型的政府推动形成的。新加坡独立之初，国内经济萎靡不振、失业率较高，新加坡政府及时抓住国际上需要亚洲美元市场的机遇并利用新加坡有利的区位优势及时区条件，制定低税收等政策吸引国内外金融机构入驻新加坡，新加坡的金融集聚在良好制度的有力推动下很快形成，多层次的金融市场亦随之形成，金融活动逐渐聚集于此，在金融业的推动下，新加坡的经济获得了长足的发展，这使得新加坡在20世纪末成为世界主要的金融中心之一。

3. 金融集聚自身具有积极的内部效应和外部效应。

金融集聚的内部效应是指金融集聚使金融业内部产生规模经济。规模经济是金融中心产生和发展的主要推动力，集聚经济是金融中心存续的重要原因，规模经济学理论是区位经济学理论在集聚经济效应方面的扩充性说明，它强调了在影响国际金融中心形成的诸多因素当中，集聚所造成的巨大影响。具体来看：（1）深化金融集聚。金融集聚能够降低行业的生产成本，通过相互之间的资源共享和学习效应，在促进行业自身发展的同时又深化了金融集聚。（2）培养有实力的金融机构。金融集聚也能够通过行业内部的竞争与合作，逐渐培育出规模大、实力强的金融机构，实践已经证明，凡是能够在金融领域拥有话语权的国家或地区，往往拥有实力雄厚、影响深远的金融机构群。（3）金融集聚逐步使金融业成为推动型产业。法国经济学家弗朗索瓦·佩鲁在20世纪50年代论证了经济增长发源于一个"推动型单位"，推动型单位自身规模巨大、相对于其他部门具有强大优势、同其他部门有紧密联系、有强劲的经济增长能力等特点。在金融业已经形成规模聚集的核心城市，金融集聚内部效应的发挥最终将导致金融业成为该地区的推动型单位，即区域经济的部门增长极。

金融集聚在形成内部效应的同时，也会形成巨大的外部效应。外部效应是指一个经济主体的行为对另一个经济主体的成本或收益等方面施加的影响。外部规模经济是促进生产和经营单位空间集聚的主要动因之一，金融集聚外部规模集聚效应不仅能够推动金融集聚的进一步发展，而且还促进其他产业的发展。金融是经济的核心，已渗透到各行各业，作为部门增长极的金融业不仅通过自身的发展促进该地区经济的增长，同时，还把增长刺激通过与其他部门的紧密联系扩展到其他经济部门。一方面，金融集聚会吸引大量工商业及其他相关辅助性行业如律师事务所、会计事务所等的集聚，推动各行各业在金融中心地的集聚和发展；另一方面，金融集聚能够加速资金周转，提高金融资产的流动性，形成多层次的金融市场，降低交易成本，便利投融资等金融活动，使金融集聚蕴藏的经济力量辐射至周边地区，带动腹地经济的发展。

概括而言，金融集聚是区域金融中心形成的基础。纵观金融中心的发展史，我们不难发现，区域金融中心的形成无不伴随着金融集聚，没有金融集聚，便不可能形成金融中心。金融集聚是金融中心形成的微观基础。金融集聚能够满足经济发展对资金的需求，并通过扩散效应、溢出效应等外部效应带动本地区相关行业的发展，进而推动本区域经济的快速发展。而实体经济的快速发展又派生出对金融更大的需求，从而进一步强化了金融业及其相关辅助性行业的集聚水平，使金融业的产值不断升高，逐渐成为该区域的支柱产业。且随着金融集聚，相关的金融交易、金融资源、金融活动也逐渐聚集于此。当一个城市随着金融集聚慢慢成为金融资产交易中心、定价中心、信息传播中心以及金融相关服务中心等诸多重要角色之后，该城市作为区域金融中心的地位也就随之确立。

金融中心的上述形成机理可以用图1进行概括：

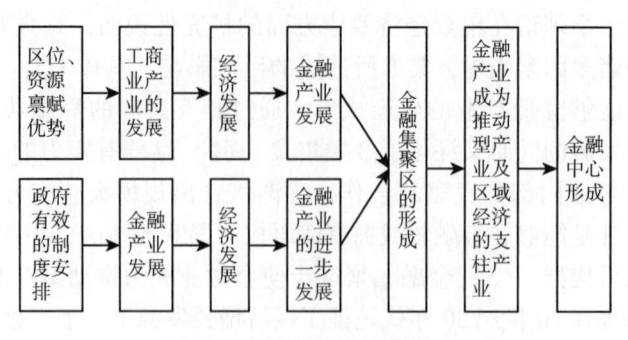

图1 金融中心的形成机理

## 三、西安市区域性金融中心发展水平的实证分析

**(一)西安金融中心发展概况**

2014年,西安市金融业实现增加值534亿元,占生产总值比重达9.7%,比2009年提高2.4个百分点,已成为经济中的优势产业。(1)截至2014年底,银行类机构33家,分支机构达1 901家;证券公司3家,证券营业部92家;保险类金融机构总数130多家,金融产业集聚初具规模,西安已初步建立起以数量众多的各类银行、证券公司和保险公司为市场主体,信托公司、融资租赁公司、财务公司、农村信用社等为补充的功能较为齐全的金融组织体系。(2)西安在推进风险投资和创业板市场建设、拓展债券市场、增加机构数量、发展期货市场等方面加大了力度,基本形成了以人民银行宏观调控、银行信贷市场为主导、证券市场、保险市场以及其他融资渠道协调发展的金融市场体系。(3)由银行监管、证券监管和保险监管构成的金融调控监管体系日趋完善,优化了金融发展的生态环境。目前,互联网金融在中国方兴未艾,西安正加快总投资165亿元的西安下一代互联网示范城市重点项目建设,构建以西安为中心的"丝绸之路经济带"城市信息交换枢纽,这无疑为西安市互联网金融的发展提供了基础设施支撑。西安金融业的健康发展很大程度上满足了居民和企业的需求,带动了经济发展,为西安建设区域性金融中心奠定了良好基础。

由上可见,西安市建设区域性金融中心的基础已相对比较完善,2014年8月发布的第六期"中国金融中心指数"排名中,西安已经成为全国十大区域性金融中心城市之一。西安市政府出台的一系列文件明确了西安区域性金融中心的定位——立足大西安、带动大关中、引领大西北,服务区域合作与发展的具有能源、科技、文化特色的金融中心。随着丝绸之路经济带建设战略的实施,西安区域性金融中心的辐射范围将由西北地区逐步延伸到"丝绸之路经济带"上的沿线国家,必将使西安市成为"丝绸之路经济带"上的区域性金融中心。

### (二) 西安市区域性金融中心发展水平的实证测算

1. 实证分析方法、指标体系的设计与数据来源。

（1）实证分析方法。本文使用主成分分析法来测评西安市金融中心的综合水平。主成分分析法旨在利用降维的思想，将一组数量较多的相关变量通过线性变换转换成另一组不相关的数量较少的变量。主成分分析法能够利用较少的变量解释原来资料中的大部分数据，且能够消除变量间的相互影响，指标权重的确定更加客观、合理，在实际应用中，主成分分析法被证明是一种有效的评价综合发展水平的方法。

（2）指标体系的设计。当前，西安市正在加快推进区域性金融中心建设，以西安市金融商务区为核心、以高新科技金融服务示范区和曲江文化金融示范区为侧翼的"一区两园"格局已初具雏形。但西安市的金融中心建设仍处于起步阶段，还有很大发展潜力。本文秉着科学性、数据的可获得性等原则，设计了西安市区域性金融中心发展水平的评价指标体系，该指标体系包括金融发展环境及金融自身发展水平两个一级指标，金融发展的外部环境、金融聚集程度、金融创新能力、金融开放水平及金融风险管理能力5个二级指标及18个三级指标，如表1所示。

表1　区域性国际金融中心发展水平评价指标体系

| 一级指标 | 二级指标 | 三级指标 |
| --- | --- | --- |
| 金融发展环境 | 经济水平 | 人均GDP、固定资产投资、利用外资水平、外贸依存度 |
| | 基础设施水平 | 交通业生产总值、电信业生产总值、互联网用户数 |
| 金融自身发展水平 | 金融集聚程度 | 金融机构总数、金融相关率、金融业从业人员比例、金融效率、金融业贡献率 |
| | 金融市场发展 | 货币市场、期货市场、保险市场、证券市场成交总额 |
| | 金融风险管理 | 不良贷款率、保险市场赔付率 |

（3）数据来源。本文数据主要依据2004~2015年的《西安市统计年鉴》及西安市《国民经济及社会发展统计公报》中提供的数据。

2. 实证分析过程。

在实证分析中，本文采用SPSS20.0软件对西安市2004~2014年这11年的金融中心发展水平进行主成分分析。

（1）主成分提取。通过各指标间的相关系数矩阵发现，其相关系数在70%以上的占大多数，因此，各指标间存在较高的相关性，它们之间有信息上的重叠，很适合做主成分分析。表2为提取的主成分及方差贡献率。

表2　　　　　　　　　　　主成分提取分析表

| 主成分 | 初始特征值 | | | 主成分提取项 | | |
|---|---|---|---|---|---|---|
| | 特征值 | 方差（%） | 累积方差（%） | 特征值 | 方差（%） | 累积方差（%） |
| 1 | 12.651 | 70.286 | 70.286 | 12.651 | 70.286 | 70.286 |
| 2 | 2.028 | 11.266 | 81.552 | 2.028 | 11.266 | 81.552 |
| 3 | 1.692 | 9.402 | 90.954 | 1.692 | 9.402 | 90.954 |
| 4 | 0.727 | 0.727 | 94.992 | | | |
| … | … | … | … | | | |

主成分的提取原则是选取特征值大于1的主成分，根据表2，有三个主成分的特征值大于1，因此，我们选取三个主成分来解释所有指标。其中，第一主成分对方差的解释率占70.286%，第二主成分占11.266%，第三主成分占9.402%，三个主成分对方差的总贡献率达到90.954%，这些数据表明，三个主成分几乎能够代表所有的原始数据，能够很好地解释原始数据。

（2）各主成分得分计算模型。

$$F_i = \lambda_{i1}X_1 + \lambda_{i2}X_2 + \cdots + \lambda_{ij}X_j \tag{1}$$

其中，$i=1,2,3$；$j=1,2,3,\cdots,18$。$F_i$代表第$i$个主成分，$X_j$代表第$j$个指标，其数据是经过标准化后的数据，$\lambda_{ij}=A_{ij}/\sqrt{B_i}$，$A_{ij}$表示第$i$个主成分与第$j$个指标间的载荷量，$B_i$表示第$i$个主成分的特征值。按照公式（1）计算，其结果如表3所示。

表3　　西安市金融中心发展综合水平2004~2014年各主成分得分及排名

| 年份 | 第一主成分得分 | 排名 | 第二主成分得分 | 排名 | 第三主成分得分 | 排名 |
|---|---|---|---|---|---|---|
| 2004 | -4.091 | 11 | 2.675 | 1 | 1.871 | 2 |
| 2005 | -3.594 | 10 | 0.961 | 8 | 0.750 | 4 |
| 2006 | -3.728 | 9 | -0.036 | 4 | -0.332 | 7 |
| 2007 | -2.696 | 8 | -0.429 | 5 | -1.379 | 9 |
| 2008 | -1.947 | 7 | -1.123 | 9 | -1.582 | 10 |
| 2009 | -0.809 | 6 | -1.919 | 11 | -0.296 | 6 |
| 2010 | 1.305 | 5 | -1.458 | 10 | 1.879 | 1 |
| 2011 | 2.26 | 4 | -0.785 | 7 | 1.090 | 3 |
| 2012 | 2.726 | 3 | -0.553 | 6 | 0.630 | 5 |
| 2013 | 4.559 | 2 | 0.867 | 3 | -0.602 | 8 |
| 2014 | 6.016 | 1 | 1.801 | 2 | -2.029 | 11 |

观察表3的数据，可以看出，第一主成分从2004年到2014年逐年增长，第二、

第三主成分的变化并无规律可循,但是可以看出,第二主成分的得分从 2009 年开始便逐年增加。

(3) 西安市金融中心发展水平综合评价模型。

$$F = \alpha_1 F_1 + \alpha_2 F_2 + \alpha_3 F_3 \tag{2}$$

其中,$\alpha_1$、$\alpha_2$ 及 $\alpha_3$ 为第一、第二、第三主成分的方差贡献率,$F_1$、$F_2$ 及 $F_3$ 分别为第一、第二、第三主成分的综合得分。按照公式(2)计算结果及排名情况如表 4 所示。

表 4　　　　　　　　　　西安金融中心发展水平得分情况

| 年份 | 西安金融中心发展水平得分 | 排名 | 增长率(%) |
| --- | --- | --- | --- |
| 2004 | -2.648 | 10 | — |
| 2005 | -2.592 | 9 | 2.11 |
| 2006 | -2.932 | 11 | -13.11 |
| 2007 | -2.289 | 8 | 21.93 |
| 2008 | -1.815 | 7 | 20.71 |
| 2009 | -0.897 | 6 | 50.58 |
| 2010 | 1.027 | 5 | 14.49 |
| 2011 | 1.77 | 4 | 72.35 |
| 2012 | 2.112 | 3 | 19.32 |
| 2013 | 3.583 | 2 | 69.65 |
| 2014 | 4.843 | 1 | 35.17 |

表 4 显示,从 2006~2014 年,西安市的金融中心发展水平得分在逐年上升,且增长速度均维持在 10% 以上,2011 年的增长速度甚至达到了 72.35%,2014 年达到近年来的最高分,为 4.843。

3. 实证结论及分析。

本文利用主成分分析法进行实证分析,得出以下几点结论:(1) 从衡量金融中心发展水平的相关性比较高的 18 个指标中提取出三个主成分,对总方差的贡献率达到 90.954%,能够解释最初的 18 个指标。(2) 经实证分析发现,第一主成分上负载较高的几个指标为人均 GDP(因子载荷值 0.995)、利用外资水平(0.973)、固定资产投资(0.993)、金融相关率(0.706)、证券市场成交额(0.78)、货币市场(0.945)、金融业从业人员比例(0.848)、金融效率(0.859)、期货市场(0.815)、金融业贡献率(0.854)、保险市场(0.941)、金融机构数目(0.939)、不良贷款率(0.851)、电信业贡献率(0.832)、互联网用户数(0.993);第二主成分上负载较高的指标为外贸进出口依存度(0.783)、交通业贡献率(0.744);对第三主成分影响比较大的指标是保险市场赔付率（0.661）。（3）第一主成分上载荷值较高的指标比较多，解释的总方差为70.286%，说明经济的发展水平和金融产业的发展水平对金融中心的形成与发展影响最大。第一主成分近年来逐年上升，说明西安市近年来经济和金融均获得了较快发展，从侧面说明西安区域性金融中心的发展水平也在逐年提高。第二主成分对总方差的贡献率为11.266%，自2009年以来也呈上升趋势，说明经济的开放程度和基础设施建设对金融中心的发展也有一定影响。第三主成分对总方差的解释率为9.402%，说明对金融风险的监管也是建设金融中心的不可忽视的方面。总体看，西安市金融中心发展综合水平得分自2006年以来逐年增加，且增长强劲。这些都强有力地证明了西安金融中心的建设步伐越来越快。

当然，面对丝绸之路经济带建设战略带来的机遇和挑战，西安市在建设区域性金融中心的过程中依然面临着一些困惑和制约因素。主要是：（1）把西安建设成为丝绸之路经济带上的区域性金融中心的理念尚未形成。虽然西安市目前正积极建设区域性金融中心，然而在此过程中，西安金融中心的建设并未和丝绸之路经济带的建设联系在一起，政府也并没有积极出台相关政策。这必然会降低金融中心的影响力，制约金融中心的建设。（2）缺乏有影响力的金融业集聚区，辐射程度不高。西安市的金融业并没有典型的金融集聚区，也没有规模大、影响力广泛的大型金融机构。因此，金融的聚集程度还远远不够。全国性股份制银行、证券公司、保险公司等金融机构在西安市设立的分支机构与国内其他金融中心相比较少，且缺乏实力强、辐射能力广的大型金融机构，缺乏大型金融机构作为载体增强西安市的金融辐射能力，因此，相对应地，西安市金融集聚程度比较低，金融业的辐射力度也很低。（3）金融业的开放程度比较低。金融业的开放程度比较低，不能有效地利用外资。2014年，西安市实际利用外资额为37.03亿美元，而上海2014年实际利用外资额为181.66亿美元，二者相差悬殊。再者，西安市外资金融机构少，在国际金融市场上的投融资交易较少，不能使金融中心的影响力扩展到国外。（4）缺乏金融创新及人才。金融创新能使金融中心永葆活力，是金融中心跟上时代发展的动力。西安市目前的金融中心建设只是初具雏形，金融产品单一，缺乏为中小微企业提供服务的金融服务与产品，不能满足多样的金融需求。同勤学（2015）认为，金融创新依靠人才，虽然西安市聚集着大量高校，然而西安地处西部，相对于东部来说，其经济比较落后，金融发展缓慢，金融行业从业人员整体素质不高，缺乏既懂国内金融又懂国际金融的国际化金融人才，金融创新方面进展缓慢。从根本上来讲，西安市缺乏的是金融创新的根源——人才。

## 四、提升西安区域性金融中心水平的政策建议

结合以上理论及实证的分析结果，着眼于将西安市打造成丝绸之路经济带上的

区域性金融中心的目标定位，建议从以下几方面提升西安区域性金融中心水平。

**（一）扩大金融开放，加强金融合作，提高西安金融的辐射广度与深度**

西安市近年来人均收入增长强劲，为金融中心的发展提供了经济基础。为提高金融中心的辐射程度，应重从以下几方面着手：（1）加强与丝绸之路经济带沿线国家的金融合作。丝绸之路经济带的发展将产生大量的金融需求，应抓住此机遇，将金融业务拓展到丝绸之路经济带沿线国家，并引进境外金融企业入驻，鼓励本地金融企业在国外设立分支机构。（2）逐渐开放本地的金融市场。制定相关政策法规，逐步开放本地的资本市场和金融市场，促进资本在国际间的流动，拓宽投融资渠道，大力发展离岸金融业务，提高西安市金融的开放程度。（3）发展人民币相关业务。应利用人民币加入SDR的机遇，积极开拓人民币相关业务，力争建设成为丝绸之路经济带上的人民币交易中心，逐渐提高西安金融的辐射广度与深度。

**（二）发挥政府主导作用，推动金融产业集聚区的形成**

虽然无论在经济上还是金融上，西安市在我国西北地区均占优势。然而，其现在的发展并不像纽约等金融中心初期发展那样面临巨大的金融需求，仅仅依靠市场、依靠需求形成金融中心并不现实。因此，为了加快丝绸之路经济带上区域性金融中心的建设，应该在政府层面上达成共识、统一上下理念，并加大政府的引导力量，推动西安市金融中心的建设。（1）政府应整体规划金融中心的建设。吸收新加坡、东京等政府推动形成的金融中心的建设经验，政府要对金融业发展进行整体规划，制定相关优惠政策，吸引国内外金融机构入驻，推动金融资源向西市安集聚，使西安市建设成为丝绸之路经济带上区域性金融中心给予战略支持，积极促成西安金融集聚区的形成。（2）结合经济形势，政府应鼓励从金融业"供给侧"进行改革。抓住"互联网+"的机遇，鼓励、引导银行等金融机构进行改革，提高金融机构的运行效率，降低其成本，推动西安市金融集聚区的良性发展。

**（三）顺应社会发展潮流，积极推进金融业创新**

金融改革和创新是金融中心持续发展的不竭动力。西安市金融中心发展起步晚，发展相对缓慢，且金融产品单一，金融创新不足，而在信息瞬息万变的21世纪，要想赢得发展先机，必须做好金融的改革创新工作，对此，应着重从以下几方面努力：（1）发展互联网金融等普惠金融，有效解决中小微企业融资难的问题；（2）结合自身及周边地区的资源优势，发展能源金融，把西安市建设为丝绸之路经济带上的能源交易中心；（3）创新要依靠人才实现，西安市应通过保护知识产权、提高人才的待遇、优化整体发展环境等措施吸引金融高端人才的集聚，为金融创新提供原动力。

**（四）加强金融监管，防范金融风险**

加强金融监管、防范金融风险，保持金融稳定健康发展，是建设金融中心的基础。因此，西安市在建设丝绸之路经济带上区域性金融中心时，必须加强金融风险管理。对此：（1）规范金融秩序，增强金融市场的透明度，严厉打击金融犯罪。同时，政府也应积极主动建立相应的风险预警体系及重大风险应对机制，提高应对突发事件的能力。（2）要积极发挥"一行三会"的监管力度。宏观上规范金融业的同时，也要着重监管金融企业等金融微观主体的金融活动，全方位地预防金融风险；鼓励、支持银行等金融机构建立一套合适的自我监管体系，发挥"一行三会"的监管作用，适当对微观主体的金融活动进行检查，从微观上防范金融危机的发生。（3）注意与其他地区共同监管金融市场。进入21世纪后，经济一体化的发展趋势越来越明显，世界各地经济金融相互渗透，联系紧密，一个地区发生金融危机、经济危机，将会波及其他地区，甚至影响全球经济。在这种全球化背景下，西安市在建设丝绸之路经济带上区域性金融中心时，更应积极与沿线国家进行金融合作、金融交流，共同规范金融活动与金融市场，避免金融风险的大范围传播。

## 参 考 文 献

[1] 胡坚. 国际金融中心的发展规律与上海的选择 [J]. 经济科学，1994（2）.
[2] 唐旭. 论区域性金融中心的形成 [J]. 城市金融论坛，1996（7）.
[3] 冯德连，葛文静. 国际金融中心成长的理论分析 [J]. 中国软科学，2004（4）.
[4] 王保庆，李忠民. 金融中心建设的一般路径研究 [J]. 现代经济探讨，2012（4）.
[5] 胡坚，杨素兰. 国际金融中心评估指标体系的构建 [J]. 北京大学学报，2003（5）.
[6] 陆红军. 国际金融中心竞争力评估研究 [J]. 财经研究，2007（3）.
[7] 任英华，徐玲，游万海. 金融集聚影响因素空间计量模型及其应用 [J]. 数量经济技术经济研究，2010（5）.
[8] 钱明辉，胡日东. 构建区域性金融服务中心能力的研究 [J]. 经济地理.2013（4）.
[9] 饶余庆. 香港国际金融中心 [M]. 商务印书馆有限公司，1997.
[10] 谢太峰等. 国际金融中心论 [M]. 经济科学出版社，2006.
[11] 阿尔弗雷德·韦伯. 工业区位论 [M]. 李刚剑，等译. 商务印书馆，2013.
[12] 埃德加·M·胡佛. 区域经济学导论 [M]. 王翼龙，译. 商务印书馆，1990.
[13] 杨长江，谢玲玲. 国际金融中心形成工程中政府的作用的演化经济学分析 [J]. 复旦学报（社会科学版），2011（1）.
[14] 薛波，杨小军，彭晗蓉. 国际金融中心的理论研究 [M]. 上海财经大学出版社，2009.
[15] 陈秀山，张可云. 区域经济理论 [M]. 商务印书馆，2010.
[16] 黄解宇，杨再斌. 金融集聚论 [M]. 中国社会科学出版社，2006.
[17] 潘英丽. 论金融中心形成的微观基础——金融机构的空间集聚 [J]. 上海财经大学学报，2003（1）.
[18] 王保庆. 中国西部区域金融中心布局研究 [D]. 陕西师范大学，2014.
[19] 此处数据来自《西安统计年鉴》。
[20] 王卫平. 西安投资165亿元建设国家下一代互联网 [N]. 华商报，2013.09.04.
[21] 罗慧媛. 西安构建区域金融中心研究 [D]. 四川省社会科学研究院，2010.
[22] 数据分别来自《2015西安统计年鉴》和《2015上海统计年鉴》。

[23] 同勤学. 丝绸之路经济带视域下构建西部区域金融中心的设想［J］. 宝鸡文理学院学报（社会科学版），2015（5）.

[24] Enry Kaufman. Emerging Economies and International Financial Centers［J］. Review of Pacific Basin Financial Markets and Policies，2001，(4).

[25] Kristen Bindemann. The Future of European Financial Centers［M］. London：Routledge，1999.

[26] Reed，H C. The Pre-eminence of International Finance Centers［M］. New York：Praege，1981.

[27] Yi-Cheng Liu and Strange Roger. An Empirical Ranking of International Financial Centers in the Aica-Pacific Region［J］. The International Executive，1997，(39).

[28] Yossef. Cassis. 资本之都——国际金融中心变迁史（1978–2009）［M］. 陈晗译. 中国人民大学出版社，2013.

[29] Vernon R. Metorpolis［M］. Harvard University Press，Cambridge，1985.

[30] Martin R L. Insttutional Approaches in Economic Geography［A］. Bames T，E Sheppard，eds. Companion to Economic Geography［C］. Oxford：Blackwell，2000.

# 我国分省劳动者素质与技术水平的协调性研究[*]

邹 璇 钟 航[**]

**摘 要**：本文在罗默第二内生增长理论的基础上，对劳动者素质与技术水平的协调性展开研究。从理论上构建了两者之间的相互作用机制，提出两者之间的适配性规律，并从我国省际层面展开实证分析，实证结果表明我国劳动者素质与技术水平之间的协调性较低。为此，本文从技术构成、劳动者素质积累和经济发展等角度，提出促进我国劳动者素质与技术水平良性互动的政策建议。

**关键词**：劳动者素质 技术水平 协调性 良性互动

## 一、引 言

"供给侧"改革要求要素的有效投入和产业的持续发展，劳动者素质和技术水平的协调发展能推动供给侧改革进程。（1）当劳动者素质落后于技术水平，技术下滑，经济增长停滞。近些年来，随着人口老龄化的推进，劳动力短缺明显，普通工人工资上涨，教育的机会成本增加，对个人教育决策产生负面影响，人力资本积累不足。以黑龙江、海南为例，黑龙江作为老工业基地，科技力量较强，但大量人口的外流，造成劳动者数量短缺，导致东北经济下滑。海南省在"十二五"期间曾着力推进绿色崛起和低碳经济，技术水平虽然得到提高但技能性人才的缺失，导致就业结构性矛盾；（2）当技术水平落后于劳动者素质，产业升级缓慢，阻碍经济持续发展。以江苏、浙江、广东为例，在我国经济新常态下，江苏省主要通过深化教育体制改革，实现经济的快速发展，截至2013年底，江苏省初高等教育核心指标已达到或超过中等发达国家水平，但由于技术水平提高缓慢，江苏省近两年经济增长率下降，2014年比2013年下降2个百分点。浙江省轻工业基础雄厚，劳动力资源充裕，加工贸易的发展对浙江省的经济发展具有重大贡献，但省内技术水平较为落后，加工产品集中于机电、服装、纺织品等低技术产品，带

---

[*] 基金项目：我国分省经济发展方式转变与产业、人口、教育、就业和迁移政策仿真模型及技术支撑平台构建研究（项目编号：13&ZD156）。

[**] 邹璇（1973-），男，湖南祁阳人，博士，教授，博士生导师，湖南大学区域与城市研究中心主任。研究领域：空间经济学与国际贸易理论、产业经济理论与应用、区域经济理论与政策、经济发展方式转变；钟航（1994-），女，湖南岳阳人，湖南大学经济与贸易学院研究生。主要研究方向：经济发展方式转变、劳动经济、教育经济。

来的收益有限,随着劳动力成本上涨,浙江省加工贸易的发展面临转型升级。广东省拥有众多对外贸易企业,但缺乏核心创新能力,高校科研成果难以转化,在用工成本和原材料成本上涨的压力下,企业同样面临生存难题;(3)当劳动者素质和技术水平反向发展,无法实现协调发展目标。主要体现在中西部地区,技术水平的提升带来劳动者素质的分化,低技能劳动者工资低下,劳动者素质难以提高,反之,劳动者素质的提高对劳动者技能提高有限,且工资水平的上涨阻碍技术的研发进程。

## 二、文献综述

劳动者素质主要包括四个方面,即劳动者的思想素质、文化素质、身体素质和技能水平。Cubas 等(2016)的研究表明富裕国家的劳动者素质高于贫困国家的两倍。Wes Clarke 等(2015)指出教育支出的提高是通过提升劳动者素质促进经济增长。Chou,Meng-Hsi 等(2015)在研究台湾地区 1994~2011 年就业改变和劳动者素质提高时指出,高达 77.19% 年均劳动力投入的增长源于劳动者素质的提高,其中除年龄结构的改善外,更多的是因为教育投入的增加,此外,他们发现台湾地区年均 GDP 的增长不是源于资本投资,而是源于稳定的劳动力投入,特别是高技能的人力资本。Gee San 等(2008)以台湾制造业为例,将劳动力结构改变,职业安全,劳动力种族和产业关系考虑为劳动者素质的重要方面,鼓励企业更多地投资资本密集型和知识密集型产业来有效缓解劳动力结构老龄化问题。李楠(1998)、刘文军(2011)、刘小兵(2011)在研究影响经济发展方式转变因素时,提出劳动者从低素质向高素质的转化是经济发展方式从粗放型转变为集约型最根本的因素,提倡对劳动者的教育培训提供支持。孙慧、尤彦军、肖玮(2007)和钢花(2011)在研究产业结构升级的影响因素中,指出劳动者是唯一具有主观能动性的主体性要素,必须通过提高劳动者素质,才能从根本上推动产业结构升级,实现国民经济和产业在更高阶段的持续发展。

技术进步是经济发展的强大引擎和发动机。Elgin Ceyhun 等(2015)将全要素生产率分为技术进步、规模效应和技术效率,并使用 160 个国家 1960~2009 年的数据进行分析,得到全要素生产率中技术进步指标与实际科技进步维度相吻合。唐未兵等(2014)运用状态空间模型证明在促进技术进步的两条路径中,科技投入有利于经济增长集约化,外资技术溢出则对经济增长集约化产生负面影响。Jimmy Alani(2012)在研究人力资本、技术以及贸易促进印度经济长期增长时提出,人力资本是最重要的因素,技术进步的增长会促进经济增长和就业机会增加。王光栋等(2008)在研究技术进步对就业影响时,指出技术进步对欠发达地区的就业增长存在负向影响,但最终可通过加大对教育和科技的投入实现两者的协调发展。朱平芳、李磊

(2006)指出 FDI 流入的管理技术优势、品牌和营销竞争优势等无形技术是其提高劳动生产率和技术水平的关键因素。

国内外对劳动者素质和技术水平关系的研究比较少，但已有研究也有一些进展。A. K. M. Atiqur Rahman 等（2016）在研究发展中国家人力资本和技术追赶时，强调人力资本在模仿和技术追赶中的作用，同时指出与发达国家之间的贸易有利于发展中国家潜在的贸易所得，给发展中国家创造了技术模仿的范围。Nicolae Tudorescu 等（2010）在研究人力资本促进经济增长的同时得到人力资本对促进技术进步有显著影响。Centeno 等（2010）提出技术进步可能造成劳动力投资的下降，因为技术创造性地毁灭了劳动力。Hughes 等（1981）在验证技术进步对劳动者工资影响时，得到的结果表明技术进步不能缩小不同技能劳动者的工资差异。Kumpikaite 等（2008）认为技术的运用要求企业拥有更高技能的劳动者，同时为了促进生产效率要关注人力资源的开发与管理，新技术的使用则会促进这一过程。刘文军（2011）在分析劳动者素质对经济发展方式转变的影响时指出技术进步和创新的关键是提升劳动者素质，尤其是自主创新能力的培养，更是决定性地依赖人力资本存量的提高，即劳动者素质提升。苏莲（2012）在研究技术进步对人力资本形成的影响时，得到技术进步，尤其是技能偏态性技术进步，通过影响高技能劳动力间的相对工资和就业份额变化，促进市场上人力资本投资形成。

本文的创新点在于：第一，以往学者更多的是研究促进经济发展构成要素的种类，而本文针对的是要素之间的相互关系。第二，本文引入劳动者素质和技术水平两种要素对内生增长理论进行拓展后，进行了实证分析，理论和现实相结合，使研究更具实际意义。第三，协调性分析的研究对象一般为两个系统，对两个变量之间的研究甚少，选题上具有新意。不足之处在于：在进行回归分析时，将劳动者素质的控制变量技术价值用直接价值进行衡量，事实上，它既包括有关发明创造的直接价值，如生产能力提高等，也包括间接价值，如它对社会带来的进步意义。即使如此，本文结果同样具有实践意义，因为技术创造的全部价值最终将体现在国内生产总值的上涨过程中，文中在使用数据包络法计算解释变量技术水平时实际上已经包含了实际国内生产总值变量。

## 三、劳动者素质和技术水平的协调发展机制

1. 理论分析。

劳动者素质提高促进技术进步的理论框架如图 1 所示：劳动者素质的提高，带来技术运用和研发能力提升，促进技术进步，这一方面会增加高技能劳动力需求，高技能劳动力就业比例上升，同时工资水平上涨，也造成高低技能劳动力就业比例和收入差距扩大；另一方面，技术进步会产生退化效应，即教育投资和员工培训投

资在技术更新时，会随之退化，高技能劳动者适应新技术的能力强，退化效应低。高低技能劳动力各方面的差距使得劳动者投资回报率上升，对劳动者的投资增加，从而高技能劳动力数量增加，劳动者素质提高，引发新一轮的技术进步。当两者之间发挥协同优势，每一环节上的形成过程不中断时会形成良性循环。

实践过程中既要发挥这种良性循环优势又要克服劳动者素质与技术水平相互不匹配带来的恶性循环。劳动者素质的低下使得劳动者无法利用新的生产方式进行生产，阻碍技术进步，低技术水平也会影响工人吸收新知识与技能的效果，在低技术水平下工人不用对自身进行投资也能获得相应报酬，工人没有提高劳动者素质的动力，劳动者素质提升更加困难，反之，当技术水平过高时，一方面，劳动者素质无法满足生产要求，造成资源浪费，生产难以达到预期水平，技术进一步发展的过程被阻断；另一方面人力资本偏向型技术进步将拉大收入水平差距，低收入人群劳动者素质的形成愈发困难。

劳动者素质必须与技术水平协调发展才能实现资源配置最优化。为了实现更高水平的适配，可以借助一些提高劳动者素质或技术水平的活动，当提高到一定水平，会自发地提高另一者到相同水平，完成高水平上的适配。

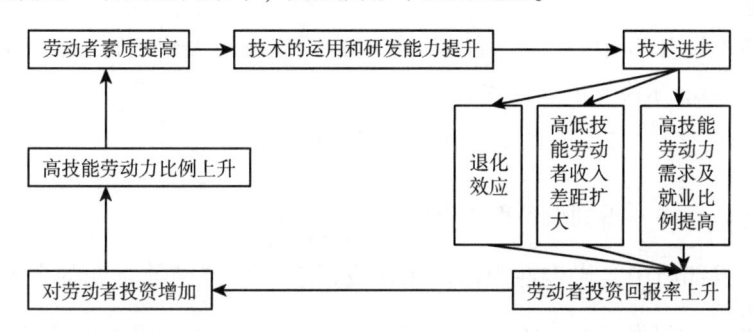

**图1 劳动者素质和技术水平的协调发展逻辑架构**

2. 理论框架。

经济增长由人力资本积累和技术水平共同推动，将人力资本和知识同时作为内生增长因素，纳入经济增长方程。罗默（1990）的第二个内生经济增长模型中考察三部门经济：研发部门，中间产品生产部门，最终产品部门。研发部门用人力资本和现有知识储备创造新知识；中间产品部门制造耐用品用于最终产品的生产；最终产品部门使用劳动力，人力资本，耐用品来生产最终产品，产出可被消费或作为新资本被保留下来。罗默将知识分为竞争性人力资本 $H$ 和非竞争性劳动力 $L$、技术性质的实物资本 $A$。经济中的总人力资本是最终生产部门和研发部门所使用的人力资本之和，即 $H = H_Y + H_A$。$Y$ 表示最终产品数量，$L$ 表示非竞争性劳动力数量，$x_i$ 表示第 $i$ 种资本设备的数量，罗默（1990）在扩展柯布—道格拉斯生产函数的基础上将生产函数设为：

$$Y = L^\alpha H_Y^\beta \int_0^A x_i^{1-\alpha-\beta} di \tag{1}$$

杨立岩、王新丽（2004）在研究人力资本和技术进步内生化问题中，将罗默的生产函数与卢卡斯（1988）的内生增长理论相结合，把经济拓展为四个部门：最终产品部门、资本设备部门、R&D 部门和人力资本开发部门。

$w$ 为劳动力工资，$P_H$ 为创造出人力资本的价格，$p_i$ 为设备租赁价格，$D$ 为环境治理成本，在（1）的基础上将最终产品价格标准化为 1 后，得到代表性厂商的利润最大化函数为：

$$\max \left[ L^\alpha H_Y^\beta \int_0^A x_i^{1-\alpha-\beta} di - wL - P_H H_Y - \int_0^A p_i x_i di - D \right]$$

在要素价格给定的情况下，分别对 $L$、$H_Y$、$x_i$ 求上式的一阶条件，得到：

$$w = \alpha L^{\alpha-1} H_Y^\beta \int_0^A x_i^{1-\alpha-\beta} di \tag{2}$$

$$P_H = \beta L^\alpha H_Y^{\beta-1} \int_0^A x_i^{1-\alpha-\beta} di \tag{3}$$

$$p_i = (1-\alpha-\beta) L^\alpha H_Y^\beta x_i^{-\alpha-\beta} \tag{4}$$

（1）资本设备部门中，生产商在决策时遵循利润最大化原则 $\max(p_i x_i - r_i x_i)$，将（4）式代入，求得一阶条件为：

$$(1-\alpha-\beta)^2 L^\alpha H_Y^\beta x_i^{-\alpha-\beta} - r = 0 \tag{5}$$

联解（4）、（5）得到设备租赁价格 $p_i = \dfrac{r}{1-\alpha-\beta}$。

（2）研发部门中，代表性个体从事研发活动的生产函数是新的资本设备种类 $\dot{A}$，$H_A$ 为投入到研发活动中的人力资本数量，$\delta > 0$；$h_A$ 表示投入到研发活动中的人均人力资本变量，$0 < \lambda \leq 1$ 代表人力资本的重复投入，此时 $h_A$ 表示负外部性变量，均衡时，$h_A = H_A$；$A$ 表示技术存量，$0 < \phi < 1$ 意味着研发部门的产出随技术的提高而增加，$\phi$ 表示技术进步的正外部性。琼斯（1995）在对研发部门生产函数进行修正且忽略其规模效应的基础上，引入技术创新因素，将研发部门产出形式设定为：

$$\dot{A} = \delta H_A A^\phi h_A^{\lambda-1} \tag{6}$$

式中：$P_H$ 表示人力资本形成成本，$P_A$ 表示研发出的技术价值，它意味着通过研发产生了新的资本使用方式，为厂商创造更多的垄断性利润。当研发部门均衡时，人力资本的边际产出等于创造出人力资本的花费，对（6）求一阶条件得：

$$P_H = \delta A^\phi h_A^{\lambda-1} P_A \tag{7}$$

（3）人力资本开发部门中，$\dot{H}$ 为人力资本开发的生产成果，$h$ 表示人均拥有的人力资本存量，体现了人力资本水平，$B$ 表示生产率参数，$\mu$ 表示进入人力资本开发

部门的劳动力占全部劳动力比重,卢卡斯(1988)的内生增长理论中将人力资本开发的生产函数设为:

$$\dot{H} = B\mu h \tag{8}$$

均衡条件下人力资本开发部门形成人力资本的边际产出等于工资,即

$$w = BhP_H \tag{9}$$

(4)分析劳动者素质和技术水平之间的相互作用,结合(2)式、(3)式、(7)式、(9)式得到:

$$h = \frac{H_Y}{L} h_A^{\lambda-1} \frac{\alpha \delta P_A}{\beta B P_H} A^\phi \tag{10}$$

用人均人力资本 $h$ 衡量劳动者素质水平。(10)式中 $\alpha$、$\beta$、$\delta$ 均大于 0 表明劳动者素质与技术进步变量 $A$ 之间呈正向的指数关系,技术进步由于收入差距效应促进劳动者素质水平提高。同时,上式表明劳动者素质与技术水平之间的相关程度受其他控制变量影响,如研发活动中的人均人力资本,技术转让价值,人力资本形成成本等。

将劳动者素质和技术水平看作两个系统,先构建指标体系,然后借鉴白雪飞(2013)采用的协调度计算公式对劳动者素质和技术水平的协调度进行计算,$i$ 表示地区,$t$ 表示时间,$m$ 表示技术系统指标个数,$n$ 表示劳动者素质系统指标个数,$a_j$、$b_j$ 分别表示系统各指标的权重,$x_j$ 为反映技术系统的 $m$ 个指标,$y_j$ 为反映劳动者素质系统的 $n$ 个指标,$k$ 为调节系数且 $k \geq 2$,协调度公式如下:

$$C_{it} = \left\{ \frac{T(x_{it})H(y_{it})}{[(T(x_{it})+H(y_{it}))/2]^2} \right\}^k$$

其中:$T(x_{it}) = \sum_{j=1}^{m} a_j x_j$,$H(y_{it}) = \sum_{j=1}^{n} b_j y_j$,在郭镭、张华、曲秀华(2003)的研究中 $k$ 取 2。由于不同区域不同年份 $T(x_{it})$、$H(y_{it})$ 不同,协调系数可能出现相等情况,因此可通过协调发展度指标进行完善,来解释两者之间的协调程度,令 $TT_{it} = \alpha T(x_{it}) + \beta H(y_{it})$,表示技术水平和劳动者素质水平的综合评价指数,其中 $\alpha$、$\beta$ 表示技术系统和劳动者素质系统对经济发展的整体作用大小,本文均取 0.5。协调发展度公式如下:

$$D_{it} = \sqrt{C_{it} TT_{it}} \tag{11}$$

(11)式是通过变换得到的协调性衡量指标。促进劳动者素质和技术水平协调的因素包括教育水平、自主研发能力、产业结构等。教育水平的提高使技术进步更多依赖劳动者素质的上升,而不是技术引进;自主研发能力的提高是劳动者素质提高对技术的延伸;产业结构升级引发技术变更的同时对劳动力技能提出新要求,推动了技术进步和劳动者素质的同步提高。

# 四、我国分省劳动者素质与技术水平的协调状况

1. 指标选取。

（1）层次分析法和熵值法下的劳动者素质指标。劳动者素质的评价指标权重可采用层次分析法和熵值法计算得到。层次分析法具有系统性、简洁性的优点，但它属于主观赋权法，受个人因素影响较大，而且层次分析法确定的指标权重相对固定，评价指标有效性不足。熵值法根据各项指标的变异程度确定权数，属于客观赋权法，避免了人为因素带来的偏差，但它同时忽略了指标本身的重要程度。为使分析结果更具说服力，本文将层次分析法和熵值法相结合，构建劳动者素质综合评价指标，对劳动者素质进行评价分析。

为构建衡量劳动者素质的评价指标体系，在李华、许晶（2012）指标体系的基础上，将劳动者素质分为智力、体力、德育、技能四大部分，其中智力包括受教育程度、人均教育经费、第一产业就业劳动力占全部就业劳动力的比例；体力包括每千人医疗机构床位数、人口死亡率、体育系统从业人员占全体从业人员比重；德育包括离婚率、主要商业银行不良贷款率、每万人案件受理数；技能包括国内专利申请受理数、研发人员占从业人员比重、科技活动研究与试验发展经费占 GDP 比重、劳动生产率、对外技术依存度、商标注册申请数。

首先采用极差标准化法对各指标的原始数据进行标准化，具体如下：

$$x'_i = (x_i - \min x_i)/(\max x_i - \min x_i)$$

式中：$w_{si}$ 为层次分析法确定的权重，$w_{oi}$ 为熵值法确定的权重，借鉴宋建波、武春友（2010）主客观权重的计算公式，得到组合权重为：

$$w_i = \frac{w_{si} \times w_{oi}}{\sum w_{si} \times w_{oi}}$$

以 2008 年为例计算得到的劳动者素质综合评价指标权重结果见附录 A。

（2）DEA 方法下的技术指标。技术进步主要是从企业创新层面来说，利用 deap2.1 软件用 Malmquist 指数计算全要素生产率，衡量技术水平。全国分年份的技术进步指数变化图和分省技术进步指数变化图见附录 B，从全国技术进步指数来看，1997~2012 年呈波动性变化，2010 年达到较低点，然后显示出快速上升趋势。技术进步的波动与经济产业结构密切相关，薛继亮（2015）基于尼尔森—菲尔普斯模型进行实证研究时发现产业转型对技术进步起到促进作用，随着产业结构转型成果的凸显，技术进步指数会呈波动上升趋势。2012 年 11 月党的十八大后，政府开始深抓改革，提出经济新常态，提倡经济增长速度适宜、结构优化、社会和谐的经济发展模式，我国经济的发展不再一味追求高增长，而主张经济持续健康发展，经济发展

的重心转向产业结构转型，提倡优化要素配置，实现创新。从技术进步的省域分布来看，北京、上海、广东和浙江的技术进步指数最高，云南、贵州、青海、安徽和江西等地较低；从区域分布来看，东部地区快于西部地区。这种差异源于不同区域对技术的引进能力和支撑力度不同，经济发达的地区引进技术较为迫切，对技术的运用和创新能力更强，欠发达地区为弥补技术缺口，在致力于引进技术促进经济发展的过程中提倡完善人才培养和创新合作体系。江西省颁布了引进优秀高层次专业技术人才优惠政策；云南省提出要加强企业创新人才和各类人才的培养，加快建设企业技术引进和创新促进体系，以补偿高新技术企业人才不足和创新投入产出不平衡等问题；贵州省实施国外技术和高层次人才配套引进政策，力图增强其自主创新能力。

2. 协调性分析。

在得到劳动者素质和技术水平数据后，计算得到我国31个省份18年的协调度和协调度发展度结果见附录C，表1列出1996～2013年我国分区域各省份计算得到的劳动者素质、技术水平和整体协调结果：

表1　　我国分省1996～2013年劳动者素质、技术水平及其协调发展度

| 地区 | 省份 | 劳动者素质 | 技术水平 | 协调发展度 | 地区 | 省份 | 劳动者素质 | 技术水平 | 协调发展度 |
|---|---|---|---|---|---|---|---|---|---|
| 东部地区 | 北京 | 47 348.73 | 1.56 | 0.24 | 西部地区 | 重庆 | 45 895.69 | 0.62 | 0.18 |
| | 天津 | 46 161.36 | 1.03 | 0.18 | | 四川 | 46 480.43 | 0.64 | 0.23 |
| | 河北 | 45 746.87 | 0.79 | 0.17 | | 贵州 | 45 424.81 | 0.61 | 0.17 |
| | 上海 | 47 432.38 | 1.74 | 0.19 | | 云南 | 45 426.85 | 0.78 | 0.16 |
| | 江苏 | 52 312.11 | 0.92 | 0.25 | | 西藏 | 45 231.28 | 0.73 | 0.09 |
| | 浙江 | 49 606.08 | 1.00 | 0.20 | | 陕西 | 45 955.51 | 0.88 | 0.21 |
| | 福建 | 46 067.53 | 0.93 | 0.18 | | 甘肃 | 45 356.92 | 0.63 | 0.18 |
| | 山东 | 47 914.60 | 0.74 | 0.23 | | 青海 | 45 239.74 | 0.62 | 0.15 |
| | 广东 | 50 455.92 | 1.36 | 0.25 | | 宁夏 | 45 265.24 | 0.66 | 0.17 |
| | 海南 | 45 265.27 | 1.16 | 0.14 | | 新疆 | 45 378.12 | 0.87 | 0.18 |
| 中部地区 | 山西 | 45 512.28 | 0.71 | 0.17 | 东北地区 | 内蒙古 | 45 345.35 | 0.79 | 0.15 |
| | 安徽 | 46 277.37 | 0.63 | 0.18 | | 广西 | 45 482.83 | 0.72 | 0.18 |
| | 江西 | 45 474.60 | 0.66 | 0.17 | | 辽宁 | 46 329.09 | 0.83 | 0.20 |
| | 河南 | 46 102.97 | 0.72 | 0.20 | | 吉林 | 45 498.13 | 0.74 | 0.19 |
| | 湖北 | 46 224.27 | 0.85 | 0.18 | | 黑龙江 | 46 205.08 | 1.33 | 0.34 |
| | 湖南 | 45 971.66 | 0.73 | 0.20 | | | | | |

从表1得到，我国各省劳动者素质差别不大，江苏和广东的劳动者素质最高，东部地区劳动者素质高于其余地区；技术水平上，中西部地区普遍落后，东北地区黑龙江技术水平较高，这主要源于我国振兴东北老工业基地战略中，以国有企业改革为重点的体制机制创新取得重大突破，东部地区上海技术水平位列第一，北京、广东紧随其后，这表明经济发展水平与技术息息相关，经济发展水平越高的地区技术运用和创新能力越强，技术水平越高。

分省来看，经济发展的快慢与协调发展度关联不大，经济增长快的地区劳动者素质与技术水平可能高于经济增长缓慢地区，但是绝对水平上的高低不能代表两者之间的协调程度，有时经济增长缓慢的省份在劳动者素质和技术水平上同样能实现低水平协调，反之，协调性强的地区经济发展潜力大，因为它能在良性循环的作用下，实现经济持续繁荣。从表1结果来看，北京在我国31个省份中协调性较好，且经济发展较快，具备可持续发展优势；黑龙江协调发展度为0.34，排在第一位，经济发展潜力大；西藏协调发展度最低，仅为0.09，受地域和民族因素的影响，西藏面临人才和技术的短缺，对此，西藏可利用其自然资源优势着力发展旅游业、藏药业带动经济发展；其余省份协调发展度近似为0.2，存在很大的上升空间。整体来看，我国劳动者素质和技术水平的协调发展度均低于0.4，结合附录D协调发展度等级分类，得到两者之间处于低度协调阶段，一方面，技术进步不能带来劳动者素质同步提高，另一方面，劳动者素质的提高不能促进相应的技术进步。这表明技术进步推动技能型人才培养的同时拉大了与低技术水平劳动力的距离，劳动力市场分化，劳动者素质整体提高缓慢，此外，劳动者素质提高对技能提高作用有限，技术进步受阻。为发挥劳动者素质和技术水平的良性循环优势，提高整体协调性很有必要。

## 五、实证分析

1. 变量选择。

（1）被解释变量。劳动者素质通过层次分析法和熵值法计算得到。（2）解释变量。技术水平采用DEA法得到。（3）控制变量。研发活动中人均人力资本$h_A$通过研发人数$H_A$与就业人数之比得到表示，数据来自《中国科技统计年鉴》（1997~2014）；形成人力资本的成本$P_H$，用各省教育经费衡量，数据来自《中国教育经费统计年鉴》（1997~2014）；技术价值$P_A$包括技术的直接价值和间接价值，直接价值是指技术的产生通过直接提高生产率而增加产值；技术的间接价值即技术的无形价值，它主要通过社会效应提高社会整体产出，如医疗机构在治疗癌症方面新技术的产生给整个社会创造了极大的财富空间。由于技术整体价值的评估较为困难，本文只考虑技术的直接价值，即用技术转让价值近似估计$P_A$，数据来自《中国科技统计年鉴》(1997~2014)。

通过(10)式的结论及解释变量与被解释变量之间的散点图,设定如下计量回归模型:

$$\ln h = a\ln A + b\ln h_A + c\ln P_A + d\ln P_H + \varepsilon \tag{12}$$

2. 计量回归。

(1) 单位根检验和协整检验。对劳动者素质及其影响因素进行单位根检验,结果见附录E,单位根检验结果可得到 $\ln h$、$\ln A$、$\ln h_A$、$\ln P_A$ 和 $\ln P_H$ 均为一阶单整序列,接下来用Johansen检验进行协整分析,检验结果见附录F,结果表明,1996~2013年全国31个省的劳动者素质、技术水平、人均人力资本、技术价值、人力资本开发成本之间存在协整关系,即存在长期均衡关系。

(2) 格兰杰因果检验。

① 分省进行时间序列上的格兰杰因果检验。检验结果见附录G,结果显示内蒙古、浙江、山东三省存在技术和劳动者素质之间的双向格兰杰因果关系,表明这三个省份内部劳动者素质和技术相互促进、协调发展;上海、江西、贵州、青海四省市存在技术对劳动者素质的单向格兰杰因果关系,表明在这四个省市内,劳动者素质的提高主要受技术水平提高的影响,而劳动者素质提高不构成技术进步的直接影响因素,因此为促进技术进步,不能依赖教育投入增加,更要注重技术的引进和传播;此外,辽宁、黑龙江、江苏、安徽、福建、河南、湖北、湖南、海南、四川、云南、西藏、陕西、甘肃、新疆等省区存在劳动者素质对技术的单向格兰杰因果关系,这是人力资本偏向型技术进步的典型形式,可以通过提高教育、培训质量或引进人才等方式通过提高劳动者素质来促进技术进步。

总体来看,我国大部分省份存在劳动者素质对技术的单向格兰杰因果关系,表明提高劳动者素质对技术进步有较大的促进作用。因此,我国在引进国外创新成果的同时,要增加教育培训投入,增强劳动者技能。

② 分年份进行横截面上的格兰杰因果检验。检验结果见附录H,结果表明以年份为划分依据的截面数据中,没有任何一年的统计分析表明技术和劳动者素质之间存在双向格兰杰因果关系,一方面劳动者素质和技术水平之间存在滞后关系,另一方面表明目前我国劳动者素质和技术水平之间不存在协同发展趋势,存在很大的改进空间。2012~2013年存在技术进步对劳动者素质的单向格兰杰因果关系,说明我国劳动者素质的提高很大部分是因为技术进步,而技术进步往往更多依赖于引进创新。同时,该结果也表明技术进步对劳动者素质的反馈作用逐渐加强,技术进步对劳动者素质提高逐渐具有积极显著的影响。

(3) 回归结果。对(12)式进行面板数据实证分析,得到的结果如下(见表2):

表 2　　　　　　　　　　　分地区劳动者素质的影响因素

|  | 全国 | 东部地区 | 中部地区 | 西部地区 | 东北地区 |
|---|---|---|---|---|---|
| $\ln A$ | 0.01028 *** <br> (2.93) | 0.0047 <br> (0.41) | -0.0117 ** <br> (-2.45) | -0.0045 ** <br> (-2.51) | -0.0061 *** <br> (-2.84) |
| $\ln h_A$ | 0.0139 *** <br> (4.37) | 0.0223 ** <br> (2.29) | 0.0176 *** <br> (3.71) | 0.0026 *** <br> (2.93) | -0.0033 <br> (-0.65) |
| $\ln P_A$ | 0.0005 <br> (0.87) | 0.0008 <br> (0.45) | 0.0006 <br> (0.82) | 0.0001 <br> (0.91) | -0.0006 <br> (-0.81) |
| $\ln P_H$ | -0.0116 ** <br> (-2.11) | 0.0040 <br> (0.22) | -0.0155 ** <br> (-2.63) | -0.0034 <br> (-1.44) | -0.0166 ** <br> (-2.23) |
| 调整 $R^2$ | 0.9997 | 0.9993 | 1.0000 | 1.0000 | 1.0000 |
| Cross-section/period | F/F | F/F | F/F | F/F | F/F |
| S. E. | 0.0147 | 0.0237 | 0.0046 | 0.0031 | 0.0020 |
| D. W. | 0.1421 | 0.1514 | 0.5949 | 0.2172 | 1.214 |
| OBS. | 558 | 558 | 558 | 558 | 558 |

注：*** 、** 和 * 分别表示在 1%、5% 和 10% 的显著性水平下显著。

回归结果表明变量大体显著，但存在一阶自相关。由于截面和时期的固定效应模型不能引入自回归变量进行处理，本文使用表 2 进行结论分析。

从全国层面来看，由于人力资本禀赋较高的劳动者更易熟练新型生产设备，具有较高的劳动生产率，工资增加，在生产方式转变和高工资的刺激下，技术进步促进了非技术劳动力对人力资本的进一步投资，劳动者素质提高；研发人员比例的增加是人力资本开发部门作用的结果，它本身是劳动者素质的构成部分，又通过技术创新提高劳动者素质；技术转让价值的提高是技术深化的表现，当先进设备或产品投入生产过程时，社会和生产力发展，在提高劳动者素质要求的同时投入到教育培训中的有用资源增加，有助于劳动者素质提升；当人力资本的形成成本增加时，由于替代效应，人力资本投资减少，转向增加其他投资如有形资产等，阻碍劳动者素质提升。对比东部、中部、西部、东北四大区域的回归结果，得到只有东部地区存在劳动者素质和技术水平的正向关系，表明技术进步会带来东部地区劳动者素质的提高，而减缓中、西、东北地区劳动者素质提高。技术进步一方面能促进就业增加和经济增长，劳动者素质提高；另一方面，技术进步拉大了不同技能劳动者之间的工资差距，不利于低技能劳动者素质的提高。东部地区经济增长后对人力资本的投资领先于全国其他地方，劳动者素质提高快，而其他地区技术进步对劳动力的挤出效应较强，技术只能被少部分人使用。因此，东部地区人力资本形成成本的增加反而对劳动者素质起促进作用；给予技术方面的支持对促进东部地区劳动者素质提高最为有效。此外，除东部地区以外，原因在于东部地区能够利用其固有优势，使经济增长快于人力资本形成成本的增加，从而带动劳动者素质提高。

## 六、政策建议

我国劳动者素质与技术水平之间的协调程度较低，表明我国的技术进步不能带来劳动者素质同步提高，劳动者素质提高也难以促进相应的技术进步。主要原因在于，技术的自主研发能力不足，主要依赖国外引进，同时国内对劳动者的培养停留于传统阶段，劳动者的技术运用及实践能力不强，为实现劳动者素质与技术水平的协调目标提出几点政策建议。

1. 提升东部省份劳动者素质和企业自主创新能力。

目前我国面临人才短缺问题，对江苏、浙江、福建、山东、海南五省而言，劳动者素质的提高能提升企业自主创新能力，带来技术进步。为促进劳动者素质的提升，首先，各地政府应该出台一些吸引高层次人才的政策，明确利益，为高技术人才提供良好的工作和生活环境，同时引进配套设施满足研究需要，如对于援藏者提高双倍工资待遇；其次，一方面，各地政府应该采取必要措施避免人才流失，留住当地大学培养的高素质人才，另一方面，大学人才的培养应该注重其创新思维的开拓，加强实践而不拘泥于书本；最后，企业培训是在职人员人力资本提升的重要因素，企业增加培训有助于企业劳动生产率提高，促进企业进一步发展。

企业是创新的主体，我国的先进技术多从国外引进，自主研发能力不足，对上海、浙江、山东三省市而言应该大力推动企业创新。上海的技术水平在东部地区处于领先地位，且具备我国的创新先发优势，因此提高上海地区自主研发能力很有必要，浙江、山东两省技术水平较上海较为低下，在强调自主研发的同时也应注重引进外来技术。正如供给侧改革所提出的：提升全要素生产率首先是构建激励机制，提升创新意愿，这依赖于资本市场的建设和直接融资的发展，其次是为企业营造宽松的成长环境，提升创新转化率，具体措施包括推进产学研结合、提供资金便利和税费减免等。在格兰杰单向因果关系的影响下，技术进步能有效带动上海、浙江、山东省市劳动者素质的提高，为此政府应该增加科研基金投入，加强高校资源互动；通过降低担保条件和提高贷款规模，缓解中小企业融资难的问题；提高企业管理水平，优化资源配置。

2. 提高中西部省份劳动者技能，缩小技能差距。

我国中西部省份技术与劳动者素质呈负相关关系，为提高两者的协调性，首先需要实现两者的相互促进。为发挥技术对劳动者素质的正向因果关系，对江西、贵州、青海三省区，在提高技术水平的同时应该加快低技能劳动者素质的提高，通过加强初等教育、下岗职工再就业和低技术人员的职前培训等措施避免技术进步造成劳动者素质差距的扩大。对安徽、河南、湖北、湖南、四川、西藏、山西、甘肃、新疆、内蒙古、广西11省而言，劳动者的培养要注重技能培训，熟练技术的运用和使用能力，政府应该对技能型院校提供教育经费支持，为普通高等院校开设实践课程，为毕业生提供好的实习机会。

3. 整合东北地区的劳动力市场，提高劳动力整体水平。

振兴东北老工业基地战略实施后，取得了一定成果，黑龙江省的技术水平位于我国前列，其劳动者素质和技术水平之间的协调度较高。黑龙江和辽宁两省虽然存在劳动者素质对技术的单向格兰杰因果关系，但关系为负，为缩小高低技能劳动者的技术性差异以及提高劳动者技能水平，可以通过整合劳动力市场提高就业灵活性，优化劳动资源配置。吉林省劳动者素质与技术水平之间不存在相关性，因此，在提高劳动者素质的同时也要注重引进外来技术和人才，促进两者协调发展。

4. 促进产业集群，加快培育创新产业。

各区域运用其地理条件优势、产业基础、政策优惠和技术水平等资源禀赋培育出具有发展优势的主导产业，并通过完善主导产业的配套措施，推进产业集群，加快培育创新产业，不断扩大产业规模。新兴产业集群出现产生的正外部性降低了企业运行成本，技术的共享和研发人员更紧密的交流互通促进了技术进步的进程。

## 参 考 文 献

[1] 李楠. 论劳动者素质提高与经济增长方式的转变［J］. 经济评论，1998（5）：31-34.

[2] 刘文军. 论经济发展方式转变中的劳动者素质提升［J］. 中国劳动关系学院学报，2011，25（4）：36-42.

[3] 刘小兵. 经济发展方式转变对新型劳动者素质的要求［J］. 经济论坛，2011（8）：164-166.

[4] 孙慧，尤彦军，肖玮. 论劳动者素质与产业结构升级［J］. 当代经济（下半月），2007（12）：28-30.

[5] 钢花. 提高劳动者素质促进产业结构升级［J］. 科技与经济画报，2011（1）：50-52.

[6] 唐未兵，傅元海. 科技投资、技术引进对经济增长集约化的动态效应——基于状态空间模型的变参数估计［J］. 中国软科学，2014（9）：172-181.

[7] 王光栋，叶仁荪，王雷. 技术进步对就业的影响：区域差异及政策选择［J］. 中国软科学，2008（11）：151-160.

[8] 朱平芳，李磊. 两种技术引进方式的直接效应研究——上海市大中型工业企业的微观实证［J］. 经济研究，2006（3）：90-102.

[9] 苏莲. 技术进步对人力资本形成的影响研究［D］. 湖南：湖南师范大学学位评定委员会办公室，2012.

[10] 杨立岩，王新丽. 人力资本、技术进步与内生经济增长［J］. 经济学（季刊），2004（3）：

905-918.

[11] 白雪飞. 我国经济发展方式转变协调度研究——基于1995~2010年的数据 [J]. 辽宁大学学报（哲学社会科学版），2013，41（5）：77-83.

[12] 郭镭，张华，曲秀华，宁东，程保生. 可持续发展模式下环境—经济协调发展程度定量评价 [J]. 云南环境科学，2003，22（3）：15-18.

[13] 李华，许晶. 我国劳动者素质现状、评价及其对策 [J]. 中国科技论坛，2012（10）：85-91.

[14] 宋建波，武春友. 城市化与生态环境协调发展评价研究——以长江三角洲城市群为例 [J]. 中国软科学，2010（2）：78-87.

[15] 薛继亮. 人力资本、技术进步和产业转型的相互影响机理研究——基于尼尔森—菲尔普斯模型 [J]. 经济经纬，2015，32（1）：125-130.

[16] Cubas, German, Ravikumar, B, Ventura, Gustavo. Talent, labor quality, and economic development [J]. Review of Economic Dynamics, 2016, (21): 160-181.

[17] Clarke, Wes, Jones, Adam, T, Lacy, Brett. Education Spending and Workforce Quality as Determinants of Economic Growth [J]. Journal of Rural & Community Development, 2015, 10 (4): 24-35.

[18] Chou, Meng-Hsi, San, Gee. Labour quality in Taiwan: measurement and contribution to economic growth [J]. Applied Economics, 2015, 47 (43): 4695-4669.

[19] Gee, San, Tung-Chun, Huang, Li-Hsuan, Huang. Does labour quality matter on productivity growth? The case of the Taiwanese manufacturing industry [J]. Total Quality Management & Business Excellence, 2008, 19 (10): 1043-1053.

[20] Elgin, Ceyhun, Çaklr Selman. Technological progress and scientific indicators: a panel data analysis [J]. Economics of Innovation & New Technology, 2015, 24 (3): 263-281.

[21] Jimmy, Alani. Effects of Technological Progress and Productivity on Economic growth in United Arab Emirates [J]. Skyline Business Journal, 2012, 8 (1): 1-9.

[22] Rahman, A K M Atiqur, Zaman, Miethy. Human Capital and Technological Catch-up of Developing Countries: in search of a technological leader [J]. Journal of Developing Areas, 2016, 50 (1): 157-174.

[23] Nicolae Tudorescu, Zaharia, Constantin, Zaharia, George Cristinel, Zaharia, Ioana. Human capital accumulation and long-run economic growth [J]. Economics, Management & Financial Markets, 2010, 5 (4): 250-255.

[24] Centeno, Mário, Corrêa, Márcio. Job matching, technological progress, and worker-provided on-the-job training [J]. Economics Letters, 2010, 109 (3): 190-192.

[25] Hughes, James J, Perlman, Richard, Das, Satya P. Technological progress and the skill differential [J]. Economic Journal, 1981, 91 (364): 998-1005.

[26] Kumpikaitė, Vilmante, Čiarnienė, Ramune. New training technologies developing human resources [J]. Economics & Management. 2008: 368-373.

[27] Romer, Paul M. Endogenous Technological Change [J]. Journal of Political Economy, 1990, 98 (5): S71-S102.

[28] Lucas, Robert E Jr. On the Mechanics of economic development [J]. Journal of Monetary Economics, 1988, 22 (1): 3-42.
[29] Jones, Charles I. R&D-Based Models of Economic Growth [J]. Journal of Political Economy, 1995, 103 (4): 759-784.

# 产业集聚对绿色创新效率的门槛效应
## ——基于中国工业省际面板数据的实证研究*

刘 亮 蒋伏心**

**摘 要**：科学系统地评价产业集聚对绿色创新效率的影响，对于经济新常态下我国工业绿色创新发展具有重要的意义。本文采用 2004~2014 年中国省级面板数据，运用考虑非期望产出的 DEA-SBM 模型测度中国工业企业绿色创新效率。在此基础上，从空间外部性的角度分析产业集聚对绿色创新效率的影响，并构建门槛面板模型进行实证分析。研究发现，中国各地区绿色创新效率存在明显地域差异，考察期内各地区绿色创新效率都存在稳步提升的趋势。产业集聚对工业绿色创新效率具有双门槛效应，其对绿色创新效率影响呈"U"型。本文研究结果对于正确认识我国地区产业集聚，促进绿色创新具有重要的政策意义。

**关键词**：产业集聚 空间外部性 绿色创新效率 门槛效应

## 一、引 言

在我国区域发展的进程中，产业集聚的空间外部性促进了地区经济的发展。但在经济新常态背景下，经济的发展需要由以往粗放型的增长模式向创新型、生态型、资源集约型的绿色创新发展模式转变。那么，产业集聚是否适应这种绿色创新型的发展模式，是否有利于绿色创新效率的提高，就成为一个值得关注的议题。

绿色创新是一种以创新发展、环境优化、能源节约为核心的发展理念。目前，被大众所认可的主要有三种（张钢，2011）：一是将绿色创新视为一种旨在减少能源消耗以及环境污染的创新；二是将绿色创新视作引入了环境绩效的创新；三是将绿色创新等同于环境创新的改进。借鉴以往学者对绿色创新的理解，本文认为绿色创新是在创新为导向的经济发展过程中遵循生态经济规律，减少对环境的破坏、资源的消耗，协调好发展过程中经济、环境、资源等因素的一种可持续发展理念。

产业集聚作为相同的产业领域的企业和机构在地理上靠近并存在产业联系的空

---

\* 基金项目：国家自然科学基金"城市群协同创新系统绩效评价研究"（批准号 71603133）；教育部人文社科青年项目"长三角城市群协同创新机理与绩效评价"（批准号 13YJC790030）。

\*\* 刘亮（1992-），男，江苏徐州人，南京师范大学商学院硕士研究生；蒋伏心（1956-），男，江苏盐城人，南京师范大学商学院教授，博士生导师。

间组织形式，与地区创新、环境、资源都存在相关关系。从创新角度，新产业区理论认为，集聚内的组织（包括企业、研究和教育机构、培训组织、金融机构等）在相互信任的基础上，可以形成分工协作，这种分工协作有助于知识信息在企业间的传播，带来单一生产者所不能实现的效率与灵活性，从而提高创新效率。同时，集聚区内企业可以共享基础设施、知识外溢和劳动市场，这种共享不仅可以降低单个企业的平均成本，还有助于知识的扩散以及创新人才库的产生（陈林生，2005）。从环境角度，污染内在于产业集聚的发展过程，但根据目前的研究表明，产业集聚与环境污染的关系较为复杂。一些学者认为产业集聚是加剧环境污染的重要原因（Virkanen，1998；Frank，2001；张可，2014），同时环境污染对产业集聚还存在反向抑制作用（张可，2014）。与之不同，有些学者认为产业集聚与环境污染之间并非简单的线性关系，当产业集聚低于门槛值时，产业集聚对环境污染具有负的外部性，而当产业集聚到达一定程度时将有助于改善环境污染（李勇刚，2013；杨仁发，2015）。也有学者认为短期内产业集聚将有利于改善环境污染，而长期内产业集聚的环境外部性很难确定，产业集聚与环境污染并不存在相关关系（闫逢柱，2011）。从资源角度，产业集聚以及其规模效应是区域经济增长最大的动力，区域经济发展带来的产业规模扩大以及人口集中，将消耗更多的资源。但产业和人口的集聚又促进了资源的集中利用，集聚内关联企业成为共生体，综合利用原料、能源和"三废"资源（刘习平，2013）。

客观地说，目前文献多是对产业集聚与地区发展进程中创新、环境、资源等单一方面影响机制的研究，鲜有针对产业集聚对地区绿色创新可持续发展的系统分析，这也是本文的创新之处。产业集聚作为最具活力的空间组织载体，对地区绿色创新是一个长期、复杂的影响过程，其影响机制并不是各个单一方面的简单加总。因此，本文遵循整理绿色创新以及产业集聚对技术创新、环境污染、能源消耗产生影响的文献思路，选取中国省级工业企业数据，围绕产业集聚与绿色创新效率是否存在非线性关系展开实证研究。之所以将研究的重点集中于工业，是因为工业是推动其他产业发展的重要力量，也更需要向绿色创新发展模式转变，同时，从新经济地理学角度来讲，工业可以在地区间转移，其集聚效应也最为显著（金煜，2006）。

本文第二部分对产业集聚对绿色创新效率的机理进行分析，第三部分对绿色创新效率进行测算及分析并建立门槛面板模型，第四部分对实证结果进行分析，第五部分给出结论并提出相应的政策启示。

## 二、影响路径与机理

产业集聚的空间外部性对地区经济增长、劳动生产率、创新效率等具有显著影响和促进作用，但也产生环境污染和资源消耗等负外部性影响，同样，其正负外部性也会对绿色创新效率产生不同的影响。因此，本文从产业集聚正外部性和负外部性的两个角度对绿色创新效率的影响进行了分析（见图1）。

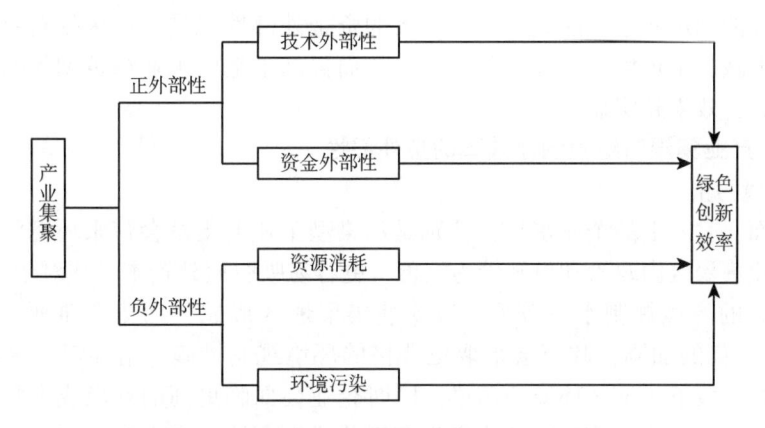

图1 产业集聚外部性对绿色创新效率的影响

**（一）产业集聚对绿色创新效率的正外部性**

产业集聚的正外部性可分为技术外部性和资金外部性（Scitovsky，1954）。技术外部性是由技术上存在联系而非市场机制下所产生的外部性。资金外部性是指由于产业的前后相向关联导致的空间外部性。

1. 技术外部性。

产业集聚带来技术外部性，技术外部性又称知识溢出，是知识扩散的一种方式。知识管理理论将知识可划分为明晰性知识与缄默性知识，一般明晰性知识可以通过书本、期刊等标准化媒介获得和传播，而缄默性知识只能通过面对面的接触和交流来实现。明晰性知识和缄默性知识的相互转化是创新的重要部分，地理集中的企业间的直接接触与交流，有利于缄默性知识的传播，从而促进了明晰性知识与缄默性知识的相互转化，进一步提高了区域的创新能力。因此产业集聚的技术外部性促进了区域间的创新能力。此外，技术外部性具有空间根植性特性，其外部性会随着地理距离的增加而衰减，这种特性使得产业集聚度更高的区域获得更高的技术外部性，从而对创新的作用程度更高（赵勇，2009）。故而，产业集聚带来的技术外部性促进了创新能力，从而提高了工业绿色创新效率，且集聚水平越高，作用效果越明显。

2. 资金外部性。

产业集聚内的分工协作减少了中间投入品的投入，同时集聚内企业共享基础设施、生产和消费投入品、专业化服务、教育、劳动力市场等也降低了企业的平均成本，这种规模效应形成了资金外部性。资金外部性形成的规模报酬递增地方化，减少了对创新投入与环境治理的溢出效应，从而促进创新、减少污染。另外，集聚内的组织如上下游企业之间、政府和企业之间、产学研之间的分工协作可以发挥集体效率。一方面，组织间的分工协作提高了劳动者技能的熟练以及专业化，促进人力资本及知识的积累，促进技术创新，同时组织间的协同创新也促进了创新效率。另一方面，企业间的分工协作降低了中间投入品的价格、减少中间投入品的在途损耗，提高了资源的利用效率。因此，产业集聚的资金外部性促进了地区创新效率，同时一定程度上减少了环境污染和资源消耗，从而提高了地区工业绿色创新效率，且集聚水平越高，效果越明显。

**（二）产业集聚对绿色创新效率的负外部性**

1. 环境污染。

一方面，空间上的企业密集，特别是污染型工业的集聚会带来环境污染。另一方面，产业集聚区内政策和设施较为完善，更容易吸引国外资本，现对于发达国家，发展中国家的环境规制水平较低，容易使集聚地区形成"污染避难所"（沈静，2012）。但污染的加剧，政府会采取更严格的环境规制措施，增加对环境治理的投入，一定程度缓解了地区环境的污染。同时企业会面临更高的环境成本和集聚内产生的竞争效应，企业会选择通过改良生产工艺或提高治污支出来减缓或抵消环境成本，取得竞争优势，环境的治理过程一定程度上促进了技术的创新。所以，产业集聚对环境的影响是个动态的过程，当产业集聚水平较低时，集聚会带来环境污染，此时，产业集聚不利于地区工业绿色创新效率的提高。随着集聚水平的提高达到临界值，环境污染得到有效控制，一定程度上促进了地区生产工艺以及技术的进步，此时产业集聚促进了地区工业绿色创新效率。

2. 资源消耗。

产业集聚特别是工业的集聚以及集聚带来的人口集中将消耗更多的资源。但企业空间上的聚集，关联企业成为共生体，促进了资源的集中利用，提高了资源利用率。同时，资源的过度消耗使企业将面临更高的生产成本，企业会选择改进生产工艺降低资源消耗。因此，产业集聚处于低水平时，资源消耗降低了地区工业绿色创新效率。随着集聚水平的提高，资源的利用效率也得到提高，此时，产业集聚促进了地区工业绿色创新效率。

综上所述，产业集聚水平较低时，产业集聚的技术外部性和资金外部性促进了创新水平，但产业集聚所带来了资源消耗、环境污染，不利于地区可持续发展。因此，此时产业集聚不利于工业绿色创新效率的提高。随着集聚水平的提高，集聚的正外部性进一步增强，资源消耗与环境污染负外部性得到有效控制，产业集聚对工业绿色创新效率的抑制效果减弱。当产业集聚水平到达临界值，产业集聚的正外部性继续增强，负外部性减弱，同时负外部促进了地区技术创新，此时产业集聚与工业绿色创新效率呈正相关关系。

# 三、绿色创新效率的测算及门槛模型构建

绿色创新效率是综合考虑地区环境污染和能源消耗后的创新效率的评测。本文

引入数据包络分析法（Data Envelopment Analysis，DEA）评测地区工业绿色创新效率问题。

**（一）考虑非期望产出的 DEA-SBM 模型**

数据包络分析是一种衡量多输入、多产出同类决策单元（Decision Making Unit，DMU）相对效率的方法。DEA 在评价效率是可以避免主观因素所带来的影响，减少评价误差。传统的 DEA 模型，如 CCR 模型、BCC 模型，在评价效率中的产出均为期望产出，即产出越大效率越高。但在评价绿色创新效率时，环境污染产出则是一种产出越少、效率越高的"非期望产出"。为解决这个问题，一些学者（Hailu A.，2001；韩晶，2012）等将非期望产出作为投入变量，但这种处理方式有违生产过程的实际意义。另外，传统的 DEA 模型在度量效率的方法属于线性分段和径向理论，当要素存在拥挤或松弛时，会出现决策单元的效率被高估的情况。本文利用 Tone（2003）提出的非角度、非径向的 DEA-SBM 模型来衡量绿色创新效率。DEA-SBM 模型把松弛变量直接放入目标函数中，既解决了决策单元被高估的情况，又解决了存在非期望产出的效率评价问题。

假设有 $n$ 个决策单元，每个决策单元有三个向量：投入、期望产出和非期望产出，分别表示为 $x \in R^m$，$y^g \in R^{s_1}$，$y^b \in R^{s_2}$。定义矩阵 $X$，$Y^g$，$Y^b$ 如下：

$$X = [x_1, \cdots, x_n] \in R^{m \cdot n}$$
$$Y^g = [y_1^g, \cdots, y_n^g] \in R^{s_1 \cdot n}$$
$$Y^b = [y_1^b, \cdots, y_n^b] \in R^{s_2 \cdot n}$$

其中，$S > 0$，$Y^g > 0$，$Y^b > 0$。生产可能性集 $P$ 可以定义为：

$$P = \{(x, x^g, x^b) \mid x \geq X\lambda, y^g\lambda \leq Yg\lambda, y^b \geq \lambda, \lambda \geq 0\} \tag{1}$$

考虑非期望产出的 DEA-SBM 模型如下：

$$\rho^* = \min \frac{1 - \frac{1}{m}\sum_{i=1}^{m}\frac{s_i^-}{x_{i0}}}{1 + \frac{1}{s_1 + s_2}\left[\sum_{r=1}^{s_1}\frac{s_r^g}{y_{r0}^g} + \sum_{r=1}^{s_2}\frac{s_r^b}{y_{r0}^b}\right]}$$

$$\text{s.t. } x_0 = X\lambda + s^-$$
$$y_0^g = Y^g\lambda - s^g$$
$$y_0^b = Y^b\lambda + s^b$$
$$s^- \geq 0, s^g \geq 0, s^b \geq 0, \lambda \geq 0 \tag{2}$$

$s^-$、$s^g$、$s^b$ 分别表示投入、期望产出和非期望产出的松弛量，$\lambda$ 为权重向量。效率 $\rho^*$ 满足 $0 \leq \rho^* \leq 1$，当 $\rho^* < 1$ 时，认为被评价单元无效，决策单元需要通过增加期望产出、减少投入或非期望产出改进效率。当且仅当 $\rho^* = 1$ 时，即 $s^- = 0$，$s^g = 0$，

$s^b=0$时，我们认为被评价单元是有效率的。

**(二) 绿色创新效率的投入、产出指标**

本文根据绿色创新追求"技术创新、资源节约、绿色环保"的发展内涵，参考已有研究绿色创新效率的指标以及数据的可获取性，选择指标如下：

1. 投入指标。

（1）R&D投入资本存量和R&D人员全时当量。工业部门的创新主要来自研发部门和生产部门，资本和劳动是创新系统的基本要素。本文选取2004~2014年规模以上工业R&D经费内部支出和R&D人员全时当量作为工业研发部门绿色创新的财力和人力资源的投入指标。

R&D经费内部支出反映的是企业该年度创新活动投入的流量指标，但R&D投入对创新的影响不仅仅局限于当期，某一年度的R&D产出往往由以往年度R&D活动积累的成果。所以本文参照白俊红（2015）的做法，用永续盘存法对R&D资本存量进行核算。该方法的公式为：

$$K_{it} = K_{it-1}(1-\sigma) + \sum_{m=1}^{n} k_m I_{it-m} \tag{3}$$

其中，$K_{it}$、$K_{it-1}$为$i$地区$t$时期和$t-1$时期的资本存量；$\sigma$为折旧率，本文采用通用的做法令$\sigma=15\%$；$m$为滞后期数，$k_m$为滞后算子，即R&D支出的贴现系数。$I_{it-1}$为$i$地区$t-1$时期的R&D支出现值，现值的计算，本文参照朱平芳（2003）的研究，从R&D支出的用途计算。《中国科技统计年鉴》中将R&D支出分为日常性支出和资产性支出，由于2008年之前没有公布规模以上工业R&D内部支出的日常性支出和资产性支出，本文根据计算2009~2014年已公布的数据来衡量规模以上工业R&D内部支出的日常性支出和资产性支出占比。计算出支出价格指数=87% ×消费价格指数+13% ×固定资产价格指数。

假设滞后期为$\theta$，则$t-\theta$期的R&D支出构成了$t$期的资本存量增量，即当$m=\theta$时，$k_m=1$，否则$k_m=0$。假定滞后期为1年，则（3）式可写成（4）式的形式：

$$K_{it} = K_{it-1}(1-\sigma) + I_{it-1} \tag{4}$$

本文以2003年为基期，基期的资本存量用（5）式来估计：

$$K_0 = \frac{I_0}{g+\sigma} \tag{5}$$

式中，$K_0$为基期R&D支出资本存量，$I_0$为基期R&D经费实际支出，$g$为R&D支出的平均增长率，经计算$g=22\%$；$\sigma$为折旧率。

（2）劳动力。一些学者（韩晶，2012；冯志军，2013）在衡量企业绿色创新效率时均为考虑到生产部门的创新，忽略了生产部门人员由于经验积累所产生的创新，即干中学效应，造成在衡量绿色创新效率时的偏差。本文借鉴任耀（2014）的方法，选取规模以上工业平均用工人数作为衡量工业生产部门绿色创新投入的指标。

（3）资源消耗量。绿色创新追求资源节约，能源消耗量是衡量企业绿色创新资源节约的重要指标。具体本文选取折算成标准煤的能源消耗总量作为衡量工业绿色创新效率的投入。

2. 产出指标。

（1）期望产出：发明专利和新产品收入。专利是衡量企业创新成果的重要产出，而专利又分为发明专利、外观专利和实用型专利，本文选取科技含量更好的发明专利来衡量企业的创新产出。新产品收入是衡量绿色创新经济效益的重要指标，新产品收入不仅体现了一个企业R&D部门创新成果的经济转化能力，也体现了生产部门人员生产加工技艺的创新。所以本文选取规模以上工业发明专利申请数和新产品收入作为绿色创新效率的期望产出。

（2）非期望产出指标：工业废水、废气、固体废物排放量。绿色创新考虑企业发展的环境效益，本文研究工业企业的绿色创新，必然要考虑到环境污染物的排放。工业部门的污染主要是废水、废气和固体废物，但由于评价三者的标准不同，本文借鉴韩晶（2012）的方法，将工业废水、废气、固体废物分别按照0.42、0.35、0.23的比例加权来衡量工业企业的污染排放。

（三）门槛模型构建

根据产业集聚对绿色创新效率的机理分析，企业绿色创新效率可能因为产业集聚水平的不同而呈现出非线性的关系。为避免主观划分门槛的误差，本文采用Hansen（1999）提出的固定效应门槛回归模型：

$$y_{it} = \mu_i + \beta_1 x_{it} \cdot 1(q_{it} \leq \gamma) + \beta_2 x_{it} \cdot 1(q_{it} > \gamma) + \varepsilon_{it} \tag{6}$$

其中，$y_{it}$、$x_{it}$分别为被解释变量和解释变量，$\mu_i$反映个体效应，$q_{it}$为门槛变量，$\gamma$为待估计的门槛值，扰动项$\varepsilon_{it}$为独立同分布，$1(\cdot)$是示性函数。

本文以工业产业集聚水平作为门槛值，考察产业集聚对工业企业绿色创新效率是否产生影响以及是否显著，分别设定单一门槛模型以及双门槛模型如下（多重门槛以此类推）：

$$green_{it} = \mu_i + \beta_1 aggl_{it} \cdot 1(aggl_{it} \leq \gamma) + \beta_2 aggl_{it} \cdot 1(aggl_{it} > \gamma) \\ + \theta_1 str_{it} + \theta_2 open_{it} + \theta_3 pr_{it} + \varepsilon_{it} \tag{7}$$

$$green_{it} = \mu_i + \beta_1 aggl_{it} \cdot 1(aggl_{it} \leq \gamma_1) + \beta_2 aggl_{it} \cdot 1(\gamma_1 < aggl_{it} \leq \gamma_2) \\ + \beta_3 aggl_{it} \cdot 1(aggl_{it} > \gamma_2) + \theta_1 str_{it} + \theta_2 open_{it} + \theta_3 pr_{it} + \varepsilon_{it} \tag{8}$$

其中，$green_{it}$为绿色创新效率，$aggl_{it}$为产业集聚水平，$str_{it}$、$open_{it}$、$pr_{it}$分别为产业结构、开放程度和环境规制强度。

（四）门槛模型的变量选取

被解释变量（green）：工业绿色创新效率，通过考虑非期望产出的DEA-SBM模型评测。

核心解释变量：产业集聚水平（aggl），本文利用 CR 指数测度地区产业集聚水平。

$$CR_i = \frac{x_i}{\sum_{i=1}^{N} x_i} \tag{9}$$

其中，$CR_i$ 表示第 $i$ 个省的产业集聚水平，$x_i$ 表示第 $i$ 个省工业产值，$N$ 表示省的个数。

控制变量。工业企业的绿色创新效率不仅受产业集聚的影响，可能还受到所处区域环境（产业结构、技术市场环境、开放程度）以及政府部门相关政策等多方面的影响。

产业结构（str）。第三产业具有知识密集、技术密集、劳动密集的特点，理论上，层次更高的产业集聚可以给企业提供更好的创新基础和环境。地区良好的金融系统不仅有利于企业发展的稳定性，也可以给创新活动提供物质基础。同时完善的教育、培训等第三产业有利于培养技术人才，促进地区的技术创新。同时完备的生产性服务业等第三产业可以有效促进工业技术进步、吸收运用企业的创新成果，提高创新效率与经济效益，有利于促进绿色创新效率。本文选用地区第三产业产值占总产值的比例来表征地区产业结构。

开放程度（open）。对外开放程度较高的地区往往竞争更激烈，企业存在提高科技投入的内生动力。同时，对外开放程度高的地区容易吸引外资，也有利于引进先进技术，一定程度促进本地区创新效率的提升。另外，外资的进入，也可能出现"污染避难所"的现象，从而抑制了绿色创新效率。本文用地区进出口总额与 GDP 比值来衡量地区对外开放程度。

环境规制强度（pr）。一方面，政府部门实施环境规制后，企业为达到政府设定的环境标准，必然会增加与减少环境污染相关的投资，从而有利于减少环境污染；另一方面，环境规制是政府对于企业施加的额外成本，同时也是政府对于企业实施的一个约束条件，这种约束条件将环境外部成本内部化，产生挤出效应，对于创新部门的投资必定减少，从而导致创新产出的减少。本文用地区工业污染治理完成投资与地区 GDP 的比值来表征地区环境规制强度。

本文选取中国内地 30 个省、直辖市、自治区的样本数据（西藏指标缺省较多，故不做考量），考察期为 2004~2014 年，原始数据来源于 2005~2015 年《中国统计年鉴》《中国科技统计年鉴》《中国工业统计年鉴》《中国环境统计年鉴》。所用变量的定义和描述性统计分别见表 1 和表 2。

表1　　　　　　　　　　　　　　　　　变量定义

| 变量 | 符号 | 定　　义 |
|---|---|---|
| R&D 经费内部支出 | I | 执行单位用于内部开展 R&D 活动的实际支出。等于 R&D 直接支出 + 间接用于 R&D 的支出（管理费、服务费等） |
| R&D 投入资本存量 | $s_1^-$ | R&D 内部经费内部支出资本存量，由公式（3）得出 |
| R&D 人员全时当量 | $s_2^-$ | R&D 全时人员工作量 + 非全时人员按实际工作时间折算的工作量 |
| 劳动力 | $s_3^-$ | 各省工业平均用工人数 |
| 资源消耗量 | $s_4^-$ | 各省工业结算成标准煤的能源消耗总量 |
| 发明专利 | $s_1^\theta$ | 各省发明专利申请数 |
| 新产品收入 | $s_2^g$ | 衡量生产部门加工技艺的创新以及创新的转化能力，采用各省工业新产品收入来表示 |
| 污染排放 | $s^b$ | 各省工业废水、废气、废固加权来衡量污染排放 |
| 绿色创新效率 | green | 衡量各省的绿色创新能力，通过考虑非期望产出的 DEA-SBM 模型得出 |
| 产业集聚 | aggl | 衡量地区产业集聚的水平，各省规模以上工业产值/全国工业产值表征 |
| 产业结构 | str | 衡量各省产业结构对绿色创新效率的影响。用地区第三产业产值/名义 GDP 表示 |
| 开放程度 | open | 衡量各省的对外开放水平对的绿色创新效率的影响，用各省的进出口总额/名义 GDP 表示 |
| 环境规制强度 | pr | 衡量各省的环境规制强度对的绿色创新效率的影响，用地区工业污染治理完成投资/名义 GDP 的比值表征 |

表2　　　　　　　　　　　　　　　　变量的描述性统计

| 变量名 | 样本数 | 均值 | 标准差 | 最小值 | 最大值 |
|---|---|---|---|---|---|
| I | 330 | 1 446 244.173 | 2 273 317 | 1 356 | 13 765 378.2 |
| $s_1^-$ | 330 | 3 722 468 | 5 820 784 | 19 279.1 | 38 000 000 |
| $s_2^-$ | 330 | 48 666.4 | 72 049.48 | 85 | 426 330 |
| $s_3^-$ | 330 | 243.2877 | 284.3764 | 5.978 | 1 495.31 |
| $s_4^-$ | 330 | 11 878.96 | 7 730.36 | 742 | 38 899 |
| $s_1^\theta$ | 330 | 3 274.955 | 6 896.465 | 2 | 55 624 |
| $s_2^g$ | 330 | 24 200 000 | 36 700 000 | 38 551 | 240 000 000 |
| $s^b$ | 330 | 38 943.8 | 29 859.12 | 2 015.56 | 130 085 |
| green | 330 | 0.4503917 | 0.3317284 | 0.0791175 | 1 |
| aggl | 330 | 0.0333297 | 0.0341122 | 0.0015871 | 0.1399413 |
| str | 330 | 0.4014588 | 0.0816218 | 0.286 | 0.779484 |
| open | 330 | 0.3469926 | 0.4277272 | 0.0370901 | 1.89226 |
| pr | 330 | 0.001768 | 0.0014652 | 0.0000673 | 0.0099185 |

## 四、结果分析

### (一)绿色创新效率分析

本文运用 DEA-SBM 模型评测 2004~2014 年各省工业企业绿色创新效率,考察期内全国工业绿色创新效率均值达到 0.450,各省平均绿色创新效率见表 3。

表 3　　　　　　　　中国各地区工业绿色创新效率平均值

| 地区 | 绿色创新效率 | 地区 | 绿色创新效率 |
| --- | --- | --- | --- |
| 北京 | 1.000 | 河南 | 0.212 |
| 天津 | 0.982 | 湖北 | 0.314 |
| 河北 | 0.184 | 湖南 | 0.605 |
| 山西 | 0.152 | 广东 | 0.973 |
| 内蒙古 | 0.175 | 广西 | 0.382 |
| 辽宁 | 0.237 | 海南 | 0.956 |
| 吉林 | 0.710 | 重庆 | 0.647 |
| 黑龙江 | 0.137 | 四川 | 0.287 |
| 上海 | 1.000 | 贵州 | 0.308 |
| 江苏 | 0.619 | 云南 | 0.262 |
| 浙江 | 0.681 | 陕西 | 0.199 |
| 安徽 | 0.544 | 甘肃 | 0.260 |
| 福建 | 0.286 | 青海 | 0.245 |
| 江西 | 0.228 | 宁夏 | 0.275 |
| 山东 | 0.427 | 新疆 | 0.224 |

表 3 显示,各地区工业绿色创新效率还存在明显差异。北京、上海的绿色创新效率平均值为 1.000,并列全国首位,说明北京和上海处于绿色创新发展的前沿。北京、上海云集许多科研院所与高校,直接推动了地方创新效率的提升,加之近年对环境的重视及高污染工业的迁出,也一定程度上缓解了地区环境污染与能源消耗。黑龙江省的绿色创新效率相对较低,这主要是由于黑龙江主要以石油、煤炭、机械为主要的工业体系,而且绝大多数为国有企业。一方面,国有企业技术创新能力薄弱、缺乏高新技术的支撑。另一方面,石油、煤炭、机械等也是高污染、高能耗的工业企业。所以造成黑龙江省绿色创新效率相对较低。

从我国四大经济区域来看,除 2013 年东北地区外,各个地区的工业绿色创新效率都平稳提升(见图 2),说明这些年我国的可持续发展战略取得了一定的成绩,地区创新意识、绿色意识得到了提高。结合图 2,东部地区的绿色创新效率明显优于中西部与东北地区,这与东部地区拥有较高的技术水平和较为完善的产业体系存在密切联系。中西部与东北地区的绿色创新效率相对较低,主要由于其工业多为高污染、高能耗的工业为主。同时东部沿海发达的地区不符合绿色环保的企业的迁入也是造成其绿色创新效率较低的原因之一。

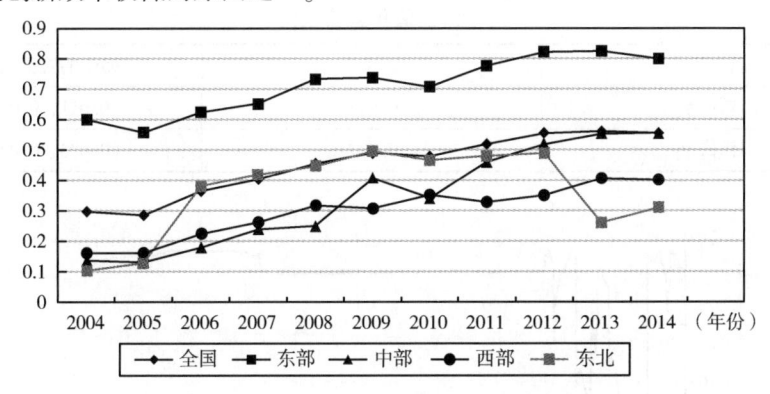

**图2 地区工业绿色创新效率变动趋势**

（二）门槛回归和检验结果

本文在使用固定效应模型的基础上进行门槛检验和估计。

1. 门槛检验。

对于门槛模型，我们首先需要确定门槛的存在性以及门槛的个数。本文使用Stata12软件，利用Hansen（2003）提出的自抽样法（bootstrap）对门槛进行检验，得出的F统计量和P值见表4。

表4　　　　　　　　　　　门槛存在性检验

| 模型 | F值 | P值 | BS次数 | 临界值 1% | 5% | 10% |
|---|---|---|---|---|---|---|
| 单一门槛 | 18.357** | 0.020 | 100 | 21.521 | 10.821 | 7.201 |
| 双重门槛 | 14.609** | 0.050 | 100 | 21.024 | 12.961 | 5.896 |
| 三重门槛 | 1.255 | 0.390 | 100 | 13.598 | 8.449 | 4.647 |

注：（1）***、**、*分别代表在1%、5%、10%的水平下显著。（2）P值和临界值均采用"自抽样法"（Bootstrap）反复抽样100次得到的结果。

通过表4，我们发现单一门槛、双重门槛在5%的显著性水平显著，自抽样F值分别为18.357和14.609。而三重门槛不显著，F值为1.255。因此，本文下面将基于双门槛模型进行实证分析。

两个门槛的估计值和95%的置信区间见表5。门槛参数的估计值我们利用似然比统计量来识别，借助图3和图4的似然比函数图，我们可以更容易了解门槛值和置信区间的估计过程。门槛参数估计值就是似然比检验统计量LR为0时$\gamma$的取值，双重门槛模型中门槛值$\gamma_1$、$\gamma_2$分比为0.011（见图3）和0.027（见图4）。95%的置信区间的是所有LR值小于5%水平临界值7.35（即图3和图4中的虚线）构成，因此

95%的置信区间分别为 [0.011, 0.012]（见图3）和 [0.023, 0.029]（见图4）。

表5　　两个门槛值和置信区间

| 检验 | 估计值 | 95%的置信区间 |
| --- | --- | --- |
| 门槛值 $\gamma_1$ | 0.011 | [0.011, 0.012] |
| 门槛值 $\gamma_2$ | 0.027 | [0.023, 0.029] |

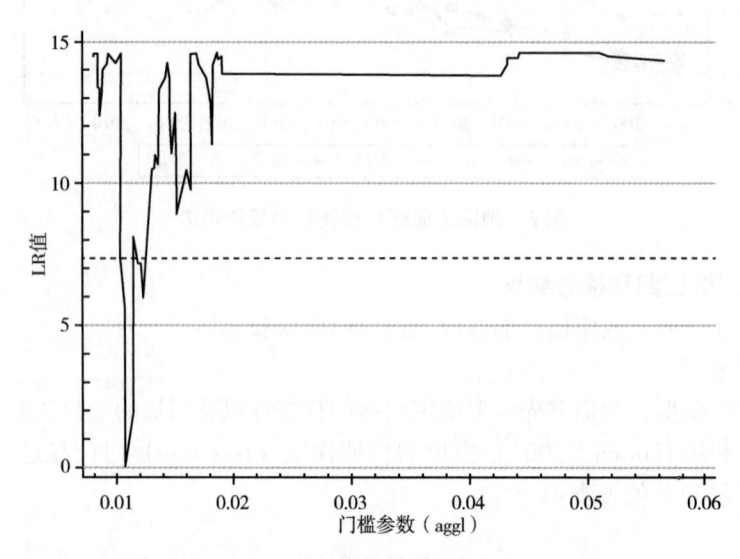

图3　第一个门槛的估计值和置信区间

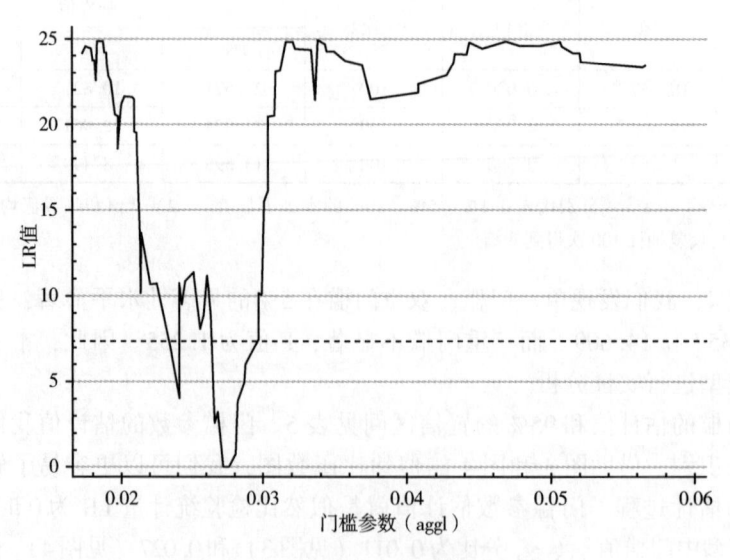

图4　第二个门槛的估计值和置信区间

依据这两个门槛值将我国各省工业产业集聚水平分为较低水平（aggl≤0.011）、中等水平（0.011＜aggl≤0.027）和较高水平（aggl＞0.027）三个区间。表6列式了2014年三个区间包含的省份。

表6  2014年处于门槛区间的具体省份名称

| 门槛值区间 | 省份分布 |
| --- | --- |
| aggl≤0.011 | 海南、青海、宁夏、贵州、甘肃、新疆、云南 |
| 0.011＜aggl≤0.027 | 黑龙江、山西、重庆、广西、陕西、内蒙古、北京、吉林、天津 |
| aggl＞0.027 | 江西、湖南、上海、安徽、福建、四川、湖北、河北、辽宁、浙江、河南、广东、江苏、山东 |

注：由于篇幅所限，仅列出2014年处于门槛值区间的省份。

2. 模型的参数估计分析。

双重门槛模型的参数估计值列式于表7。

表7  门槛面板模型变量系数统计结果

| green | 参数估计值 | T |
| --- | --- | --- |
| aggl_1（aggl≤0.011） | -28.1993*** | -4.03 |
| aggl_2（0.011＜aggl≤0.027） | -5.6950** | -2.55 |
| aggl_3（aggl＞0.027） | 2.1383* | 1.74 |
| str | 1.2860*** | 3.79 |
| open | -1.3481 | -1.36 |
| pr | -18.3450* | -1.95 |

注：***、**、*分别代表在1%、5%、10%的水平下显著。

产业集聚与绿色创新效率存在相关关系，并且不是简单的线性关系。当地区产业集聚处于较低水平时，回归系数为-28.1993，并通过1%显著性水平检验，此时，产业集聚反向抑制了绿色创新效率。当地区产业集聚水平跨越第一个门槛后，回归系数为-5.6950，并通过5%显著性水平检验，此时，产业集聚抑制绿色创新效率，但抑制效果减弱。当地区产业集聚水平跨域第二个门槛后，回归系数为2.1383，通过10%显著水平检验，说明产业集聚正向促进地区绿色创新效率。因此，产业集聚对工业绿色创新效率存在显著影响，并且存在"U"型关系，这与本文的预期相一致。产业集聚处于较低水平（第一区间）时，集聚带来的环境污染与资源消耗阻碍了地区绿色创新，降低了地区绿色创新效率。产业集聚水平跨域第一个门槛，技术外部性和资金外部性进一步增强，集聚对绿色创新的抑制效果减弱。随着产业集聚水平跨越第二个门槛值，R&D人员、R&D资本进一步聚集，劳动市场进一步成熟，进一步促进地区知识外溢。同时,环境污染和资源消耗得到改善,此时,产业集聚有助于提高地区工业绿色创新效率。

在控制变量中,产业结构与绿色创新效率显著正相关,回归系数为1.2860,通过1%显著水平检验,一定程度上表明,地区产业结构的优化有利于地区工业绿色创新效率的提高。开放程度回归系数为-1.3481,没有通过10%显著水平检验,对地区绿色创新效率具有不显著的负向影响。环境规制回归系数为-18.3450,通过10%显著水平检验,一定程度上说明地区环境规制不利于绿色创新效率的提高。

## 五、结论及政策启示

本文运用考虑非期望产出的DEA-SBM模型,以2004~2014年我国省级工业企业面板数据为样本,测算了各省工业绿色创新效率。结论如下:我国工业绿色创新效率均值为0.450,东部发达地区的工业绿色创新效率历年均值最高,这与东部地区具有较为完善的产业体系以及成熟的生产理念有着密切的关系。中部、西部以及东北地区追赶效应明显,这说明,中西部及东北地区的绿色创新能力较差,粗放型发展特征较为明显。但观察期内,东中西部及东北地区的绿色创新效率呈稳步增长的趋势,并且各区域之间的差距也逐渐缩小,也说明我国绿色创新发展取得一定成效。

在测算地区工业绿色创新效率的基础上,本文利用门槛面板回归模型,探究地区产业集聚对绿色创新效率的影响进行了实证检验。主要结论如下:产业集聚对工业绿色创新效率产生双门槛效应,当产业集聚跨越限定门槛值,产业集聚对绿色创新效率产生的影响由负变正,说明产业集聚并不一定加剧环境污染和资源消耗,产业集聚带来的技术外部性和资金外部性,有效改善了地区环境和资源消耗。地区产业结构的优化有助于地区工业绿色创新效率的提高。开放程度对工业绿色创新效率产生负向影响,但效果不显著。环境规制一定程度上阻碍了工业绿色创新发展。

结合上文的分析,从政策层面来讲,其一,创新是发展的第一动力,绿色是永续发展的必要条件,"十三五"时期是我国经济转型、推动新型工业化的重要时期,其核心环节就在于绿色创新。东部地区要继续发挥区位优势,构建绿色创新产业体系,学习国外先进的环境治理理念,进一步提高绿色创新效率。中西部及东北地区应重视绿色创新,抛弃"先污染、后治理"的不可持续发展模式,结合自身特点,将经济、环境和资源结合起来,加快自身绿色创新发展。

其二,客观看待产业集聚对绿色创新的积极作用,长期内,产业集聚不仅是促进地区经济发展的有效模式,也有助于地区的健康、可持续发展,我们应对产业集聚给予肯定的态度。由于产业集聚水平较低时不利于绿色创新效率的提高,地区应积极鼓励各种形式的产业集聚,主导建成经济开发区、工业园区等提高地区产业集聚水平。同时思考产业结构、环境规制强度等对绿色创新效率的影响,努力营造有利于地区工业绿色创新的外部环境。

## 参 考 文 献

[1] 张钢,张小军. 绿色创新研究的几个基本问题[J]. 中国科技论坛,2013(4).
[2] 陈林生. 以产业集群促进区域创新体系建设研究[J]. 经济问题探索,2005(4).
[3] 张可,汪东芳. 经济集聚与环境污染的交互影响及空间溢出[J]. 中国工业经济,2014(6).
[4] 李勇刚,张鹏. 产业集聚加剧了中国的环境污染吗——来自中国省级层面的经验证据[J]. 华中科技大学学报(社会科学版),2013(5).
[5] 杨仁发. 产业集聚能否改善中国环境污染[J]. 中国人口·资源与环境,2015(2).
[6] 闫逢柱,苏李,乔娟. 产业集聚发展与环境污染关系的考察——来自中国制造业的证据[J]. 科学学研究,2011(1).
[7] 刘习平,宋德勇. 城市产业集聚对城市环境的影响[J]. 城市问题,2013(3).
[8] 金煜,陈钊,陆铭. 中国的地区工业集聚:经济地理、新经济地理与经济政策[J]. 经济研究,2006(4).
[9] 赵勇,白永秀. 知识溢出:一个文献综述[J]. 经济研究,2009(1).
[10] 沈静,向澄,柳意云. 广东省污染密集型产业转移机制——基于2000~2009年面板数据模型的实证[J]. 地理研究,2012(2).
[11] 韩晶. 中国区域绿色创新效率研究[J]. 财经问题研究,2012(11).
[12] 白俊红,王钺. 研发要素的区际流动是否促进了创新效率的提升[J]. 中国科技论坛,2015(12).
[13] 朱平芳,徐伟民. 政府的科技激励政策对大中型工业企业R&D投入及其专利产出的影响——上海市的实证研究[J]. 经济研究,2003(6).
[14] 冯志军. 中国工业企业绿色创新效率研究[J]. 中国科技论坛,2013(2).
[15] 任耀,牛冲槐,牛彤,姚西龙. 绿色创新效率的理论模型与实证研究[J]. 管理世界,2014(7).
[16] 韩云虹. 产业集聚度测定指标的评价与改进[J]. 工业技术经济,2009(6).
[17] Virkanen J. Effect of Urbanization on Metal Deposition in the Bay of Toolonlahti, Southern of Finland[J]. Marine Pollution Bulletin, 1998, 36(9): 729-738.
[18] Frank A. Urban Air Quality in Larger Conurbations in the European Union[J]. Environmental Modeling and Software, 2001, 16(4): 399-414.
[19] Scitovsky T. "Two Concepts of External Economies", The Journal of Political Economy, 62(2), 1954, pp. 143-151.
[20] Hailu A, Veeman T S. Non-parametric productivity analysis with undesirable outputs: an application to the Canadian pulp and paper industry[J]. American Journal of Agricultural Economics, 2001, 83: 605-616.
[21] Tone K. Dealing with Undesirable Outputs in DEA: A Slacks-based Measure (SBM) Approach[R]. GRIPS Research Report Seires, 2003-0005.
[22] Hansen, B E. Threshold Effects in Non-dynamic Panels: Estimation, Testing and Inference. Journal

of Econometrics, 1999, Vol. 93, 345 – 368.
[23] Michael E Porter. cluster and the new economics of competition, Harvard Business Review, November-December 1998: 77 – 90.
[24] Zhang Ke, Wang Dongfang. The Interaction and Spatial Spillover between Agglomeration and Pollution [J]. China Industrial Economics, 2014, (6): 70 – 82.

# 空间经济学维度的京津冀文化产业协调发展
## ——基于四大文化体系的研究

明佳睿　任国征[*]

**摘　要**：以五大发展理念为主线对文化建设进行谋篇布局，以协调发展理念引领四大文化体系新实践。传统文化与当代文化协调，构建中华优秀传统文化传承体系；政府引导与社会参与协调，基本建成公共文化服务体系；传统媒体和新兴媒体协调，加快完善文化市场体系；社会效益和经济效益协调，推动文化产业体系升级。从而激发全民族文化创造活力，努力实现"十三五"文化改革发展的目标任务。

**关键词**：空间经济学　协调发展理念　京津冀文化　协同发展

党的十八届五中全会通过的《中共中央关于制定国民经济和社会发展第十三个五年规划的建议》（以下简称《建议》）把"推动物质文明和精神文明协调发展"单设一节在第二板块分论中第四部分"协调发展"中专门论述，同时提出四大文化体系。"十三五"规划在"十二五"规划"公共文化服务体系"基础上新增加三个体系，即中华优秀传统文化传承体系、文化产业体系和文化市场体系，为史上首次，引起广泛关注。

协调理念和体系建设具有强烈关联性和内在逻辑性。协调与协调发展的概念最早是以哲学的形式出现的。我国古代"天人合一""中庸之道，兼容并包"的哲学思想，西方"物竞天择，适者生存"的哲学逻辑，构成了各自经济社会发展理论的基石。从语义上讲，"协调"中的"协"和"调"同义，都具有和谐、统筹、均衡等哲学含义。"'协调'即'配合得当'，尊重客观规律，强调事物间的联系的理想状态。"因此，《建议》第一板块总论中第二部分的"完善发展理念"中明确"协调是持续健康发展的内在要求。"而体系建设的最大功能是全方位统筹和可持续发展。我国文化建设发展到一定程度后，迫切需要文化体系新实践。四大文化体系的新实践是一个长期性、系统性和全局性的过程，需要新的发展理念引领。由此我们认为，引领实践的协调发展理念，行之有效的协调发展政策，对于协调文化体系的相互关系和相互作用，对于促进文化体系的有效互动和合理配置，具有不可替代的特殊作用（见图1）。

---

[*] 明佳睿（1988 - ），女，中央党校马克思主义学院博士生；任国征（1975 - ），男，北京市青年学者。

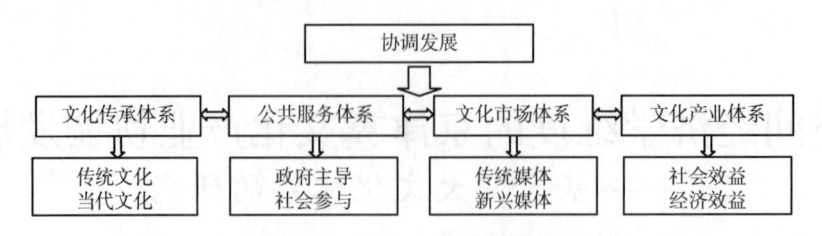

图1 四大文化体系"协调"建设示意图

## 一、传统文化与当代文化协调,构建京津冀中华优秀传统文化传承体系

恩格斯曾指出:"人离开狭义的动物越远,就越是有意识地自己创造自己的历史"。[①] 人类有意识地自己创造自己历史的过程,就是在已有文化成就基础上与当代文化相适应的过程。在这一过程中,已有的优秀传统文化作为人类经由反复实践而获得和积淀的经验与智慧、作为认识新事物的思维图式、作为传统"文明的工具",换言之,作为人的创造力的重要源泉、构成因素,直接参与到新的创造活动之中,成为当代文化的前提、基础和内在部分。

《中华人民共和国宪法》第一句话就是"中国是世界上历史最悠久的国家之一。中国各族人民共同创造了光辉灿烂的文化"。中华民族绵延数千年,离不开中华传统文化的延续性和凝聚力。作为中华民族创造力伟大明证的中华文化,也是滋养我们这个民族在新的历史条件下有新创造、新进步的重要源泉。《建议》要求"构建中华优秀传统文化传承体系"。因此,我们对待传统文化要心存敬畏,百般珍惜,精心呵护,古为今用,推陈出新。努力让中华民族最基本的文化基因与当代文化相适应,与现代社会相协调,从文化的内在丰富内涵和外在表现形式上加以传承。

中华传统文化与当代中国建设事业之间存在着"接口",通过这种"接口",连通传统与现代,让中华文化中有助于创新创造以协调传统与现代的一切因素充分地流注、融贯于中华民族新时代的伟大实践。"我国古老的家训文化博大精深,很多精华部分值得发扬光大。"[②] 将传承中华优秀传统文化与弘扬培育社会主义核心价值观结合起来。中华优秀传统文化只有深深地融入社会主义核心价值观建设,才能通过当代中国思想文化的主脉而流注到社会主义建设实践的各个方面,转化为现实而具体的创造活力,才能真正实现创造性转化和创新性发展。"使中华民族基本文化基因

---

[①] 马克思恩格斯选集(3)[M]. 人民出版社,2012:859.
[②] 任国征. 汲取传统家训之精华[N]. 人民日报,1996.01.12.

与当代文化相适应、与现代社会相协调，推动中华文化繁荣兴盛。"① 努力实现传统文化和现代文化的统筹协调，要高举中华民族伟大复兴的旗帜，弘扬中国精神，传播中国价值，在传承中华优秀传统文化体系的同时，要进一步在健全现代公共文化服务体系和现代文化市场体系过程中衔接当代文化。比如在"十三五"规划中新增的"振兴传统工艺"项目，就可作为传统文化与当代市场的"接口"之一。

中华传统文化与中国当代价值之间存在着"桥梁"，以此做好现代阐扬的工作，即结合时代的要求，阐发好中华文化相关内容的当代价值，增益其所本无，光辉其所固有，使之与当代文化相适应、与现代社会相协调。进而对传统文化进行"扬弃继承，转化创新"②，让中华优秀传统文化拥有更多的传承载体、传播渠道和传习人群。在不断增强当代中国文化发展主体性的基础上，对中华文化的整理研究、转化运用付出更多的实际努力。中华文化是中华民族区别于其他民族的独特精神标识，是加快文化改革发展的宝贵资源和基础支撑。"紧紧围绕弘扬和践行社会主义核心价值观、建设社会主义文化强国，把全面深化改革共性要求和文化体制改革特殊要求结合起来，加强顶层设计，体现文化例外原则"③，2017年，我国将举行莎士比亚和汤显祖去世400周年纪念活动，使中国传统文化与世界古代文化携手走向当代。必须深入贯彻落实习近平总书记关于推动中华优秀传统文化的创造性转化和创新性发展的基本方针，以马克思主义的态度，加强对中华文化的研究，去粗取精、去伪存真，把其中最基本的文化基因和跨越时空、超越国度、富有永恒魅力的文化精神挖掘出来。使中华民族最基本的文化基因与当代文化相适应、与现代社会相协调。

## 二、政府引导与社会参与协调，基本建成京津冀公共文化服务体系

中国共产党能否成功执政以及社会主义事业能否取得最终完全的胜利，在一定意义上，"问题'只'在于无产阶级及其先锋队的文化力量。"④ 因此，要将党的先进文化的力量辐射和影响到社会的各个层面。

李克强总理明确要求"政府主要是推动文化事业发展，创新向社会力量购买公共文化服务模式，使人民群众基本文化权益得到更好保障。"2015年，中共中央办公厅、国务院办公厅印发了《关于加快构建现代公共文化服务体系的意见》，其提出了构建现代公共文化服务体系基本原则是坚持正确导向，坚持政府主导，坚持社会

---

① 黄坤明.《中共中央关于制定国民经济和社会发展第十三个五年规划的建议》辅导读本 [M]. 北京：人民出版社，2015：153.
② 雒树刚. 加快文化改革发展 [N]. 人民日报，2015.11.26.
③ 孙志军. 文化体制改革谱新曲 [M]. 求是，2016（5）.
④ 习近平. 意识形态工作是党的一项极端重要工作. http://news.xinhuanet.com/politics/2013-08/20

参与，坚持共建共享。"生产力的极大发展与社会经济的繁荣进步，必定会给所有的人腾出了时间和创造了手段，个人会在文化、艺术、科学等方面得到发展。"[①] 以人为本，要关注全体人民的文化需求，基本建成惠及大众的公共文化服务体系。

从历史上看，党的十六大和"十二五"规划中均把文化领域区分为文化事业和文化产业。"十三五"规划中，没有再明确提出"文化事业"和"文化产业"的说法，这为公共文化服务体系的建成模式提供了政府和社会两种渠道。如今政府向社会力量购买公共文化服务机制逐渐建立健全，使坚持政府主导和坚持社会参与成为可能。2015 年 5 月，国办转发四部门《关于做好政府向社会力量购买公共文化服务工作的意见》，加快推进政府向社会力量购买公共文化服务工作。文化企业，尤其是民营企业可以参与到公共文化服务中。同时，文化等公共服务领域还被鼓励采用政府和社会资本合作模式，政府主导和社会参与呈现出融合统一的趋势。

从现状上看，近年来我国公共文化服务体系建设加快推进，公共文化设施网络建设成效明显，农村和中西部地区的公共文化设施条件也得到较大改善。我国近年来大力推进的"三馆"免费向群众开放，成为我国公共文化服务体系建设的里程碑。2015 年 10 月，国务院办公厅印发了《关于推进基层综合性文化服务中心建设的指导意见》，推进基层公共文化资源有效整合和统筹利用，提升基层公共文化设施建设、管理和服务水平。区域性的不均等已经不再是公共文化服务均等化建设的重点。因此，"十三五"规划与"十二五"规划相比，公共文化服务从"以农村基层和中西部地区为重点"改为"向基层倾斜"取消了地域化的表述，表明"十三五"期间，公共文化服务的均等化将更加全面。

从方向上看，"十三五"期间要更进一步引导文化资源向城乡基层倾斜，着力解决贫困地区公共文化服务体系建设问题。加强基本公共文化服务标准化、均等化建设，重点是补齐短板，兜好底线。在公共文化设施布局和资源配置上，填平补齐、重心下移，完善公共文化设施网络，加大文化扶贫和文化惠民力度。随着我国新型工业化、信息化、城镇化和农业现代化进程加快，城市流动人口大幅增加，基层群众的精神文化需求呈现出多层次、多元化特点，现有的基层文化设施和服务已难以满足广大人民群众的实际需要。创新公共文化服务方式，能由政府购买服务提供的，政府不再直接承办；能由政府和社会资本合作提供的，广泛吸收社会资本参与。通过政府购买、社会资助、项目运营等形式推动公共文化服务社会化专业化发展，提升服务效能。不断创新文化服务的手段和载体，丰富文化消费的内容和形式，突出公众的文化主体地位，提升公众的文化品位，扩展公众的文化视野，增强公众的文化吸收能力，培育公众的文化消费意识和习惯，促进社会文化消费结构的调整、优化和升级。建立群众评价和反馈机制，促进公共文化服务供需有效对接，打造公共

---

[①] 马克思恩格斯文集（8）[M]．北京：人民出版社，2002：197．

文化服务升级版。①

总之,只有聚焦短板发力,以政府为主导,推动政府、市场、社会协同参与,构建多层次、多方式的公共文化服务供给体系,推动基本公共文化服务标准化均等化,才能完成《建议》总论中第二部分的"主要目标"中提出的"公共文化服务体系基本建成"。

## 三、传统媒体和新兴媒体协调,加快京津冀完善文化市场体系

经济学理论认为产品是市场的最基本要素之一。文化市场体系同样离不开文化产品,文化市场的繁荣依赖于文化产品的丰富多彩,传统媒体与新兴媒体的发展融合促进了文化产品的大量生产。中央深化改革领导小组第四次会议时就指出,推动传统媒体和新兴媒体融合发展,坚持先进技术为支撑、内容建设为根本,推动传统媒体和新兴媒体在内容、渠道、平台、经营、管理等方面的深度融合,建设形态多样、手段先进、具有强大传播力和竞争力的新型主流媒体。这不仅需要技术升级、平台拓展、内容创新,更需要对组织架构、管理体制进行革新。在此基础上,《建议》进一步提出"推动传统媒体和新兴媒体融合发展","发展积极向上的网络文化"。可见,推动传统媒体和新兴媒体融合发展刻不容缓,建设包括"传统文化产品市场"和"新兴文化产品市场"的"现代文化市场体系"势在必行。②

传统媒体和新兴媒体相融合,有利于加快完善文化市场体系,使传统文化产品市场和新兴文化产品市场同步发展,相得益彰。有利于推动文化产业结构优化升级,主动适应经济发展新常态。有利于转变文化发展方式,文化产业加速转型提档,提高规模化集约化专业化水平。有利于培育和壮大各类文化市场主体,鼓励和引导非公有资本有序进入文化领域,推动大众创业、万众创新,培植一批"专、精、特、新"的小微企业。有利于深入实施国家文化科技创新工程,促进新型文化业态蓬勃发展,使文化与相关产业融合更加紧密。有利于加强现代文化市场体系建设,繁荣发展文化产品和要素市场,扩大文化消费。

新兴媒体的发展日新月异,催生新兴文化产品市场繁荣活跃。当前,互联网,尤其是移动互联网的飞速发展,众所瞩目。《中共中央关于繁荣发展社会主义文艺的意见》中专门提到大力发展网络文艺,推动网络文学、网络音乐、网络剧、微电影、网络演出、网络动漫等新兴文艺类型繁荣有序发展。网络和数字技术裂变式发展,在互联网的冲击下,传统媒体逐渐式微,带来媒体格局的深刻调整和舆论生态的重

---

① 汤宇华.论公益性文化事业与经营性文化产业的良性互动 [J].东岳论丛,2012(2).
② 王晓晖.《中共中央关于制定国民经济和社会发展第十三个五年规划的建议》辅导读本 [M].北京:人民出版社,2015:164.

大变化。新兴媒体的发展速度和广度都对传统媒体带来很大冲击。传统媒体的受众群体不断缩小,市场份额逐渐下降,越来越多的人通过新兴媒体获取信息。新兴媒体的舆论影响力日渐增强,互联网已经成为舆论斗争的主战场,直接关系我国意识形态安全和政权安全。

传统媒体的固有优势和主流权威,使得传统文化产品市场具有"先天"的发挥引领带动作用。同时,传统媒体在媒体融合的过程中机不可失,传统媒体要不断加强自身建设,形成品牌优势,以达到引领带动新媒体发展,促使传统媒体影响力辐射新媒体的目的。要形成变革观念,强化互联网思维,运用网络技术手段改造传统媒体。推动媒体融合发展,很重要的就是要充分运用网络技术手段去改造传统媒体,这就要求必须用全新的互联网思维来谋划和推进各项工作。加拿大著名传播学家麦克卢汉讲"同时了解几种媒介是了解其中之一的最好方法。"[1] 因此要广泛探索新媒体的多种形式,适应新兴媒体平等交流、互动传播的特点,树立用户观念,改变过去媒体单向传播、受众被动接受的方式,注重用户体验,满足多样化、个性化的信息需求。适应新兴媒体即时传播、海量传播的特点,主动抢占先机,充分挖掘和整合信息资源,在信息传播中占据主动、赢得优势。适应新兴媒体充分开放、充分竞争的特点,强化市场观念,树立全球视野和全球眼光。

## 四、社会效益和经济效益协调,推动京津冀科技文化产业体系升级

在《资本论》中,马克思、恩格斯曾明确提出了三种生产的理论。在他们看来,广义的生产系统应该包括物质生产、人自身的生产和精神生产。在《1844年经济学哲学手稿》中,马克思把文化看做不同于一般物质生产的生产,指出"这类生产同样受生产的一般规律的制约",同样是社会财富积累、推社会发展进步的推动力量。因此,在中国经济新常态的背景之下,要将文化产业打造成国民经济发展新的增长引擎。

关于文化产业的表述,"十二五"规划中是"推动文化产业成为国民经济支柱性产业",而"十三五"规划则是"文化产业成为国民经济支柱性产业"。国民经济支柱性产业的要求是其增加值在国民经济中占5%以上。两字之差意味着"十二五"期间是进行时,"十三五"期间是完成时。这就对于文化产业的发展理念和方式提出了更高的要求。为了论述这一问题,现根据国家统计局2015年11月最新发布的文化产业数据编制明细表如下(见表1)。

---

[1] [加拿大] 麦克卢汉, 何道宽, 译. 理解媒介 [M]. 北京: 商务印书馆, 2001.

**表1** 2014年文化及相关产业增加值明细表

| 类别 | 金额（亿元） | 同比（%） | 比重（%） |
| --- | --- | --- | --- |
| 合计 | 23 940 | 12.1 | 100.0 |
| 一、文化产品的生产 | 14 671 | 15.6 | 61.3 |
| 1. 新闻出版发行服务 | 1 209 | 5.2 | 5.1 |
| 2. 广播电视电影服务 | 1 059 | 4.5 | 4.4 |
| 3. 文化艺术服务 | 1 127 | 7.0 | 4.7 |
| 4. 文化信息传输服务 | 2 429 | 36.5 | 10.1 |
| 5. 文化创意和设计服务 | 4 107 | 17.5 | 17.2 |
| 6. 文化休闲娱乐服务 | 1 702 | 11.2 | 7.1 |
| 7. 工艺美术品的生产 | 3 037 | 13.6 | 12.7 |
| 二、文化辅助产品的生产 | 9 269 | 7.1 | 38.7 |
| 8. 文化工具的生产 | 2 835 | 12.7 | 11.8 |
| 9. 文化用品的生产 | 5 564 | 6.6 | 23.2 |
| 10. 专用设备的生产 | 869 | -5.7 | 3.6 |

从表1中可以得出以下结论：

首先，文化产业极大地促进了经济的发展。2014年全国文化产业增加值23 940亿元，同比增长12.1%，比同期GDP增速高3.9个百分点；占GDP的比重为3.76%，比上年提高0.13个百分点。因此，要重点培育骨干文化企业和创意文化产业。推动国有经营性文化单位从行政附属物转变为自主经营、自我发展、自我创新、依法运营的文化产品生产经营者。努力打造一批有实力、有竞争力和影响力的国有或国有控股的文化企业集团，使之成为文化市场的主导力量和文化产业的战略投资者。

其次，文化产业同时也产生社会效益。表1中，文化产品的生产业创造的增加值为14 671亿元，占61.3%；同时，社会效益属性的文化辅助产品的生产业创造的增加值为9 269亿元，占38.7%。为提高文化产业的社会效益，要通过重点行业带动和有力政策推动，促进文化产业优化结构布局、增强创新能力、提高质量效益，培育新的增长点、增长极、增长带。改造提升演艺、会展、工艺美术等传统产业，加快发展动漫、游戏、数字娱乐、在线视听等新型文化业态，推动文化产业优化升级。发展"互联网+文化产业"，"促进文化与科技融合"。[①]

最后，文化产业既有社会效益，又有经济效益。表中各个项目都是涵盖了社会效益和经济效益两类产品。将文化大发展必须处理好社会效益和经济效益的辩证关

---

① 任国征. 文化和科技如何"牵手"[N]. 光明日报，2011.11.28.

系。因此，文化部长雒树刚论述说："文化产业必须始终坚持把社会效益放在首位、社会效益和经济效益相统一"。① 构建文化事业与文化产业互动发展机制，更加注重社会效益与经济效益的统一。要强化各类文化资源的有效保护和合理利用，正确处理市场推动与政府引导的关系，促进和保障文化事业与文化产业互动发展。从顶层设计、宏观调控到微观规制，政府对文化事业与文化产业的引导都既应有不同的政策措施，落实分类管理原则，又要使各项制度、措施和管理模式相互呼应、相互配合，从而逐步建立完善有效促进文化事业与文化产业互动发展的政策体系和管理体系，推动文化产业体系升级。

总之，"'十三五'时期是全面建成小康社会、实现我们党确定的'两个一百年'奋斗目标的第一个百年奋斗目标的决胜阶段。"② 以五大发展理念为主线对文化建设进行谋篇布局，以协调发展理念引领四大文化体系新实践。在实践层面上统筹落实"两手抓"的战略举措："一手抓社会效益，一手抓经济效益；一手抓文化系统，一手抓社会力量办文化；一手抓现代公共文化服务体系建设，一手抓非公共文化服务的引导培育；一手抓精品艺术生产，一手抓群众文化活动；一手抓文化舆论的正面引导、社会主义核心价值观塑造和正能量传播，一手抓文化市场的培育和文化产业转型升级。"③ 从而激发全民族文化创造活力，努力实现"十三五"文化改革发展的目标任务，为推进"四个全面"战略布局和实现中华民族伟大复兴的"中国梦"提供强大精神力量。

---

① 雒树刚.《中共中央关于制定国民经济和社会发展第十三个五年规划的建议》辅导读本 [M]. 北京：人民出版社，2015：159.
② 习近平.《中共中央关于制定国民经济和社会发展第十三个五年规划的建议》辅导读本 [M]. 北京：人民出版社，2015：60.
③ 张述存. 以五大发展理念为统领 推动经济文化强省建 [J]. 党员干部之友，2015（12）.

# "新比较优势"下的"一带一路"战略研究\*

高丽娜　蒋伏心\*\*

**摘　要：**"一带一路"战略是适应我国经贸发展新格局转换需要的顶层设计。从地理空间联系到经济空间网络形成的地缘优势、从资源禀赋优势到资源整合能力形成的资源新优势、劳动力成本优势转化为人力资本优势、由被动接受市场向开拓市场转化形成的主体优势及"后发优势"向"先发优势"转化形成的开放政策优势构成新阶段我国主导与参与区域合作的"新比较优势"的内涵，是前一阶段比较优势的升级版。基于"新比较优势"，"一带一路"战略应在东西双向开放战略融合、内外联动模式、开放战略空间、多维协同战略等方面实现战略升级。

**关键词：**经贸发展新格局　新比较优势　战略升级　"一带一路"

中共十八届三中全会通过的《中共中央关于全面深化改革若干重大问题的决定》中关于"构建开放型经济新体制"明确了"建设全方位开放新格局"的战略目标，这是我国对外开放新阶段发展的现实需要，也是形成发展新动力的关键路径之一，是原有全面对外开放战略的升级版。经过30多年的改革开放，我国已形成对外贸易、投资合作等的开放"新格局"，并面临来自国际战略新格局的挑战；比较优势来源的转变，是引导产业结构、贸易结构演变的根本力量，也是下一阶段实施全方位开放的基础和关键所在。在这一背景下提出的"一带一路"战略，是在我国当前改革开放阶段性特征判断基础上，结合当前国际政治经济形势作出的战略选择，对外开放是战略的核心[①]。"一带一路"战略，从本质上来说是由中国主导的区域经济一体化进程，是大国战略，是中国凝练前一阶段全球化经验、结合当前国内外政治、经济形势的顶层设计，是在我国与全球体系融合程度日益增强背景下提出的战略谋划，培育参与和引领国际竞争与合作的新比较优势是战略实施的关键。只有明确现阶段我国"新比较优势"的内涵，才能引领对外开放战略升级，进而形成"全方位开放新格局"。

因此，"一带一路"战略的设计与实施，应建立在对中国"新比较优势"认识基础之上。对于"新比较优势"的解读，必须集合时间、产业、空间等多维角度进

---

\* 基金项目：本文系国家自然科学基金青年项目"城市群协同创新系统绩效评价研究"（71603133）的阶段性成果。

\*\* 高丽娜：南京中医药大学卫生经济管理学院；蒋伏心：南京师范大学商学院。

[①] 金立群，林毅夫，等著. "一带一路"引领中国：国家顶层战略设计与行动布局[M]. 北京：中国文史出版社，2015：16.

行考察，这样才能深度认识新阶段比较优势之所在。

# 一、我国对外经贸发展新格局

## （一）新贸易格局：对外贸易重心出现转移

首先，中国原有参与国际竞争与合作的比较优势依赖于劳动力要素成本、规模化生产、技术模仿等获得的竞争优势，再加上对外开放顺序上遵循"先"扩大对西方发达国家的开放，"后"扩大对发展中国家开放的不平衡开放战略①，因此我国对外贸易格局更偏重与发达国家的产业间贸易。但随着要素条件改变、外部市场萎缩、贸易争端加剧等问题凸显，这种外向型主导的发展战略难以为继，这进一步加剧了"路径依赖"对我国产业结构、贸易结构转变产生的巨大压力。

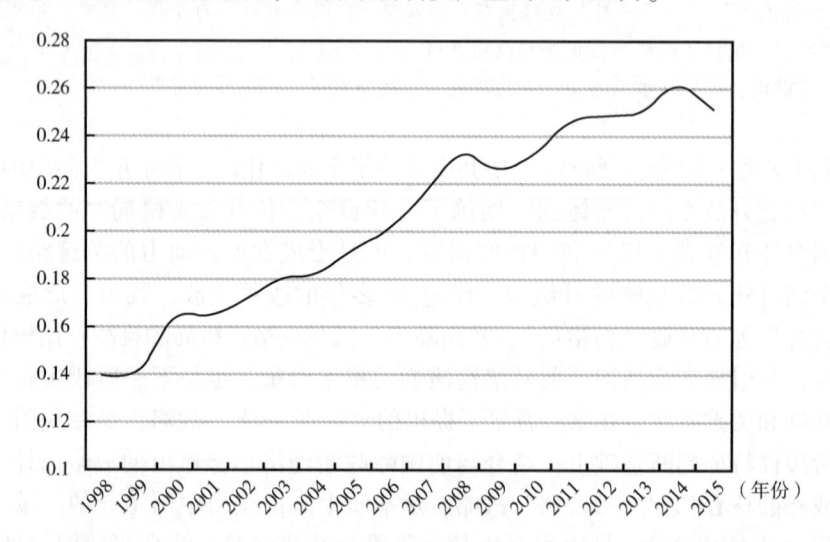

**图1 中国与"一带一路"沿线国家进出口额占进出口总额比重变化（1998~2015年）**

其次，发展中国家尤其是"一带一路"沿线国家经济的快速发展为我国战略转型创造了可能性。"一带一路"沿线包括丝绸之路经济带上的13个国家，及"21世纪海上丝绸之路"上52个国家，覆盖全球64%人口，30%GDP。据世界银行数据计算，1990~2013年，全球贸易、跨境直接投资年均增速分别为7.8%和9.7%，而这65个国家同期年均增速分别达到13.1%和16.5%；尤其是2010~2013年，"一带一路"沿线国家的对外贸易、外资净流入年均增速分别达到13.9%和6.2%，比全球平均水平分别高出4.6个和3.4个百分点，是全球贸易投资最为活跃的地区②。如

---

① 张燕生. "十三五"全面深化新一轮改革开放［J］. 中国外汇, 2015（2）：14-16.
② 厉以宁, 林毅夫, 郑永年, 等著, 读懂一带一路［M］. 北京：中信出版社, 2015：169.

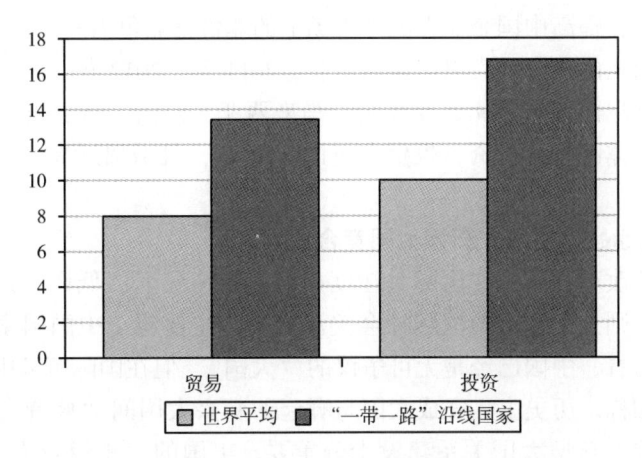

**图2  1990~2013年世界与"一带一路"沿线国家贸易与投资年均增速比较**

图1、图2所示,1998~2015年,"一带一路"沿线国家与我国间的贸易占我国进出口总额的比重由14%提高至25%左右,在我国对外贸易格局中的地位不断提升。2016年我国货物进出口总额24.34万亿元,比2015年下降0.9%[①],在此大背景下,我国与"一带一路"沿线国家进出口总额实现6.25万亿元,多个省市与"一带一路"沿线国家间的贸易在整体进出口增速放缓的大背景下呈现出"逆势"增长态势。

(二)新国际投资格局:形成对外资本输出新格局

2014年,中国已经由FDI净输入国转变为净输出国。2005~2015年,中国全球对外投资额存量达到1万亿美元,增速位居世界前列,正在重塑全球资本投资流向格局。中国对外投资已经基本上形成对发达国家优势行业为主的投资及"一带一路"沿线发展中国家为典型代表的、以我国优势行业输出为主的各具特色的框架体系,日渐形成全球性资本输出比较优势。2016年中国对外直接投资(不含银行、证券、保险)1 701亿美元,比2015年增长44.1%,全年实际使用"一带一路"沿线国家外商直接投资(不含银行、证券、保险)458亿元(折71亿美元);投向"一带一路"沿线国家对外直接投资(不含银行、证券、保险)145亿美元[②]。由此可以看出,中国与"一带一路"沿线国家间的双向投资增幅都超过了平均水平。在我国对外投资的初期,投资项目集中于石油、天然气、矿产等自然资源领域,中国在过去十年向国外能源、电力、重金属和原材料领域投入的资金约为5 800亿美元,占全部对外投资总额的半数以上[③]。而如今对外投资日益多元化,尤其是对欧美的投资,以海外品牌和技术为主,投资领域拓展至医疗、电信、物流、文化等诸多领域,并日

---

①② 《2016年国民经济和社会发展统计公报》,http://www.stats.gov.cn/tjsj/zxfb/201702/t20170228_1467424.html。

③ 中国跃升为全球第二对外投资大国 [N]. 中国日报,2015.01.19.

益重视开辟市场，提高中国企业在海外市场上的非价格竞争力[1]。

中国在东南亚的投资一直以两位数增长，2011年、2012年，中国六大对外投资目的地包括印度尼西亚、越南、菲律宾、马来西亚、泰国、新加坡。2015年，中国流向发展中经济体的直接投资占投资存量的83.9%，且增幅远高于对发达经济体的投资[2]。

### （三）新国际战略格局：新型大国竞合关系

前一阶段的改革开放是在国际关注度相对不高情况下"低调"进行的；当前阶段的改革开放，则处于密切的国际社会关注之下，主要源于中国国家综合实力的提升。从经济实力看，中国已经是无可争议的"大国"，但在国际事务中的影响力与话语权尚未与之相称。历史上，守成大国与崛起的新兴大国间"修昔底德陷阱"在不同阶段反复出现，新型大国关系建设十分重要。美国的"重返亚太"、"亚太再平衡"等战略实施中，提出的"印太经济走廊"、"新丝绸之路倡议"及其主导推进的"跨太平洋国际伙伴关系"（TPP）与"跨大西洋贸易与投资伙伴协议"（TTIP）等，都是地缘政治利益主导下、与中国大国竞合博弈过程中的经济外交战略谋划，虽因总统更替出现不确定性，但是经济"逆全球化"特征渐显。再加上周边国际环境出现的新变化，都为新形势下中国对外开放战略升级提出新任务、新课题。在此背景下，中国处理相关国际事务的态度也应由"韬光养晦"向"奋发有为"转变。2010年10月，世界银行特别报告《南方国家的全面崛起及其对南南合作的影响》（Rise of the Global South and Its Impact on South-South Cooperation）提到："全球经济重心向发展中的南方国家移动的趋势是不可阻挡的，必须要把以南南合作为主要特点的发展中国家之间合作的强势增长放在更广阔背景之下来考察"[3]。

因此，"一带一路"战略推进与前一阶段的对外开放战略相比较，不仅关注本国经济发展，更为重要的是推动沿线相关国家和地区的经济发展，承担大国责任，同时也能通过协同效应形成破局造势效果[4]，战略对冲美国的东向战略，为化解美国战略对中国在政治经济上的压力提供新的国际战略架构[5]。但经济战略是"一带一路"战略实施的核心与基础，直接决定战略实施效果及其可持续性，那么首要问题是要弄清中国在"一带一路"战略实施过程中，参与和引领区域分工与合作的前提基础

---

[1] 樊增强. 中国企业对外直接投资：现状、问题与战略选择 [J]. 中国流通经济, 2015 (8).

[2] 中华人民共和国商务部, 中华人民共和国统计局, 国家外汇管理局. 2015年度中国对外直接投资统计公报 [M]. 北京：中国统计出版社, 2016.

[3] 约翰·奈斯比特、多丽丝·奈斯比特. 大变革——南环经济带将如何重塑我们的世界 [M]. 张岩, 等译, 长春：吉林出版社, 2015：128.

[4] 卢峰. 一带一路为什么是中国, 载于"一带一路"引领中国：国家顶层战略设计与行动布局 [M]. 北京：中国文史出版社, 2015.

[5] 申现杰, 肖金成. 国际区域经济合作新形势与我国"一带一路"合作战略 [J]. 宏观经济研究, 2014 (11)：30–38.

是什么，中国凭借什么来主导区域合作。

## 二、"新比较优势"："比较优势1.0"到"比较优势2.0"

在把脉对外贸易、投资、国际关系新格局基础上，重新审视我国新发展阶段的比较优势内涵，是合理设计对外开放战略的前提，也直接决定着战略实施的效果。

对于中国发展优势的认识，目前较为有影响力的观点主要有以下几种：一是以北京大学林毅夫教授、中国社会科学院蔡昉教授为代表的"比较优势"说，非常准确地概括了建立在原有的劳动力成本因素基础上的绝对优势内涵；二是以北京大学海闻教授、清华大学李稻葵教授等为代表的"大国优势"说，在此基础上湖南商学院欧阳峣教授课题组进一步提出的"大国综合优势"说，强调高新技术＋质高价廉劳动力＋广阔国内市场形成的综合优势；三是以武汉大学郭熙保教授、上海财经大学史东辉教授为代表的"后发优势"说，强调技术领域中国作为后发国家在追赶发达经济体过程中具备的优势。

我们认为，当前阶段中国实现发展新突破的关键在于重新定位我国经济发展的比较优势，"新比较优势"能很好诠释这一变化，包括两方面的含义：一是"新比较优势"仍属于"比较优势"范畴。中国目前的经济发展取得了重大进展，但仍未形成"绝对优势"，进一步的发展仍需不断探寻比较优势所在，强化在国际分工、市场竞争中的地位；二是对于比较优势要有新界定，不是比较优势的丧失，而是比较优势从1.0版向2.0版的升级问题，这源于多因素集成作用，如果仍然固守原有的比较优势观，将会直接束缚经济发展空间与可能性，难以推动经济增长方式转变，从而有可能步入经济发展的"死胡同"。综合来看，中国"新比较优势"集中表现为源于五个方面转化过程形成的比较优势升级：

### （一）地缘优势：从地理空间联系到经济空间网络

从中国的战略区位来看，背靠亚欧大陆，与"一带一路"沿线国家和地区空间紧邻，海洋、陆上交通联系源远流长，极大地促进了经济、文化交融。现代交通、通信技术发展使地理上紧邻的地缘优势重新焕发出新活力。沿线国家间在地理邻近这一第一自然优势基础上形成的贸易、投资等经济联系，随着联系紧密程度的提升逐渐转换为经济联系空间网络优势，进一步放大地缘优势内涵。

2014年，中国与"一带一路"沿线国家间货物贸易额达到1.12万亿美元，占中国货物贸易总额的26%；2015年，与沿线国家双边贸易总额9 955亿美元，占我国贸易总额的25.1%[①]。2015年，中国企业在"一带一路"沿线国家对外直接投资

---

① 商务部：《我国对"一带一路"沿线国家贸易顺差扩大》，资料来源：http://world.people.com.cn/n/2015/0804/c157278-27409295.html。

达到148亿美元,占全国对外投资总额的12.6%,承包工程完成营业额达到692.4亿美元,投资主要领域集中于基础设施建设、劳动密集型产业转移等。如中国—巴基斯坦经济走廊建设过程中,已在巴投入约520亿美元进行重大项目建设,2016年1月,在中巴经济走廊框架下启动了卡罗特水电站项目,耗资16.5亿美元,是"一带一路"首个大型水电投资建设项目①。而根据亚行的估算,2010年到2020年亚洲基础设施建设资本需求为8万亿美元,存在巨大资金缺口,因此,亚投行的建立是应运而生,具有重要的现实意义,也是获得多方响应的根本原因所在,将助力中国的优势产业如高铁建设等开拓国际市场及比较优势丧失的产业实现转移,从而推动国内产业升级。

**(二) 资源优势:从资源禀赋优势到资源整合能力优势**

原有的资源比较优势侧重于我国自身具备的各种资源禀赋条件形成的成本优势,从而形成劳动力密集型产品的市场竞争优势,而随着经济规模提升、资源需求膨胀,国内资源成本比较优势逐渐丧失,成为重要的能源、资源进口国;但随着中国对外投资过程的规模快速扩张,拓展了资源比较优势的外延,日渐形成与强化资源整合能力新优势,能充分利用国内、国际两种资源,为国内各产业发展突破能源、原材料资源约束奠定基础。中国领衔发起的金砖国家银行、稳定基金及国际性投资银行——亚洲基础设施投资银行,以亚洲、非洲等发展中国家普遍存在的基础设施建设需求为导向,顺应了相关国家的现实需要。发达国家主导的世界银行、亚开行在这一领域作为有限,积极性不高。中国主导亚投行的建设,针对发展中国家的现实需求,凭借自身基础设施建设上的国际优势,有助于形成良好的合作关系。这主要依赖的是我国日益增强的资本输出能力。前期的对外开放使我国积累了比较丰富的外汇储备,2016年底约为3.01万亿美元,"一带一路"战略可视为外汇多元化利用的重要战略举措。从投资目的地国到投资方的角色转换,引领中国向全球产业链两端扩张,形成由制造业向研发和市场两端延伸的"微笑曲线",这也是经济走向成熟的重要标志。

综合国力的提升是我国资源整合能力提高的重要保障。无论是从纵向还是横向比较的角度来说,中国的崛起是毋庸置疑的事实,这是中国主导区域化进程的决定性力量。"世界工厂"战略振兴了中国的国内经济;对中华民族伟大复兴的追求使中国成为有全球影响力的大国。从宏观角度来说,改革开放战略实施30多年以来,中国综合经济实力逐步上升至世界第二位,2015年人均GDP达8 016美元的中等偏上收入国家行列,为深化改革开放奠定了坚实的经济基础。当前,中国经济与世界经济经由国际贸易、国际资本流动等不同途径高度关联,中国在常规制造方面具有很强的比较优势,形成国际竞争力。中国工业制造增加值占全球比例,由20世纪90

---

① 中巴经济走廊将为巴"强力充电"[N]. 参考消息,2016.01.14.

年代初期的5%左右，提高到2013年的23%，连续几年保持世界第一大国地位，与"一带一路"沿线国家和地区间贸易量持续攀升。依托产品优势延伸出产业供应链优势，为新阶段产业升级奠定坚实基础。

（三）人口优势：劳动力成本优势转化为人力资本优势

我国的人口规模优势仍将在较长时期内存在，再加上教育产业的发展（见图3），使得我国仍具有人力资源优势，只是内涵升级。前期对外开放过程中，我国劳动力资源主体是由农民转化而来，形成劳动力成本优势，但素质相对较低，支撑了劳动密集型产业的发展。而现如今从低技术产业发展角度来说，我国劳动力成本与"一带一路"沿线国家相比较，已不具备比较优势。但同时也应看到，我国已经形成相当规模的产业工人队伍，再加上教育和科技事业的大发展，人口优势的内涵发生转变。从产业差异视角来看，对于那些对劳动者技能有一定要求的产业部门来说，无论是相对于发达国家还是相对于发展中国家，中国人力资本具备数量与成本上的比较优势。这主要源于我国国内教育普及与发展、三十多年改革开放实践经验的累积，极大地提高了我国产业工人的素质。国民素质提升、国民收入提高，中产阶级队伍不断壮大，而且年轻人创业、创新热情空前高涨，逐渐成为自下而上推动社会创新能力与应变能力增强的力量，使我国经济对新形势、新环境的应对弹性增大。我国研发人员在成本上明显低于发达国家的比较优势，可能引领经济附加值链条的倒转。我国服务外包产业的迅速发展，尤其是高端研发环节类服务外包规模的增长说明了这种变化，一些欧洲中小企业采取中国研发、德国生产的模式十分具有代表性。

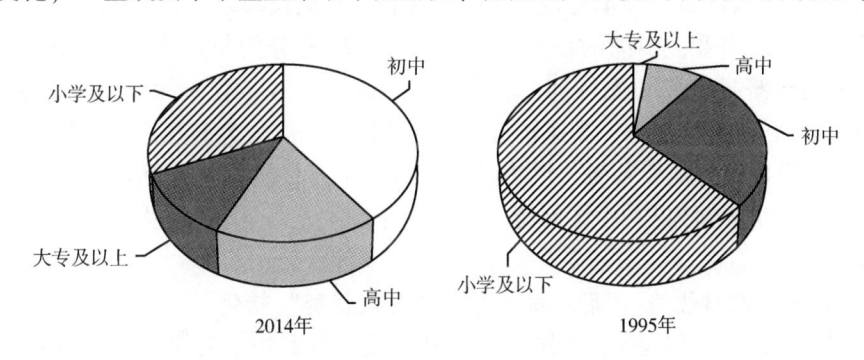

**图3 2014年与1995年我国人口受教育程度构成比较**

我国承接的产业转移构成的变化可以集中反映这一特征。以全球集成电路向中国大陆转移为例，继联电、力晶之后，台湾积体电路制造公司将投资30多亿美元于江苏南京设立芯片生产厂及设计服务中心①。三星、英特尔等一批国际知名企业均已在大陆投资设厂，而区位选择的主要影响因素除区位因素外，充足的人才要素、完

---

① 台积电花落南京 集成电路产业大转移［N］．上海证券报，2015.12.08.

善的半导体供应链成为吸引外资企业投资的重要因素。

**（四）主体优势：由被动接受市场向开拓市场转化**

经过三十多年的改革开放，我国已形成一批有国际竞争力企业、开拓型企业家及优势产业，逐渐转变过去相对被动、接受市场的状况，向相对主动、开拓市场转化，这是推动我国新一轮对外开放进程的主体力量。

从微观角度来看，非公有制经济日益成为新发展动力，尤其在对外投资领域。几年之前，中国对外投资的主体是国有企业，而现在私营企业已经成为中国对美国投资的主体。"私营企业投资占总交易数量的80%，总成交金额的70%，而中国对美投资已经超出了美国对中国的投资"。根据波士顿咨询编制的"全球挑战者"百强榜单，2014年中国阿里巴巴集团、腾讯控股有限公司等29家企业入榜。其中，腾讯控股有限公司是首家完全植根于互联网行业的全球挑战者；全球共有五家企业从行业挑战者跻身全球领先企业，其中两家为中国企业——华为、联想。2015年中国民营企业出口1.03万亿美元，占出口总额的比重为45.2%，占比超过外资企业，成为出口主力军。企业成长过程中，随着市场经验积累培养了一批企业家，而且企业家主体年轻化的趋势日益明显，尤其是在新兴行业中表现尤为突出，形成大批富有创新精神、有远见的企业家群体，对市场掌控力不断提升。在移动通讯和数据行业领域，以马云、马化腾、顾志诚等新一代领导的阿里、腾讯、公司酷盘等企业，国际影响力日见提升，中国商业模式在互联网、新创科技公司中的影响显著提高。同时，"大众创业，万众创新"环境提供了激励更多企业家成长起来的大环境。

从中观角度来看，中国的技术产业已集聚了较充分的技术实力、人才和动力，其创新实力也跻身世界领先行列，载人航天、探月工程、载人深潜、新支线飞机、大型液化天然气船（LNG）、高速轨道交通等领域技术取得突破性进展；特高压输变电设备、百万吨乙烯成套装备、风力发电设备、千万亿次超级计算机等装备产品技术水平已跃居世界前列[①]；中国制药、半导体等已经成为全球第二大产业（知识密集型产业）。

**（五）开放政策优势："后发优势"向"先发优势"转化**

相对于发达国家和地区，中国先期对外开放充分利用了要素成本及技术引进形成的"后发优势"，再加上先于大部分发展中国家实行对外开放，经过多年对中国特色开放模式的探索，积累了较为丰富的对外开放经验，随着制度、市场、产业等各领域开放成果累积，形成当前中国相对于其他发展中国家对外开放的"先发优势"。因此，"一带一路"战略是中国在周边区域化过程中基于自身全球影响力网络的顶层设计，构建开放型经济新体制和经济外交的战略布局，是推动世界经济治理秩序变

---

① 中华人民共和国工业和信息化部：《〈中国制造2025〉解读之二：我国制造业发展进入新的阶段》。

革的主动作为①。

从经济角度来说，中国构成了发达经济体与其他发展中经济体间的"过渡"层级。2013年规模以上工业企业研发支出8318亿元，比2008年增长2.7倍，企业研发投入强度从2008年的0.61%增加到2013年的0.80%；规模以上企业共申请专利53万件，是2008年的3.4倍。在500余种主要工业产品中，我国有220多种产量位居世界第一。2016年，我国共有110家企业入选"财富世界500强"，比2008年增加75家，连续4年成为世界500强企业数仅次于美国（130多家）的第二大国。

此外，中国在对外开放过程中，参与区域竞争与合作的过程强调"和而不同"的基本原则，注重世界多元化、协作化发展趋势，这源于中国文化的包容性特征。中国推进"一带一路"战略，致力于"命运共同体"理念下的共赢发展，是一种"合作观"主导下的新型伙伴关系，而非控制理念主导下的等级体系，探寻平等的伙伴关系、平等的互动模式，不干预别国内政的政治原则与主张拓展了合作空间。中国提出"利益—命运—责任"共同体的新型伙伴关系，在尊重民族、文化、历史千差万别的前提基础上，强调区域协同、融合发展。另外，"以柔克刚"的韧性也促使中国企业日渐形成独特的商业模式，使得全球化、国际化过程中，中国应对国际形势变化更富有弹性。

## 三、基于"新比较优势"下的"一带一路"战略升级

"一带一路"战略的提出，具有十分复杂的国内、国际背景，是经济、政治战略复合体。适应我国对外经贸发展新格局需要的比较优势升级，以"一带一路"战略引导我国对外开放战略升级，从而开拓中国对外开放新局面，形成我国在国际经济、政治体系格局中的新定位，这一过程不可能一蹴而就，而是系统化、长期化工程。

### （一）东西双向开放战略融合升级

"一带一路"战略实施中，必须实现由承接产业转移主导的东向战略向承接与向外转移并重的东西双向战略融合升级，这是由相对被动到相对主动的战略升级。产业转移与产业升级过程，可以是产业间，也可能同时发生于同一产业内、产业链上的不同环节之间，是"走出去"与"引进来"战略同步实施过程。但追求目标是一致的，即促进我国企业和产业向国际产业链两端移动。正处于工业化中后期阶段的中国，可以为发展程度更低的发展中国家提供及时的发展经验，并转移一部分优质产能。中国有经济能力、组织能力和雄厚的人力资本为发展中国家解决工业化进程中面临的一些挑战，特别是有两个特点是一般的工业化大国所不具备的：首先，中国与沿线国家在人均收入上存在一定的落差。中国的人均收入已经处于中高等收入

---

① 欧晓理. 从写意到工笔："一带一路"的愿景与践行 [J]. 中国公路, 2016 (1): 102–103.

国家水平，而"一带一路"沿线大多数国家的人均收入水平低于中国，引致劳动力成本落差，对于劳动密集型制造业而言，将会形成产业转移的内在推动力。未来几年中国经济增速仍位于全球前列，与"一带一路"沿线国家的发展差距还有可能进一步拉大；其次，中国已形成相对齐全的产业部门及相对清晰的产业划分。林毅夫、蔡昉等学者基于中国的发展经验，提出向发展中国家转移产业的"飞龙模式"[1]，强调中国产业转移的巨大规模和就业创造效应，而这是其他国家所不具备的。引导国内产业结构优化、增长方式转变，需要多种因素、多种力量共同配合，推进供给侧结构性改革。

另外，"走出去"与"引进来"都存在"西向开放"与"东向开放"的双向战略融合问题。如新加坡目前是大中华地区之外最大的人民币境外离岸中心，两国金融领域的合作日益深化，正在探索第三个政府间合作项目"现代互联互通和现代服务"，希望成为新"丝绸之路经济带"与"21世纪海上丝绸之路"的交点[2]。

(二) 内外联动模式升级

依托优势产业对外投资、生产全球化构建国际化生产网络，重新定位我国在全球生产价值链中的节点位置。逐步改变过去生产本地化而创新外部化的状况，实现创新本地化与生产全球化进程协同，这也是建设创新型国家的内在要求，并将有力推进供给侧结构性改革进程的深化。中国以往经济增长较多受益于发达经济体的外商直接投资（FDI）及已有技术的扩散，随着新型城镇化进程的推进、人口红利的消失，这一发展模式的可持续性面临日益严峻挑战。在产业升级过程中，知识、创新本地化的重要性不言而喻。对于中国来说，要适应国内需求与国际市场的变化，加快创新驱动战略实施，实现创新本地化与生产全球化的协同，舒缓新常态下产业升级与比较优势转变的双重压力，形成开放创新国际合作的新优势。

国内、国际经济形势的变化推动着对外开放模式升级。从国内来看，经济的发展，促进人们收入水平提高，而购买力提升激发了多样化需求，为市场优势提供了新注解：一是快速发展带来的收入提升形成的容量优势，为多样化需求提供了更多市场可能；二是大国经济形成的市场规模优势，多样化需求形成的市场细分动力，加上人口规模、经济规模叠加成不容忽视的市场力量，形成小国经济所无法比拟的、巨大的吸引力，也是不同产业发展的根本动力源。由于区域发展差异的客观存在，目前中国国内形成多层次的市场需求，无论是对于发达经济体还是新兴经济体都提供了巨大市场商机，也为各类企业发展提供广阔的市场空间。

对于快速发展的大国经济来说，外部市场容量相对变化不可能同步于经济增速，按照著名经济学家库兹涅茨的"经济规模与贸易依存度呈逆向关系"的理论，外向

---

[1] 蔡昉. 从国际经验看新常态下中国经济增长源泉 [J]. 比较, 2015 (3).
[2] [美] 希拉里等口述, 胡舒立等编. 新常态改变中国2.0：全球走势与中国机遇 [M]. 北京：中国文史出版社, 2015：244.

型经济发展战略对于大国经济体来说，不可能长期持续。而与此同时，伴随本国经济规模的扩张，国内市场空间快速膨胀。因此，从某种意义上来说，我国现存的"内需不足"问题，不是国内需求量不足，而是对本国产品需求的增长没有实现与收入增长同步。由于需求收入弹性差异的存在，国内对于高质量商品和服务的需求增长迅速，而国内产业供给特征存在非对称现象，从而形成国际关注的国人在国外疯狂购物的现象。而且，根据管理咨询公司麦肯锡的研究，在今后十年，随着社会消费商品和服务需求的增长，将有7 000家公司挤进营业收入超过10亿美元集团，其中70%将来自新兴市场。在这一趋势下，以供给侧结构性改革助推产业升级背景下，企业既面临巨大压力，也面临前所未有的发展机遇。因此，在"一带一路"战略实施背景下来看供给侧结构性改革，包含两大方面内容：一是部分低技能要求、劳动密集型产业向沿线国家"产业转移"过程，这是成本上升条件下形成的"过剩"问题；二是以国内需求特征变动驱动、内向型导向的产业结构升级，与前一阶段对外开放战略的外向型导向下的产业结构调整存在显著差异。

### (三) 开放战略空间升级

前一阶段的对外开放以沿海地区主导，形成东、中、西梯度式开放格局；本轮对外开放的"全方位性"特征，使中、西部战略地位得到显著提升，同时对外开放的战略空间不再是一市一县各自作战，更加强调系统性，注重产业链、创新系统的协同能力竞争，因此，城市群成为新一轮对外开放战略实施中的主导战略空间，成为国家间竞争与合作的主体。各级、各类型城市集群化发展，日益呈现出协同组合优势，成为重塑世界格局的重要力量。随着新型城镇化进程推进，城市群的人口、经济集聚度日益提高，集聚经济效应与溢出效应同时发挥作用，使城市群成为经济与创新中心的空间载体。以长三角、珠三角、京津冀等为代表的一批东部城市群的快速发展，强化合力，提高国际竞争力，成为吸引外资、技术等的空间平台与载体，成为驾驭协同优势的主要空间力量。

在前一阶段"东向"开放过程中，主导空间是东部沿海地区，尤其是具有区位优势的长三角、珠三角、京津冀三大城市集群区域，这也是新形势下全方位对外开放的重要战略空间。"西向"开放过程中，中西部地区成为对外开放的战略前沿空间，而沿海线、新亚欧大陆桥及长江流域沿线集聚了我国主要城市及城市群，沿线城市群的良性互动发展，可以有效协同我国东西部区域发展，同时也能促成"东向"开放与"西向"开放战略的空间对接，形成具有全球影响的发展动力轴。因此，应强调空间战略布局，以城市群作为新形势下中国参与国际竞争的空间载体，而非行政区经济主导，这要求对外开放深化要以对内融合为前提，即破除行政区划刚性束缚，完善各类要素全国统一大市场。

### (四) 多维协同升级

"一带一路"战略应强调经济、环境、社会等多维协同。前一阶段对外开放，在某种程度上以环境为代价，以社会失衡、区域失衡为代价，在新一轮对外开放过程中，这一发展模式面临来自国内、国外的多重约束。因此，"一带一路"战略实施过程中，国内要注重群际、区际平衡及经济与生态、社会协调的多维协同；对外，输出资本、技术、管理的同时，重视当地环境、社会等多系统协同，才能促进战略的有效实施。习近平总书记提出"一带一路"倡议后，多部委联合发布的《推进"一带一路"愿景与行动》是纲领性文件，是实现顶层设计的具体化，核心理念是和平合作、开放包容、互学互鉴、互利共赢。因此，实现该战略与沿线国家发展战略的对接，可以有效减少相关国家的参与顾虑，促成国际共识的达成。从地方政府层面来说，各地区围绕中央"一带一路"战略设计积极展开行动，有效协同各类区域战略与国家开放战略，从基础设施、对外投资等各领域着手推动，实现区域利益与国家利益的协调。"一带一路"战略与京津冀协同发展、长江经济带发展等实现战略协同，将有效拓展经济发展空间。

## 参 考 文 献

[1] 陈耀，汪彬，陈梓."一带一路"战略实现机制[J].中国国情国力，2015（3）：11-13.
[2] 郭熙保，胡汉昌.后发优势新论——兼论中国经济发展的动力[J].武汉大学学报，2004（3）：351-357.
[3] 李稻葵.大国发展战略：探寻中国经济崛起之路[M].北京大学出版社，2007.
[4] 厉以宁，林毅夫，郑永年等.读懂一带一路[M].中信出版社，2015：169.
[5] 林毅夫，蔡昉，李周.比较优势与发展战略：对东亚奇迹的再解释[J].中国社会科学，1999（5）：4-20.
[6] 金立群，林毅夫等著."一带一路"引领中国：国家顶层战略设计与行动布局[M].北京：中国文史出版社，2015.
[7] 欧阳峣."大国综合优势"的提出及研究思路[J].经济学动态，2009（6）：20-22.
[8] 申现杰，肖金成.国际区域经济合作新形势与我国"一带一路"合作战略[J].宏观经济研究，2014（11）：30-38.
[9] [美]希拉里等口述，胡舒立等编.新常态改变中国2.0：全球走势与中国机遇[M].中国文史出版社，2015：244.
[10] 约翰·奈斯比特，多丽丝·奈斯比特.大变革——南环经济带将如何重塑我们的世界[M].张岩等译，吉林出版社，2015：128.
[11] 张燕生."十三五"全面深化新一轮改革开放[J].中国外汇，2015（2）：14-16.

# 东北亚地区"一带一路"战略与和龙边境经济合作

张 杰 余建刚[*]

**摘 要：** 国家"一带一路"愿景与行动，给东北亚区域经济合作提供了新蓝图，着眼国家战略，应积极构建东北亚"一带一路"战略，即"东北东部边境经济带"和"东北亚海上贸易之路"。和龙边境经济合作区与朝鲜咸镜北道隔图们江相望，作为未来东北亚区域经济合作的优势区域，应主动顺应东北亚"一带一路"战略，依托区位优势，推动与主体方在互联互通、产业对接、跨境旅游、政策支撑以及生态保护等领域的合作，进而推进和龙边境经济合作区的发展。

**关键词：** "一带一路"战略 东北东部边境经济带 东北亚海上贸易之路 和龙边境经济合作 区域整合

2015 年 3 月，国家发展改革委、外交部、商务部联合发布了《推动共建丝绸之路经济带和 21 世纪海上丝绸之路的愿景与行动》，其中对东北地区的规划定位是发挥内蒙古联通俄蒙的区位优势，完善黑龙江对俄铁路通道和区域铁路网，以及黑龙江、吉林、辽宁与俄远东地区陆海联运合作，推进构建北京—莫斯科欧亚高速运输走廊，建设向北开放的重要窗口[①]。事实上，东三省在抢抓国家"一带一路"发展机遇上已有各自的构想与行动，反观当前，图们江区域经济在各主体方的合力推动下已取得突破性的合作进展，和龙边境经济合作区的获批将有效补充图们江区域的经济合作，而由于区域内多重要素掣肘的叠加使得图们江区域持续经济合作的实现依然困难。着眼未来，在国家"一带一路"全面实施与沿边开发开放态势扩大的背景下，如何有效整合我国东北东部边境区域资源，变各省单一行动为协同联动，不仅关乎东北沿边地区的经济合作与开放发展，而且关乎东北亚次区域经济合作与东北振兴的实施。故而，和龙边境经济合作区应主动顺应国家战略导向，积极探索"一带一路"的东北亚延伸，使之与图们江区域合作和东北振兴战略实现有机融合，并成为拉动"长吉图先导区"开发开放与推动东北亚区域合作暨大图们江区域经济合作的新动力。

---

[*] 张杰（1969 - ），男，经济学博士、教授，延边大学研究生院副院长，研究方向：东北亚区域经济；余建刚，延边大学经济管理学院硕士研究生。

[①] 参见《推动共建丝绸之路经济带和 21 世纪海上丝绸之路的愿景与行动》第六章"中国各地方开放态势"。

## 一、东北亚地区"一带一路"战略的含义

共建"一带一路"愿景与行动文件的发布宣告了"一带一路"已进入全面实施阶段，国家"一带一路"战略版图涵盖65个国家、超过44亿的人口、超过20万亿美元的经济总量[①]。其中，"一带"（丝绸之路经济带）有三个重点畅通走向，一是中国经中亚、俄罗斯到达欧洲；二是中国经中亚、西亚至波斯湾、地中海；三是中国到东南亚、南亚、印度洋。"一路"（21世纪海上丝绸之路）有两条重点方向，一是从中国沿海港口过南海到印度洋，延伸至欧洲；二是从中国沿海港口过南海到南太平洋[②]。

为积极探索国家"一带一路"战略的北线延伸，进一步推进国家"一带一路"战略的均衡实施，凸显国家"一带一路"战略的东北亚区域元素，笔者提出构建东北亚地区"一带一路"战略的设想。东北亚地区"一带一路"战略包括两部分内容，"一带"是指"东北东部边境经济带"，该区域是指南起辽宁大连、北至黑龙江鹤岗的201国道以东，东至东北东部中朝、中俄边境线的区域，该区域涵盖大连、本溪、丹东、通化、白山、长白山管委会、延边州、牡丹江、鸡西、七台河、双鸭山、佳木斯、鹤岗等十三个地区。据统计，此区域的人口、地区生产总值、进出口总额、实际利用外资在东北三省的占比达19.3%、26.9%、47.3%、34.7%[③]。多年来，黑、吉、辽三省一直与毗邻的俄罗斯和朝鲜边境地区进行着多种形式的经贸合作，各省也形成了各自的区域经济开发规划，并取得了积极的成效。而关于如何将东北东部资源进行区域整合，化分兵作战为整体联动依然是一个很现实的命题，基于对这一现实问题破解的思考正是构建"东北东部边境经济带"的初衷所在；"一路"是指"东北亚海上贸易之路"，主要指中国的客货从珲春启程，通过铁路、公路运输，借助俄朝在日本海图们江入海口附近的港口，通过海洋运输送达韩国、日本和中国东南沿海地区。具体包括中国珲春—俄罗斯扎鲁比诺—韩国釜山的铁路海运航线（铁海联运）、中国珲春—朝鲜罗津—中国上海的陆路海运航线（陆海联运）、中国珲春—俄罗斯扎鲁比诺—韩国束草（日本秋田、新潟）等航线。

## 二、东北亚地区"一带一路"战略的构想与行动

1. 东北亚地区"一带一路"的战略构想。

现阶段，中俄合作已然进入蜜月期，合作机制日渐成熟稳定，双方共建扎鲁比

---

① 数据来源：中国一带一路起航，为何重磅出击这五个国，2015年5月10日，中国经济网，http://stock.sohu.com/20150510/n412753571.shtml。
② 参见《推动共建丝绸之路经济带和21世纪海上丝绸之路的愿景与行动》第三章框架思路。
③ 数据来源：根据各地区统计年鉴数据计算所得。

诺港等一批重大项目取得突破性进展。中朝合作虽波折不断，而两国的国际战略取向决定了双方必然还会重修于好。国家"一带一路"战略的实施和《亚洲基础设施投资银行协定》的正式签署，不仅对推动亚洲地区基础设施建设和互联互通以及深化区域合作产生了积极影响，而且对破解发展难题、实现共同发展与促进东北振兴带来了新机遇。在这种态势下，更要积极打造东北亚地区"一带一路"战略，实施对东北东部区域资源的整体布局和协同开发，使"东北东部边境经济带"成为国家"丝绸之路经济带"在东北亚地区的"延伸带"，即从陆路延伸到朝鲜和俄罗斯远东地区。与此同时，还要积极用好用活"东北亚海上贸易之路"，将东北东部地区的资源通过陆海联运、借港出海，连接到日本海的韩国、日本和我国东南沿海的诸多港口，也就实现了与国家"21世纪海上丝绸之路"的衔接，从而融入到国家"一带一路"战略中。

在东北亚地区"一带一路"战略中，"一路"的构想与实施路径比较清晰，我们将目光聚焦到"一带"的整体规划与协调布局问题上。笔者认为应重点抓好"五个三"的规划、衔接和建设工作。"五个三"即"三纵、三横、三道、三江、三区"。"三纵"为201国道以东三个相对联系紧密的纵向经济轴带，即大连—丹东—通化、通化—白山—延边、延边—牡丹江—鸡西—佳木斯—鹤岗经济带；"三横"是三个横向经济轴带，即沈阳—本溪—丹东、长春—吉林—延边（长吉图先导区）、哈尔滨—牡丹江—绥芬河横向经济带，三个纵向经济轴带均属于201国道以东边境经济带区域，三个横向经济轴带则分别与三个纵向经济轴带垂直相交，起着对边境地区支撑和对内地辐射的双向作用；"三道"即鹤岗至大连201国道、在建的G11高速公路和南起丹东、北至绥芬河的东边道铁路，这是连接"东北东部边境经济带"最主要的交通干线，这三条交通干线的辐射和带动功能非常突出；"三江"即鸭绿江、图们江和黑龙江及其支流流域，在三江流域中，中俄朝三国建有诸多的口岸，它们已成为承接中俄朝经贸往来的重要桥梁；"三区"即鸭绿江中朝跨境经济合作区（中国丹东—东港市—朝鲜新义州）、图们江中俄朝跨境经济合作区（中国珲春—俄罗斯哈桑—朝鲜罗先区）、绥芬河中俄跨境经济合作区（东宁—绥芬河—波格拉尼奇内贸易综合体），这些区域已经成为东北东部边境经济带的重要增长区域。

2. 东北亚地区"一带一路"战略的实施建议。

长期以来，东三省在区域开发规划中已有各自的规划实施路径，像辽宁省的沿海经济带、吉林省的长吉图先导区以及黑龙江省的沿边开放带与哈大齐工业走廊，这些卓有成效的规划与实施使得东北开发开放的区域布局凸显均衡。那么在当前国家"一带一路"战略背景下，探究如何通过构建东北亚"一带一路"战略，有效实施东北东部边境区域协整开发开放，进而形成纵横支撑、区域联动、共同发展的多赢局面就显得尤为重要。而吉林省在东北亚"一带一路"战略中的地位最为突出，在"东北东部边境经济带"和"东北亚海上贸易之路"建设中的角色扮演引人注目，吉林省既要与辽黑两省密切合作，又应积极借助国家多重战略的叠加效应，奋力推进东北亚"一带一路"的实施，为东北振兴战略的实现增砖添瓦，本文提出五点行动建议。

第一，制定统一的开发规划与协商机制，为辟建东北亚"一带一路"提供顶层设计与管理平台。发挥与完善东北东部12市（州）确定的"12＋2"区域合作圆桌会议机制和东北地区四省区行政首长协商机制，以建立非排他与无歧视的共同市场为目标，建立区域内的协同互动发展体系，强化区域内的交流与合作，整合区域内的要素资源，不断减少区域合作壁垒，设立经常化的区域开发跟踪机制，力争形成一个规划布局统筹兼备、要素资源对接顺畅、横纵支撑辐射带动、区域内部协同发展的经济增长带；要强化与日本海沿岸重要港口城市的对话沟通，围绕通道衔接、增开航线、航运服务等问题进行磋商，积极营建环日本海港口腹地的商贸物流体系。

第二，实施中心城市极点凸起策略，优化区域内部的经济空间结构。由于边境地区的资源环境制约，完整经济增长轴带的空间形态难以立竿见影，所以当前行动应立足于极化区域中心城市，合理构建城镇体系的空间格局，引导城市组团发展，重点推进以佳木斯、牡丹江、延吉、通化以及丹东为核心的城市组团群，形成中心城市极点凸起的据点状经济增长板块。同时，通过加强区域基础设施的建设与对接将这些增长板块串联起来，合作实施高速公路、铁路、港口和临港产业园区建设，强化对朝对俄陆、港、区等基础设施的建设和改造升级，促进交通、物流的快速化、区域化与网络化，促进不同增长板块之间的经贸联系。

第三，促进产业协调集聚，引导区域产业合理布局。当前东北东部边境制造业产业主要集聚在中心城市，产业聚而不精且升级困难，区际产业关联的程度与效能低，前沿与腹地的连接链存在断层。这就要实施产业的集聚整合，推动区域内部关联产业相互衔接，拉长产业链条，破解产业集聚发展的瓶颈制约，构建协调集聚的产业增长带，且注重内生发展的驱动塑造，布局合理的产业梯度层次，推动产业跨区域发展，实现要素资源的有效配置，使其在集聚与扩散中助推产业结构的调整，还要培育区域主导产业与强化优势产业，构建产业集聚的战略支点，给产业集聚创造技术创新、融资便捷、仓储物流、网络智能、平台交流、人才互动等公共服务体系，最终实现对区域基础设施、城镇交通、产业发展、资源环境等的高效整合与合理布局。

第四，明确功能定位与分工协作，促进区域产业协同发展。本文研究涉及的13个地区资源型城市居多，城市化水平差异显著，城市功能划分层级明显（主要分为能源、旅游、冶金、口岸、化学、交通、森林等类型），由于优势产业集中在传统的资源密集型产业上，产业雷同现象突出，导致区域间的协作乏力与恶性竞争。这就要根据区域情况与发展需求明确区域主体功能，加强区域产业合作与协同发展，建设矿产品与农产品、林木产品、高附加值综合产品等各具优势的加工基地；重点以出口加工、物流业、生产型服务业和旅游业为合作先导，借助"三道"交通网络构建东北振兴的一条物流集散地；利用东北东部边境区域的桥头堡区位优势，开展对俄对朝经贸合作，用好"东北亚海上贸易之路"，打造东北亚的贸易门户。

第五，坚持包容性发展模式，贯彻创新、协调、绿色、开放、共享发展理念。积极探索破解区域经济基础薄弱、产业技术落后、区域封锁与市场割据困境的路径，协调处理开发与保护、前沿与腹地、城市与乡村、一体化与差异化等之间的关系，积极发展区域县域经济，注重产城融合、转变要素投入、培育增长动力、改善区域民生，补齐发展短板，推动区域生态与经济实现良性互动。夯实"三区"（中朝、中俄、中俄朝跨境经济合作区）合作基础，推进临港产业与口岸产业的合作，发展临海经济、口岸经济、出口加工与边境贸易，实现区域内基础设施共建、能源通道共享、产业合作共赢的局面。

## 三、东北亚地区"一带一路"战略下和龙边境经济合作的推进

### （一）国内外边境经济合作的模式总结

边境经济合作往往伴随次区域经济合作，而边境经济合作的一个重要课题就是边境城市的跨国整合问题。边境城市跨国整合目前在世界上主要与次区域合作的形式相伴而生，根据整合要素及其功能的不同，我们可以将边境城市跨国整合的模式总结为三种，即贸易口岸模式、要素—产业互补模式和一体化综合发展模式[①]。

1. 贸易口岸模式。

边境城市所在的边界两侧政治、经济并不一致，存在明确的关税及进出口限制。地缘区域一般缺少发展，但双边贸易仍在有利的地理点上，如在贯通两国的交通线上进行，形成点状的发展区。边境城市本身都没有强大的面向外界市场的生产加工功能，主要以口岸的形式存在，靠地方政府间的协调，沟通双方边界以外地区的经济，起到联系国家边境地区交通贸易走廊的作用。这一模式的典型代表就是目前中俄、中缅、中越边界上的边境城市。

2. 要素—产业互补模式。

边境城市所在的地缘区域，一侧的经济发展可能明显落后于另一侧，但两侧资源互补，有经济合作条件，两侧的政治制度亦不一致，存在人员与货物进出的一些限制，特别是非关税性的限制，如进出口配额、国际技术散播协议的限制等；边境城市之间主要依靠政府的协调和市场机制的作用，以互补的生产要素和产业的垂直

---

① 宋飑，王士君. 地缘城市跨国整合发展研究 [J]. 地域研究与开发，2006 (1).

水平分工来进行合作。这样的边境城市不但承担国家间贸易流通的功能，而且主要以生产为目的进行整合，主要以自由贸易区或出口加工区的形式存在。这一模式的典型代表是美墨边境区的十二对双子城、深港经济合作、东亚的新—柔—寥增长三角。

3. 一体化综合发展模式。

边界两侧政治经济相近似，因而双边政府在关税及边检上限制很少，伙伴国家的经济政策、市场规则、宏观经济和货币政策以及收入分配政策等统一化。合作机构和组织健全，有良好的制度安排和指导框架。基础设施优良，沟通方便，货物、人员、资金可自由过境流动。合作领域广泛，在经济、政治、社会、文化、环境等各个领域均有良好互动。各城市之间同样存在生产要素的互补和产业的分工，大型跨国公司与中小企业并存，资源共享，利益最大，一体化综合发展模式是边境城市跨国整合的最高级别。这一模式的典型代表是欧洲莱茵边境区诸多城市的跨界整合。

**（二）推进和龙边境经济合作区发展的策略思考**

1. 推进和龙边境经济合作区发展的模式选择。

（1）经济模式：要素—产业互补模式。现阶段和龙边境经济合作区还处于整合的初始状态，区域联系主要以旅游、贸易的形式存在，而且贸易的往来还经历了一段曲折反复的发展历程。中、朝两国地方性合作还没有完全达成共识，国界的政策影响和口岸的运行机制仍然在很大程度上阻碍着和龙边合区整合的顺利进行。结合中、朝两国的政治背景，针对当前边合区整合的现实状况和市场需求，确定和龙边合区跨国整合的模式为"要素—产业互补模式"。

具体实施时，要在保证贸易往来顺利进行和口岸功能进一步强化的基础上，进行制度安排和节点选择，加强和龙与咸镜北道的产业融合，扩大边境经济合作区的范围，在边境经济合作区内，充分利用两国的要素互补优势，利用两国的资源优势吸引投资，面向东北亚市场进行产业选择，以要素—产业互补发展工业，带动边合区整合向更高级别迈进。

（2）空间模式：点线域融合—区域带动模式。根据各个城市的空间组合和作用状态，边境城市具有其整合的空间模式。对和龙而言，通过辟建"点—线—域"的形式融合两国的节点要素，并带动本地和其腹地经济的发展，这里的点指和龙—清津港—茂峰旅游特区；线指珲春—图们—延吉—龙井—和龙—南坪—茂山—清津港；域指中国延边州、朝鲜咸镜北道乃至更广阔的腹地，"点线域融合—区域带动"是和龙与朝鲜方面整合发展的空间模式。

2. 推进和龙边境经济合作区发展的对策建议。

（1）构建互联互通的区域网络。

第一，以口岸城市为中心极点，发展边境城市群，提升边境经济实力。多年来，吉林省以珲春为中心，相继开辟了多条陆海跨国通道，但运行效果并不理想，有时处于"通而不畅"的状态，和龙边境经济合作区的获批将成为东北亚区域合作暨长吉图先导区建设的有效补充。先行边境经济合作取得成功的一个重要启示就是在边境地区出现了具有一定规模的城市群，成为边境地区经济增长的重要一极。笔者认为和龙应充分发挥区位和资源优势，着力建设我国"东北亚海上贸易之路"中的战略支撑城市，这样就与笔者先前提出的将图们和珲春建设成为我国"东北亚海上贸易之路"中的两个战略支点城市形成遥相呼应、互为依托、整体推进之势，进而促使和龙、图们与珲春迈向优势互补、统筹布局、错位发展的区域开发开放大格局。如果和龙、图们与珲春能够共同开发为我国"东北亚海上贸易之路"的战略支撑与战略支点城市，并且在逐步完善基础设施建设的过程中将口岸小城市与腹地大中城市连成网络，促进和龙—龙井—延吉—图们—珲春等带状边境城市小群的集聚形成，这对于我国在与俄罗斯和朝鲜的港口博弈合作中获得国家整体利益，推动东北亚区域合作暨长吉图先导区建设将大有裨益。

第二，加快与朝合作开发、综合利用清津港的进程，积极打造东北东部国际陆海联运、内贸货物跨境运输的陆海新通道。和龙边境经济合作区距离朝鲜清津港84公里，通过清津港可达日本新潟，韩国束草、釜山，俄罗斯波谢特、扎鲁比诺、中国长三角等地。目前，在对清津港的综合利用上，图们市已经做了大量的工作，自2006年以来，图们市与清津铁路局、清津港和清津港代理会社签署了综合利用清津港的多个协议，推进利用清津港开展陆海联运和内贸货物跨境运输的工作正在有序进行，延边海华贸易有限公司先期投入6 000多万元，完成了3.6万平方米的码头土石方回填和地面硬化、195辆铁路专用车皮的过境、港口吊车轨道及电缆铺设，待吊装设备安装后，3~4号码头即可投入使用，可以说，清津港经营主体、运输工具、航线、通关、运费等环节都已理顺。

鉴于此，和龙市应与图们市协同互动综合利用清津港，和龙市当前需要解决的主要问题是大力推进支撑和龙边境经济合作区发展的对外通道建设，重点支持将朝鲜清津港纳入实施东北亚地区"一带一路"向东开放的重要门户和我国进入日本海的重要通道，推进建设和龙至南坪高速公路、南坪至朝鲜清津港高速公路，南坪至芦果至朝鲜茂山铁路（约12公里），茂山至清津铁路提升改造等重大基础设施项目，全力推进金达莱通用机场、完成延蒲高速（和龙段）、国边防公路升级改造等公路项目，支持开通南坪（芦果）铁路通道和古城里广坪通道，不断完善南坪和古城里两个国家级口岸基础设施，争取芦果公铁一类口岸项目实施，完成广坪通道项目建设，形成航空、陆路、海运贯通的立体化、全方位开放格局，这些都是实现吉林省"借港出海"，将和龙建设成"东北亚海上贸易之路"战略支撑城市，进而融入东北亚地区"一带一路"战略的重要保障。

（2）加强跨境特色产业合作。朝鲜有相当数量的矿产、能源等资源，但受制于科技基础及工业生产技术水平，其特色资源、原料开发不足，生产过程效率低下，和龙边境经济合作区可以抓好这一契机，借助我国企业较强的自主研发创新能力和较先进的工业科技水平，选择朝鲜具有地域特色的资源要素进行开发，加大能源、非金属和金属矿产资源的合作，扩大中朝双方在勘探、开发和利用三个领域的矿业合作。根据中、朝两国的实际经济条件，重点扶持以进口矿产、木材、海产品等资源加工为主的企业，提高企业产品附加值，延长产业链条，有效拓宽特色产品，形成一条龙的跨境特色产业合作体系，对重点发展物流仓储、物流加工、转口贸易和出口加工的企业给予倾斜政策，提供更多货物储备，为建设互市贸易交易市场奠定基础，进而促进边境贸易蓬勃发展。

（3）推进跨境旅游合作与开发。根据目前的发展态势来看，要在短期内实现对朝贸易突破性进展还存在许多制约性因素，而发展跨境旅游，打造跨境旅游基地就成为短期边境经济合作带动的有效选择。首先需要做好中朝两国的旅游规划工作，梳理区域内的旅游资源，对游客市场和旅游产品进行全面调查，制定合乎两国利益的操作性强的边境旅游产业规划方案；其次要突出特色，推出多种类型的旅游产品，满足游客需求，做好与茂峰国际旅游特区的对接，形成民俗、边境游、跨境游的旅游中转服务地，打造特色旅游品牌，建设具有特色的边境经济合作区；最后要通过旅游企业签署旅游合作协议，进而加强中朝双边旅游景点的合作，共同开发国内、国际旅游客源市场，以提升旅游产品的市场竞争力，整合开发旅游资源和产品，建立统一的旅游市场宣传，并研究制定朝鲜茂峰国际旅游特区通关出入办法。

（4）争取"助边政策"的扶持力度。由于和龙边境经济合作区刚获批复不久，在征地与基础设施建设、招商、引进劳动力等方面任务很重，建设资金缺口很大，操作性强、含金量高的政策缺乏。建议借鉴已建边境经济合作区的边贸扶持政策，站在东北亚区域合作、吉林省"借港出海"的高度，梳理有关相应政策目录，争取得到国家、省、州的扶持政策，制定出台扶持重点企业和项目的一系列优惠政策、考虑设立边境贸易发展专项基金与具体鼓励措施，搭建投融资平台，为项目立项、贸易加工、产业合作、区域整合提供支撑。

（5）强化生态保护，合理利用资源环境。由于和龙边境经济合作区与朝鲜茂山铁矿距离甚近，朝鲜的开发保护能力低下，使得附近区域的环境存在巨大污染隐患，加之图们江次区域开发的环境脆弱性，更要注重边境经济合作区域开发的生态外溢效益，防止工业生产污染和减少工业生产废弃物的排放，做好污染物排放的处理工作，实现废物减量化、生产无害化，不能以破坏生态系统来换取合作增长，应加强生态环境保护的国际合作，建立中朝生态环境保护合作机制，设立跨界生态环境重大事项通报协商制度，建立多渠道、宽领域的环境保护体系，提升区域合作发展的载体功能，坚持发展经济和保护环境的有机结合。

## 参 考 文 献

[1] 李铁. 依托图们江新机制推动长吉图战略实施 [J]. 图们江合作, 2014 (5).

[2] 金向东. 东北亚区域合作与图们江地区开发展望 [J]. 南洋问题研究, 2009 (2).

[3] 王肇钧. 图们江地区地缘经济一体化的重点领域与制约因素探析 [J]. 世界地理研究, 2009 (3).

[4] 张杰. 构建东北东部边境经济带的思考 [J]. 图们江合作, 2014 (5).

[5] 徐小梅. 图们江次区域经济合作现状、问题及对策研究 [D]. 西南财经大学, 2013.

[6] 李新. 中蒙俄经济走廊是"一带一路"战略构想的重要组成部分 [J]. 西伯利亚研究, 2015 (3).

[7] 张旭华. 跨境经济合作区的构建与中国的跨边境合作策略探析 [J]. 亚太经济, 2011 (4).

# 房屋购买力、产品差异化与城镇化
## ——以江苏沿海地区为例

黄利秀[*]

**摘　要**：新经济地理学理论为我们理解城市形成过程中空间作用力及其运行机制提供了严谨的微观层面的理论揭示。我们以江苏沿海地区为例，结合新经济地理学相关理论和我国经济相对落后地区的区情，提出了加快经济相对落后地区城镇化进程的几点建议。

**关键词**：城镇化　房屋购买力　新经济地理学

## 一、引　言

城镇化进程是一个复杂的动态过程，是多种因素空间互动的结果。工业化是城镇化进程的最根本动力源。但是，在我国新一轮的城镇化进程中，却出现了将城镇化等于房地产化的不合理倾向。很多房地产商将希望寄托在新一轮的城镇化上，一些地方政府将城镇化的重点放在城镇建设的规划上，而不是放在人口城镇化的规划上。而城镇化进程中的重心应该是人口城镇化。人口城镇化程度受到房屋购买力、就业机会、户籍制度、城市福利制度、空间成本等多方面因素的影响。当然这一进程伴随着工业化的推动。从新经济地理学角度看，城镇化过程也就是经济活动或人口空间集聚的过程。

在新经济地理学的众多研究中，更多的模型是研究了可贸易商品即制造业产品部门的集聚和扩散。即新经济地理学的理论研究很大一部分集中在对可贸易品（制造业产品）在不同地区贸易影响经济活动区位的主题上。也有一部分研究从新经济地理学视角沿着非贸易品与集聚的关系这一脉络进行研究。非贸易品是指在特定区位生产但却不能被运送到另一地区出售的物品或服务。如特定地区的房屋、教育、行政资源等。Behren（2004）[①] 拓展了 OTT 模型，构建了一个没有区域之间贸易的模型，研究了非贸易品对经济活动空间集聚的影响。Behren（2005）[②] 构建了一个既

---

[*] 黄利秀（1972 - ），女，江苏盐城人，经济学博士、教授，盐城师范学院，研究方向：空间经济学。

[①] Behrens, K. Agglomeration without trade: how *non-traded* goods shape the space-economy. Journal of Urban Economics, 2004, 55: 68 – 92.

[②] Behrens, K. Market size and industry location: Traded vs non-traded goods. Journal of Urban Economics, 2005, 58: 24 – 44.

包括可贸易品部门也包括不可贸易品部门的模型，研究了这两种部门的存在对经济活动区位的影响。Behren 研究了非贸易品对经济活动的空间结构的影响，并未对非贸易品部门进行细化。而从现实看，房屋应该是非贸易品中最重要的独特的商品。有一些学者在新经济地理学模型中加进了房屋部门以研究该部门与可贸易品部门的并存及其相互作用是如何影响经济活动空间结构。如，Pfluger 和 Sudekum（2008）[1]、Helpman（1998）[2] 的研究。Helpman（1998）在新经济地理模型中以房屋部门取代了农业部门，重点研究了城市人口规模或经济活动集聚程度与住房支出水平、差异化产品间替代弹性之间、空间成本之间的关系。Hanson（2005）[3] 对以上结论进行了实证检验。在诸多新经济地理模型中，Helpman（1998）构建的理论模型与研究房价与城镇化即城市化问题最相关。但是，Helpman（1998）模型中严格的假设条件使得该模型并不完全适合研究房屋购买力问题。Andrew（2012）[4]在 Helpman（1998）模型基础上放松了模型中的两个假设，并借助 Stone Geary 效用函数构建了新经济地理学模型来研究房屋购买力、差异化产品、经济集聚规模之间的互动机制和空间均衡。放松的两个条件：一是允许房屋建造部门的存在，随着人口的增加，房屋供给也随之有弹性的增加；二是劳动力对房屋需求有着不同的价格和收入弹性。Helpman 和 Andrew 的研究鲜明的刻画出了房价（或房屋购买力）、差异化产品替代弹性、贸易成本之间的互动和权衡而导致的空间均衡结果。但是，他们的研究对劳动力的异质性并未作出区分，也没有考虑劳动力的迁移成本等因素。Tabuchi、Thisse 和 Xiwei Zhu（2014）[5] 则在新经济地理学框架中研究了技术进步（或创新）、技能劳动力和非技能劳动力的流动、迁移成本之间的互动对经济活动空间分布的影响。他们的研究增加了解释空间经济形成的集聚力和分散力的菜单。而且更符合我们中国的国情。因此，我们将结合以上诸多学者的研究，在新经济地理学框架中结合中国国情对影响城镇化进程的空间作用力及其机制进行解释和综合，并以此为理论依据提出加快江苏沿海地区城镇化进程的几点建议。

---

[1] Pflüger, M, Südekum, J. Integration, agglomeration and welfare. Journal of Urban Economics . 2008, 63 544 –566.

[2] Helpman, E. The Size of Regions. In Topics in Public Economics: Theoretical and Applied Analysis ( ed. D. Pines, E. Sadka and Y. Zilcha) . Cambridge University Press, 1998: 33 –54.

[3] Hanson, G. Market potential, increasing returns, and geographic concentration. Journal of International Economics, 2005, 67 (1), 1 –24.

[4] Andrew, M. Regional market size and the housing market: insights from a new economic geography model. Journal of Property Research, 2012, 29: 4, 298 –323.

[5] Takatoshi Tabuchi, Jacques-François Thissezand Xiwei Zhu. Technological Progress and Economic Geography. Discussion Papers. 2014.

## 二、影响城镇化进程的空间作用力及其运行机制

新经济地理学揭示出了一直被作为黑箱来处理的经济活动空间集聚微观机制。经济活动的空间集聚或扩散是因为区域之间非均衡力的存在。这种非均衡力是由区域间聚集力与分散力之间的强弱对比推动的。在集聚力和分散力的博弈过程中，循环累积因果链的形成与发展是关键的运行机制。从新经济地理学视角看，城镇化进程就是经济活动空间集聚或扩散的过程。城镇化进程也就是由各种因素推动的集聚力和分散力之间的博弈。因此，我们以 Andrew（2012）的模型为基础分析影响城镇化进程的空间作用力及其运行机制。

**（一）模型的基本假设**

Andrew（2012）的模型假设有两地区（南部地区和北部地区），两部门和一个生产要素。两部门是指差异化产品生产部门（或制造业部门）和房地产部门。两部门的生产投入唯一的生产要素——劳动力。劳动力可以在两地区之间无成本迁移。差异化产品在区际间贸易遵循冰山贸易成本。差异化产品部门以规模收益递增和垄断竞争为特征，生产差异化产品间的替代弹性为 $\sigma$。房屋建造部门是以规模收益不变和完全竞争为特征。Andrew（2012）的模型由于放松了 Helpman（1998）模型中的两个限制条件，进而可以研究房屋购买力与经济活动的空间均衡问题。Andrew 模型中房屋建造部门的存在可以随着一地区人口规模的扩大而有弹性的增加房屋供给。而且该部门的存在和扩张还可以增加所在地区的劳动者的收入。消费者在差异化产品和房屋上的支出分别 $y$ 和 $1-y$。Andrew 通过对空间稳定条件 $\sigma(1-y)$ 在不同取值范围内，研究了贸易成本、房屋成本、差异化产品间的替代弹性、名义工资之间的互动对经济活动空间分布及均衡的影响。并且该研究比较了一地区随着人口规模的扩大，房屋供给无弹性、有弹性和完全弹性的状态下的空间均衡结果。Andrew（2012）的研究揭示出的空间经济运行机制与 Helpman（1998）的相类似，而且允许房屋供给的有弹性增加更加符合现实情况。但是，我们也知道现实城市化进程中涉及的因素比模型中假设的多很多。从我国的现实看，农业部门的存在、劳动力的异质性（技能和非技能）、劳动力迁移成本的存在、土地财政对住房成本的推动等都是影响城镇化进程的重要因素。因此我们将在 Andrew（2012）研究基础上加入这些要素来综合分析影响城镇化进程的空间作用力及其运行机理。

**（二）影响城镇化进程的空间作用力及其运行机制**

经济活动的空间分布状态是由集聚力和分散力之间的此消彼长所决定的。在 Andrew 和 Helpman 的研究中，除了本地市场效应、价格指数效应以外，产品的差异化程度是他们重点强调的城镇化集聚的重要来源，而住房成本（或房价）则是分散力的主要来源，当然分散力也包括通常所说的市场拥挤效应。劳动力在两个地区之间

的流动取决于产品差异化程度、住房成本、名义工资、贸易成本之间的权衡。Andrew（2012）在贸易成本处于三种状态的假设下揭示出了以上几种因素互动的空间均衡结果。

首先，没有贸易成本的情况。在这种情境中，无论空间稳定条件 $\sigma(1-y)$ 是大于1还是等于或小于1，流动的劳动力迁移的空间均衡结果都是稳定的对称均衡。区域经济增长和房屋购买力都将趋于收敛。$\sigma(1-y)$ 大于1是指差异化产品的替代弹性大以及劳动者对房屋的消费支出也大。$\sigma(1-y)$ 小于1是指，差异化产品的替代弹性小以及劳动者对房屋的消费支出也小。差异化产品之间替代弹性的高、低也可以指劳动力对差异化产品的偏好程度的高、低，而劳动者对住房的消费支出也可以指劳动力对城市高房价的承受能力或者购买力。当可贸易产品在区际间贸易无成本，那么劳动者（消费者或生产者）无论在哪个地区都可以相同价格消费到差异化产品。因此，无论房屋在两地区是对称分布还是非对称分布，劳动者都将与房屋分布情况对应按比例分布。

其次，贸易成本处于中等情况。在空间稳定条件 $\sigma(1-y)$ 小于1的情况下即在住房消费和差异化产品消费之间，消费者更加偏好差异化产品。在 Andrew（2012）的框架中，如果房屋供给完全有弹性，那么绝大部分人口和经济活动将集聚在一个区域（或城市）。经济活动集聚区既能为劳动力提供更多差异化产品和更高的工资，也能为生产者提供大市场。房屋建造部门的存在以及由于房屋的完全有弹性的供给，既增加了该集聚区的收入水平，又减轻了房价上涨的压力，提高了居民的房屋购买力。因此差异化产品的集聚力很强，而由于房屋供给完全有弹性导致与房屋成本相关的分散力相对很弱。从长期来看，房屋有弹性的供给将导致区域分异。相比较而言，在房屋数量的固定以及无弹性（或较小弹性供给）供给的情况下，经济活动和劳动力的分布将表现为多重均衡。一种均衡是两地区对称分布，另一种均衡是非对称分布即绝大多数的人口集聚在一个地区（或城市）。非对称分布情况的出现，是因为居住在更大区域的消费者房屋消费或者房屋购买力的下降由更多的差异化产品的消费所带来的效用所补偿。消费者偏好更多差异化产品的集聚力超过了更高的住房成本导致的分散力。多重均衡的存在表明某一区域的初始条件或历史在决定均衡方向上将发挥很大的作用。在以上所有均衡中，由于贸易成本的存在，进一步增强了集聚力和分散力的循环累积因果关系。在空间稳定条件 $\sigma(1-y)$ 大于1的情况下即在住房消费和差异化产品消费之间，消费者更加注重房屋消费水平。对称均衡将是唯一的均衡。

最后，贸易成本很高的情况。在 $\sigma(1-y)$ 小于1的情况下，集聚力大于分散力，无论房屋供给有弹性还是无弹性，非对称均衡将是唯一的稳定均衡；而在 $\sigma(1-y)$ 大于1的情况下，分散力大于集聚力，对称均衡将是稳定的均衡，只是在房屋供给完全有弹性的情况下，可流动人口均衡分布的趋势要平缓得多。

在 Andrew（2012）研究的基本思路中，贸易成本处于中等的情况可能更加适合现实情况的分析。如果结合我们中国的国情，我们会发现可流动的劳动力在迁移的过程中存在着不同程度的迁移成本，这种迁移成本包括直接的金钱成本和非金钱成本等（如语言、文化、气候、宗教信仰等方面的差异）。而且可迁移的劳动力具有异质性，包括高技能的劳动力和低技能的劳动力（如农民工）。不同技能的劳动力在迁移与否的权衡中决定往往是不一样的。迁移成本的存在是影响城市化进程的重要因素。而且从空间作用力层面看，迁移成本是属于分散力。因此，结合理论研究和现实情况，我们将城市化进程的运行机制总结如下。

一般而言，高技能的劳动力（高层次人才）往往倾向于选择规模较大大的城市，他们迁移到大城市的收益将远远超过迁移成本。因为在规模较大的城市中，一方面差异化产品多（包括差异化的教育、行政等资源）；另一方面他们的生产效率更高，收入也更高，他们能够更好地实现自己的价值。随着城市集聚的高技能劳动力增多，该城市的生产效率将不断提高，技术创新能力也不断增强，进而差异化产品也进一步增多。如此不断循环累积，城市规模将不断扩大。贸易成本的存在增强了这种循环累积效应。但是同时随着人口的增加，城市拥挤、污染等分散力的作用将进一步显现。规模较大的城市房价也会不断攀升。并且由于我国特有的土地财政使得住房成本虚高不下。虽然房屋供给也在增加，但是人们的房屋购买力仍然在降低。因此住房成本的攀升成为了很重要的扩散力。此时城市中的高技能劳动力将对这种集聚因素和分散因素进行权衡，如果收益超过损失，他们会选择留下，反之他们有可能就扩散到其他的规模较小的城镇或者区域。低技能劳动力虽然也迁移到规模较大的城市或经济繁荣区工作，但是由于高房价的存在，他们的收益远远不能补偿这种高成本，因此低技能劳动力（或者较低层次的人才）更倾向于选择规模较小的城市（如二、三线城市），或者大量的低技能劳动力（如农民工）在大城市买不起房，进而无法在该城市真正落户，因而只能沦为城市的边缘人群，并带来很多的社会问题。而且我国大规模的农业部门和农业人口的存在，使得城市集聚的进程也多了一种分散力。总之，城市规模、城市体系、城市化进程就在这多种因素和多种空间作用力的权衡和博弈中演进。

对于经济相对落后地区而言，在城市化进程中除了要面对来自于更高层次的城市的挤压（比如高层次人才的流失），还要面对本区域内部创新能力不足的瓶颈。在以上理论分析的基础上，我们以江苏沿海地区的城镇化为例探寻经济落后地区城市化（或城镇化）进程的基本路径。

## 三、江苏沿海地区城镇化现状及加快
## 城镇化进程的几点建议

**（一）江苏沿海地区城镇化现状**

江苏沿海地区是处于长三角经济繁荣区中相对落后的地区，也被称为经济凹地。

从20世纪90年代开始,江苏省多次出台政策以推动江苏沿海地区的加快发展,但是政策效果并不是很明显。在2009年6月,国务院通过了《江苏沿海地区发展规划》,规划期为2009~2020年。由此,江苏沿海开发战略就上升到了国家发展战略层面。江苏沿海新一轮的开发战略对空间布局、基础设施建设、产业发展、城乡发展、海域滩涂资源开发、生态建设与环境保护的等多方面的发展进行了详细的规划。其中关于城镇化率的目标是到2012年,城镇化率达到55%左右,到2020年,城镇化率达到65%左右。如图1,我们可以比较一下从2008~2012年江苏沿海三市城镇化率演进情况,并将此数据与江苏省的平均城市化率进行比较。

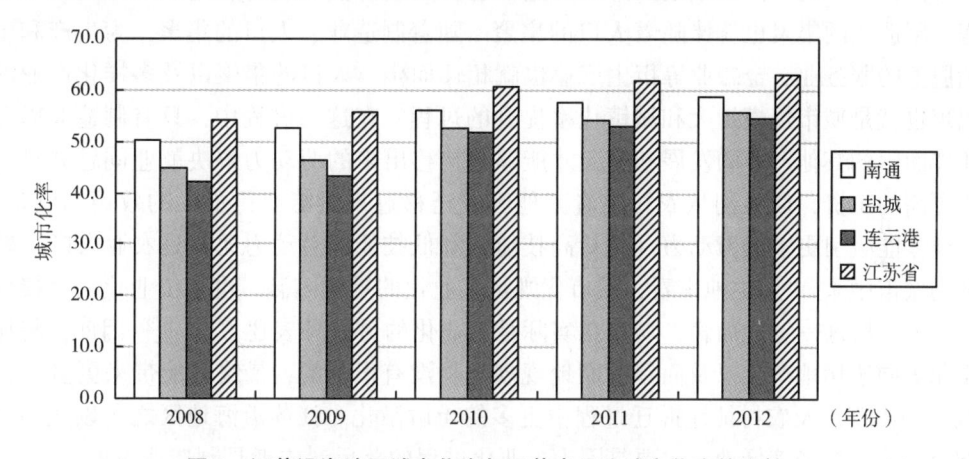

**图1 江苏沿海地区城市化率与江苏省平均城市化率的比较**

资料来源:江苏省统计局2008~2012年统计年鉴。

从统计数据中,我们可以看从2008~2012年,江苏沿海三市城市化率不断在提升。到2012年,除了连云港市,其他两市的城镇化率基本上都达到了规划的目标。连云港、盐城和南通的城镇化率分别是54.4%、55.8%和58.7%。虽然这三市的城市化率在逐年上升,但是与江苏省的平均城市化率相比还有一定的差距。2012年,江苏省平均城市化率是63%,而江苏省内的苏南地区的平均城市化率已达到72.7%。而且,这种统计数据都是按照常住人口来计算的,并未按户籍人口计算,并未考虑常住人口中身份的差异,如常住人口中有城市户口和无城市户口(农民工)的区别。因此如果从统计因素以及城镇居民享受现代城市文明的水准看,江苏沿海地区真正意义上的城市化率可能要比统计意义上的低很多,这种情况也是全国范围内城市化率的共有特征即城市化滞后。"若考虑到上述两个中国现实,并考虑到中国目前的城市化属于21世纪的城市化,那么,目前中国城市化的滞后程度,要比统计数据显示的大得多。"[①] 同时,我们也看到,在城市化率不高的同时,江苏沿海地区

---
① 赵伟. 空间视野看中国经济大势 [M]. 浙江大学出版社,2013.

中心城市实力不强,没有很好地发挥对区域发展的辐射带动作用。

**(二) 加快推进江苏沿海地区城镇化进程的几点建议**

为了加快江苏沿海地区的城市化进程,以顺利实现 2020 年的发展目标,我们认为在以上理论分析的基础上并结合江苏沿海地区的现实可以得出以下几点建议。

首先,以促进产业集聚为加快城市化进程的根本推动力。

经济活动空间集聚的过程就是工业化推进的过程,工业化是促进城市集聚的内在动力。城市集聚空间形态的出现是工业化进程中经济活动空间沉淀的结果。以上理论分析中劳动力向某一地区集聚的过程也就是经济活动或者制造业首先集聚的过程,制造业的集聚也就伴随着人口的集聚。随着制造业、人口的集聚,为生产和生活服务的服务业、金融业等衍生产业也就相伴而生。人口的集聚以及多样化产业的出现也就是城市规模扩大和城镇化率提升的过程。在这一进程中,只有制造业以及相伴而生的其他产业的发展和繁荣才能够为转移出来的劳动力解决就业问题并且提供更高的工资,使他们从农村或者其他区域迁移过来后能获得更大的效用和满足。这样才能吸引更多的劳动力(包括高技能的和低技能的劳动力尤其是农业人口)转移到城市中来。"历史地来看,城市化既是工业化的重要内涵,也是工业化的直接外延"。[①] "从这一意义而言,城市化实际是工业化的另一种表述方法。"[②] 因此,将城镇化等同于房地产化以及简单的圈地规划都是没有根基的,最终只能带来更多"鬼城"的出现以及农村征地拆迁过程中更多的矛盾激化。江苏沿海地区之所以成为东部沿海地区的经济低地,主要是因为工业化进程的落后,或者是制造业发展的滞后。因此,江苏沿海开发过程中一个主导性的目标就是促进产业集聚,加快工业化进程。只有加快工业化进程才能够从根本上推动城市化进化进程。

其次,以市场调节为基础,加强政府主导作用,以创造吸引人才、资本、技术等要素的各种条件。

新经济地理学的所有理论推断都是在完善的市场经济体制的假设下得出的。因此,在经济活动空间集聚或分散演进的过程中,在流动或迁移的目的地上,个人和企业家享有充分的选择自由。正是个人和企业家出于对效用最大化和利润最大化的追求,在对种种因素做了权衡利弊后作出最适合自己的选择,进而带来经济活动空间分布的演化。从另一角度看,这一进程也是城市空间形态演化的进程。新经济地理学认为,基于个人或企业家自由选择基础上的资源空间配置是最有效率的。因此,江苏沿海地区一方面要加强市场机制的完善,在加快产业集聚和城市化的进程中,应该遵从个人或企业家个人的意愿,给予他们充分的自主选择的自由。

但是同时,我们也应该清醒地认识到江苏沿海地区特有的经济发展低地。作为

---

① 赵伟. 空间视野看中国经济大势 [M]. 浙江大学出版社, 2013.
② 安虎森等. 新区域经济学 [M]. 东北财经大学出版社, 2010.

经济发展低地，在加快本地的产业集聚和城镇化进程中需要大量的资本、人才、技术等要素的投入。江苏沿海发展规划在产业发展上的定位是"形成以现代农业为基础、先进制造业为主体、生产性服务业为支撑的产业协调发展新格局。"无论是现代农业还是先进制造业都离不开人才、技术、资金等要素的大量投入。这些要素的投入完全依靠本地区的积累是不现实的。但是，完全靠政府强制式的安排却与市场精神相违背。在面临着国内（包括长三角核心区）其他大、中型城市的竞争态势下（尤其是人才的竞争），江苏沿海地区完全依靠原有的优势是无法自动吸引这些要素的流入的（包括企业的迁移）。资本、人才、技术等要素更会选择生产效率更高的地区和城市。长三角的上海、苏、锡、常在吸引人才、技术、资金等方面更有竞争力。所以，在强调遵循市场机制的前提下，政府主导作用的发挥在该地区显得尤为重要。政府作用的发挥一方面在于对本地工业化、城市化目标的准确定位，另一方面主要侧重于考虑如何创造条件以吸引与本地区产业集聚、城市定位相符合的人才、技术、资本等要素的流入。经济落后地区的制度创新（正式制度）、文化、价值观等非正式制度的重构也应包括在政府主导作用影响的范围之内。这一过程中，前面理论分析中提到的几个关键变量如劳动力的迁移成本和差异化产品的贸易成本都将逐渐降低。

在江苏沿海大开发的进程中，以上海为核心的长三角核心区的拥挤效应已经开始显现，并且这些经济活动密集区更多地在考虑经济结构的转型、升级。这使得很多个人、企业（企业家）不得不考虑向经济活动稀疏区迁移以降低生产、生活等成本。这对江苏沿海地区而言是一个机遇，但同时也面临着同层次地区对这些要素的争夺，以及核心区对高层次人才、技术等激烈的竞争。在这个大背景下，政府主导作用的发挥显得尤为重要。当然政府主导作用的发挥应是市场增强型的，而不是市场取代型的。

最后，以降低住房成本作为吸引人才，提升城市化率的重要着力点。

我们在理论分析部分已经指出，房屋是非常重要的不可跨地区流动贸易的消费品。随着城市化进程的推进，城市规模的扩大，即使房屋供给是有弹性的，城市中房屋价格也会步步推高，人们的房屋购买力也会降低。只是在房屋供给完全有弹性的背景下，消费者的购买力下降的程度要低很多。而这种纯理论的情况在我国特有的制度和经济社会转型的背景下，由于土地财政、住房投资需求等因素的带动下，住房成本更是居高不下，消费者的购买力更是严重下降。因而，城市高房价很大程度上成为了阻碍城市化进程的一大障碍。高技能的劳动力由于生产效率高，在城市中能够获得更高的收入，因而房屋购买力的下降是能够承受的。较低技能的劳动力可能由于无法使收益超过住房成本，而选择较低规模的城市。低技能的劳动力（如农民工）由于在城市中获得的收益无法补偿由于高房价带来很高的生活成本，因此这一部分劳动力很多就沦为了城市边缘人群，而无法真正融入城市生活中去。江苏沿海三市在加快城市化进程中，应该以增加供给、降低住房成本为重要着力点，以推动当地低技能劳动力的城市化,同时也增强对不同层次技能劳动力的吸引力。当然,随着产业集聚的推进,劳动力的收入也将不断提升,进而房屋购买力将大幅度地提升。但是,我们要注意增加房屋供给不代表把盲目圈地造城作为推动城市化的主要途径,更加不能有以加快城市化为借口推动房地产业的盲目扩张。而且很多地区,房屋供给在不断增加,但是却存在着房价高得离奇,消费者的购买力并未提升的严重市场扭曲现象。城市化进程的重心是人口城市化。人口城市化的重点在于劳动者生产和生活方式的转变。而这种转变依赖工业化的推进。

综上所述,在我国新一轮的加快城镇化进程中,城市高房价成为了阻碍城市化进程的一大障碍。更有部分地区将城镇化等同于房地产化。新经济地理学理论为我们理解城市形成过程中空间作用力及其运行机制提供了严谨的微观层面的理论揭示。经济相对落后地区在加快城镇化进程中可以结合新经济地理学相关理论和本国、本地区特有的情况来考虑本地区城镇化进程路径。

# 财政分权对环境污染的影响机制研究

路嘉煜　白俊红[*]

**摘　要：** 本文从财政分权下的地方政府竞争和税收激励两个方面，理论分析了财政分权对环境污染的影响机制。在此基础上，采用2004~2013年中国分省地区面板数据，应用空间计量经济学模型，实证考察了财政分权对环境污染的影响效应。研究发现，财政分权加剧了环境污染；财政分权通过地方政府的经济竞争机制和税收竞争机制，一定程度上缓解了环境污染，这也使得财政分权对环境污染的直接影响趋于弱化。本文结论为促进中国财政分权制度的进一步完善，进而实现经济和环境的协调发展提供政策启示。

**关键词：** 财政分权　环境污染　机制　空间计量

## 一、引　言

习近平总书记在推进生态文明建设时指出："绿水青山就是金山银山"。中国经济的可持续发展与生态文明建设密不可分，因而如何有效处理经济发展同生态环境保护的关系，就成为国家和社会关注的焦点问题之一。然而，由于环境具有非竞用性和非排他性等特征，这就使得光靠市场机制本身难以完全解决环境污染问题，此时政府的有效干预就显得尤为必要，环境保护也成为政府部门的一项重要职责。传统意义上的环境保护不考虑不同层级政府在治理环境时所发挥的不同作用，但"环境联邦主义"认为，环境保护不仅是政府的一项职能，还与政府的分权与集权息息相关。由于中央政府不能考虑不同地区环境的差异性，地方政府相对于中央政府具有信息优势，因此，环境保护在中央统一决策的同时还需要地方政府因地制宜地进行治理（Tiebout and Charles，1956；Oates，1972）。

财政分权使地方政府拥有了更多的行为决策权。相对于中央政府，地方政府可以利用其信息优势更好地反映当地居民的需求（Besley and Coate，2003）。Tiebout 和 Charles（1956）认为财政分权加强了地方政府间的竞争，从而有利于提高经济效率。假设一国居民可以在不同地区间自由流动，那么在"用脚投票"的机制下，公共福利将会成为吸引流动性生产要素流入的主要原因之一。此时地方政府便会为了吸引

---

[*] 路嘉煜（1994 - ）女，江苏常州人，南京师范大学产业经济学硕士，研究方向：产业组织理论与政策；白俊红（1982 - ）男，山西太原人，教授、"南京师范大学商学院"副院长、博士，研究方向：科技与社会管理。

居民流入而展开竞争，从而增加对环境等公共物品的财政支出。但是，与发达国家相比，中国居民的流动性还比较低，而且多数居民并不具有因该地区公共服务不如另一地区而搬离的能力，因而"用脚投票"理论可能并不完全符合中国国情。乔宝云等（2005）对中国财政分权与小学义务教育之间关系的研究即表明，中国的财政分权并未有效增加教育等社会福利的有效供给。

目前，关于中国式财政分权对环境影响的研究已逐步兴起。一些学者认为，在支出分权下，地方政府愿意与中央保持一致目标，将财力、物力投入到环境保护中去，从而财政分权有利于环境污染的改善（薛钢、潘孝珍，2012），并且从地区角度看，分权度较高的东部地区有充足的资金治理环境污染，会将污染企业向中西部转移（谭志雄和张阳阳，2015）。也有研究表明，中国财政分权程度的提高将导致环境质量的下降。如 Li 和 Zhou（2005）、陈宝东和邓晓兰（2015）、刘建民等（2015）的研究即指出，中央对地方官员进行考核时，GDP 是其一个非常重要的指标，因而地方官员为了谋求晋升，更愿意将财政支出用于经济建设而非环境保护，从而对治污产生不利影响。

上述研究对财政分权与环境污染两者之间的关系展开了积极的讨论，对本文也有重要的启示作用，但仍存在一些不足之处。主要体现在：第一，目前研究对中国政府行为选择背后的原因缺乏系统地归纳。财政分权究竟如何作用于环境污染，其内在机制是什么，仍缺乏系统地梳理和有针对性地检验。第二，虽然目前一些文献已经开始实证考察财政分权对环境污染的影响，但当在表征环境污染时大都选取废水、废气或废渣等单一污染物，而显然污染物并不单一，选取不同的污染物会直接影响到考察结果的稳定性。第三，目前研究在考察财政分权对环境污染的影响时，尚未考虑到环境污染的空间相关性，即没有注意到环境污染物是可以在地区之间流动的，而这一流动性也使得各地区的环境污染并非相互独立而是具有空间相关性的。正如 Oates（2001）指出的，环境污染具有地区溢出效应，一个地区的环境水平不仅受到本地区的环境质量的影响，还会受到相邻地区的影响。空间相关性的存在也可能使得传统假定样本之间相互独立的经典计量方法不再适用。

基于上述不足的存在，与以往研究相比，本文的贡献主要体现在：第一，从地方政府的行为动机出发，分析地方政府在中国财政分权体制下的行为决策偏好，从经济竞争和税收竞争两个角度，系统梳理财政分权对环境污染的影响机制；第二，通过构建环境污染综合指数，对各地区的环境污染水平进行科学表征，借此实证检验财政分权对环境污染的影响效应；第三，考虑环境污染在区域之间可能存在的空间相关效应，运用空间计量经济学的方法，对这一效应进行科学控制，以期能够更为真实地揭示财政分权与环境污染之间的相关关系。

本文余下内容安排为：第二部分理论分析财政分权对环境污染影响的内在机制；第三部分建立空间计量经济学模型，并对变量和数据进行简要说明；第四部分对计量结果进行分析和讨论；最后给出结论及相关的政策建议。

## 二、理论分析

在中国式的财政分权下，地方政府拥有了一定的自主决策权，但地方政府官员的晋升仍然取决于更高一级的中央政府。中央强调经济增长与财政收入增加的考核导向决定了地方的财政支出结构（郭杰，2009）。在这种垂直型的政治体制下，地方政府为了增强自己的竞争力，可以选择不同的财政支出决策方式，通过改变经济建设与环境等公共服务的财政支出规模来达到其政绩目标。同时地方政府还可以通过降低资源的使用成本，吸引外部生产要素的流入来增强竞争力。前者就是所谓的经济竞争，而后者就是所谓的税收竞争。

### （一）财政分权下的经济竞争机制及其对环境污染的影响

中国分税制改革后，不少权力由中央交到了地方。地方政府在一定程度上可以自主决定其财政预算支出，同时也承担了环境等公共物品的主要供给责任。然而，与西方发达国家不同的是，中国经济分权与政治集权并存，地方政府虽然有了一定的权力，但官员的晋升仍然取决于更高一级的中央政府（Millimet，2003；Cutter and DeShaozo，2007）。中央按照一种相对经济增长绩效的指标来考核官员，即将地方官员的政治升迁与当地经济增长挂钩。

基于这种政绩考核机制，有不少学者认为地方政府之间展开的经济竞争，造成了地方政府公共支出结构"重基本建设、轻人力资本投资和公共服务"的扭曲（傅勇，2008）。相对于经济建设，环境投入、教育支出等公共服务建设周期长，见效慢，生产作用具有长期的动态滞后性（王贤彬和徐现祥，2009），而基础设施建设、企业招商引资等生产性领域可以在短期内提升当地 GDP，促进经济增长。这种"晋升锦标赛"使得政府官员只关心自己任期内所在地区的短期经济增长，而容易忽略环境保护等公共服务建设对经济增长的长期作用，尤其是那些不易被列入考核范围的影响（周黎安，2007）。唯 GDP 的竞争可能会使地方政府容忍一些高产出，但高能耗、高污染的企业存在，不顾地方环境质量和资源的浪费进行重复建设，在促进当地经济取得迅猛发的同时也带了严重的环境污染。越是在经济发展相对落后的城市，地方政府越是依赖这种高产值高污染的企业，甚至地方政府与这种企业能够形成利益联盟（孙伟增，2004），而这种以恶化环境质量为代价的寻租腐败行为会提高"环境库兹涅茨曲线（EKC）"的拐点（Lopez and Mitra，2000）。

但是，也有学者认为，分权下的经济竞争会给环境带来积极影响。在国家日益重视环境保护和加快生态文明建设的背景下，地方政府已将相当一部分的财政支出投入到环境保护中去。财政分权度高的地区，就越有充足的资金来治理环境。尤其在经济发展的东部地区，经济竞争促进了当地经济的发展，同时，地方政府也有充足的资金来治理环境（谭志雄和张阳阳，2015）。此外，财政支出分权程度越高的地区，越有可能给环境带来积极的影响。支出分权度越高，意味着中央政府通过财政转移支付对地方政府行为产生的影响越大，地方政府为了获得充足的转移支付资金需要与中央保持一致目标，地方政府有动力将更多的资源投入到环境保护中去（薛钢和潘孝珍，2012）。

中国式财政分权下的地方政府展开了经济竞争，而经济对环境的作用还取决于地区本身的经济基础和发展阶段。根据环境库兹涅兹曲线，环境污染与经济增长呈倒"U"型曲线的关系。在经济发展初期，经济的增长会加剧环境污染，但是经济发展水平超过环境库兹涅兹曲线的拐点后，经济的增长反而会促进环境质量的改善。经济发展到一定水平后，居民对环境质量的要求会提高并引起政府的重视，且一些低污染的高新技术产业会逐渐替代高污染、高能耗的产业。若一个地区处于经济建设的初期，经济建设给环境带来了污染，再加上地方政府忽视对环境保护的投入，那么地方政府间的经济竞争会使财政分权对环境的负面影响加剧；而经济发展到一定水平之后，地方政府拥有了与经济发展初期不同的支出偏好，进而经济竞争可能会弱化财政分权对环境污染的影响，且当这种经济竞争给环境带来的正面影响远大于政府寻租等行为给环境带来的负面影响，则财政分权的提高会改善环境污染。

（二）财政分权下的税收竞争机制及其对环境污染的影响

分税制改革后，中央在除了给地方一定的支出决策权力，也将部分财政税收权下放到地方。地方政府虽然没有权力决定税种的开征和名义的税率设定，但可以实施税收优惠等措施（龙小宁等，2014）。在财政支出有限的情况下，地方政府可以通过税收竞争吸引更多生产要素的流入来增强区域竞争力。税收还是政府的一个重要收入来源，地方政府的可支配税收收入可以转化为财政支出，进而影响当地政府对公共物品的提供和财政支出决策（李涛和黄纯纯，2011）。

在分税制改革后，中国农业税被取消，《农业税条例》被废除，消费税被列为国家税，增值税以及所得税变为地方政府获得财政收入的主要途径。由于增值税与所得税主要来自生产性企业，因此，在这种税收体制下，地方政府有很强的动机去保护产值高、上缴税额大的企业，而这些企业都往往伴随着较高的环境污染，如电力、钢铁、石油、化工企业等。政府还可能为吸引资本的流入而放松对环境的管制，降低环境保护门槛，从而导致环境污染的恶化。崔亚飞（2010）发现我国地方政府在税收竞争中对污染治理采取了"骑跷跷板"策略，即地方政府会对不同污染物采取不同程度的监管力度，放松对外部性和治理成本较大的工业二氧化硫的监管与治理，而侧重对外部性和治理成本较小的工业固体废弃物和废水的监管与治理。

在税收竞争中，地方政府通过税收优惠来吸引有价值的外部资本流入，而这些外部资本在流入过程中会对环境产生影响。根据龙小宁等（2014）的研究，外资企业对税率的反应系数显著地大于地区内资企业对税率的反应系数，也就是说，地方政府更可能针对外资企业来实施减免收费等税收优惠措施，以达到增强区域竞争力、促进当地经济发展的目的。一些学者认为外资企业在促进本地区经济发展的同时，也有可能给本地区带来环境污染。Walter 和 Ugelow（1979）最早提出的"污染天堂"假说指出：面对本国较高的环境标准，发达国家会将一些污染密集型产业向环境标准较低的发展中国家转移，发展中国家沦为发达国家的"污染天堂"。目前流入中国的外商直接投资超过七成都是制造业，其中不乏一些产业会给中国带来环境污染（温怀德等，2008）。但另一些学者认为外资的流入不仅不会恶化东道国的环境质量，反而有利于当地环境污染的改善。外商直接投资为东道国带来了环境友好型的技术设备，而不同来源的外商直接投资对中国的环境质量影响有较大差异（许和连等，2012）。此外，外商直接投资在一定程度上促进了当地的经济发展，提升了居民的收入水平。随着生活质量的改善，居民对环境质量的要求不断提高，也推进当地政府增加对环境保护的投入。

财政分权下的税收竞争机制究竟会对环境产生何种影响仍然要取决于地区本身的经济发展水平和地方政府对环境等公共物品的偏好。地方政府通过税收优惠来进行招商引资，在发达的东部地区，政府有充足的财政来自己治理环境，而在中西部地区，随着财政分权程度的提高，地方政府支配其财政收支的自主度也在提高，地方政府官员在行为决策中就越会按照自己的利益来支配财政收支，通过选择牺牲环境为代价而促进经济的发展，财政分权使得税收竞争对环境污染的影响程度被加强（贺俊等，2016）。在经济发展水平较低的地区，税收竞争最直接的表现就是降低税率，而在经济发展到一定阶段后，会倾向采取公共服务竞争方式（沈坤荣、付文林，2006）。面对地区间的税收竞争，发达地区可以利用其相对垄断势力来保证资源不外流，因而也就不再需要通过降低环境污染等手段来吸引资本的流入，反而除了税收的优惠，较好的环境质量等公共服务可以成为吸引外部资本流入的优势；而在经济较为落后，对环境等公共服务的弱偏好可能会促使地方政府进行牺牲环境质量的恶性税收竞争。

## 三、模型设定与变量选择

### （一）空间计量模型的建立

以往研究在检验财政分权与环境污染的关系时，通常将各地区看成相互独立的个体，即假设各地区之间不存在空间相关性。然而，一个地区的环境污染不仅表现在当地，还会对周边地区产生影响。比如废气、废水等污染物，由于其可以在地区间流动，因而也会对其他地区产生影响，具有明显的空间相关性。因此，本文拟通过建立考虑环境污染空间相关性的空间计量经济学模型，来实证检验财政分权对环境污染的影响。

基于空间自相关性的不同影响方式，常用的空间计量模型有空间自回归模型（Spatial Autoregressive Model，SAR）和空间误差模型（Spatial Error Model，SEM）。

1. 空间自回归模型（SAR）。

空间自回归模型是指模型中设置因变量空间自相关（空间自回归因子）的回归模型。空间自回归模型表明空间关联随着时间的推进出现。环境污染的空间自回归模型说明该省份环境污染受到其他地区的溢出影响，下文给出经济竞争机制模型以及税收竞争机制模型的通用公式：

$$En_{it} = \beta_0 + \rho WEn_{it} + \beta_1 FD_{it} + \beta_n \Pi + \varepsilon_{it} \tag{1}$$

$\Pi$ 为除财政分权以外的解释变量，$n = 2, 3, 4, 5, \cdots$。

其中，$En_{it}$ 为环境污染；$FD_{it}$ 为财政分权；$\rho$ 为空间自相关系数，体现了周边地区环境污染对周边地区的影响力，即观测值之间的空间联动性；$\varepsilon_{it}$ 为满足正太独立同分布的随机扰动项；$WEn_{it}$ 为环境污染的空间自相关项，表示空间关联省份环境污染观测值对本省环境污染值 $En_{it}$ 的影响。一个地方的环境不仅受到自身污染源的影响，还受到空间关联地区 $WEn_{it}$ 的影响。如果 $\rho$ 为正，则空间关联环境污染对本地环境污染有正影响，反之则为负影响。

2. 空间误差模型（SEM）。

空间误差模型（Spatial Error Model）是指对模型中的误差项设置空间自相关的回归模型，研究对象间的相互关系通过误差项的空间自相关关系得以体现，即可理解为模型涉及的解释变量本身并不存在空间自相关，空间自相关由模型之外的因素造成，环境污染的空间误差模型说明空间依赖性存在于误差扰动性之中。与 SAR 模型一样，本文给出研究的通用公式：

$$\begin{aligned} En_{it} &= \beta_0 + \beta_1 FD_{it} + \beta_n \Pi + \mu_{it} \\ \mu_{it} &= \lambda W + \mu_{it} + \varepsilon_{it} \end{aligned} \tag{2}$$

$\Pi$ 为除财政分权以外的解释变量，$n = 2, 3, 4, 5, \cdots$。

模型中的误差项 $\mu_{it}$ 由空间自相关项 $W\mu_{it}$ 和满足正态独立分布的随机扰动项 $\varepsilon_{it}$ 组成。$\rho$ 表示为空间误差自相关系数，衡量了随机扰动项中的样本观测值的空间相关性的大小，即空间相关地区关于环境污染的误差对本地区环境污染的影响。

（二）变量选择

1. 环境污染（En）。

以往研究在表征环境污染时，往往运用一个或多个单一污染物。由于不同污染物具有不同性质，用单一的指标来衡量环境污染有较多局限性。本文以工业气体排放总量、工业废水排放量、工业二氧化硫排放量、工业烟尘排放量、工业固体废弃物产生量为基本数据，运用熵权法来构建环境污染综合指数 $En$。其原理如下：

将五项基本数据标准化：

$$B_{ai} = \frac{\chi_{ai} - \chi_{\min(a)}}{\chi_{\max(a)} - \chi_{\min(a)}} \tag{3}$$

$\chi_{ij}$ 表示第 $i$ 个地区第 $j$ 种污染物的原始值（$i=1, 2, 3, \cdots, m$; $a=1, 2, 3, \cdots, n$），$\chi_{\min(a)}$ 和 $\chi_{\max(a)}$ 分别为某一年内第 $j$ 种污染物的最小值和最大值。

对标准化数据进行坐标平移：

$$T_{ai} = B_{ai} + 1 \tag{4}$$

计算第 $i$ 个省份，第 $a$ 种污染物的比重：

$$R_{ai} = \frac{T_{ai}}{\sum_{i=1}^{m} T_{ai}} \tag{5}$$

计算第 $a$ 种环境污染指标的熵值：

$$S_a = -\frac{1}{(\ln m)} \sum_{i=1}^{m} R_{ai} \ln R_{ai} \tag{6}$$

计算第 $a$ 种环境污染指标熵值的信息效用价值：

$$Z_a = 1 - S_a \tag{7}$$

计算各污染物的权重：

$$\theta_a = \frac{Z_a}{\sum_{a=1}^{n} Z_a} \tag{8}$$

计算环境污染综合指数：

$$En_i = \sum_{j=1}^{n} \theta_j R_{ij} \tag{9}$$

由于用熵权法计算得出的环境污染综合指数的数值过小，再将熵权法得出的环境污染综合指数乘以100，得到最终的环境污染综合指数。环境污染综合指数的数值越大，说明环境污染程度越严重，反之亦然。

2. 财政分权（FD）。

财政分权（FD）是本文的核心解释变量。根据对财政分权的不同理解，有诸多表征财政分权的方法。如，林毅夫和刘志强（2000）用省级政府提留的财政收入增加额来表征财政分权，它反映了地方政府对财政分权的激励程度。乔宝云等（2007）用财政自给度来表征财政分权，定义财政分权为地方政府非转移支付收入与支出总额的比值。

Oates（1985）最早采用收支指标来衡量财政分权，反映了上级政府向下级政府下放的权力,即下级政府相对于中央拥有的财政权力的大小。张晏和龚六堂(2005)基于上述方法对财政分权作了较为全面的考察,将财政收入、财政支出以及是否拥有转移支付等方面都纳入了考察体系,具体表示为各省预算内本级财政收入与中央预算内本级财政收入之比,各省预算内本级财政支出与中央预算内本级财政支出之比。沈坤林和付文林(2005)从预算内和预算内外多个角度表征财政分权,并指出相对于预算内财政收支,预算外收支制度本身并不规范,各省份预算外收入强度和支出结构存在较大差异。傅勇和张晏(2007)考虑人口规模对财政支出的影响,用各省份人均预算内本级财政支出与中央预算内本级财政支出之比来表征财政分权。

由于本文研究财政分权对环境的影响,相对于财政收入,财政支出更能体现地方政府行使事权的过程,环境等公共物品属于政府的财政支出责任范围,因此本文采用财政支出指标来衡量财政分权。由于在构建环境污染指数时各项指标都为总量数据,为了保持口径的一致性,本文采用各地区财政总支出与中央财政总支出之比来表征财政分权。参照张晏和龚六堂(2005)的方法,将财政分权定义为:FD(%)=各地区预算内本级财政支出/中央预算内本级财政支出。

3. 经济竞争。

经济增长(GDP)。地方政府间展开的"晋升锦标赛"实质上是对GDP的追求,这种追求可能会导致地方政府将更多的财政支出用于经济建设中而忽视了环境保护,但当经济发展到一定水平后,地方政府拥有充足的资金来治理环境污染。GDP除了能较好地反映某一地区的经济增长水平,其本身也包含了地区的消费、投资等各项经济行为。因此,本文选用各地区人均GDP(元/人)来表征经济竞争。为减少与环境污染综合指数的过大差值和数据的波动,将人均GDP作对数化处理,得到ln(Re_GDP)。

4. 税收竞争。

税收收入(Tax)。分税制改革后,地方政府为了增强竞争力,增加财政收入,可能会降低环境保护门槛,放松环境管制,纵容一些高污染高能耗的企业存在,给环境带来负面影响。地方政府可以通过税收优惠等措施来吸引外部生产要素的流入。外资企业可能会给本地区带来先进的技术水平,也有可能是发达地区的污染产业转移。本文对中国式的财政分权下,税收竞争对环境有何种影响展开实证检验,由于税收属于政府的财政收入,因此本文选用总量指标,运用一地区的税收收入(亿元)来反映地区间税收竞争程度,为减少数据的波动性作对数化处理得到ln(Tax)。

5. 其他控制变量。

人均收入(Reve)。不同地区有着不同的经济发展水平,对环境等公共服务的偏好也不同。人均可支配收入可以在一定程度上反映经济发展水平和人民的生活质量。本文的人均收入具体采用中国30个省(自治区、直辖市)的人均可支配收入(元)

来表示。为了增强数据的稳定性将人均收入作对数化处理。

人口密度（Pop）。人口密度反映了某一地区的人口规模和经济、社会活动的频繁程度。频繁的经济、社会活动往往意味着更多改造自然的行为，不可避免地会对环境产生影响。本文的人口密度（人/平方公里）为各地区人口总数（万人）与各地区面积（万平方公里）之比。由于一些省份之间的人口密度数值差异较大，为减少波动性，对人口密度也作对数化处理。

产业结构（Indu）。地方产业结构的差异也会造成环境质量的差异。与第一产业农业和第三产业服务业相比，第二产业中的工业是污染排放的主要来源。因此，产业结构（Indu）选用各省（自治区、直辖市）第二产业生产总值与当年国内生产总值之比来衡量。

R&D 强度（RD）。研发强度衡量了一个地区的科技投入和科技发展水平，随着科技的发展，低污染的新兴产业不断替代传统的污染产业。技术研发用于环境保护方面，可降低环境保护的成本，科技的发展可以在一定程度上减少环境污染。本文用 R&D 强度（RD）来表征地区科技发展水平，R&D 强度为各地区当年的 R&D 经费内部支出与当年国内生产总值之比。

本文的各项原始数据来源于 2005~2014 年的《中国统计年鉴》《中国环境年鉴》《中国财政统计年鉴》和《中国科技统计年鉴》。选取了中国大陆除西藏自治区以外的 30 个省级行政区为考察对象。

解释变量的描述性统计如表 1 所示。

表 1　　　　　　　　　　变量的描述性统计

| 变量 | 指标 | 个数 | 均值 | 标准差 | 最大值 | 最小值 |
| --- | --- | --- | --- | --- | --- | --- |
| 环境污染 | 环境污染综合指数 | 300 | 2.566 | 0.411 | 3.766 | 1.843 |
| 财政分权 | 财政分权（%） | 300 | 0.137 | 0.078 | 0.411 | 0.016 |
| 经济竞争 | 人均 GDP（元）对数 | 300 | 10.079 | 0.637 | 11.489 | 8.313 |
| 税收竞争 | 税收收入（亿元）对数 | 300 | 2.776 | 0.473 | 3.761 | 1.067 |
| 人均收入 | 人均可支配收入（元）对数 | 300 | 4.187 | 0.175 | 4.642 | 3.858 |
| 人口密度 | 人口密度（人/平方公里） | 300 | 2.326 | 0.653 | 3.583 | -0.123 |
| 产业结构 | 产业结构（%） | 300 | 0.482 | 0.076 | 0.615 | 0.223 |
| 研发强度 | 研发强度（%） | 300 | 0.013 | 0.010 | 0.074 | 0.002 |

## 四、实证结果与分析

### （一）空间自相关检验

在运用空间计量模型检验环境污染与财政分权的关系之前，我们需要对环境污染进行空间自相关检验。本文通过计算 Moran's I 指数来检验环境污染在各省份间的空间自相关性。其原理如下：

$$\text{Moran's I} = \frac{\sum_{i}^{m}\sum_{j}^{m}\omega_{ij}(En_j - \bar{En})(En_j - \bar{En})}{G^2 \sum_{i}^{m}\sum_{j}^{m}\omega_{ij}} \quad (10)$$

其中，$G^2 = \frac{1}{m}\sum_{i=1}^{m}(En_i - \bar{En})$，$\bar{En} = \frac{1}{m}\sum_{i=1}^{m}En_i$，$\omega_{ij} = \begin{cases} 1 & i\text{ 与 }j\text{ 有边界且 }i \neq j \\ 0 & i\text{ 与 }j\text{ 无边界或 }i = j \end{cases}$

$\omega_{ij}$ 为空间邻接权重矩阵的一个元素，$i$、$j$ 分别表示第 $i$ 省与第 $j$ 省（$1 \leq i, j \leq 30$，且 $i$、$j$ 为整数）当第 $i$ 省与第 $j$ 省有地理交界则取 1，视为空间关联；无交界或 $i=j$ 则取 0，即空间不关联。

Moran's I 表示环境污染综合指数与空间自回归之间的相关系数。Moran's I 的取值在 $-1$ 到 1 之间，与 1 越接近表示空间正相关性越强，与 $-1$ 越接近表示空间负相关性越强。检验结果如表 2 所示。

表 2　　2004～2013 年中国 30 个省份环境污染综合指数的 Moran's I 检验

| 年份 | 2004 | 2005 | 2006 | 2007 | 2008 | 2009 | 2010 | 2011 | 2012 | 2013 |
|---|---|---|---|---|---|---|---|---|---|---|
| Moran's I | 0.170 | 0.170 | 0.152 | 0.172 | 0.238 | 0.145 | 0.231 | 0.137 | 0.170 | 0.251 |
| z 值 | 2.343*** (0.010) | 2.343*** (0.010) | 1.680** (0.046) | 1.966** (0.025) | 2.427*** (0.008) | 1.809** (0.035) | 2.669*** (0.004) | 1.966** (0.025) | 2.343*** (0.010) | 2.728*** (0.003) |

注：括号内数字为显著性概率 p 值，***、**、* 分别表示通过了 1%、5%、10% 的显著性检验。

表 2 显示，中国 2004～2013 年各省份环境污染综合指数 En 均为空间正相关，并都通过了 5% 的显著性检验。结果表明，环境污染综合指数具有空间相关性，财政分权对环境污染的影响适合用空间计量模型进行实证分析。

（二）实证结果与分析

1. 经济竞争机制。

根据固定效应模型对时间与空间的两种非观测效应的不同控制，空间自相关和空间误差模型包含无固定效应模型（nonF）、空间固定效应模型（sF）、时间固定效应模型（tF），以及空间时间双向固定效应模型（stF），经济竞争模型的计量结果如表 3 所示。

表3　　　　　　　　　经济竞争机制模型的空间计量回归结果

| 变量/模型 | SAR | | | | SEM | | | |
|---|---|---|---|---|---|---|---|---|
| | nF | sF | tF | stF | nF | sF | tF | stF |
| α | 5.718*** | — | — | — | 3.408*** | — | — | — |
| | (0.000) | | | | (0.001) | | | |
| FD | 20.622*** | 7.452*** | 20.570*** | 5.370* | 26.971*** | 9.521*** | 26.446*** | 6.982* |
| | (0.000) | (0.005) | (0.000) | (0.057) | (0.000) | (0.000) | (0.000) | (0.013) |
| FD*ln(re_GDP) | -1.651*** | -0.722*** | -1.581*** | -0.510** | -2.187*** | -0.926*** | -2.098*** | -0.672*** |
| | (0.000) | (0.001) | (0.000) | (0.036) | (0.000) | (0.000) | (0.000) | (0.006) |
| ln(re_GDP) | 0.341*** | 0.178*** | 0.447*** | 0.159*** | 0.107 | 0.184*** | 0.277*** | 0.187*** |
| | (0.000) | (0.000) | (0.000) | (0.000) | (0.261) | (0.001) | (0.001) | (0.000) |
| ln(Reve) | -1.847 | -0.731*** | -2.107*** | -0.750*** | -0.506 | -0.650*** | -1.403*** | -0.757*** |
| | (0.000) | (0.000) | (0.000) | (0.000) | (0.176) | (0.000) | (0.000) | (0.000) |
| in(pop) | -0.066* | 1.042*** | -0.016 | 0.894** | -0.120*** | 0.930* | -0.152*** | 0.819** |
| | (0.053) | (0.004) | (0.634) | (0.019) | (0.001) | (0.016) | (0.000) | (0.043) |
| Indu | 0.854*** | -0.163 | 0.543** | -0.200 | -0.251 | -0.131 | -0.246 | -0.210 |
| | (0.003) | (0.402) | (0.044) | (0.320) | (0.318) | (0.465) | (0.281) | (0.266) |
| RD | 0.957 | -0.909 | -0.350 | -0.652 | -4.878** | -1.647 | -3.355 | -0.573 |
| | (0.701) | (0.718) | (0.885) | (0.804) | (0.033) | (0.497) | (0.104) | (0.822) |
| λ | 0.023 | -0.019 | 0.040 | 0.014 | 0.653*** | 0.339*** | 0.627*** | 0.296*** |
| | (0.741) | (0.807) | (0.536) | (0.827) | (0.000) | (0.000) | (0.000) | (0.000) |
| Adj-$R^2$ | 42.55% | 95.49% | 45.97% | 94.45% | 59.08% | 96.07% | 61.49% | 94.92% |
| Log-L | -72.235 | 325.415 | -58.539 | 298.743 | -46.113 | 338.337 | -30.221 | 306.619 |
| LM | 44.956*** | | | | 38.523*** | | | |
| | (0.000) | | | | (0.000) | | | |
| R-LM | 6.589*** | | | | 0.156 | | | |
| | -0.01 | | | | -0.692 | | | |

注：括号内数字为显著性概率 p 值，***、**、* 分别表示通过了1%、5%、10%的显著性检验。

空间自相关模型的回归结果中 α 为常数项，空间自相关解释变量，$R^2$ 为修正的可决系数，Log-L 为极大似然值。根据空间计量经济学相关理论，空间自回归模型（SAR）与空间自相关模型（SEM）在本质上都为最小二乘法估计的空间模型。模型中含有的空间自回归因变量的回归参数、空间参数和标准差估计各不相同，但这些变量的最大似然值都是一致的。在实际应用上 Anselin（1996）建议通过检验两个拉格朗日乘数（LM test no spatial Autoregressive and LM test no spatial error, probability）及其稳健形式（robust LM test no spatial Autoregressive and robust LM test no spatial error）来判别。对空间自回归模型和空间误差模型进行 LM 检验，哪个更显著，如果两个统计量都较为显著，则进一步比较其稳定性检验下的统计量，并采用样数值较大的。

在经济竞争机制的模型中，空间自相关模型的 LM 检验与稳定性检验统计量都大于空间误差模型，且两种统计量都有较好的显著性。因此，经济竞争模型适合运用空间自相关模型（SAR）进行实证分析，这表明在环境污染具有空间相关性的情况下，本地区财政分权下的经济竞争除了会影响该地区的环境质量还会受到其他地区环境质量的影响，影响程度随着空间距离的增加而减小。

经济竞争的模型可表示为：

$$En_{it} = \beta_{it} + \rho WEn_{it} + \beta_1 FD_{it} + \beta_2 FD_{it} * \ln(GDP)_{it} + \beta_3 \ln(GDP)_{it} + \beta_n \chi_{it} + \varepsilon_{it} \tag{11}$$

其中，$\chi_{it}$ 为控制变量 $\beta_n \chi_{it} = \beta_4 \ln(pop_{it}) + \beta_5 indu_{it} + \beta_6 R\&D_{it}$

从模型中可以看出，空间固定效用模型（sF）具有较大的极大似然值和较高的可决系数，因此税收竞争模型中选取该模型进行分析。

要得到财政分权对环境污染的影响系数，还需要对财政分权求偏导：

$$\frac{\partial En_{it}}{\partial FD_{it}} = \beta_1 + \beta_2 \times \overline{\ln(Re\_GDP)} = 0.175 \tag{12}$$

式中，$\overline{\ln(Re\_GDP)}$ 为描述性统计中人均 GDP 对数的平均值。

根据表 3 的回归结果，财政分权与环境污染呈正相关，财政分权的提升会给环境带来负面影响，结果通过了 1% 的显著性检验。但财政分权与经济竞争的交叉项结果显著为负，经济竞争弱化了财政分权对环境污染的影响。这意味着环境保护正日益受到地方政府的重视，地方政府为经济建设而忽视环境保护投入的现象在逐渐减少。在中央推进生态文明建设的政策导向下，地方政府开始注重对环境保护的投入，进而经济竞争一定程度上给环境带来了积极作用。但是，经济竞争并没有改变财政分权给环境带来的不利影响。中国的财政分权体系还需要进一步完善。从经济竞争以外的角度来看，财政分权使得政府拥有了一定的支出决策权并参与到市场的竞争中，但政府本身又是企业的监督者。地方政府一方面是经济社会活动的监督者，另一方面又是参与者，这导致一些地方政府官员为了自己的政治和经济的目的，利用职权进行寻租腐败，纵容一些给环境带来不利影响的企业的存在。此外，在目前中央对地方的考核体系下，居民的需求并不会影响到地方政府官员的仕途升迁，居民的意愿也很难直接反映到政府的行为决策中，这使得地方政府官员不需要对居民的偏好负责，导致公共服务的供给往往低于社会合意水平。

通过计算得到人均 GDP 对数对环境污染的影响系数为 0.079，经济增长与环境污染呈正相关,中国的经济增长还没有达到改善环境污染的水平,GDP增长与环境保护的矛盾依然存在。地方政府一味地追求GDP增长,进行重复建设的行为,并不利于实现经济与环境的可持续发展。在表3中,与GDP对环境的影响相反的是,人均收入水平的提高能显著的改善环境污染。人均收入水平比GDP更能反映一个地区居民的生活质量。随着居民收入水平的提高,居民的偏好会越来越多样化,进而开始注重环境等社会福利的供给。在人均收入水平高的地区,地方政府也往往有更充足的资金投入到环境保护中去。

表3中,人口密度与环境呈现正相关关系,结果通过了1%的显著性检验。中国是发展中国家,许多地区还处于人口规模不断扩大,城市化进程不断推进的阶段,经济与社会的活动伴随着对自然的改造,不可避免地会对环境产生不利影响。产业水平与研发强度的结果不显著,计量结果仅供参考。以第二产业占国内生产总值表征的产业结构与环境污染呈现负相关关系,这可能是中国第二产业中的许多行业目前已调整产业结构,由粗加工向精加工、污染产品向清洁产品转变(许和连、邓玉萍,2012)。研发强度的提高会促进环境质量的改善。随着科技水平的不断发展,以高新技术为支撑的产业逐步替代传统的高污染产业,研发强度的提高减少了治污成本,促进了产业升级进而改善了环境质量。

2. 税收竞争机制。

税收竞争机制模型的计量回归结果如下:

表4　　　　　　　税收竞争机制模型的空间计量回归结果

| 变量/模型 | SAR | | | | SEM | | | |
|---|---|---|---|---|---|---|---|---|
| | nF | sF | tF | stF | nF | sF | tF | stF |
| α | 6.672*** | — | — | — | 6.329*** | — | — | — |
| | (0.000) | | | | (0.000) | | | |
| FD | 10.205*** | 4.780*** | 13.395*** | 4.546*** | 11.027*** | 4.538*** | 14.713*** | 4.641*** |
| | (0.000) | (0.000) | (0.000) | (0.000) | (0.000) | (0.000) | (0.000) | (0.000) |
| FD * ln(Tax) | -2.431*** | -1.415*** | -3.053*** | -1.285*** | -2.510*** | -1.411*** | -3.254*** | -1.350*** |
| | (0.000) | (0.000) | (0.000) | (0.000) | (0.000) | (0.000) | (0.000) | (0.000) |
| ln(Tax) | 0.521*** | 0.201*** | 0.398*** | 0.186*** | 0.601*** | 0.196*** | 0.397*** | 0.196*** |
| | (0.000) | (0.000) | (0.000) | (0.000) | (0.000) | (0.000) | (0.000) | (0.000) |
| ln(Reve) | -1.555*** | -0.624*** | -1.393*** | -0.647*** | -1.267*** | -0.527*** | -1.351*** | -0.616*** |
| | (0.000) | (0.000) | (0.000) | (0.000) | (0.000) | (0.000) | (0.000) | (0.000) |
| ln(Pop) | -0.007 | 0.755** | -0.061* | 0.690* | -0.181*** | 0.589 | -0.196*** | 0.594 |
| | (0.850) | (0.026) | (0.072) | (0.054) | (0.000) | (0.101) | (0.000) | (0.115) |

续表

| 变量/模型 | SAR |  |  |  | SEM |  |  |  |
|---|---|---|---|---|---|---|---|---|
|  | nF | sF | tF | stF | nF | sF | tF | stF |
| Indu | 0.958*** | -0.225 | 0.839*** | -0.297 | -0.295 | -0.154 | -0.116 | -0.263 |
|  | (0.000) | (0.236) | (0.000) | (0.131) | (0.179) | (0.387) | (0.561) | (0.158) |
| RD | 1.950 | -0.927 | 2.360 | -0.388 | -6.892*** | -1.964 | -4.238** | -0.872 |
|  | (0.361) | (0.707) | (0.267) | (0.880) | (0.000) | (0.406) | (0.025) | (0.728) |
| λ | 0.034 | -0.026 | 0.062 | 0.013 | 0.679*** | 0.294*** | 0.661*** | 0.266*** |
|  | (0.617) | (0.736) | (0.330) | (0.836) | (0.000) | (0.000) | (0.000) | (0.000) |
| Adj-$R^2$ | 48.45% | 95.66% | 50.68% | 94.71% | 65.78% | 96.12% | 67.31% | 95.09% |
| Log-L | -56.060 | 331.417 | -45.003 | 305.991 | -21.495 | 341.830 | -8.389 | 312.542 |
| LM | 57.699*** |  |  |  | 59.458*** |  |  |  |
|  | (0.000) |  |  |  | (0.000) |  |  |  |
| R-LM | 2.763* |  |  |  | 4.521** |  |  |  |
|  | (0.096) |  |  |  | (0.033) |  |  |  |

表4中λ为空间误差解释变量。在税收竞争模型中，空间误差模型的LM检验与稳定性检验统计量都大于空间自相关模型，且两种统计量都通过了5%的显著性检验，因此，税收竞争模型适合运用空间误差模型（SEM）进行实证检验，这表明税收机制下环境污染的空间相关性主要体现在误差项之中。

税收竞争的模型可表示为：

$$En_{it} = \beta_0 + \beta_1 FD_{it} + \beta_2 FD_{it} * \ln(Tax_{it}) + \beta_3 \ln(Tax_{it}) + \beta_n \chi_{it} + \mu_{it}$$
$$\mu_{it} = \lambda W \mu_{it} + \varepsilon_{it} \tag{13}$$

其中，$\chi_{it}$为控制变量$\beta_n \chi_{it} = \beta_4 \ln(Reve_{it}) + \beta_5 \ln(Pop_{it}) + \beta_6 Indu_{it} + \beta_7 R\&D_{it}$

对财政分权求偏导得：

$$\frac{\partial En_{it}}{\partial FD_{it}} = \beta_1 + \beta_2 * \overline{\ln(Tax)} = 0.621 \tag{14}$$

根据可决系数和极大似然值，本文选取空间误差模型中的空间固定效应模型（sF），来分析财政分权下的税收竞争对环境污染的影响。对财政分权和税收收入求偏导得到系数0.621和0.003。根据表4，在1%的显著性水平下，财政分权与环境污染呈现正相关关系，财政分权的提高会恶化环境质量，这也与经济竞争中的结果相一致。财政分权与税收竞争的交互项结果为负，这说明税收竞争在一定程度上弱化了财政分权给环境带来的负面影响，但是税收竞争并没有从本质上改变财政分权给环境带来的负面影响。

财政分权给予了地方政府一定的税收自主权，进而地方政府为了达到政绩目标可以通过税收优惠、税收减免等行为来展开税收竞争。政府可以通过税收优惠来降低本地资源的使用成本，吸引外部生产要素的流入。在流入的外资中不乏一些环境友好型的企业，它们给当地带来了先进的技术设备，促进地区经济发展的同时改善了环境污染。但是这些高环境标准、高附加值的产业主要聚集在经济较发达的地区，各地区的外资企业质量参差不齐。目前，中国的"竞争到底"的现象依然存在，地方政府在吸引外资的过程中往往还会降低环境保护门槛、放松监督，导致发达国家的污染企业可以借机转移到中国内地，给环境带来了不利影响。除了污染性的外资企业给环境造成的不利影响，落后地区的税收优惠和盲目追求经济建设的行为，还会导致发达地区原来的污染产业向落后地区转移。一些发达地区的环境污染得到了改善，但并没有改变全国财政分权与税收竞争给环境带来的负面影响。

值得一提的是，税收竞争对环境污染的影响虽然显著为正，但系数较小，税收竞争给环境带来的不利影响也将随着我国税收体系的不断完善和社会主义法治建设的不断推进而日益弱化。本部分控制变量的结果与经济竞争中控制变量的结果一致，因此不再进行分析。

## 五、结论与政策启示

本文研究了中国式财政分权下的地方行为对环境污染的影响。从地方政府的经济竞争和税收竞争两个方面，理论分析了财政分权对环境污染的影响机制。在此基础上，文章采用2004~2013年中国分省地区的面板数据，构建了环境污染综合指数，建立了空间计量模型，实证考察了财政分权对环境污染的影响。研究发现，财政分权给环境带来了显著的负面影响，即随着财政分权水平的提高，环境污染程度会增加。研究还发现，地方政府间的经济竞争和税收竞争弱化了财政分权对环境污染的影响，经济竞争和税收竞争在一定程度上给环境带来了积极作用。一方面，地区的经济发展到一定水平后，居民对环境质量的要求逐渐提高，政府也拥有更充足的资金来治理环境；另一方面，地方政府通过税收优惠来吸引的外资企业中，不乏一些环境友好型的企业给当地带来了先进技术，促进当地经济发展的同时也给环境带来了积极影响。但是，竞争机制和税收机制都不能从本质上改变财政分权对环境污染的恶化作用。一些地方政府官员仍然会根据自己的经济和政治利益来决定财政支出方向，其行为缺乏有效的监督机制，因此，中国的财政分权体制还有待进一步完善。

结合上文的分析与讨论，得到以下政策启示：（1）进一步完善分权体制。从财政分权对环境的负面影响来看，中国的财政分权体系需要得到进一步的完善，为此中央可以不断调整赋予地方的权力，促使财政分权达到改善环境污染的目的。（2）不断完善中央对地方的考核机制。中央可以适当鼓励地方政府间的良性竞争，将生态文明建设成果也纳入考核体系，约束地方政府盲目追求经济而破坏环境的行为。（3）提高外资准入门槛。外商直接投资是促进经济发展的主要动力之一，但地方政府可能会为吸引外资而降低环境质量标准，因此，地方政府在引进外资时，应有选择性的引进高质量、高附加值、低污染的企业，鼓励外来企业为本地区带来先进的技术和设备，促进地方经济发展的同时提升环境质量。四、完善税收体系与监督机制。在地方政府利用税收抑制企业的环境污染行为时，中央政府可对地方政府给予制度和法律上的规范，防止地方政府为追求本地的财政收入增加，与企业进行寻租活动。

## 参 考 文 献

[1] 乔宝云，范剑勇，冯兴元．中国的财政分权与小学义务教育［J］．中国社会科学，2005（6）．

[2] 薛钢，潘孝珍．财政分权对中国环境污染影响程度的实证分析［J］．中国人口资源与环境，2012（1）．

[3] 谭志雄，张阳阳．财政分权与环境污染关系实证研究［J］．中国人口资源与环境，2015（4）．

[4] 陈宝东，邓晓兰．财政分权体制下的城市环境污染问题研究［J］．大连理工大学学报，2015（7）．

[5] 刘建民，陈霞，吴金光．财政分权地方政府竞争与环境污染［J］．财政研究，2015（9）．

[6] 郭杰，李涛．中国地方政府间税收竞争研究［J］．管理世界，2009（11）．

[7] 傅勇．中国的分权为何不同：一个考虑政治激励与财政激励的框架［J］．世界经济，2008（11）．

[8] 王贤彬，徐现祥．转型期的政治激励、财政分权与地方官员经济行为［J］．南开经济研究，2009（2）．

[9] 周黎安．中国地方官员的晋升锦标赛模式研究［J］．经济研究，2007，（7）．

[10] 孙伟增，罗党论，郑思齐，万广华．环保考核、地方官员晋升与环境治理［J］．清华大学学报，2014（29）．

[11] 龙小宁，朱艳丽，蔡伟贤，李少民．基于空间计量模型的中国县级政府间税收竞争的实证分析［J］．经济研究，2014（8）．

[12] 李涛，黄纯纯，周业安．税收税收竞争与中国经济增长［J］．世界经济，2011（4）．

[13] 崔亚飞，刘小川．中国省级税收竞争与环境污染［J］．财经研究，2010（4）．

[14] 温怀德，刘渝琳，温怀玉．外商直接投资、对外贸易与环境污染的实证研究［J］．当代经济科学，2008（2）．

[15] 许和连，邓玉萍．外商直接投资导致了中国的环境污染吗？［J］．管理世界，2012（2）．

[16] 贺俊，刘亮亮，张玉娟．税收竞争、收入分权与中国环境污染［J］．中国人口资源与环境，2016（4）．

[17] 沈坤荣，付文林．税收竞争、地区博弈及其增长绩效［J］．经济研究，2006（6）．

[18] 林毅夫，刘志强．中国的财政分权与经济增长［J］．北京大学学报，2000（4）．

[19] 乔宝云, 张晓云, 彭骥鸣. 财政支出分权、收入自治与转移支付的优化组合 [J]. 财政研究, 2007 (3).

[20] 张晏, 龚六堂. 分税制改革、财政分权与经济增长 [J]. 经济学 (季刊), 2005 (1).

[21] 傅勇, 张晏. 中国式分权与财政支出结构偏向: 为增长而竞争的代价 [J]. 管理世界, 2007 (3).

[22] Tiebout, Charles M. A pure theory of local expenditures [J]. Journal of Political Economy, 1956, 64 (5): 419 – 424.

[23] Oates, Wallace E. Fiscal federalism [M]. New York: Harcourt, 1972.

[24] Besley, T, Coate, S. Centralized versus decentralized provision of local public goods: A political economy approach [J]. Journal of Public Economics. 2003 (87), 2611 – 2637.

[25] Li, H, Zhou, L. Political turnover and economic performance: The incentive role of personnel control in China [J]. Journal of Public Economics, 2005, 89 (9 – 10), 1743 – 1762.

[26] Oates, W E. Fiscal Competition or Harmonization? Some Reflection, [J], National Tar Journal, 2001, 54. 507 – 512.

[27] Millimet, D L. Assessing the empirical impact of environmental federalism [J], Journal of Regional Science, 2003, 43, 711 – 733.

[28] Cutter, W B, DeShaozo, J R. The environmental consequences of decentralizing the decision to decentralize [J]. Journal of Public Economics, 2007, 88, 867 – 893.

[29] Lopez de Silanes, F, La Porta, R, Shleifer, A, Vishny, R. Law and Finance [J]. Journal of Political Economy, 1998, 106 (6), pp. 1113 – 1155.

[30] Oates, W E. Searching for Leviathan: An Empirical Analysis [J]. American Economic Review. 1985 (75): 748 – 757.

# 结构演进与经济发展
## ——一个理论模型

刘 洋 刘曙光 黄天赐[*]

**摘 要**：现有的经济发展理论侧重于对生产结构的研究、不同程度上忽略对需求结构和微观经济主体特性的考察。有鉴于此，文章以DS垄断竞争模型为基础，构建了一个经济发展模型，在需求方面引入需求层次理论建立相应效用函数以分析需求结构变迁，在生产方面根据满足不同需求层次产品的类别，将产品部门分为四个产品部门并建立能够反映微观经济主体特性的各部门生产函数，然后对该经济发展模型根据不同经济发展阶段进行了模型推演。在经济发展模型推演过程中，对各经济发展阶段的需求结构与生产结构相互作用、结构如何演进、演进过程中的决定因素和经济发展的必要条件进行了分析与归纳，同时对"小农经济"、"马尔萨斯贫困陷阱"和"中等收入陷阱"等经济学问题给出了本研究视角下的理论解释。文章的理论探索和验证结论一定程度上丰富了经济发展理论，有利于扩展我国现阶段经济结构转型问题的研究思路。

**关键词**：经济发展模型 经济结构 需求层次 发展阶段 结构演进

## 一、引 言

现在的发展经济学家们一般认为经济发展比经济增长具有更深的内涵，经济发展是包括经济增长在内的综合的概念（姚洋，2013）。发展经济学家很早就发现经济增长大多伴随着经济结构的变化（Kuznet，1966），因此相对于增长经济学研究决定经济增长的因素，发展经济学更注重研究在一个相当长周期内的经济结构因素和限制条件的变化。

现有的发展经济学在研究经济结构因素的时候，侧重于对生产结构和限制因素的探究，这是因为它们都秉持着这样的一个假设：消费者消费的产品数量和种类越多，它们的效用越高，因此对生产端如何更有效率的探求更为重要。而现实中所观察到的人们的消费行为与上述的假设出入甚大，一般人们所消费的产品只有满足相似需求的产品才具有替代性，产品也更为相似。自 Maslow（1943）提出需求层次论以后，相当多的研究表明人们的消费需求是分层次的，遗憾的是，虽然有许多经济学家（Samuel-

---

[*] 刘洋（1984-），男，山东临沂人，博士研究生，青岛，中国海洋大学经济学院；刘曙光（1966-），男，山东德州人，教授，博士生导师，青岛，中国海洋大学经济学院；黄天赐（1982-），女，贵州贵阳人，讲师，青岛，青岛科技大学经济与管理学院。

son, 1963; Lesourne, 1977; Mccain, 1993) 意识到应当将需求层次论引入经济学研究中, 但经济学在此方向的研究依旧凤毛麟角。因此, 如果需求层次理论代表着需求端的结构性变化, 那么对于需求段的这种结构性变化的探讨就显得很重要。

在生产端, 经济增长理论已经为发展经济学家展示了影响经济增长的内生增长机制和各种要素的作用, 因此发展经济学家重点研究的对象就变为各种生产结构及限制性条件。由于对经济增长理论的借鉴, 这种研究一般集中在宏观领域且一定程度上忽视了在微观层面的合理性。其中最容易在建模中被忽略的是在一定技术条件下, 企业的资本和劳动力是成一定比例的, 在资本全部发挥作用的情况下, 增加劳动力会导致这些新增加的劳动力既增加不了企业的产量, 还会拉低企业的利润。相反, 企业在劳动力不足的时候, 既有的资本无法全部被利用, 存在资本的"闲置", 企业产量未能达到最大化, 在长期企业会出售多余的资本, 从而使得企业在长期拥有最佳的资本—劳动力比。因此将微观生产主体行为的这些特性反映在宏观经济发展模型中也是经济发展理论研究所应当重视的。

发展经济学从建立之初便以发展中国家特有问题为导向, 无论是对经济结构问题的探讨 (Rosenstein-Rodan, 1943; Chang, 1949; Myrdal, 1957; Hirschman, 1958; Nurkse, 1953; 林毅夫、苏剑, 2012) 还是剩余劳动力 (Lewis, 1954; 刘易斯, 1955) 的研究, 他们都试图解释发展中国家没有实现经济发展的原因和限制条件。经济增长理论由于自身只研究增长问题的缺陷, 对于这些问题的解释从本质上就存在缺陷。因此从经济发展的角度切入, 是比较适宜的研究方向。到目前为止, 发展经济学家虽然对这些问题提出各种猜想和假设, 但依旧没有一个有力的、统一的经济模型能够解释这些问题。一种经济发展理论的提出如果不能解决这些问题, 是没有说服力的。

综上所述, 针对以上三个问题, 文章提出一个从结构演进角度解释经济发展的模型。在需求方面, 引入需求层次论来刻画需求结构从低需求层次到高需求层次的演进。我们借鉴了 Mccain (1993) 的思路, 建立反映需求层次的效用函数。首先将不同层次的需求分成四个独立的效用子系统, 每个效用子系统的效用是一系列具有替代性的产品的函数, 只有这些产品的消费达到一定数量指标值, 该需求层次才会被满足, 产生对下一层次产品的需求。每个子效用的值随着所消费产品的数量指标的增加而边际递减, 最终收敛于一个最大值。假设不同需求层次的产品是不具有替代性的, 总效用值为各子效用系统效用值的线性加总。

在生产结构方面, 也将生产部门分为农业部门和工业部门, 我们也根据消费层次将工业产品部门分为生理需要产品部门、安全需要产品部门、归属需要产品部门和尊重产品需要部门。我们借鉴了 DS 模型关于同质化企业的假设, 每个产品部门由一系列企业组成, 每个企业生产一种产品。我们在上述企业在一定技术水平下追求最佳资本—劳动力比的假设下, 建立起了一个比较符合微观企业特点的生产函数。

推导出每个产品部门的产量的增加来自于两种原因,一种是总部门投资的增加,另一种是部门人均产出的增加。特别是部门生产技术的提高会使得该种产品价格降低,能够使得消费得起和满足了该需求层次的消费者数量增加,当有足够的消费者产生了对更高一级需求层次产品的需要,那么在供给—需求的逻辑角度,更高一级需求层次产品的生产就变成了可能。但这种可能还需要破除在生产要素投入角度与市场交换角度的限制条件。由于理性的消费者在满足了该层次需求后对该类产品的需求不会增加,因此该类产品部门的产量并不会无限制的增加,会达到边界,此时更高层次产品部门的兴起和发展是经济增长的新动力。

在传统的研究角度,经济发展阶段一般被划分为农业经济阶段、工业化经济阶段和后工业化经济阶段。农业经济阶段一般以生理产品的生产为特点,工业化阶段对应着安全产品和归属产品的生产,后工业化经济阶段则对应着产品的生产。在农业经济阶段,由于绝大多数的消费者被限制在了生理需要得不到满足的需求状态,因此不会对更高等级的工业品产生需要,从而陷入"马尔萨斯陷阱",在工业化经济阶段,由于尊重产品的消费者数量不足和生产部门的技术水平得不到进一步发展,使得经济系统陷入"中等收入陷阱"。

后面的文章结构是这样安排的,第二节为模型建立,第三节为模型对经济发展过程的推导,第四节为我们找到的需求结构和生产结构按照需求层次论演进的证据,第五节为总结语。

## 二、模型建立

### (一)建模依据

Maslow(1943)认为前四个需求层次是缺失性的,这源于个体实际或感知到的环境中的自我缺乏,个体会努力从环境中寻求使需求得以满足的物质、人际关系和社会地位。从经济发展的实际情况来看,由于不同国家消费者收入的不同,处于不同的需求层次上。如表1所示,Samli(1995)从国际贸易的角度揭示出不同收入水平国家的消费者对应的需求层次和产品类型。

表1　　　　　　　　　　　需求层次、需求产品和国家类型

| 需求层次 | 对应国家 | 需求的产品/服务 | 具体产品种类 |
| --- | --- | --- | --- |
| 自我实现 | 少数发达国家 | 艺术品、教育、休闲等 | 闲暇(追求爱好)、教育、艺术品 |
| 尊重需要 | 发达国家 | 珠宝、原创画作、名车等 | 奢侈品、高档品、新产品 |
| 归属需要 | 新工业国家 | 俱乐部、团体、家庭等 | 家用电器、交通通信、烟酒、样式服装 |
| 安全需要 | 发展中国家 | 药品、医保、安全等 | 药品、医疗设施、安全制度 |
| 生理需要 | 欠发达国家 | 食物、住所、衣物等 | 农产品(粮食、渔牧、棉麻等) |

资料来源:根据Samli(1995)整理而成。

因此，以需求层次论来刻画消费者的需求结构是适宜的，消费者需求层次的提高就是需求结构的演进。相应的，可以将生产部门分为农业（A）部门、安全品（S）部门、归属品（B）部门和尊重品（E）部门。显然，这些部门会由于消费者需求层次的提高而依次兴起与发展，我们称之为生产结构的演进。

根据表1所示的国家类型与对应的需求层次，设一个人口为 $L$ 的经济系统发展过程分为农业经济、工业化经济和后工业化经济三个阶段，存在两个经济部门，即完全竞争下的农业部门和垄断竞争下的工业部门。农业经济阶段为尚未工业化的阶段，主要生产 A 产品，工业化阶段开始大规模生产 S 产品和 B 产品，后工业化阶段开始大规模生产 E 产品。经济结构如图1所示。

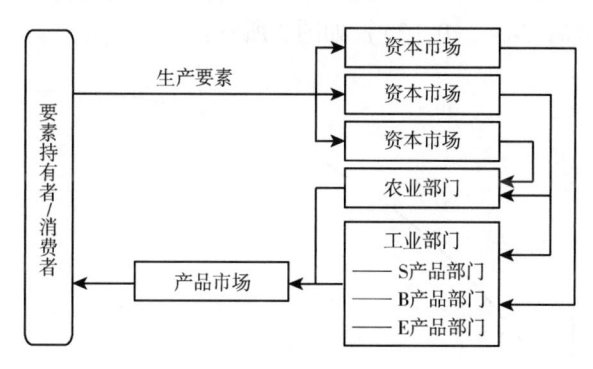

**图1 经济结构**

### （二）效用函数

假设一个人口为 $L$ 的经济系统存在典型消费者，根据需求层次论，消费效用具有这样的特点：消费者的需求根据五个需求层次论分为五个层次，前四个层次上消费者的效用随着消费对应产品的数量而增加，但效用增加量边际递减直至该需求层次被满足，满足后消费者对该层次的产品消费效用很难再增加，消费者进入下一层次的需求层次。低层次需求没被满足前，高层次需求不被需求。

将需求层次论应用到个体消费决策中的方法有三种，第一种是用需求层次代替偏好或效用（Samuelson，1963）。第二种方法是对偏好采取需求层次可以发挥作用的更为广泛的需求弹性递减的假设（Lesourne，1977）。第三种是将需求层次转化为关于内生决定的偏好的方程假设，而不是偏好内容（Mccain，1993）。从解决经济发展问题的角度出发，Mccain（1993）的方法是最适宜的，将他的方法改造如下：

除自我实现需要外的所有需求层次构成一个独立的子效用系统，即：

$$U = g(U_A, U_S, U_B, U_E)$$

其中，$U$ 表示总效用，$U_A$、$U_S$、$U_B$、$U_E$ 分别为生理需要、安全需要、归属和尊重需要的子效用系统，各子效用系统为对应产品数量的函数，同一需求层次的产品具有替代性，不同需求层次的产品没有替代性。从数学上的最大化观点来看，这定义了一个熟悉控制理论系统。子效用 $i$ 的函数形式为：

$$U_i = \int_0^{D_i} e^{(\bar{D}_i - x)} - 1 \, dx, D_i \leq \bar{D}_i$$

其中，$D_i$ 为消费对应产品的数量指标，$\bar{D}_i$ 为固定值，很明显，当 $D_i = \bar{D}_i$ 时候各子效用系统的效用值最大，设 $\bar{U}_i$ 为子效用系统 $i$ 的最大效用值。为便于分析，文章假设子效用达到满足时的消费数量指标 $\tilde{D}_i$ 等于 $\bar{D}_i$[①]。以 Mathematica10.4[②] 模拟此效用函数（$\bar{D}_i = 2$，$D_i \in (0, 2)$）如图 2 所示：

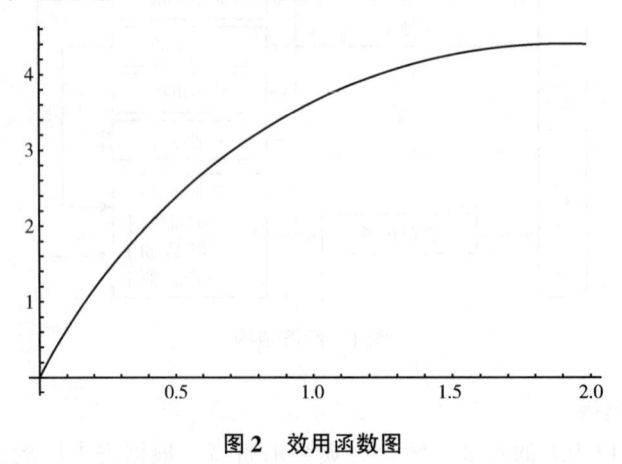

**图 2　效用函数图**

数量指标 $D_i$ 是具体产品数量的函数：

$$D_i = f(x_{i1}, \cdots, x_{in_i})$$

$f$ 不同函数形式定义了不同产品和市场性质。农产品是完全替代的且市场为完全竞争市场，因此 A 产品数量指标可设为：

$$d_A = \sum_{i=1}^{n_A} x_{Ai} \qquad (1)$$

同需求层次的工业品市场为固定替代弹性垄断竞争市场，因此数量指标函数形式采用 CES 形式：

---

[①] 更为贴近实际的是，一般 $\tilde{D}_i$ 要大于零，小于 $\bar{D}_i$，这样满足后继续消费该类产品效用仍会增长。
[②] 文章图形均用 Mathematica10.4 模拟。

$$D_i \atop i=S或B或E = \left( \sum_{j=1}^{n_i} x_{ij}^{\rho} \right)^{1/\rho} \tag{2}$$

相应的，设 $P_A = p_A$ 与 $P_i \atop i=S或B或E = \left[ \sum_{i=1} p_{ij}^{-1/\beta} \right]^{-\beta}$ 分别为农产品和工业品价格指数，$p_A$ 为农产品价格，$p_i$ 为各类工业品价格。如果各子效用系统是线性加总关系，在典型消费者收入为 $I$ 的情况下，可将其总效用函数设置为如下：

$$U \equiv \begin{cases} U_A, I \leq P_A \bar{D}_A \\ \bar{U}_A + U_S, I \leq P_A \bar{D}_A + P_S \bar{D}_S \\ \sum_{i=A,S} \bar{U}_i + U_B, I \leq \sum_{i=A,S} P_i \bar{D}_i + P_B \bar{D}_B \\ \sum_{i=A,S,B} \bar{U}_i + U_E, I \leq \sum_{i=A,S,B} P_i \bar{D}_i + P_E \bar{D}_E \end{cases}$$

由图 2 可知，总效用函数的每个分段函数均为凹函数。

（三）生产函数

生产方面，一般工人的人均产出随着每个工人所能操控的实物资本增加而增加，边际增加量递减。当人均资本小于工人人均所能够操控的最大资本量时，新增加的工人将因为没有实物资本可操作而成为生产过程中"多余"的人，在资本量一定的情况下，理性企业是不允许有"多余"雇员，这些"多余"的工人既不能增加既有技术和资本条件下的总产量，还会拉低人均产量；相反当人均资本量大于每个工人所能有效操控的实物资本的时候，企业拥有"闲置"的资本，企业总产量未达到最大化。因此，在长期，理性企业会保持工人人均所能有效操控实物资本的最高值下的最佳资本——劳动力比。工人人均所能有效操控实物资本的最高值决定了在既有技术水平与资本量下企业的生产边界。将 $i$ 工业产品部门的典型企业 $j$ 的人均生产函数设为：

$$\bar{x}_{ij} = \int_0^{\kappa_{ij}} e^{(a_{ij}k^* - x)} - 1 dx, \kappa_{ij} \leq a_i k^* \tag{3}$$

其中，$a_{ij}$ 为技术水平，$k^*$ 为固定值，$a_{ij}k^*$ 为企业的生产边界变量，$\kappa_{ij} = a_{ij}K_{ij}/L_{ij}$ 为人均操控的有效资本数量，$K_{ij}$ 为该企业的资本量。从（3）式可以看出，当人均有效资本 $\kappa_{ij}$ 等于生产边界变量 $a_{ij}k^*$ 时候，这时候企业人均产量和总产量均达到最大值且没有"多余"劳动力，也没有"闲置"的资本。技术 $a_{ij}$ 的增加既会增加资本有效性，同时也扩展了企业生产边界，模拟不同技术水平下的生产函数（$a_{ij1}=1, a_{ij2}=1.5, k^*=1, \kappa_{ij} \in (0,2.5)$）如图 3 所示。

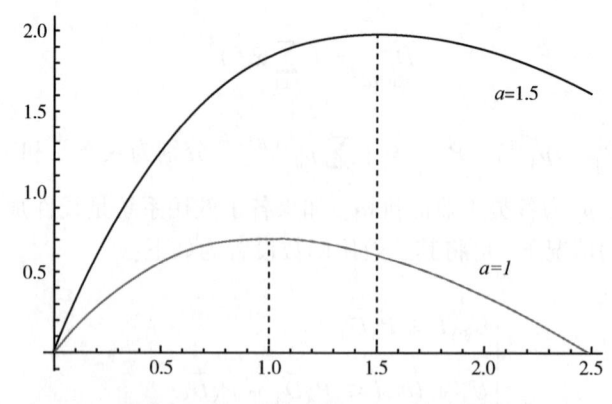

**图 3　不同技术水平下的人均生产函数**

从图 3 可以看出，随着技术水平的提高，生产边界扩大了，因此企业生产函数会随着技术水平的提高规模收益递增。由于资本与劳动力同向变动，只有资本和劳动力同向变动的时候，规模收益不变。这解释了现实中企业在扩大产量增加投资时候，如果新的生产线与旧生产线没有资本配合（技术水平提高）或管理技术的提高，新生产线的人均产量和旧生产线是相同的。一般而言，企业的资本量的扩张一般伴随着管理水平和更有效率的资本配合，即本企业生产技术水平的提高，出现规模收益递增的现象。

类似的，设农业生产单位人均生产函数为：

$$\bar{x}_{Ai} = \int_0^\tau e^{(a_{Ai}t^* - x)} - 1 \, dx, \tau \leq a_{Ai} t^* \tag{4}$$

其中，$a_{Ai}$ 为该生产单位的技术水平，$t^*$ 为固定值，$a_{Ai}t^*$ 为该生产单位的生产边界。$\tau = a_{Ai}T_i/L_{Ai}$ 为该单位人均有效土地量，$T_i$ 为土地量。同理，图 2 也可以反映农业生产函数的特征。

在同质性企业的假设下，企业拥有相同的技术水平、资本量和劳动力，产品部门的人均有效资本和单个企业的人均有效资本相等，即 $a_i K_{ij}/L_{ij} = a_i \sum_{j=1}^{n_i} k_{ij} / \sum_{j=1}^{n_i} L_{ij}$，因此经济系统总产量为各部门人均产量乘以各部门生产劳动力数量，即：

$$Y = \alpha_A L \int_0^\tau e^{(a_A t^* - x)} - 1 \, dx + \sum_{i = S,B,E} \alpha_i L \int_0^{\kappa_i} e^{(a_i k^* - x)} - 1 \, dx$$

其中，$\alpha_i = L_i/L$ 为 $i$ 产品部门的生产劳动力占总人口 $L$ 的比例。因此，总人均生产函数为：

$$\bar{Y} = \alpha_A \int_0^\tau e^{(a_A t^* - x)} - 1 \, dx + \sum_{i = S,B,E} \alpha_i \int_0^{\kappa_i} e^{(a_i k^* - x)} - 1 \, dx$$

## 三、经济发展过程

### (一) 农业经济阶段到工业化经济阶段

1. 部门内均衡。

在农业经济阶段,经济系统有 $n_A$ 个生产单位(农户或农庄),这些生产单位拥有同一水平生产技术 $a_A$,生产同质的 A 产品,则该单位的人均生产函数为:

$$\bar{x}_{Aj} = \int_0^{\tau_j} e^{(a_A t^* - x)} - 1\, dx$$

将定积分展开可得:

$$X_{Aj}/L_{Aj} = e^{a_A t^*} - e^{a_A t^*} \cdot e^{-\tau_j} - \tau_j \tag{5}$$

其中,$X_{Aj}$ 为该生产单位总产量,$L_{Aj}$ 为该生产单位的劳动力数量。由于 $a_A t^*$ 为每单位劳动力能够耕种的最大有效土地量,理性的生产者总会让投入的劳动力数量使得下式成立:

$$\tau_j(t) = a_A t^* \tag{6}$$

即该生产单位人均土地量等于单个劳动力所能耕种的最大有效土地量。将这个条件代入(5)式整理可得该生产单位总产量与劳动力数量的关系:

$$L_{Aj} = X_{Aj}/(e^{a_A t^*} - a_A t^* - 1) \tag{7}$$

由于大量的生产单位采用同样的技术水平生产同质的产品,因此农业部门人均有效土地量 $\tau$ 等于单个生产单位人均有效土地量 $\tau_j$,即:$a_A T_j/L_{Aj} = a_A T/L_A$,其中 $T = \sum_{i=1}^{n_A} T_i$ 为经济体总土地量,$L_A = \sum_{i=1}^{n_A} L_{Ai}$ 为总农业劳动力数量。从人均生产函数(5)的形式可以看出部门人均生产量 $\bar{x}_A$ 和单个生产单位人均生产量 $\bar{x}_{Aj}$ 是相同的。

假设生产单位的成本只有地租[①]和劳动力工资,且劳动力市场是完全竞争[②]的,A 产品市场交易费用为0,则生产单位的成本函数为:

$$C_{Aj} = r_A T_j + w_A L_{Aj} \tag{8}$$

其中,$r_A$ 为地租率并设其为常数,$w_A$ 为农业生产劳动力的工资。根据完全竞争市场均衡条件 $MR = MC$,联立(7)式、(8)式可推导出:

---

[①] 假设土地同质,土地市场为完全竞争,土地的最大供给量为 $T^*$。
[②] 假设劳动力的人力资本水平分为农业生产人力资本水平 $G_1$、工业生产人力资本水平 $G_2$ 和技术研发人力资本水平 $G_3$ 三个层次,高层次劳动力可以从事低层次劳动力的工作,而低层次劳动力不能从事高层次劳动力的工作。

$$p_A^e = w_A/(e^{a_A t^*} - a_A t^* - 1) \tag{9}$$

从上式可以看出，A 产品的价格取决于偏向土地的技术水平 $a_A$ 和劳动力工资水平 $w_A$，其与 $a_A$ 反向变动，与 $w_A$ 同向变动。

现在回到消费端，由于 A 产品具有完全替代性，因此农业经济阶段典型消费者效用函数为：

$$U = \int_0^{d_A} \exp(\bar{D}_A - x) - 1 \, dx \tag{10}$$

典型消费者的效用最大化可以用二阶段法来处理。第一阶段可以得出的结论是当典型消费者消费的商品数量指标达到 $\bar{D}_A$ 时候，消费者效用最大化。第二阶段是在收入 $I \leq P_A^e \bar{D}_A$ 的条件下，讨论 $D_A$ 的最大化。

$$\max \bar{D}_A = X_A^D$$
$$s.t. \ I = P_A^e X_A^D$$

其中，$X_A^D$ 为 A 产品需求量，$P_A^e = p_A^e$。可以得出典型消费者的需求函数为：

$$X_A^D = I/p_A^e, I \leq p_A^e \bar{D}_A \tag{11}$$

从上式可得，当 $I \leq p_A^e \bar{D}_A$ 时，$X_A^D \leq \bar{D}_A$。将（9）式代入式（11）可得供需均衡时的需求量为：

$$X_A^D = I(e^{a_A t^*} - a_A t^* - 1)/w_A, I \leq p_A^e \bar{D}_A$$

2. 经济发展。

假设农业经济阶段典型消费者的收入仅取决于其所拥有的土地数量 $T_p$ 和劳动收入 $w_A$：

$$I = r_A T_p + w_A \tag{12}$$

联立（9）式、（11）式、（12）式可得：

$$X_A^D = (e^{a_A t^*} - a_A t^* - 1) + r_A T_p/p_A^e, I \leq p_A^e \bar{D}_A \tag{13}$$

在经济均衡和技术水平不变的情况下，消费者对农产品的需求量最终取决于所拥有的土地数量。选取农产品为一般等价物，即 $p_A^e = 1$，可将（13）式整理得：

$$X_A^D = (e^{a_A t^*} - a_A t^* - 1) + r_A T_p, X_A^D \leq \bar{D}_A \tag{14}$$

当劳动者拥有的土地量为 0 的时候，其需求函数为 $(e^{a_A t^*} - a_A t^* - 1)$，设劳动者为了维持生存所需要的最小农产品量为$a_{min}$，只有$(e^{a_At^*}-a_At^*-1) \geq a_{min}$时，农业生产劳动者才能仅靠工资生存下去。当$(e^{a_At^*}-a_At^*-1) < a_{min}$时，劳动者无法仅靠工资收入生存。

假设土地开荒成本很低，则劳动者拥有很高的开垦荒地的热情，这会增加经济体的人口，出现经济总产出量的迅速增长。但当土地供给量达到经济系统潜在最高水平$T^*$时候，新增的人口无法获得满足生存所需的土地收入，因此人口停止增长，这时如果经济系统内部不出现土地的再分配（土地多的分给新增人口），经济总量进入停滞状态。土地多的劳动者会生育更多的后代，进而将土地分配给后代满足他们的生存，则会造成整个经济体陷入"小农经济"的状态，大多数劳动者贫困维持在低效用水平，达不到上升到安全需要的水平，陷入"马尔萨斯贫困陷阱"无法自拔。

当$\bar{D}_A > (e^{a_At^*}-a_At^*-1) \geq a_{min}$的时候，劳动者仅靠工资就可以保持生存，此时拥有土地的消费者A产品消费量可能会达到激活安全需要的程度，但如果人口的增长"稀释"了这群消费者的收入，则经济体依旧会陷入"马尔萨斯陷阱"。如果没有出现"稀释"的情况，拥有土地的消费者A产品消费量可能会达到激活安全需要的程度并且收入还有富余，即：$X_A^D = (e^{a_At^*}-a_At^*-1) + r_AT_p \geq \bar{D}_A$。

为了更清晰地看待技术进步会导致剩余劳动力问题，我们将视角切向总人均生产函数。由前面的论述可知，当总人均生产量等于$\bar{D}_A$时①，即消费者对A产品支出$\bar{I}_A = \bar{D}_A$时有：

$$\bar{D}_A = \alpha_A \int_0^\tau e^{(a_At^*-x)} - 1\, dx$$

将定积分展开，可将上式整理为：

$$\bar{D}_A = \alpha_A [e^{a_At^*} - e^{(a_At^*-\tau)} - \tau] \tag{15}$$

由于理性生产单位会有$\tau(t) = a_{A1}t^*$，代入上式可得：

$$\alpha_A = \bar{D}_A/(e^{a_At^*} - a_At^* - 1) \tag{16}$$

设$a_{A0}$为总人均产量为$\bar{d}_A$时的初始技术水平，则现在存在技术进步使得技术水平达到$a_A^{new} > a_A^0$，由（12）可知$\alpha_A^0 < \alpha_A^{new}$。因此技术进步会使得农业劳动力减少，经济体存在剩余劳动力，占总劳动力数量的比例为$1 - \alpha_A$。模拟技术进步对剩余劳动力的影响（$\bar{d}_A = e - 2, t^* = 1, a_A \in (1,2)$）如图4所示。

---

① A产品总量正好使得经济体中每个人都满足生理需要，农业部门的产量达到最大值。

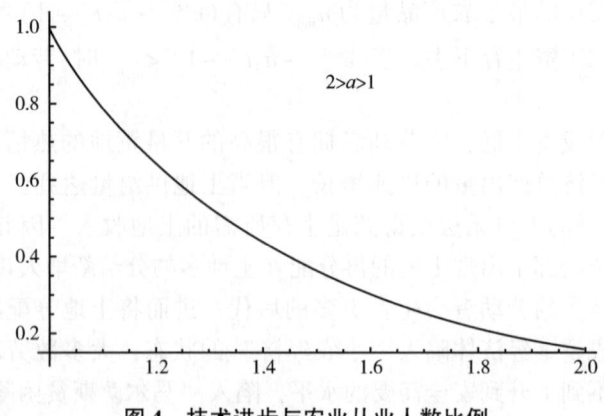

**图4 技术进步与农业从业人数比例**

图4揭示了随着技术的进步，在A产品总产量不变的情况下，部门从业人口的比例从1快速下降的过程。

3. 工业化必要条件。

现在，从供需角度，如果经济体有相当多的消费者有安全需要，则我们可以说经济体具备了进入工业化阶段的最关键的必要条件。从工业品部门所需投入角度，经济发展的必要条件还须有：（1）在工业投资方面，消费者储蓄能够有效率转化为投资。这是因为新兴的工业部门需要有资本来源。（2）在技术方面，技术进步使得S产品的大规模生产成为可能。（3）经济体存在剩余劳动力，且人力资本$G_1$等级的劳动力能够顺利地通过教育和培训转化为人力资本$G_2$和$G_3$等级的劳动力。这是因为工业生产部门需要高于农业人力资本层次的劳动力。在经济部门分工角度，进入工业化阶段还需要不同产品部门间的产品可有效率的交换，即市场必须有效率。这是因为产品部门的分工使得劳动者只生产一类产品，而消费者需消费不同需求层次的产品（见表2）。

表2　工业化必要条件

| 逻辑角度 | 制约因素 | 要求 |
| --- | --- | --- |
| 供需角度 | 有消费者 | 有足够大的消费市场 |
| 投入角度 | 投资 | 储蓄能够有效转化为投资 |
|  | 技术 | 工业品的大规模生产成为可能 |
|  | 劳动力 | 由剩余劳动力转变为工业劳动力 |
| 分工角度 | 市场 | 不同分工产品可有效的交换 |

**（二）工业化经济阶段到后工业化经济阶段**

1. 部门内均衡。

进入工业化阶段，生产方面首先出现了S产品部门。部门的一个典型理性企业$j$

的人均生产函数为：

$$\bar{x}_{Sj} = e^{a_S k^*} - e^{(a_S k^* - \kappa_{sj})} - \kappa_{sj} \tag{17}$$

由于 $a_S k^*$ 为每单位有效劳动所能够操控的最大有效资本，因此理性的生产者总会让投入的劳动数量使得 $\kappa_{Sj} = a_S k^*$，将此条件代入 (17) 式可得：

$$L_{Sj} = X_{Sj}/(e^{a_S k^*} - a_S k^* - 1) \tag{18}$$

其中，$L_{Sj}$ 为企业劳动力数量，$X_{Sj}$ 为企业总产出。假设企业 $j$ 的成本没有市场交易费用，只有固定资本租赁费和劳动力工资①，则成本函数可以写为：

$$C_{Sj} = r_I K_{Sj} + w_I L_{Sj}$$

其中，$r_I$ 为固定资本租赁费率，设为一个常数②，联立 (18) 式可得：

$$C_{Sj} = r_I K_{Sj} + w_I X_{Sj}/(e^{a_S k^*} - a_S k^* - 1) \tag{19}$$

可求出该企业边际成本为：

$$MC_{Sj} = w_I/(e^{a_S k^*} - a_S k^* - 1)$$

由于假定生产部门内的企业技术水平一致，则部门的边际成本等于企业边际成本，即：

$$MC_S = w_I/(e^{a_S k^*} - a_S k^* - 1) \tag{20}$$

在需求一端，此时总效用函数变为：

$$U = \bar{U}_A + \int_0^{D_S} e^{(\bar{D}_S - x)} - 1 dx, D_S \leq \bar{D}_S$$

其中，$\bar{U}_A$ 为 A 产品消费数量指标为 $\bar{D}_A$ 时的最大效用量，$D_S = \left[\sum_{i=1}^{n_S} x_{Si}^{\rho}\right]^{1/\rho}$，$P_S = \left[\sum_{i=1}^{n_S} p_{Si}^{-1/\beta}\right]^{-\beta}$，$\beta = (1-\rho)/\rho$。至此，从效用函数是凹平面的，且采用 CES 函数形式的数量指标以及成本函数的形式等可知，这满足 DS 固定替代弹性垄断竞争模型的情况，因此接下来的分析我们沿着 Dixit-Stiglitz 的思路展开。此时典型消费者面

---

① 由于假设同人力资本层级的劳动市场完全竞争，人力资本同级别的劳动者的工资是相同的，农业部门为 $w_A$，工业部门为 $w_I$，技术部门为 $w_R$。由于受教育和培训需要花费成本 $E_1$ 和 $E_2$，则可设 $w_I = w_A + E_1$，$w_R = w_I + E_2$。

② 假设固定资本是同质的且租赁市场是自由竞争市场，由消费者决定收入用于消费和通过储蓄转变为投资为资本的比例，当租赁市场上的资本提供增多的时候，$r_I$ 会下降。资本租赁市场是我们将金融市场简化模型化的一个假设。

临的预算约束为：

$$I = \bar{D}_A + P_S D_S, D_S \leq \bar{D}_S \quad (21)$$

由数量指标和价格指标可以得出①：

$$x_{Si}^D = D_S [P_S/p_{Sj}]^{1/(1-\rho)} \quad (22)$$

进一步可以得出：

$$x_{Si}^D/x_{Sj}^D = [p_{Si}/p_{Sj}]^{1/(1-\rho)} \quad (23)$$

为便于分析，采用这样一种对称情况——同质性企业，设 $x_{Si}^D = x_S^D$ 及 $p_{Si} = p_S$，则可知：

$$\begin{aligned} D_S &= x_S^D n_S^{1/\rho} \\ P_S &= p_S n_S^{-\beta} \end{aligned} \quad (24)$$

其中，$n_S$ 为该部门企业个数。根据（21）式、（22）式和（24）式可得：

$$x_S^D = (I - \bar{d}_A)/p_S n_S \quad (25)$$

容易得出典型企业需求弹性为 $(1+\beta)/\beta$，垄断竞争厂商采用加成定价法来定价，则利润最大化为导向企业的均衡第一个条件为 $MR_S = MC_S$，可得：

$$p_S[1 - \beta/(1+\beta)] = MC_S \quad (26)$$

联立（20）式、（26）式以及 $1 - \beta/(1+\beta) = \rho$，可求出均衡时 S 产品价格为：

$$p_S^e = w_I/\rho (e^{a_s k^*} - a_s k^* - 1) \quad (27)$$

均衡的第二个条件为企业会一直进入行业，直到潜在进入者的收益为 0。如果 $n_S$ 足够大，以至于 1 是个很小的量，则均衡的第二个条件可以转化为：

$$(p_S^e - MC_S) x_s^D = r_I K_{Sn} \quad (28)$$

其中，$r_I$ 为资本租赁价格，$K_{Sn}$ 为最后一个进入者的资本量。联立（25）式、（27）式和（28）式，可以求出均衡时企业的数量为：

$$n_S^e = \beta MC_S (I - \bar{D}_A)/r_I K_{Sn} p_S^e \quad (29)$$

将（20）式和（27）式以及 $\beta = (1-\rho)/\rho$ 代入（29）式可得：

$$n_S^e = (1-\rho) I_S/r_I K_{Sn} \quad (30)$$

---

① 见 Dixit 和 Stiglitz（1977）第 299 页。

其中，$I_S = (I - \bar{D}_A) \leq P_S \bar{D}_S$，为典型消费者对 S 产品的支出。再联立（22）式、（25）式和（29）式均衡时每个企业的产出：

$$x_S^e = r_I K_{Sn}/\beta MC_S \tag{31}$$

将（20）式代入（31）式可得：

$$x_S^e = r_I K_{Sn}(e^{a_S k^*} - a_S k^* - 1)/\beta w_I \tag{32}$$

由于 B 产品部门和 E 产品部门各函数形式与 S 产品部门的相似性，因此也可以得到类似部门均衡的企业数量和产量。

2. 经济发展。

工业化阶段消费者的收入 $I$ 来自出租所拥有的土地 $T_p$、实物资本 $K_p$ 的收益与劳动工资 $w_I$ 三部分，即 $I = r_T T_p + r_I K_p + w_I$。如果 $I > \bar{D}_A$，则此消费者对 S 品产生需要，反之则没有需要。当经济体中的能够消费起 S 产品且满足了安全需要的消费者数量达到大规模工业化生产的时候，B 部门开始兴起。为了更清晰地看这个问题，我们回到生产函数并假设典型消费者所需求的 S 产品量 $x_S^D$ 等于经济体总人均 S 产品产量 $\alpha_S \bar{x}_S$[①]：

$$x_S^D = \alpha_S \bar{x}_S \tag{33}$$

其中，$\bar{x}_S$ 为均衡时候的经济体总人均产量。联立（24）式和（33）式可得：

$$D_S = (n^e)^{1/\rho} \alpha_S (e^{a_S k^*} - a_S k^* - 1) \tag{34}$$

将（31）式代入（34）式可得：

$$D_S = [(1-\rho)I_S/r_I K_{Sn}]^{1/\rho} \alpha_S (e^{a_S k^*} - a_S k^* - 1) \tag{35}$$

其中，$I_S = (I - \bar{D}_A) \leq P_S \bar{D}_S$，为典型消费者对 S 产品的支出。由上式可知，在其他条件不变的情况下，$D_S$ 取决于 S 部门从业人口比例 $\alpha_S$ 和部门技术水平 $a_S$。技术 $a_S$ 的进步通过提高生产边界来提高典型消费者的消费 S 产品的数量指标 $D_S$。由理性厂商在生产边界上生产的条件 $a_S k^* = a_S K_S/\alpha_S L$ 可推导出 $\alpha_S = K_S/k^* L$，即在人口一定的情况下，S 部门从业人口的比例取决于该部门的总资本量 $K_S$，这意味着行业总投资量的增加会提高典型消费者的消费 S 产品的数量指标 $D_S$。随着经济体 S 产品人均产出水平的增加而增加，总人均产出的增加伴随着该部门从业人口的增加和总产出量的增加。当 $D_S = \bar{D}_S$ 时，典型消费者产生对 B 产品的需求。模拟技术进步对典

---

[①] 一如前述，典型消费者效用函数中的 $\bar{D}_S$ 所对应的总人均 S 产品量，及此总人均产量对应的总 S 产量为该经济系统 S 产品的最大产量，因为这确保了每个人都满足了 S 需要。

型消费者对 S 产品的消费数量指标的影响($[(1-\rho)I_S/r_I K_{Sn}]^{1/\rho} = 1$,$\alpha_S = 0.2$,$k^* = 1$,$a_S \in (1, 2)$)如图 5 所示。

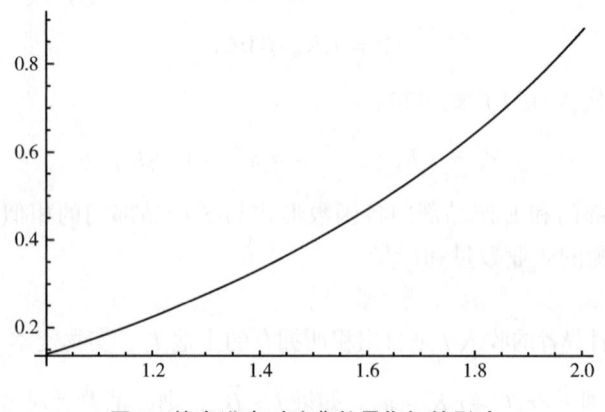

**图 5　技术进步对消费数量指标的影响**

图 5 揭示了随着技术的进步，典型消费者的 S 产品消费数量指标会增大，且边际递增。

综上所述，从以上模型推导的需求角度、投入要素角度和分工角度看，B 产品部门大规模工业化生产的必要条件依旧是：(1) 经济体有相当多的消费者有归属需要；(2) 储蓄能够有效率转化为投资；(3) 不同产品部门间的产品可以顺利地交换；(4) 技术进步使得 B 产品的大规模生产成为可能。(5) 经济系统存在剩余劳动力[①]，人力资本 $G_1$ 等级的劳动力能够顺利地通过教育和培训转化为人力资本 $G_2$ 和 $G_3$ 等级的劳动力。

由于工业部门的类似性，可以得出经济均衡时候 B 部门各变量为：

$$n_B^e = (1-\rho)I_B/r_I K_{Bn} \tag{36}$$

$$x_B^e = r_I K_{Bn}(e^{a_B k^*} - a_B k^* - 1)/\beta w_I \tag{37}$$

$$D_B = [(1-\rho)I_B/r_I K_{Bn}]^{1/\rho} \alpha_B (e^{a_B k^*} - a_B k^* - 1) \tag{38}$$

其中，$I_B = (I - \bar{D}_A - P_S \bar{D}_S) \leqslant P_B \bar{D}_B$ 为典型消费者对 B 产品的支出。由 (38) 式可知，在支出 $I_B$ 一定的情况下，$d_B$ 取决于 B 产品部门从业人口比例 $\alpha_B$ 和技术水平 $a_B$ 两个变量。技术 $a_B$ 的进步通过提高生产边界来提高典型消费者的消费 B 产品的数量指标 $d_B$。由行业生产边界上 $a_B k^* = a_B K_B/\alpha_B L$ 可以推出 $\alpha_B = K_B/k^* L$，因此在总人口一定的情况下，行业从业人口的比例 $\alpha_B$ 取决于行业总资本 $K_B$ 的规模，换句话说行业总投资量 $K_B$ 的增加会提高典型消费者的消费 B 产品的数量指标 $d_B$。当等于

---

[①] 和 A 部门的分析类似，本文章中不再赘述。

$d_B = \bar{d}_B$ 的时候,典型消费者的归属需要得到满足,进而对 E 产品产生需要。当 E 产品大规模生产的条件具备的时候,经济体就具备了 E 产品部门兴起的必要条件,这也是经济体跨入后工业化经济阶段的必要条件。

3. 后工业化与中等收入陷阱。

在后工业化阶段,E 产品包括高档产品、新产品和奢侈品产生需要,其中高档品是在原有的产品基础上品质化的产品,因此对已有的部分工业部门则是产品从中低档向高档的转变。新产品则是新的科技水平上出现的产品。随着 E 产品部门的人均产量达到一定量,典型消费者满足归属需要后就产生了自我实现的需要,这时候消费者会在维持各低层次消费水平不变的情况下增加"闲暇"的消费,即缩减劳动供给量,此时的经济体劳动供给量会随着收入水平的提高而下降。

这一时期,经济系统极容易出现"中等收入陷阱"的现象。"中等收入陷阱"一般伴随着过高的贫富分化和技术创新不足。由于消费者的收入来自于劳动收入和土地、资本租赁收入三方面,因此由于最初资本禀赋的不同和经济系统由于某些压低劳动收入提高资本收入的政策措施,又或是投资信息在消费者之间传播的不对称,导致随着工业化的进行消费者的贫富分化越来越悬殊,在工业化末期的时候,只有少数人能够消费得起 E 产品,造成 E 产品需求市场规模极其狭小不足以支撑 E 产品部门的大规模生产。另一方面,如果经济系统处于与外界有交流的环境中,由于技术具有公共品的特征,经济系统可以从外界环境以比自身技术开发成本更低的代价获得技术,因此可以只扩大投资总量就可实现较高速的经济增长,但随着经济系统工业化的深入,能够从外界继续获得技术的困难越来越大,且越来越接近自身技术开发的成本,此时经济系统如不能有效地开发技术,则会造成经济发展的停滞。

(三) 经济均衡

部门间的均衡包括两个层面:工业产品部门间的均衡和农业部门与工业部门间的均衡。

1. 工业部门间均衡。

首先看工业产品部门间的均衡。工业部门间均衡的条件为各部门拥有相同的资本租赁报酬率,这是因为在完全竞争的资本租赁市场上,资本会流向报酬率高的产品部门,流出报酬率低的部门。

当低需求层次的工业品部门达到最大产量进入均衡后,整个部门进入零利润的均衡状态。随着较高一需求层次产品部门的兴起,新的兴起部门的利润大于零,这时资本市场的资本会争相进入新产品部门。低需求层次产品部门的企业为追求利润也会从旧的产品部门撤资进入新的产品部门,随着撤出企业的增多,低需求层次产品部门的产量由此减产,以至于典型消费者的 $D_i < \bar{D}_i$,则会导致市场上低需求层次的产品供给不足,价格上涨,直到市场在新的更高的产品价格下供需均衡。

较高的价格一方面导致能够消费得起此种低层次产品的消费者数量减少，另一方面此类产品的价格上升减少了能够消费得起此类产品消费者的收入，导致高层次产品消费的减少。反映在经济体总产出指标上，则是总产出指标的减少。较高的价格会吸引新的厂商进入，例如某个低需求层次产品部门 $i$ 的典型企业 $j$ 在产量不变的假设下，由于价格上涨，因此 $p_i > p_i^e$。再假设企业收益均用来支付资本租赁费和工人工资且该产品部门的厂商行动一致，即：

$$p_i x_i = r_i K_{ij} + w_i L_{ij} > p_i^e x_i = r_I K_{ij} + w_I L_{ij} \tag{39}$$

其中，$r_i$、$w_i$ 分别为该产品部门支付的资本租赁费率和工资水平，一般而言企业收益增加会提高资本报酬和劳动报酬，即 $r_i > r_I$，$w_i > w_I$，由于资本租赁市场和工业生产劳动市场均为完全竞争市场，高于均衡资本租赁利率 $r_I$ 和劳动工资水平 $w_I$，这会导致极多的资本和劳动力涌入该部门，直至该部门的产量恢复均衡水平，该部门资本租赁利率和劳动工资水平恢复到 $r_i = r_I$，$w_i = w_I$。随着此类产品供给量的提高，价格下降到 $p_i^e$，企业收益重新回到 $p_i^e x_i$，行业部门重回 0 利润的均衡状态，最终整个经济各部门再次进入均衡状态。均衡时各部门的资本报酬率是相同的，即：

$$r_I = (p_i x_i - w_I L_{ij})/K_{ij} \tag{40}$$

联立上式和（33）式，并将理性企业条件 $K_{ij} = k^* L_{ij}$ 与企业同质的推导 $K_{in} = K_{ij}$，即最后进入的企业资本与同部门其他企业的资本量相同代入，解出 $r_I$：

$$r_I = \frac{\beta w_I^2}{k^*(\beta w_I - p_i \gamma_i)} \tag{41}$$

其中，$\gamma_i = e^{a^i k^*} - a^i k^* - 1$。从上式可以看出，只有 $p_i \gamma_i$ 相同的情况下，才会满足部门间拥有相同的资本报酬率 $r_I$，即：

$$\Delta = p_S \gamma_S = p_B \gamma_B = p_E \gamma_E \tag{42}$$

上式即为工业部门间均衡的条件。可知，部门均衡时候的资本报酬率与均衡时工业劳动力工资和同层次产品间的固定替代弹性有关。工业产品部门间均衡时，其中一个部门的技术水平提高会导致该部门人均产量 $\gamma_i$ 的提高，该类产品的价格 $p_i$ 会下降以维持均衡状态。

2. 农业部门与工业部门间均衡。

再讨论农业部门和工业部门间的均衡。农业部门和工业部门间的均衡条件是两个部门间的劳动力不发生流动。发生流动的条件是实际工资收益的相等。

假设人力资本 $G_1$ 层级的劳动力转变为 $G_2$ 层级的劳动力需要接受教育和培训的成本为 $E_1$，由教育和培训所造成的痛苦可用报酬 $\xi_1$ 才能弥补，则当 $w_I - w_A < E_1 + \xi_1$ 的时候两个层级的劳动力不会发生转化，$G_2$ 层级的劳动力可以从事 $G_1$ 层级的工作，因

此工业劳动力会流往农业部门；当 $w_I > w_A + E_1 + \xi_1$ 时，$G_1$ 层级的劳动力就有了接受教育培训流向工业部门的动力，因此两部门间均衡的条件为：

$$w_I = w_A + E_1 + \xi_1 \tag{43}$$

我们关注的是均衡时农产品价格和工业品价格之间的关系。将（9）和（27）代入上式可得：

$$p_S \gamma_S = p_A \gamma_A + E_1 + \xi_1 \tag{44}$$

从（42）可知，上式即：

$$\Delta = p_A \gamma_A + E_1 + \xi_1 \tag{45}$$

此即为农业部门和工业部门均衡的条件。

综上所述，本章推演了经济系统发展过程，归纳可得出以下结论：

在消费结构演进方面，消费者在较低马斯洛需求层次产品消费数量指标没有达到一定数值的时候该需求层次不会被满足，从而较高需求层次的产品不会增加。消费者的需求结构决定了生产部门的生产结构，在某个需求层次的产品生产数量没有使得经济体拥有足够满足该需求层次的消费者之前，高需求层次的产品不会被大规模生产，随着较低需求层次产品部门的总人均产量达到一定值之后，高需求层次的产品部门才会兴起，这种生产结构的演进又推动着消费者需求结构的演进。技术水平决定着理性农业生产单位和理性工业企业的人均产量，随着各部门总体技术的进步，部门人均产出增加。经济体总人均产量随着技术进步和各部门总投资规模的增加而增加，如果经济体存在大量满足了低层次需求的消费者且新部门的技术水平使得高一层次的产品工业生产变为可能，则新产品部门会兴起。需求结构和生产结构如此相互作用，层级递进，在总产量指标上则体现为经济增长。此外在论述经济发展过程中，还对"小农经济""马尔萨斯陷阱"和"中等收入陷阱"等经济理论问题提供了本研究视角下的理论解释。

## 四、经验证据

首先验证需求结构。需求层次理论各层次满足所需的产品如下所示：

生理需要：消费者需要生存所需的食物、水、衣物、住处，以及性。

安全需要：消费者需要感受到安全的健康医药、安全保障制度等。

归属需要：消费者需要爱与被爱，需要交际和家庭，交际需要通信、样式服装和交通等，家庭则需要生活便捷品、房屋等等。

尊重需要：消费者开始追求已经消费产品中的高档产品以及奢侈品等等。

根据上述分类，我们将 2010 年世界银行统计的 92 个国家不同收入水平下的消费结构以表3列出。

表3　　　　　　　　　　　不同收入水平的消费结构　　　　　　　　　　单位：%

| 需求层次 | 产品类别 | 最低收入 | | 低收入 | | 中等收入 | | 高收入 | |
|---|---|---|---|---|---|---|---|---|---|
| A+E | 食品和饮料 | 53.9 | | 42.0 | | 34.6 | | 20.7 | |
| S+E | 健康 | 4.4 | 4.8 | 5.1 | 5.9 | 5.5 | 6.2 | 5.2 | 5.7 |
| | 水利用 | 0.4 | | 0.8 | | 0.7 | | 0.5 | |
| B+E | 信息通信 | 2.8 | 7.1 | 4.9 | 10.8 | 6.5 | 16.4 | 6.6 | 25.3 |
| | 交通 | 4.3 | | 6.9 | | 9.9 | | 18.7 | |
| A+S+B+E | 教育 | 2.9 | | 4.4 | | 4.6 | | 3.8 | |
| | 能源 | 6.9 | | 5.9 | | 4.9 | | 3.3 | |
| | 衣物鞋帽 | 5.9 | 14.0 | 6.9 | 18.2 | 8.1 | 19.1 | 7.4 | 18.9 |
| | 房屋 | 8.1 | | 11.3 | | 11.0 | | 11.5 | |
| | 个人护理 | 1.7 | | 1.4 | | 1.2 | | 1.4 | |
| 不能识别 | 金融服务 | 0.2 | | 0.5 | | 1.0 | | 2.7 | |
| | 其他 | 8.5 | | 9.9 | | 12.1 | | 18.2 | |

资料来源：根据世界银行网站公布的《2010年消费领域和消费领域的份额》整理而成。世界银行网站全球消费数据库：http：//datatopics.worldbank.org/consumption/.

统计数据中没有区分高档品和普通产品，因此有理由认为每种产品类别都有高档品的成分，即表3高收入水平消费的产品类别中都包括E产品。文章将食物和饮料作为代表A产品和在高收入水平上E产品的类别；将健康和水利用作为代表S产品和高收入水平上E产品的类别；将信息通信和交通作为代表归属需要的类别；教育、能源、衣物鞋帽、房屋和个人护理等则具有满足多种需要层次的功能；金融服务和其他则属于无法归类的类别。

不同需求层次商品的价格相差很大，因此价格较高的类别商品数量即使有较小的变动，反映在总支出上的变动也很大。鉴于此，从同层次产品在支出中的最大增长幅度的节点先后就可以分析出消费者随着收入的增加对不同层次商品的偏好顺序。分析如下：

在A+E类别中，即使考虑了高收入者对高端食品和饮料的消费，该类别在四个收入水平中所占的比重却稳步下降，这反映了随着收入水平提高，A产品在消费者消费支出中变化不大。

在S+E类别中，在最低收入到低收入阶段增长幅度最大，在中等收入时候达到最大值。在满足多层次需要的产品类别中，房屋的最大增幅在最低收入到低收入水平阶段。

在B+E类别中，四个收入水平下的消费比例的增幅递增，在高收入水平上达到最大值。同样，在满足多层次需要的产品类别中，衣物鞋帽的最大增幅在低收入到中等收入阶段。

从可识别各类别产品中，高收入水平的消费结构中，B+E类别和满足多层次需要的类别中的房屋在消费中的比例明显上升，具体体现在交通和房屋的极大提高。

从上述数据分析中可以得出，随着收入水平的提高，消费者对各类别产品的需求偏好次序为：A产品、S产品、B产品和E产品。这也说明需求层次理论可以很好地解释表3所示的消费者消费结构变化。

在生产结构的经验验证方面，我们选取韩国工业经济结构变化来验证生产结构的演进。这是因为，韩国是战后经济规模最大的从农业国成为发达国家的经济体。韩国工业经济发展总体可分为三个阶段，第一阶段为20世纪六七十年代，这一时期的特征是低端轻纺工业、食品加工和水泥行业的兴起与壮大，例如纺织、成衣、制鞋、木材加工等劳动密集型产品部门。第二阶段为七八十年代，轻纺工业向高档产品转变的同时，劳动技术密集型重化工业如电器、造船、汽车、石化、钢铁和金属加工等工业部门开始兴起于壮大。从70年代起，韩国政府开始对造船、汽车、钢铁、石化产业等重点进行扶持。尤其是重化工产业，20世纪70年代其在国民生产总值中所占的比重为11.9%，20世纪80年代大幅增至26.3%。重化工产品的出口额也从70年代初为14亿美元，80年代初增至年10倍以上增长达到150亿美元。第三阶段为80年代至今，这一阶段韩国的技术创新开始大规模兴起于壮大，科技的进步调整着产业结构，一方面促进着旧有工业部门技术水平的提高，产品由中低端向高端转变，另一方面新技术的出现导致电子计算机、超高集成电路半导体、新医药、新农药等知识技术密集型新兴产业获得了长足的发展。韩国工业部门兴起的时间和次序如表4所示。

表4　　　　　　　　　　韩国工业部门兴起次序

| 时间 | 阶段特征 | 代表消费品部门 | 消费品功用 | 产品需求层次 |
| --- | --- | --- | --- | --- |
| 1950~1960 | 食品加工、低端轻纺、建筑材料 | 制糖、面粉、成衣、制鞋、木材加工、水泥 | 营养、御寒、建筑安全 | S产品 |
| 1970~1980 | 高端轻纺、电子、汽车、造船、钢铁、石化等 | 高端成衣、半导体、家电、通信、汽车、船舶 | 交际、通信、交通和家庭便捷 | B产品 |
| 1980~2000 | 给企业"断奶"、科技创新 | 已有工业部门技术水平的提高和新科技部门的崛起 | 高端工业品、新产品 | E产品 |

资料来源：根据金东石、金胜柱（2012）等，金东石、李镇勉等（2002），周贤等（1997）整理而成。消费品种类信息参考了韩国国家统计局统计数据库的分类信息（网站：http://www.kostat.go.kr.），以及以下两个研究机构的报告：韩国开发研究院（KDI），Korea Development Institute，是韩国国务院直属的韩国经济与社会相关国家政策研究机构；韩国产业研究院（KIET），Korea Institute for Industrial Economics & Trade。

从表4可以看出，尽管韩国经济发展过程中实行外向型经济政策，但其消费品工业部门兴起和发展的次序仍遵循S产品、B产品和E产品的兴起次序，这验证了本文模型中的生产结构的演进次序。

## 五、结束语

综上所述，文章在认同经济发展与经济结构变动的关系基础上，认为现有的经济发展理论缺乏对需求结构变化的描述，在生产结构的变迁中缺少对微观经济主体特征的描述以及尚未有一个统一的经济发展模型将"小农经济""马尔萨斯陷阱"和"中等收入陷阱"等经济学问题描述清楚。

有鉴于此，本文在建模中引入马斯洛需求层次理论并以此建立效用函数来刻画消费者消费结构的变化，并根据不同需求层次建立能够反映微观经济主体特征的产品部门人均生产函数。农业人均生产函数纳入了技术、土地和劳动力三种要素，工业人均生产函数纳入了技术、资本和劳动力三种要素。将经济发展阶段分为农业经济阶段、工业化经济阶段和后工业经济阶段三个阶段，然后依此对发展过程进行了模型推演。在推演过程中以均衡分析的思路对各阶段经济发展过程中的需求结构、生产结构的变化以及两者相互作用的演进过程进行了论述，并从供需关系、生产投入和分工与交换三个角度归纳了经济结构演进的必要条件以及得出技术进步是经济结构演进的决定性因素这一结论。此外，在推演过程中还对"小农经济""马尔萨斯陷阱"和"中等收入陷阱"等问题给出了本研究视角下的理论解释。

文章的主要创新点有：第一，文章的经济发展模型可以反映经济发展过程中需求和生产上结构的变化，丰富了反映需求结构和生产结构变动的经济发展理论以及模型。第二，文章经济发展模型解释了各个经济发展类型或阶段，从理论上探索了各经济阶段结构演进方面的决定性因素——技术进步，以及简要归纳了此角度经济发展的必要条件。第三，模型得出的相关结论，对未来经济发展理论建模提供了一定的参考和借鉴。第四，文章在推导过程中对"小农经济""马尔萨斯陷阱"和"中等收入陷阱"等经济问题给出了本研究视角下的理论解释。第五，以经验证据证明了需求结构的层次性和生产结构的层次性是按照马斯洛需求层次演进的。

总而言之，文章的理论探索和验证结论一定程度上有利于扩展我国现阶段经济结构转型问题的研究思路，增加经济发展理论的多样性。

### 参考文献

[1] [韩] 金东石、金胜柱等. 韩国经济的成长因素分析：1970~2010 [R]. 韩国开发研究院（KDI）研究报告书, 2012.

[2] [韩] 金东石、李镇勉等. 韩国经济的成长因素分析：1963~2000 [R]. 韩国开发研究院（KDI）研究报告书, 2002.

[3] 林毅夫、苏剑. 新结构经济学：反思经济发展与政策的理论框架 [M]. 北京：北京大学出版社, 2012.

[4] [美] 刘易斯. 经济增长理论 [M]. 商务印书馆, 1996.

[5] [美] 马斯洛. 动机与人格 [M]. 许金声. 北京：中国人民大学出版社, 2013.

[6] 姚洋. 发展经济学：Development Economics [M]. 北京：北京大学出版社, 2013.

[7] [韩] 周贤等. 韩国的产业：发展历史与未来展望 [R]. 韩国产业研究院（KIET）研究报告书, 1997.

[8] Chang P K. Agriculture and Industrialization [M]. Cambridge, MA: MIT Press, 1949.

[9] Dixit A K, Stiglitz J E. Monopolistic Competition and Optimum Product Diversity [J]. American Economic Review, 1977, 67（3）：297－308.

[10] Hirschman A O. The Strategy of Economic Development [M]. New Haven, CT: Yale University Press, 1958.

[11] Kuznets S S. Modern Economic Growth: Rate, Structure, and Spread [J]. Economica, 1966, 37 (37).

[12] Lewis W A. Economic Development with Unlimited Supplies of Labour [J]. Manchester School of Economic & Social Studies, 1954, 22（2）：139－191.

[13] Lesourne J. A theory of the individual for economic analysis [J]. 1977, 45（180）.

[14] Mccain R A. The hierarchy of need and moral economics [J]. Forum for Social Economics, 1993, 22（2）：1－21.

[15] Myrdal G. Economic theory and under-developed regions [M]. Harper & Brothers Publishers, 1957.

[16] Nurkse R. Problems of Capital Formation in Underdeveloped Countries [M]. New York: Oxford University Press, 1953.

[17] Rosenstein-Rodan P N. Problems of Industrialisation of Eastern and South-Eastern Europe [J]. Economic Journal, 1943, 53（210－211）：202－211.

[18] Samli A C. International Consumer Behavior [M]. Westport: Quorum Books, 1995.

[19] Samuelson P A and others. Problems of Methodology: A discussion [J]. American Economic Review, 1963, 53（2）：227－236.

# 产业空间优化政策效应分析
## ——以广东省为例[*]

邹 璇 余 苹[**]

**摘 要**: 产业空间转移与产业结构升级是产业空间优化的重要途径, 区域产业政策实施效果直接关系到产业的空间优化。以广东省为例, 首先从产业转移政策角度对广东省四大区域进行产业结构差异分析, 发现产业转移政策对不同发展水平的地区作用效果不同。其次从产业结构升级与产业转移两方面分析相关政策对产业空间优化的影响。研究发现产业转移政策对产业空间优化有效, 尤其对欠发达地区作用显著; 财政支出政策具有地区分异性, 其中教育支出对欠发达地区的作用效果较优, 且教育支出对产业结构升级作用效果强于科技支出; 另外, 税收优惠政策能有效促进产业的梯度转移, 且其效果也具有地区分异性。

**关键词**: 空间优化 产业转移 结构升级 政策效应

## 一、引 言

随着党的十七大转变经济发展方式的提出, 政策战略手段逐渐向如何优化经济结构和提升经济质量转变, 同时转变经济发展方式还要求实现产业结构优化和区域经济协调发展。因此, 在中国经济转型时期, 对产业空间优化的政策效应研究就十分有必要。

产业空间优化主要是通过区域内产业结构升级与区域间产业转移来实现, 因此产业空间优化政策的制定也主要涉及这两方面, 其中产业转移政策作为区域产业空间优化的重要行政手段, 已在很多地区推行。为了推动珠三角地区产业结构向服务业和高端制造业转型, 同时缩小区域发展差距, 从 2001 年的"十五"计划起, 广东省政府就出台了一系列促进产业空间优化的政策。于是本文以广东省为例, 对其产业空间优化政策进行效应分析。

---

[*] 基金项目: 国家社科基金重大项目: 我国分省经济发展方式转变与产业、人口、教育、就业和迁移政策仿真模型及技术支撑平台构建研究 (项目编号: 13&ZD156), 项目主持人: 邹璇教授。

[**] 邹璇 (1973 - ), 男, 汉族, 湖南祁阳人, 博士, 教授, 博士生导师, 湖南大学区域与城市研究中心主任。研究领域: 产业经济理论与应用、区域经济理论与政策、经济发展方式转变。余苹 (1992 - ), 女, 汉族, 湖北孝感人, 湖南大学经济与贸易学院硕士研究生。主要研究方向: 产业政策、教育政策对产业空间优化的影响分析。

自1991年克鲁格曼将D-S垄断竞争模型引入空间分析后，国外越来越重视对产业空间集聚和空间优化的研究，同时也有少数文献考虑了政策对产业空间优化的影响，其中比较细致地分析政策对产业集群存在积极作用的是迈克尔·波特（Porter M. E.，1990），他认为政府在产业集群升级中发挥着重要作用，财政补贴政策能影响产业转移园区企业所需生产要素的供给；采购政策会影响园区企业的需求条件；产业政策会影响到产业园区上下游相关产业；对外贸易政策会影响产业园区整体竞争力。霍姆斯（Holmes，1998）也发现区域政策对产业活动区位分布影响极大，是促使产业集群发展的重要因素。卡瓦霍、拉尔和蒂明斯（Carvalho，Lall & Timmins，2006）研究了区域政策对企业转移的作用，发现财政支出政策推动了制造业厂商向落后地区转移。然而也有部分文献认为区域政策并不能促进产业空间优化。比森和温斯坦（Beason & Weinstein，1996）研究发现日本产业政策并没有促使资源流向高增长产业，从而无法提升相关产业生产力，促进产业结构升级。费雷拉（Ferreira，2000）发现财政支出、转移支付以及对基础设施的直接投资等优惠性政策对减少巴西各地区间经济差距的效果比较有限。查克拉瓦蒂和拉尔（Chakravorty & Lall，2007）也发现印度对落后地区的扶持政策对该地区的经济发展无效，并不能促使产业结构升级。

国内关于产业空间优化政策效应的研究主要涉及产业转移与产业结构升级两方面。关于产业转移的研究较少，刘力和张健（2008）探讨珠三角企业迁移对区域产业结构演化的影响，发现本地优惠政策和产业转移政策对企业区位转移影响显著。卢洪友、陈思霞（2009）发现财政支出和税收政策对不同区域第三产业技术进步与技术效率的促进作用影响不一。毛世萍、邝国良（2010）依据迈克尔·波特的竞争优势理论，从理论上论述了政策落实点，提倡政府实施积极政策促进产业转移园区集群。赵祥（2010）发现税费优惠、融资优惠、投资补助和产业准入门槛等政策工具对促进产业转移有一定程度影响。张兆同（2011）认为我国现阶段各地区产业转移政策的驱动效应有限。大多文献都针对产业结构升级，安苑、王珺（2012）发现政府财政波动抑制了产业结构升级，且技术复杂程度越高的产业，其份额受财政波动的负面效应越大。绳立成（2012）运用agent方法对产业政策促进产业集群升级的效果进行仿真，验证了产业政策的有效性。王志勇、陈雪梅（2014）运用双倍差分法对产业升级政策净效果进行定量分析，发现政府主导的产业升级并未表现出更好的效果，并在一定程度上起了阻碍作用。储德银、建克成（2014）从总量与结构效应双重视角考察我国财政政策对产业结构升级的影响，发现税收政策可以促进产业结构升级，而财政支出政策起到了阻滞作用。

综合来看，国外研究侧重于政策效应是否能促使区域经济平衡发展，而国内研究仅仅从产业转移或产业结构升级其中一方面来分析政策效应。本文独特之处就在于从产业结构升级与产业转移两个方面研究产业空间优化的政策效应，并且将产业空间优化与区域经济平衡发展相结合，比较不同区域的政策效应，为政府解决区域发展不平衡问题提供政策借鉴。

## 二、广东省产业空间优化政策

产业空间优化政策是在尊重市场调节机制的条件下，政府综合运用各种政策手段使产业结构合理的超速发展，促进产业的区位转移与区域产业结构升级。广东省政府主要运用行政手段和财政手段来实施相关政策，行政手段主要指产业转移政策，财政手段主要指政府财政支出和税收政策两方面。各种政策综合运用，形成了结构更加合理的现代产业空间结构。

1. 产业转移政策。

为解决区域经济发展不平衡问题，调整产业空间结构，21世纪起广东省政府就推行了一系列产业转移政策。2001年，《广东省山区开发"十五"计划》中提出要促进珠江三角洲地区资源加工型和劳动密集型产业向山区转移。2002年，广东省政府在《关于加快山区发展的决定》中提出"双转移"战略①，即使产业与劳动力在珠三角和粤北山区间移动。2004年，广东省政府首次提出产业转移工业园区建设提议。2005年，《关于广东省山区及东西两翼与珠江三角洲联手推进产业转移的意见》的出台正式拉开产业转移的序幕，以工业园为主体的产业转移在广东省内迅速展开。2008年，在金融危机和劳动成本上升的背景下，广东省政府出台了《关于推进产业转移和劳动力转移的决定》，进一步加大了产业转移力度，产业转移政策在全省范围强势推行。

2. 与产业空间优化有关的财政支出政策。

（1）建设产业转移园区的支出政策：自广东省政府开始实行产业转移工业园建设时，就伴随着一系列的财政支出政策，包括对工业园用地优惠及基础设施建设的财政补助政策。同时为了促进产业集聚，政府设置产业转移专项奖励资金25亿元以推动产业转移园区发展。

（2）教育支出政策：为了增强广东各产业的人才优势，广东省委政府提出《2008关于加快吸引培养高层次人才的意见》，为引进各水平的创新和科研团队给予不等的专项经费。在引进高层次领军人才方面，省财政提供了500万元专项经费和100万元税后住房补贴。在吸引和留住人才方面，把引进人才的购房补贴、安家费、科研启动经费列入成本核算。同时政府教育支出不断上升，2013年广东省总教育支出已达到1539.3亿元，相较于2012年增长了212.6亿元。

（3）科技创新支出政策：为了鼓励产业由劳动密集型向技术密集型发展，广东

---

① 指珠三角劳动密集型产业向欠发达地区转移；而欠发达地区较高素质劳动力向发达的珠三角地区转移。

省政府加大了对技术创新产业的投资,2009 年《广东省科技型中小企业技术创新专项资金管理暂行办法》规定:专项资金通过无偿资助、贷款贴息等方式支持科技型中小企业的技术创新活动,给予单个项目 100 万元的支持限额,重点项目为 200 万元。"十二五"规划中,省财政每年将新增 20 亿元支持引导战略性新兴产业的发展,并对获得一定级别奖项的专利给予专项奖励。同时政府科技支出不断上升,2013 年广东省科技支出已达到 274.8 亿元,相较于 2012 年增长了 54.1 亿元。

3. 与产业空间优化有关的税收政策。

广东省政府在《关于加快经济发展方式转变的若干意见》中明确地提出了税收方面的优惠政策,包括:落实增值税转型改革政策;对重大技术装备进口免税;实行企业所得税"三免三减半"政策[①];对产业转移园区减征或免征房产税。这些税收优惠政策将使那些符合要求的地区产业直接在资金上受益。

## 三、不同政策阶段的产业结构地区差异

将广东省分为四大区域:(1)珠三角——深圳、广州、佛山、珠海、东莞、中山、惠州、江门、肇庆;(2)东翼——汕头、汕尾、潮州、揭阳;(3)西翼——湛江、茂名、阳江;(4)粤北山区——韶关、河源、清远、梅州、云浮。相关数据来自 2001 至 2014 年的《广东统计年鉴》与《区域统计年鉴》。

广东省产业转移政策可划分为三个阶段,2001~2004 年为阶段一,产业转移政策主要涉及珠三角与粤北山区间的转移;2005~2007 年为阶段二,产业转移政策作用对象发生改变,由仅针对珠三角和粤北山区间的转移扩散到全省范围;2008~2013 年为阶段三,产业转移政策实施力度加大。下文结合不同政策实施阶段,对广东省四大区域进行产业结构差异分析。

1. 区域产业占比结构差异分析。

产业转移政策直接影响区域产业结构变动,而产业结构的升级主要体现在第三产业地位越来越高,第一产业越来越低。图 1 为四大区域历年三产业占比情况,图中政策实施阶段一用虚线表示,阶段二用细实线表示,阶段三用粗实线表示。下文图 2、图 3 也用此方法表示。

(1)阶段一期间,四大区域第一产业占比持续下降,第二产业占比持续上升,第三产业占比变动较平稳,其中粤北山区第一、第二产业变动幅度最大,珠三角波动幅度最小。表明这期间的产业转移政策对粤北山区的产业结构升级作用效果最大。

(2)阶段二期间,除粤北山区外,四大区域产业结构均沿着阶段一的趋势变动,

---

① 指符合条件企业从取得经营收入的第一年至第三年可免交企业所得税,第四年至第六年减半征收的优惠。

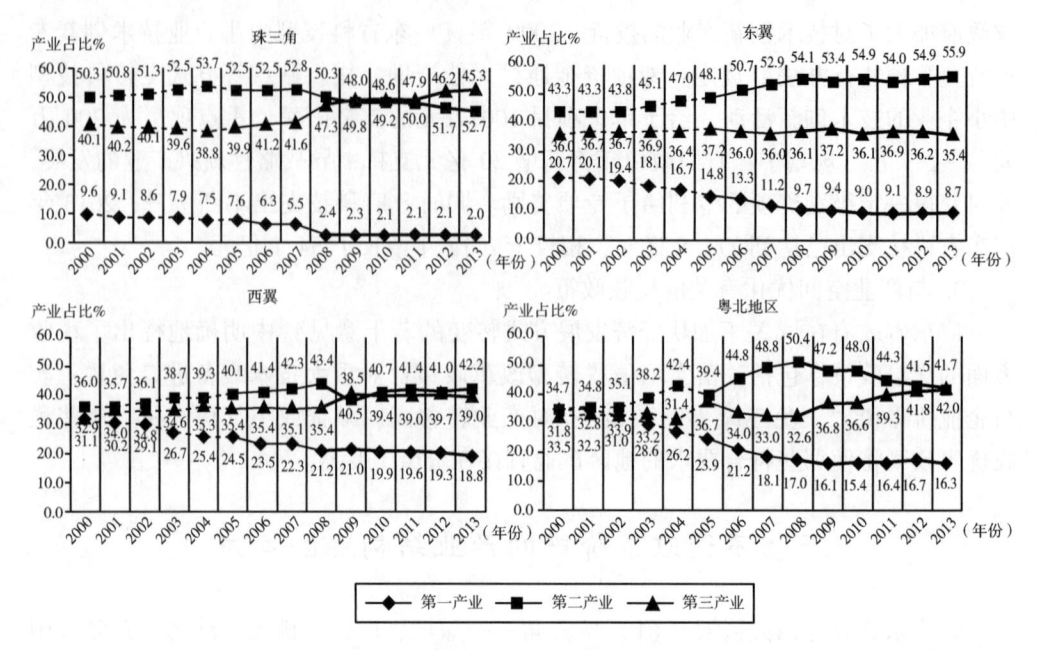

**图1 四大区域三次产业占比情况**

说明此阶段产业转移政策对产业结构影响不显著。对于粤北山区，其第一产业占比依旧保持阶段一中的下降趋势，而由于产业转移对象的扩散导致对粤北山区的推行力度突然下降，第二产业占比在2005年骤然下降。之后政策实施逐渐稳定，粤北山区第二产业占比又逐渐上升。

（3）阶段三期间，产业转移政策力度加强促进了珠三角、西翼和粤北山区第三产业的发展，尤其是珠三角地区，从2008开始产业结构呈现三二一格局。然而2008年经济危机爆发又使得这种变动趋势逐渐平缓，2009年东、西两翼和粤北山区第二产业比重突然下降，第三产业突然上升，其中西翼与粤北山区最为明显。可见经济危机降低了产业转移效果，但产业转移政策的强势推行仍在一定程度上促进了产业结构升级。

因此，在不同产业政策实行阶段，各区域三大产业结构变动趋势不同，四大区域产业结构存在显著的差异。且产业转移政策的实施确实带动了各地区服务业的迅猛发展，尤其是珠三角区域，并在一定程度上提升了东西两翼及山区第二产业的发展水平，促进产业结构升级。

2. 区域经济发展差异分析。

为了衡量广东省四大区域的经济发展差异，利用泰尔系数[①]深入分析，计算公式如下：

$$T = Tb + Tw = \sum_{i=1}^{n} G_i \ln(G_i/P_i) + \sum_{i=1}^{n} G_i \left( \sum_i G_{ij} \ln(G_{ij}/P_{ij}) \right)$$

---

① 由Theil（1967）利用信息理论中的熵概念来计算收入不平等而提出。

其中，$T$ 为区域总差异，$Tb$ 和 $Tw$ 分别为区域间和区域内经济差异，$G_i$ 和 $P_i$ 分别为第 $i$ 区域 GDP 和人口数占总区域的份额，$G_{ij}$ 和 $P_{ij}$ 分别为第 $i$ 个区域中的第 $j$ 个地级市 GDP 和人口数占 $i$ 区域的份额，$T$ 值越大，区域差异越大。

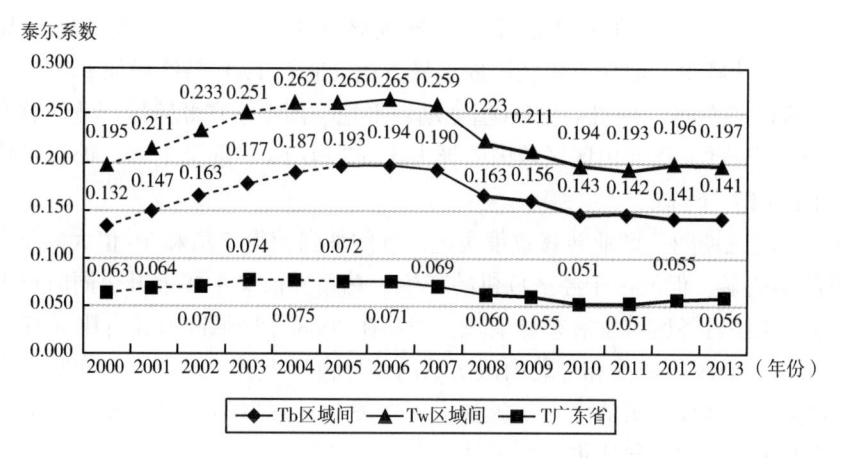

图 2　广东省泰尔系数

表 1　各区域差异比重　　　　　　　　　　　　　　单位:%

| 年份 | 政策阶段 | Tb/T（区域间） | Tw/T（区域内） | Tw1/Tw（珠三角） | Tw2/Tw（东翼） | Tw3/Tw（西翼） | Tw4/Tw（粤北山区） |
|---|---|---|---|---|---|---|---|
| 2000 | 阶段一 | 67.85 | 32.15 | 92.45 | 4.41 | 0.90 | 2.24 |
| 2001 |  | 69.46 | 30.54 | 93.13 | 3.13 | 1.50 | 2.23 |
| 2002 |  | 69.93 | 30.07 | 93.83 | 2.55 | 1.69 | 1.93 |
| 2003 |  | 70.44 | 29.56 | 94.28 | 2.38 | 1.54 | 1.80 |
| 2004 |  | 71.49 | 28.51 | 94.44 | 2.72 | 1.37 | 1.48 |
| 2005 | 阶段二 | 72.86 | 27.14 | 94.28 | 3.22 | 1.34 | 1.15 |
| 2006 |  | 73.11 | 26.89 | 94.92 | 3.00 | 0.75 | 1.33 |
| 2007 |  | 73.35 | 26.65 | 94.55 | 2.63 | 0.87 | 1.95 |
| 2008 | 阶段三 | 73.08 | 26.92 | 93.54 | 2.21 | 1.34 | 2.91 |
| 2009 |  | 73.82 | 26.18 | 94.97 | 1.79 | 0.98 | 2.26 |
| 2010 |  | 73.55 | 26.45 | 94.64 | 1.30 | 1.14 | 2.93 |
| 2011 |  | 73.57 | 26.43 | 95.55 | 0.56 | 0.97 | 2.93 |
| 2012 |  | 71.85 | 28.15 | 95.12 | 0.64 | 1.32 | 2.92 |
| 2013 |  | 71.52 | 28.48 | 95.36 | 0.42 | 1.46 | 2.76 |

由图 2 和表 1 整体分析可知，区域间差异是区域总差异的主要来源，且其变化趋势也与总差异基本一致。而在区域内差异中，珠三角内部差异占总区域内差异的

90%以上，这是由其突出的经济发展地位所导致。

（1）阶段一期间，T 和 Tb 值大幅上升，Tw 值也上升但增长幅度不大，因此这段期间广东省经济发展总差异增大主要是由区域间差异造成的。且由于产业转移政策作用对象主要是珠三角和粤北山区，导致粤北山区在该阶段区域内差异占比（Tw4/Tw）持续减少，而珠三角区域内差异占比（Tw1/Tw）持续增加。

（2）阶段二期间，T、Tw 和 Tb 值变动较平稳。而由于在此阶段产业转移政策效用向东西两翼分散，粤北山区区域内差异占比（Tw4/Tw）逐渐上升，而区域内总差异占比（Tw/T）下降。

（3）阶段三期间，产业转移政策实施力度的加强使得 T 值和 Tb 值大幅下降，而 Tw 值下降不明显，但又由于经济危机的产生，总差异值又小幅上升。同时产业在区域间大量转移使得各区域发展差异下降，因而在2008年区域间差异占比（Tb/T）骤然下降。另外2008年西翼和粤北山区区域内差异占比上升，珠三角和东翼差异占比下降，表明产业转移政策的大力实施加大了欠发达地区区域内差异比重，而相对减少了发达地区区域内差异比重。

因此，产业转移政策的实施有助于减少区域间差异，而对减少区域内差异作用不明显，然而四大区域间的发展不平衡是广东省整体经济发展差异的关键，因此，确保产业政策的有效实施，有利于缩小广东省经济发展总差异，促使区域经济更加平稳的发展。

3. 四大区域结构偏离度分析。

结构偏离度指某一产业就业比重与产出比重之差。若某一产业结构偏离度为正，说明该产业相对劳动生产率较低，有一部分剩余劳动力需要转移。若为负就表明该

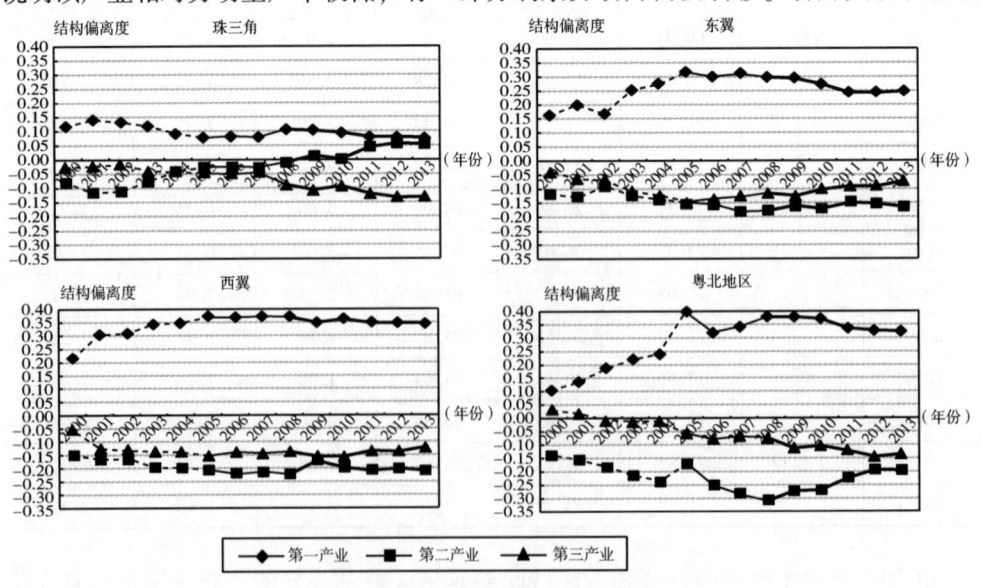

图3　四大区域三次产业结构偏离度

产业存在劳动力承接的可能，可以吸纳更多的劳动力就业。当结构偏离度为0时，该产业的产出和就业是平衡的。通过对结构偏差度的分析，可以了解不同区域不同产业吸收劳动力的情况。

如图3所示，从整体上看，四大区域第一产业结构偏离度均持续为正，第二、第三产业普遍为负值。表明广东省第一产业劳动生产率较低，仍有大量剩余劳动力需要转移，而第二、第三产业均存在劳动力承接的可能。同时相比较而言，珠三角三次产业结构偏离度曲线更靠近$X$轴，表明其产出就业结构较为均衡。

(1) 阶段一期间，对于第一产业，珠三角结构偏离度有小幅下降趋势；而其他地区上升趋势明显，说明珠三角第一产业剩余劳动力空间在不断减小，其他区域在不断增加。对于第二产业来说，珠三角结构偏离度上升，其他地区下降，说明珠三角第二产业存在劳动力承接的可能逐渐减小，而其他区域逐渐增加，尤其是粤北山区，其增加幅度最大。对于第三产业结构偏离度，珠三角变动不明显，东、西两翼有下降趋势，即第三产业劳动力吸纳能力逐渐增加，而粤北山区由正值下降为负值，即由原先第三产业存在劳动力剩余发展到存在劳动力承接的可能。

(2) 阶段二期间，除粤北山区外，其他区域三大产业结构偏离度波动均较平稳，而粤北山区第一产业结构偏离度在2005年骤然上升，之后又骤然下降，逐渐呈现阶段一中的增长趋势，这是由阶段一中的产业转移政策向阶段二过渡造成的，产业转移政策的实施逐渐分散到东、西两翼，从而导致粤北山区第一产业剩余劳动力相对增大。

(3) 阶段三期间，四大区域第一产业结构偏离度变动幅度均很小，而第二、第三产业变动幅度较大。第二产业结构偏离度上升趋势显著，其中珠三角和粤北山区上升幅度最大，且珠三角逐渐由负值变为正值，即吸附就业能力减小甚至出现劳动力剩余，这可能是由于产业转移政策的实施使得企业资本和技术密集度日益提升，在一定程度上表现出对劳动力的排斥；也可能是由于亚洲金融危机的产生，致使部分企业因收益低效而减少了第二产业对劳动力的吸纳。对于第三产业，珠三角和粤北山区结构偏离度趋于下降，而东西两翼逐渐向零趋近，说明珠三角和粤北山区第三产业劳动力吸纳空间越来越大，而东西两翼越来越小。

因此，产业转移政策实施在一定程度上减少了第一产业剩余劳动力，增加了第三产业劳动力吸纳空间，而对于不同区域政策效应不同，珠三角第二产业劳动力吸纳空间逐渐减小，甚至出现劳动力剩余，粤北山区劳动力吸纳空间增大，而对东西两翼政策作用不大。

# 四、产业空间优化政策效应的实证分析

## (一) 数据来源与变量选取

1. 数据来源。

本文选取广东省2000年到2013年的21个市的相关数据,从政策变量、产业集聚程度、人口受教育程度和对外开放程度四方面来分析其对产业空间优化的影响,相关数据主要来自《广东统计年鉴》(2001~2014)、《中国区域统计年鉴》(2001~2014)、《城市统计年鉴》(2001~2014)以及广东省统计信息网。

2. 被解释变量。

产业空间优化主要可通过区域整体产业结构升级与区域间产业转移情况来衡量,因此需要涉及两个被解释变量,一是用产业升级程度($Y$)来衡量产业结构升级程度,二是用第二产业比重($g$)分区域进行实证,以反映区域间的产业转移情况。特地说明产业结构升级程度指标选取自徐德云(2008)的研究,其指标设计中,给第三产业赋值最大,第二产业其次,第一产业最小,具体指标为$Y = 1 \times P_1 + 2 \times P_2 + 3 \times P_3$,其中$Y$为产业结构升级程度,$P_i$是第$i$产业的GDP占总GDP的比重。

3. 解释变量。

(1) 政策变量——教育支出(FE1)、科技支出(FE2)、税收政策(TR)、产业转移政策($pol_{05}$)。政策变量主要通过财政支出政策、税收政策和产业转移政策来表示。其中,财政支出政策主要通过教育和科技支出来体现。从区域角度看,政府对不同地区实行不同教育与科技支出,能够影响地区劳动力质量与生产效率,从而影响产业资源在地区间的分布。对发达地区加大教育和科技支出,能够加快该地区优势产业由劳动密集型向技术密集型的转变;对欠发达地区的财政支出可以帮助其摆脱贫困,并提升产业发展效率,提高这些地区的产业承接能力,从而进一步促进产业在地区间的转移。因此,财政支出政策可以实现资源在空间上的优化配置,引导社会资源流向欠发达地区,进一步推动区域产业空间优化。其次,税收政策通过各区域的不同税收优惠来实现。税收优惠政策通常可以用各地区税收负担率来衡量,税收负担率主要指税收收入总额与生产总值的比值。不同地区可以通过采用不同程度的税收优惠政策来吸引某些优质产业的进入,但税收优惠政策并不一定能促进产业转移,其效果受区域间运输成本和集聚租金的影响,低于某一门槛值的税收优惠无法吸引产业转移,但一旦超过这一门槛值,微小的税收优惠能使产业区位发生突发性转移。另外产业转移政策属于政府行政手段,采用年份虚拟变量来体现,以2005年产业转移园的设立为转折点,以此来反映产业转移政策的实施对产业空间优化的影响。

(2) 人口受教育程度——每万人口中高等院校在校学生数(EDU)。区域人口受教育程度是反映地区人力资本存量的综合指标,高人力资本水平有利于各产业劳动力质量的提升,促进产业高效益发展;本文采用每万人口中在校大学生数来表示人口受教育程度。

(3) 工业集聚程度——区位熵(LQ)。产业结构变动与产业集聚密切相关,产业转移是由产业集聚到一定程度后出现的,而当产业从某一区域转移至另一区域,又可能会形成新的产业集聚,因此产业集聚程度是反映产业空间优化的重要指标。由于广东省内的产业转移主要涉及工业园区的建设,通过产业转移园区的建立逐渐形成工业集群,因此本文以工业区位熵作为衡量工业集聚程度的指标分析其对产业空间优化的影响,其计算公式为:

$$LQ_i = (q_i/Q_i)/(\sum_i q_i / \sum_i Q_i)$$

其中,$q_i$ 为 $i$ 地区工业生产总值,$Q_i$ 为该地区总的生产总值,$LQ_i$ 表示 $i$ 地区工业行业的产业集聚程度,$LQ$ 越大代表地区工业集聚程度越高。

(4) 对外开放程度——外贸依存度(FTD)。对外经济开放水平的提高,可以优化区域资源配置以及提高生产效率。通过引进跨国公司的多种资源,能有效解决区域资源不足或产业结构不合理的现状。本文采用外贸依存度反映区域对外开放程度,外贸依存度指进出口总额与国内生产总值之比,由于进出口统计总额一般以美元为单位,于是本文事先根据各年汇率将进出口总额折算成人民币再用于实证。

(二) 回归模型与实证结果分析

广东省产业的空间优化主要是通过区域内产业结构升级与地区间产业转移来实现,为了细致反映各相关因素对广东省产业空间优化的影响效应,本文分别采用广东省整体产业结构升级模型和广东省内产业转移模型进行实证,最后结合两模型实证结果来说明广东省产业空间优化的政策效应。

1. 产业结构升级的政策效应实证。

(1) 模型设定:为了整体把握政策变量及控制变量对广东省产业结果升级的影响效应,将模型方程设定如下:

$$\ln Y_{it} = \ln\beta_0 + \beta_1\ln(FE1_{it}) + \beta_2\ln(FE2_{it}) + \beta_3 TR_{it} + \beta_4 LQ_{it} + \beta_5\ln(EDU_{it}) + \beta_6 FTD_{it} + pol_{05} + zsj \times pol_{05} + u_{it}$$

其中,$i$ 代表城市,$t$ 为时间,$Y$ 为产业升级程度;$pol_{05}$ 为产业转移政策虚拟变量,2005~2013 年取值为 1,其他年份取值为 0;$FE1$ 为教育支出,$FE2$ 为科技支出;$TR$ 为税收负担率;$LQ$ 为工业集聚程度;$EDU$ 为每万人口中高等院校在校学生数;$FTD$ 为外贸依存度;$zsj$ 代表地区虚拟变量,当 $i$ 为珠三角地区的城市时,$zsj$ 取 1,其他城市取 0;$u_{it}$ 为误差项。

(2) 实证结果分析:表 2 中,模型 (1) 是关于政府政策变量对产业升级程度的影响分析,模型 (2)、(3)、(4) 是分别在政策变量基础上分别加入工业聚集程度、人口受教育程度和对外开放程度的回归,模型(5)是对所有变量的回归;经 Hausman 检验将五个模型均设定为个体随机效应模型。

表2　　　　　　　　　产业结构升级政策效应回归结果

| 变量 | | 模型(lnY) | | | | |
|---|---|---|---|---|---|---|
| | | (1) | (2) | (3) | (4) | (5) |
| 政府政策变量 | $pol_{05}$ | 0.010*<br>(1.92) | 0.011**<br>(2.15) | 0.010*<br>(1.89) | 0.008<br>(1.63) | 0.009*<br>(1.84) |
| | $pol_{05}*zsj$ | -0.036***<br>(-6.61) | -0.034***<br>(-6.20) | -0.032***<br>(-5.73) | -0.036***<br>(-6.65) | -0.030***<br>(-5.47) |
| | Ln(FE1) | 0.010***<br>(4.40) | 0.010***<br>(4.52) | 0.010***<br>(4.67) | 0.008***<br>(3.73) | 0.009***<br>(4.15) |
| | Ln(FE2) | 0.003<br>(1.39) | 0.002<br>(1.11) | 0.002<br>(1.38) | 0.005**<br>(2.49) | 0.004**<br>(2.12) |
| | TR | 1.158***<br>(6.23) | 1.106***<br>(5.94) | 1.082***<br>(5.78) | 1.197***<br>(6.52) | 1.081***<br>(5.85) |
| 产业集聚程度 | LQ | | 0.021**<br>(2.33) | | | 0.081**<br>(2.34) |
| 人口受教育程度 | Ln(EDU) | | | 0.002***<br>(2.69) | | 0.002**<br>(2.36) |
| 对外开放程度 | FTD | | | | 0.021***<br>(3.84) | 0.019***<br>(3.56) |
| 常数项 | C | 0.742***<br>(60.61) | 0.721***<br>(47.40) | 0.624***<br>(32.89) | 0.731***<br>(58.42) | 0.591***<br>(28.88) |
| Cross-section | | random | random | random | random | random |
| period | | none | none | none | none | none |
| Hausman 检验 | | (0.00) | (0.00) | (10.46) | (8.93) | (10.21) |
| $\overline{R^2}$ | | 0.622 | 0.628 | 0.630 | 0.640 | 0.650 |

注:***、**、*分别代表在1%、5%、10%水平下显著,下同。

结果显示,$pol_{05}$系数为正,且在模型(1)、(2)、(3)、(5)中均在1%水平下显著,而$pol_{05}*ZSJ$系数均在1%水平显著为负,且两者系数之和也为负。说明产业转移政策遏制了珠三角产业结构升级,却促进了产业承接地区的产业结构升级。lnFE1 系数均在1%水平显著为正,lnFE2 系数对产业升级程度影响也为正,在模型(4)、(5)中在5%水平显著,其系数值约在0.003左右,小于 lnFE1 系数值,表明财政支出政策对产业结构升级促进作用显著,其中教育支出的作用大于科技支出。

TR 系数在 1% 水平下均显著为正，表明税收负担率的提高不但没有遏制区域产业的发展，反而对产业升级有明显的促进作用，这可能由于税收负担率的提高降低了各企业盈利利润，从而加快了那些仅依靠低质劳动力的传统企业的更新换代或者淘汰，最终那些依靠技术进步的新兴企业保留下来，因此税收负担率的提高反而促进了产业结构的升级。

同时通过模型（2）、（3）、（4）、（5）可以发现，控制变量 LQ、ln（EDU）和 FTD 系数均在 5% 水平下显著为正，说明工业集聚程度、人口受教育程度和对外贸易程度对广东省产业结构升级均有着明显的促进作用。

2. 产业转移的政策效应实证。

(1) 模型设定：由于涉及区域间转移的产业主要为第二产业，因此以第二产业产值比重为因变量，对四大区域间的产业转移情况实证分析，比较不同地区产业空间优化政策效应，模型设定为：

$$\ln g_{it} = \beta_0 + \beta_1 \ln(FE1_{it}) + \beta_2 \ln(FE2_{it}) + \beta_3 TR + \beta_4 LQ_{it} \\ + \beta_5 \ln(EDU_{it}) + \beta_6 FTD_{it} + pol_{05} + u_{it}$$

其中，g 为第二产业产值比重，其余变量均在产业结构升级模型中有解释。

(2) 实证结果分析：根据相关检验，珠三角区域选择随机效应模型，其他区域采用固定效应模型，回归结果如表 3 所示。

产业转移政策对产业转移的承接方——东西两翼以及粤北山区第二产业转入作用显著，影响效应从大到小依次是：粤北山区 > 西翼 > 东翼，可见产业转移支出促使珠三角区域劳动密集型工业转移到欠发达区域，从而加快了欠发达区域第二产业的发展，促进了产业空间优化。教育支出对东西两翼和粤北山区第二产业产值比重的影响显著为正，对珠三角为负，且正向效应由大到小依次为：东翼 > 粤北山区 > 西翼，而科技支出效应相反。表明政府教育支出的增加能够显著促进珠三角第二产业向欠发达区域的转移，而科技支出遏制了产业梯度转移。税收政策对西翼和粤北山区有显著的负向影响，表明税收优惠能够促进西翼和粤北山区第二产业的发展，吸引其他地区第二产业的转入，即税收优惠政策能有效促进产业在区域间的合理转移。因此，政府应针对财政政策对各区域不同的影响效应，合理规划各地区财政投入或税收优惠政策，对东、西两翼及粤北山区应适当加大教育支出比例，对西翼和粤北地区加大税收优惠政策力度以吸引优质产业的引进，在产业空间转移过程中进一步促进各区域产业结构升级，进而实现产业空间优化。

关于控制变量对区域内产业转移影响效应，其中，工业集聚程度对四大区域第二产业发展有显著的促进作用，影响效应大小依次为：西翼 > 粤北山区 > 东翼 > 珠三角，可见各区域工业集聚程度的提升对产业承接地即欠发达地区的作用更大；而外贸依存度的提升遏制了珠三角第二产业的转出；人口受教育程度对四大区域影响均不显著。

表 3  产业转移政策效应回归结果

| 变 量 | | 产业转出地 | 产业承接地 | | |
|---|---|---|---|---|---|
| | | 珠三角 | 东翼 | 西翼 | 粤北山区 |
| 政府政策变量 | pol$_{05}$ | -0.010<br>(-0.31) | 0.120**<br>(2.48) | 0.173***<br>(6.06) | 0.227***<br>(3.60) |
| | Ln(FE1) | -0.038**<br>(-2.07) | 0.097***<br>(5.18) | 0.041***<br>(4.05) | 0.085***<br>(4.05) |
| | Ln(FE2) | 0.021*<br>(1.86) | -0.050**<br>(-2.65) | -0.027**<br>(-2.23) | -0.020<br>(-1.02) |
| | TR | 0.284<br>(0.28) | -0.444<br>(-0.27) | -7.325**<br>(-2.51) | -6.393**<br>(-2.41) |
| 产业集聚程度 | LQ | 0.360***<br>(5.94) | 0.431***<br>(4.20) | 0.900***<br>(11.82) | 0.487***<br>(5.16) |
| 人口受教育程度 | Ln(EDU) | -0.014<br>(-1.58) | 0.005<br>(0.22) | 0.005<br>(0.57) | 0.002<br>(0.21) |
| 对外开放程度 | FTD | 0.050***<br>(2.71) | -0.089<br>(0.62) | -0.0411<br>(-0.25) | -0.224<br>(-0.81) |
| 常数项 | C | -0.872***<br>(-4.12) | -1.948***<br>(-13.03) | -1.903***<br>(-21.72) | -2.058***<br>(-10.75) |
| Cross-section | | random | fixed | fixed | fixed |
| period | | none | none | none | none |
| LR 检验/Hausman 检验 | | (0.00) | (6.22)*** | (6.29)*** | (11.93)*** |
| $\overline{R^2}$ | | 0.257 | 0.737 | 0.902 | 0.798 |

# 五、结论与政策建议

1. 结论。

综合前文的分析结果，可得到如下几个结论：(1) 政府产业转移政策的实施能够促进区域产业的空间优化，且对欠发达区域作用效果更显著。(2) 政府财政支出政策对产业结构升级有着明显的促进作用，其中教育支出对产业结构升级作用效果强于科技支出，且教育支出对欠发达地区的作用效果较优，而科技支出更适合发达地区。(3) 税收优惠政策能有效促进产业在区域间的合理转移，且其作用效果也是地区分异性。另外本文还发现产业集聚、人口受教育程度和对外开放程度对广东省产业空间优化促进作用显著。

2. 政策建议。

（1）区域内不同地区政府要制定不同的产业发展规划，明确各区域的发展定位。各地区政府要相互合作，实现与相关产业园区的对接，形成产业转出地与转入地双方得益的局面。

（2）不断完善产业转移政策体系，提高产业转移政策的质量和实际效果。在推进产业转移政策时，要注意使得地区间的生产要素和资源得到充分调动和配置，从而推动整个区域的协调发展，实现产业结构的空间优化。

（3）根据教育和科技支出对不同区域的影响评估，合理分配政府财政支出，提高政府财政支出的针对性。相对欠发达区域而言，发达区域先进制造业与现代服务业的发展更需要大量科技支出的支持，而欠发达区域更需要加大力度培养和引进从事第二、第三产业的高素质人才，从而提高其对于产业转移的承接力。

（4）建立差异化的税收优惠体系。政府在制定税收优惠政策的时候应该考虑到不同地区区位优势和产业结构的差异性，对于某些较发达区域而言要适当取消或减少该地区产能过剩产业的优惠力度，而对于欠发达区域，政府要加大该地区重点扶持产业的优惠力度，促使经济资源向政府合意的方向流动，进而促进广东省产业空间优化。

（5）重视人才培养和产业集聚对产业空间优化的作用效果。各区域均要注重对劳动力素质培养，形成各区域产业园区专业人才体系；同时重视产业集聚效应的作用机制，形成各区域优势产业集群。

## 参 考 文 献

[1] 刘力，张健. 珠三角企业迁移调查与区域产业转移效应分析 [J]. 国际经贸探索，2008 (10)：74-79.

[2] 卢洪友，陈思霞. 第三产业技术进步与技术效率的财政政策效应实证分析 [J]. 广东商学院学报，2009 (3)：74-80.

[3] 毛世萍，邝国良. 政府在广东产业转移中的作用研究 [J]. 科技管理研究，2010 (20)：23-25.

[4] 赵祥. 广东省内产业转移的影响因素分析 [J]. 经济地理，2010 (1)：86-92.

[5] 张兆同. 产业转移政策有效性研究 [J]. 现代经济探讨，2011 (10)：9-12.

[6] 安苑，王珺. 财政行为波动影响产业结构升级了吗？——基于产业技术复杂度的考察 [J]. 管理世界，2012 (9)：19-35.

[7] 绳立成. 政府促进产业集群升级机理的 agent 仿真研究 [J]. 经济与管理研究，2012 (1)：117-121.

[8] 王志勇，陈雪梅. 产业升级政策的有效性研究——以广东"双转移"战略为例 [J]. 城市发展研究，2014 (9)：69-76.

[9] 储德银，建克成. 财政政策与产业结构调整——基于总量与结构效应双重视角的实证分析 [J]. 经济学家，2014 (2)：80-91.

[10] 徐德云. 产业结构升级形态决定、测度的一个理论解释及验证 [J]. 财政研究, 2008 (1): 46–49.

[11] Porter M E. The Competitive Advantage of Nations [M]. New York: Free Press, Macmillan, 1990.

[12] Holmes T J. The Effect of State Policies on the Location of Manufacturing: Evidence from State Borders [J]. Journal of Political Economy, 1998 (106): 667–705.

[13] Carvalho A, S V Lall and C Timmins. Regional Subsidies and Industrial Prospects of Lagging Regions [M]. Policy Research Working Paper, No. 3843. World Bank: Washington, D. C, 2006.

[14] Beason R, Weins D E. Growth, Economies of Scale, and Targeting in Japan (1955–1990) [J]. Review of Economics and Statistics, 1996 (78): 286–295.

[15] Ferreril A H B. Convergence in Brazil: Recent Trends and Long-Run Prospects [J]. Applied Economics, 2000, 32 (4): 479–489.

[16] Chakravorty S, S V Lall. Made in India: The Economic Geography and Political Economy of Industrialization [M]. New Delhi and New York: Oxford University Press, 2007.

# 技术进步对环境污染的影响
## ——一个倒"U"型假说*

白俊红** 聂 亮

**摘 要**：以往研究重点关注了技术进步对环境污染的改善作用，却忽视了其亦是造成环境污染的重要原因。本文则提出两者之间倒"U"型关系的假说，即技术进步对环境污染的影响呈现先增后减的趋势。在此基础上，本文利用中国分省区面板数据，采用门槛回归方法，对两者之间关系进行了实证考察。研究发现，技术进步对环境污染的影响存在着明显的倒"U"型特征，但在全国总体以及东、中、西部地区之间呈现出一定的区别。这主要表现在，全国整体以及东部地区呈现"单阶段上升以及双阶段下降"的倒"U"型特征；中西部地区则呈现出一个"几"字型的倒"U"特征，其曲线的上升与下降阶段之间存在一个水平区域。本文结论为中国技术进步促进环境污染改善提供政策启示。

**关键词**：技术进步 环境污染 倒"U"型 门槛回归

## 一、引 言

改革开放近四十年来，中国经济建设取得了举世瞩目的成就，但伴随着多年来粗放型的经济发展方式，中国环境污染问题也日益严重。据统计，2013 年中国由于环境污染所造成的经济损失已经高达 2000 亿元人民币，占国民生产总值 GNP 的 9% 左右。目前，中国的二氧化硫污染、二氧化氮污染和细颗粒物污染均位列全球第一位。水污染形势也是异常严峻。中国现有 46.5% 的河段受到了污染，水质只能达到 Ⅳ、Ⅴ 类[①]；10.6% 的河段受到了严重污染，水质已达到超 Ⅴ 类；90% 以上的城市

---

\* 基金项目：国家自然科学基金面上项目"协同创新与空间关联对区域创新绩效的影响机理及实证研究"（批准号 71573138）；国家自然科学基金青年基金项目"基于空间相关的区域间创新协调发展研究"（批准号 71303122）；江苏省高校哲学社会科学研究重点项目"高校科技成果的产权化及产业化问题研究"（批准号 2016ZDIXM022）；教育部人文社会科学研究专项任务项目（工程科技人才培养研究）"基于目标导向的工程人才创造力提升路径研究"（批准号：16JDGC009）。

\*\* 白俊红，男（1982 - ），南京师范大学商学院教授，江苏省创新经济研究基地研究员，管理学博士，研究方向：技术创新与管理；聂亮（1991 - ），男，山东枣庄人，南京师范大学商学院硕士研究生，研究方向：能源与环境经济学。

① 依照中华人民共和国《地表水环境质量标准》（GB3838 - 2002）中规定，中国地面水质分五大类：Ⅰ 类主要适用于源头水，国家自然保护区；Ⅱ 类主要适用于集中式生活饮用水、地表水源地一级保护区，珍稀水生生物栖息地，鱼虾类产卵场，仔稚幼鱼的索饵场等；Ⅲ 类主要适用于集中式生活饮用水、地表水源地二级保护区，鱼虾类越冬、洄游通道，水产养殖区等渔业水域及游泳区；Ⅳ 类主要适用于一般工业用水区及人体非直接接触的娱乐用水区；Ⅴ 类主要适用于农业用水区及一般景观要求水域。

水域污染严重（水利部，2014）。2015年秋冬季，北京、上海、沈阳、长沙、杭州、深圳等多个城市出现了大范围的雾霾天气，其中北京全年的最后46天，PM2.5浓度比起2014年同期要高出75.9%以上，而曾有"国家环境保护模范城市"之称的沈阳，在2015年11月8日这一天，其PM2.5浓度曾一度达到1155（微克/立方米），超过爆表值2倍多[①]。

那么，是什么原因造成中国的环境污染如此严重呢？现有研究多从以下几个方面来进行阐释。

第一种观点认为外商直接投资（FDI）会引发东道国环境污染。由Walter & Ugelow提出的"污染避难所假说"认为，发达国家企业在本国往往面临着严格的环境规制，而发展中国家之间的相互竞争致使它们纷纷采用降低环境准入门槛的方式来吸引外资，于是发达国家便通过国际投融资将污染型产业逐渐转移到发展中国家，进而破坏了东道国当地的环境。如许和连和邓玉萍利用空间数据分析方法，指出FDI的低值集聚区一般是中国环境污染的高值集聚区。刘渝琳和温怀德从人力资本角度揭示FDI在促进中国经济增长的同时也增加了中国的环境污染。

第二种观点认为产业集聚是导致环境污染加重的原因。这一观点又可以具体分为两种看法。一种看法认为产业集聚能够带来生产的正外部性，这会促使集聚区内的工业企业不断扩大生产规模，从而导致企业的能源需求量与污染物排放量增加，由此也致使环境污染呈上升趋势。Virkanen的研究表明产业集聚是芬兰南部地区大气污染以及水污染加重的原因之一。Frank利用欧盟200座城市的相关数据，发现欧盟地区工业产业集聚会增加了该地区的空气污染。Verhoef和Nijkamp运用空间均衡分析方法，发现工业集聚在促进所在城市经济发展的同时，也加剧了该城市的环境污染。另一种看法认为产业集聚区往往也是FDI的集中区域，而根据"污染避难所假说"以及"向底线赛跑假说"，FDI的进入会加剧集聚区内的环境污染。丁帅利用安徽省的面板数据，研究发现产业集聚在吸引更多FDI的同时也加剧了集聚区内的环境污染。杨仁发利用Copeland - Taylor模型的研究发现，在FDI水平较低的时候，产业集聚与集聚区的环境污染程度呈同方向变动关系。

第三种观点认为财政分权程度会影响环境污染，Kunce和Shogren、刘建民等以及郭志仪和郑周胜认为财政分权程度的提高会加剧地方政府之间的竞争，因而地方政府会通过降低环境规制的方式来吸引外资，这致使本地区引进的多为污染型产业，进而会对当地环境产生破坏。张克中等认为目前中国正在进行的分权制改革，多是以GDP增长作为衡量官员政绩的主要指标，却忽视了环境污染问题。地方政府官员为发展地区经济，大力投资于重化工型产业以期在较短的时间内提高自身政绩，这在一定程度恶化了当地的环境。

---

① 爆表值为500（微克/立方米）。

近年来，一些文献开始注意到技术进步对环境污染的影响，认为技术进步可以显著地改善环境质量。如邓明丽和常立农指出，生产技术将会向着更清洁和利用率更高的方向发展，这会保证人类在未来有更好的生态环境和生存方式。胡振宇和郭存芝认为技术进步能通过改变生产函数的方式提高资源的使用效率，减小了生产活动对环境的负面影响。同时新型绿色环保技术的使用，能够使资源得到循环利用，进而可以降低污染物的排放量。

但是如果我们从历史的角度进行分析，却会发现，随着技术的进步，环境质量并不一定总是提高的。英国在18世纪首先完成了第一次工业革命，由机械化大生产代替了工场手工劳动，由此步入了"蒸汽时代"。这也是人类技术史上的一次伟大变革，并且由于这次变革，英国最终建立起以煤炭、冶金、化工等为基础的工业化生产体系。但随着工业化的推进，英国人也"饱尝"了工业革命所带来的苦果。煤炭的广泛使用，造成了英国严重的大气污染，伦敦也因此有了"雾都"的称号。工业废水不经过任何处理直接排放到泰晤士河中，这使得英国人的"母亲河"曾一度变为一条臭水沟。1878年，"爱丽丝公子"号游船在泰晤士河上沉没，640人不幸罹难。据事后调查分析，这其中有许多人并不是溺水死亡而是因为喝进了被污染过的泰晤士河水。由此也可以看出，随着技术的进步，环境污染可能会呈现加剧的趋势。孙军和高彦彦就曾指出，在一项新技术引入的初始阶段，人们更加偏重于以牺牲资源与环境的方式发展生产型技术，这会造成生态环境的恶化。

本文在已有文献的基础上，提出技术进步与环境污染之间可能存在倒"U"型关系的假说。即在技术进步初期，随着技术的发展，环境污染可能会呈上升的趋势，而技术进步达到一定程度以后，环境污染便会开始下降。

在技术进步的早期阶段，社会主要依靠初级技术进步进行生产，而初级技术对于环境的危害并不大，生态系统仍然能够维持自我净化能力，所以环境质量较好。

伴随着技术进步的加速和经济的快速发展，生产活动逐渐向高能源消耗、高原料消耗的工业化方向转变。这一阶段的技术对于资源的利用率还处于较低水平，企业的增长方式主要是外延式的扩大再生产，不仅容易造成原材料的大量浪费，而且工业废物的产生和排放量也会随之增加，即技术进步加剧了环境污染。

随着市场竞争的日趋激烈，企业只有不断地进行技术创新才能保持自身的竞争力。这时，企业的增长方式逐渐由外延的扩大再生产向内涵式发展转变，即随着生产技术和工艺水平的提高，对于能源和原料的消耗将逐步降低，工业废物排放量也将不断下降。而且随着生产力水平的提高，人们的生活质量以及环保意识也在不断增强，这时经济系统便会出现较为严格的环境规制，迫使企业开始采用清洁型的技术来代替污染型技术，降低环境污染。

与以往研究相比，本文的边际贡献主要在于：第一，提出技术进步与环境污染之间存在倒"U"型关系的假说，借此在理论上进行积极的探索；第二，利用中国分省区面板数据，实证考察技术进步与环境污染之间的关系，并采用门槛回归方法检验其之间是否存在倒"U"型曲线特征；第三，中国东、中、西部三大地区之间各方面条件不尽相同，可能造成技术进步与环境污染之间关系的差异，因而，本文还具体考察三大地区各自的倒"U"型曲线特征，并针对性地提出政策建议。

文章后续安排为：第二部分为技术进步与环境污染之间倒"U"型关系的理论分析；第三部分对模型构建、变量构造、数据来源进行说明；第四部分报告全国整体以及分地区的门槛回归结果，并对其进行具体分析；第五部分是本文的结论以及相应的政策启示。

## 二、理论分析

近年来，人们逐渐认识到技术进步是影响环境污染的重要因素之一。在技术进步的初始阶段，新技术所带来的污染外部性还未充分显现，所以随着技术的不断增进，其所造成的环境污染可能会呈加剧的趋势。当污染达到一定程度以后，技术进步将迫使生产者采用清洁生产工艺、清洁能源和污染处理设备，提高资源的利用效率，从而降低环境污染，改善环境质量。因此，环境污染可能会随着技术进步呈现由上升到下降的倒"U"型特征。接下来，我们主要从经济发展的阶段、环境规制的影响，以及产业结构的变迁等几个方面具体阐述。

从经济发展阶段来说，在经济发展初期，经济体面临着内外部经济增长的双重压力，而且由于人们收入水平还较低，此时经济系统首要解决的问题是增加社会财富总量，提高人们生活水平，而环境污染便沦为次要问题。因此在这一阶段，经济系统会将更多的资源投入到生产型技术进步中，希望通过技术进步提高生产率，促进经济增长。然而，此时的技术进步多是以高能源消耗与高污染排放为主要特征的生产型技术进步，其在带来经济迅速增长的同时，对环境也会造成极大破坏。因此，在这一阶段，随着技术的进步，环境污染会呈现上升的趋势。当经济发展进入成熟阶段以后，社会财富总量以及人均生活水平都得到较大提高，但是，不容忽视的是，环境污染问题日益突出，甚至已经危害到了人类自身的健康。此时，人们便会开始追求高质量的生活环境，社会也会寻求发展清洁型的技术进步以改善环境质量。可见，从经济发展阶段来看，最初技术进步将导致环境污染，但随着技术的进一步发展，环境质量会逐渐得以改善。

从环境规制的影响来说，在技术进步初期阶段，经济系统还未产生严重的环境问题，因而环境规制也较为宽松，这为生产型技术的发展创造了有利的外部条件。虽然生产型技术进步本身具有成本低、投入小、见效快等优势，但正如上文所述，生产型技术进步往往会带来严重的环境污染问题，因而随着技术的不断发展，环境污染也呈上升趋势。伴随着环境污染问题的日益严重，社会的环保意识便会逐步提高，此时对环境的规制也会越来越严格。严格的外部环境规制促使企业开始寻求发展符合规制要求的清洁型技术，从而使得环境污染呈现下降的趋势。因而，合理的环境规制能够转变技术进步方向，有助于中国走上绿色技术进步的轨道。

最后，从产业结构的变迁方面来说，在工业化的初期阶段，经济系统的产业结构以传统重工业以及低端制造业为主，此时的技术进步也较多集中于这些产业之中。而这些产业多以高能源消耗、高污染排放为特征。所以在这一阶段，技术进步一方面促进了社会经济的快速发展，但另一发面也造成了较为严重的环境污染。"以环境换增长"成为这一时期经济发展的标志特征。但是，这种粗放型经济发展方式却不具有可持续性。随着生态环境的恶化以及资源的日益枯竭，原本的支柱型产业不再具有优势而渐渐沦为"夕阳产业"。于是，经济系统开始寻求产业结构的升级，而技术密集型与知识密集型产业因为具有价值含量高、产出效益大等优势而逐渐成为社会转变经济结构的目标产业。技术进步也会逐渐由传统重工业以及低端制造业部门向这些产业转移。与以往的技术进步相比，这些新兴部门的技术进步多为环境友好的清洁型技术进步，所以在这一时期，环境质量将逐步得到改善。因此，由于产业结构的变迁，也使得技术进步对环境污染的影响呈现出先增长后降低的倒"U"型特征。

综上所述，在技术进步的初始阶段，由于社会财富总量处于较低水平，环境规制也较为宽松，因此此时经济系统将以发展重化工型产业与低端制造业为主，以期在较短时间内能够提高社会总产出。但是此时的技术进步在促进经济增长的同时，也带来了严重的环境污染问题。因而在这一阶段，随着技术的增进，环境污染将呈现上升趋势。伴随着经济的进一步发展，社会的环保意识开始显现，环境规制也会逐步加强。严格的外部环境规制一方面限制了污染型技术进步，另一方面也积极推进了绿色清洁型技术的发展。所以在这一阶段，技术进步又会使环境污染呈下降的趋势。这样，技术进步与环境污染之间便呈现出先上升后下降的倒"U"型曲线特征。

## 三、模型、变量与数据

### （一）计量模型设定

以往文献多数采用设置交叉项或者对样本进行人为分组的方式，考察变量之间的倒"U"型关系，但是这两种方法均难以探查到具体的门槛水平，并且在对样本进行人为分组的过程中，很可能会掺杂模型设定者本人的主观因素，进而导致模型的设定偏误。而Hansen发展的门槛回归模型可以根据数据自身的特点，内生地划分数据区间，从而能够有效地解决本文所要研究的问题。因此本文采用Hansen的门槛回归模型来具体考察技术进步与环境污染之间的倒"U"型关系。计量模型如下所示：

$$ep_{it} = \mu_i + \beta_{11}tech_{it} \times I(t_{it} \leq \gamma_1) + \beta_{12}tech_{it} \times I(t_{it} > \gamma_1) + \beta_2 control_{it} + \varepsilon_{it} \quad (1)$$

$$ep_{it} = \mu_i + \beta_{11}tech_{it} \times I(t_{it} \leq \gamma_2) + \beta_{12}tech_{it} \times I(\gamma_2 < t_{it} \leq \gamma_3) + \beta_{13}tech_{it} \times I(t_{it} > \gamma_3) + \beta_2 control_{it} + \varepsilon_{it} \quad (2)$$

其中，$i$表示省份，$t$表示年份；式（1）为单一门槛模型，式（2）为双重门槛模型[①]；$ep_{it}$为环境污染水平，$tech_{it}$为技术进步水平，$t_{it}$为门槛变量，$\gamma_1$、$\gamma_2$、$\gamma_3$为特定的门槛值，$I(\cdot)$为指标函数，$control_{it}$为一系列控制变量，包括外商投资额（$fdi$）、地区经济发展水平（$y$）、地区产业结构（$is$）、人力资本（$hc$）、环境规制（$er$）等；$\mu_i$表示不随时间变化的个体效应，$\varepsilon_{it} \sim iid(0, \sigma^2)$为随机干扰项。若技术进步对环境污染的影响在某一门槛值前后产生由正到负的变化，则表明技术进步与环境污染之间存在倒"U"型关系。下面我们以单一门槛模型为例，简要说明门槛模型的估计与检验。

为了得到门槛估计值与参数估计值，首先需要将每一个观察值减去其平均值以消除个体效应$\mu_i$的影响，即：

$$ep^*_{it} = \beta_{11}tech^*_{it} \times I(t_{it} \leq \gamma_1) + \beta_{12}tech^*_{it} \times I(t_{it} > \gamma_1) + \beta_2 control^*_{it} + \varepsilon^*_{it} \quad (3)$$

其中，$ep^*_{it} = ep_{it} - \overline{ep}_{it}$，$tech^*_{it} = tech_{it} - \overline{tech}_{it}$，$control^*_{it} = control_{it} - \overline{control}_{it}$，$\varepsilon^*_{it} = \varepsilon_{it} - \overline{\varepsilon}_{it}$。

然后，将式（3）改写成矩阵形式：

$$ep^* = X^*(\gamma)\beta + \varepsilon^* \quad (4)$$

使用条件最小二乘法估计式（4），可以得到$\beta$估价值的残差平方和$S_1(\gamma)$；其次，通过最小化残差平方和的方法，得到$\gamma$的估计值，即$\hat{\gamma} = argminS_1(\gamma)$；最后通过门槛估计值$\hat{\gamma}$便可以进一步得到参数估计值$\hat{\beta}$、残差向量与残差平方和。

完成模型的估计之后，需要对模型进行两个方面的检验。第一是对门槛效应进行检验。该检验的原假设为$H_0: \beta_{11} = \beta_{12}$，备择假设为$H_1: \beta_{11} \neq \beta_{12}$，检验的统计量为：$F_1 = (S_0 - S_1(\hat{\gamma}))/\hat{\sigma}^2$。其中，$S_0$是指在原假设成立的条件下得到的残差平方和。由于门槛值$\gamma$是无法识别的，所以$F_1$是一个非标准的统计量。但是Hansen使用bootstrap方法（自抽样法）获得了该统计量的渐进分布及其对应的$P$值。第二是对门槛估计值的真实性进行检验。这一检验的原假设为：$H_0: \hat{\gamma} = \gamma_0$，备择假设是$H_1: \hat{\gamma} \neq \gamma_0$，检验的似然比统计量为$LR_1(\gamma) = (S_0 - S_1(\hat{\gamma}))/\hat{\sigma}^2$。$LR_1(\gamma)$同样也是一个非标准的统计量，但是Hansen构造了该统计量关于$\gamma$的置信区间，即$LR_1(\gamma_0) \leq c(\alpha)$，

---

① 这里只给出了单一门槛与双重门槛模型，对于三重门槛模型读者可以参照双重门槛模型自行设定。

其中 $c(\alpha) = -2ln(\sqrt{1-\alpha})$，$\alpha$ 为显著性水平。利用 Hansen 的这一方法，我们便可以对门槛估计值的真实性进行相关的检验。

## （二）变量选取

以往文献多是采用某一种或某几种污染物的绝对指标或相对指标来衡量环境污染水平。但是这种方法往往过于片面，难以较准确地反映环境污染的整体状况。本文参照谭志雄和张阳阳以及许和连和邓玉萍的方法，构建环境污染综合指数来衡量中国环境污染的整体状况。具体步骤如下：

本文选取工业废水排放量（$iww$）、工业废气排放量（$iwg$）以及工业固体废弃物排放量（$isw$）作为衡量环境污染的成分指标，利用熵权法构建环境污染综合指数。

首先，对各种污染物排放数据进行标准化处理：

$$P''_{ij} = \frac{x_{ij} - x_{\min(j)}}{x_{\max(j)} - x_{\min(j)}} \tag{5}$$

其中，$i$ 表示省份（$i = 1, 2, \cdots, m$），$j$ 表示污染指标（$j = 1, 2, \cdots, n$），$x_{\max(j)}$ 和 $x_{\min(j)}$ 分别为第 $j$ 项污染指标的最大值和最小值，$P''_{ij}$ 为标准化后的赋值。

将标准化后的数据进行坐标平移，即为：

$$P'_{ij} = 1 + P''_{ij} \tag{6}$$

其次，计算 $i$ 省份的第 $j$ 项污染指标的熵值：在 $m$ 个样本个数以及 $n$ 个指标个数下，第 $j$ 项指标的熵值为：

$$h_j = -k \sum_{i=1}^{m} P_{ij} ln P_{ij} \text{ 且 } 0 \leq h_j \leq 1 \tag{7}$$

其中，$P_{ij} = \dfrac{P'_{ij}}{\sum_{i=1}^{m} P'_{ij}}$；$k = \dfrac{1}{lnm}$。

计算第 $j$ 项指标的熵权：

$$w_j = \frac{1-h_j}{\sum_{i=1}^{m}(1-h_j)} (0 \leq w_j \leq 1, \sum_{j=1}^{n} w_{ij} = 1) \tag{8}$$

最后，计算综合指数：

$$ep_i = \sum_{j=1}^{n} w_j P_{ij} \tag{9}$$

其中，$ep_i$ 表示 $i$ 省的环境污染综合评价指数。$ep_i$ 越大，表示 $i$ 省的环境污染程度越高。

对于技术进步水平，本文采用 Malmquist 生产率指数法进行测算。Malmquist 生产率指数法是一种非参数的估计方法，只需根据投入与产出量便可以测算出技术进步指数，避免了因使用特定的生产函数而造成的模型设定偏误问题。技术进步水平可以表示成下式：

$$\left[\frac{D_c^s(y^t,x^t)}{D_c^t(y^t,x^t)} \times \frac{D_c^s(y^s,x^s)}{D_c^t(y^s,x^s)}\right]^{\frac{1}{2}} = M_i(y^s,x^s,y^t,x^t) / \frac{D_c^t(y^t,x^t)}{D_c^s(y^s,x^s)} \quad (10)$$

式（10）中，$\left[\frac{D_c^s(y^t,x^t)}{D_c^t(y^t,x^t)} \times \frac{D_c^s(y^s,x^s)}{D_c^t(y^s,x^s)}\right]^{\frac{1}{2}}$ 为技术进步指数，用 tech 表示，$M_i(y^s, x^s, y^t, x^t)$ 为全要素生产率变化率，$\frac{D_c^t(y^t,x^t)}{D_c^s(y^s,x^s)}$ 为技术效率变化指数，用 effch 表示。如果这三项指标的测算值均大于1，则表示从 $s$ 期到 $t$ 期，技术进步、全要素生产率提高以及技术效率改善。通过 Malmquist 生产率指数法计算出来的技术进步效应为 $t$ 期相对于 $t-1$ 期的技术进步水平，所以本文将其统一换算成以2000年为基期的技术进步水平，即2000年的技术进步水平为1，此后各年均为相对于基年的技术进步水平。

本文使用 DEAP2.1 软件来具体测算技术进步，方法如下：

我们以各省的 GDP（$Y$）作为产出变量，并通过 GDP 平减指数，将其换算为以2000年为基期的实际 GDP。以各省就业人数（$L$）和资本存量（$K$）作为投入变量。其中各省就业人数以年初与年末的均值作为年均就业人数。统计年鉴之中并没有直接提供资本存量的相关数据，所以本文借鉴张军等使用的永续盘存法来核算资本存量，即：

$$K_t = (1-\delta)K_{t-1} + I_t/P_t \quad (11)$$

其中，$t$ 表示年份，$K_t$ 为 $t$ 年的资本存量，$I_t$ 为 $t$ 年的名义投资额，$P_t$ 表示 $t$ 年的投资品价格指数，$\delta$ 为资本折旧率。

本文参照张军等的做法采用固定资本形成总额作为当年名义投资额的衡量指标，采用固定资产投资价格指数作为当年投资品价格指数的衡量指标，并利用固定资产投资价格指数将名义投资额折算成以2000年为基期的实际投资额。折旧率取9.6%。

对于基期资本存量本文采用如下方法核算：

$$K_0 = \frac{I_0}{\delta + g} \quad (12)$$

其中，$K_0$ 为基期资本存量，$I_0$ 为基期实际投资额，$g$ 为考察期内实际投资额的平均增长率，$\delta$ 为折旧率。

为了减少遗漏变量所造成的估计误差，本文还选取如下变量作为控制变量。

地区经济发展水平（$y$）。经济发展问题与环境污染问题总是相伴而生。改革开放以来，中国在经济建设领域已经取得巨大成就，但是在发展过程中也存在着资源短缺、生态环境恶化等问题。以牺牲环境为代价的发展模式仍然被许多地区所推崇，这极大制约了中国经济的可持续性。本文采用各省人均 GDP 来衡量各地区的经济发展水平，并利用 GDP 平减指数消除价格影响。

产业结构（is）。第二产业相比较于第一产业、第三产业两个产业来说往往更容易引发环境污染问题。许正松和孔凡斌认为第二产业增加值占 GDP 比重与环境污染之间具有显著的正相关性。以往文献中较多采用三大产业产值占 GDP 的比重抑或采用资本劳动比来衡量产业结构。本文借鉴第一种方法，选取各省第二产业增加值占 GDP 的比重来衡量各地区产业结构状况。

环境规制（er）。合理的环境规制能够引导企业的生产行为，有利于企业发展清洁型技术，改善环境质量。环境规制已经被众多学者认为是解决环境污染问题比较好的方法之一。根据新制度经济学理论，政府可以通过制定明确的政策法规以界定产权，从而可以有效地解决环境污染外部性问题。本文采用各省的环境污染治理投资额占 GDP 的比重来衡量各地区的环境规制强度。

人力资本（hc）。人力资本是指凝结在劳动力身上的知识、技能以及劳动熟练程度。拥有较高人力资本的地区可以使用更加清洁的技术以及先进的设备进行生产活动，并且高人力资本也意味着该地区拥有着较高的环保意识以及更为严格的环境标准。因此，高人力资本有利于当地环境质量的改善。本文采用各省的人均受教育年限来衡量人力资本水平。具体的计算方法为：

$$hc_{it} = \frac{primary_{it}}{population_{it}} \times 6 + \frac{junior_{it}}{population_{it}} \times 9 + \frac{senior_{it}}{population_{it}} \times 12 \\ + \frac{college_{it}}{population_{it}} \times 16 \qquad (13)$$

其中，$hc_{it}$ 表示 $i$ 省 $t$ 年的人力资本，$primary_{it}$、$junior_{it}$、$senior_{it}$、$college_{it}$、$population_{it}$ 分别表示 $i$ 省 $t$ 年的小学文化程度人口数、初中文化程度人口数、高中文化程度人口数、大专及以上文化程度人口数以及六岁以上抽样总人口数；6、9、12 和 16 是根据受教育年限而赋予不同文化程度人口的权重。

外商直接投资（fdi）。目前关于 FDI 对于东道国环境的影响主要有两种观点：第一种是"污染光环假说"。这一理论认为 FDI 的进入能够对东道国企业产生三种效应，即示范效应、竞争效应和学习效应。这些效应能够促使东道国企业使用更加清洁的技术设备，从而有利于改善当地的环境质量。第二种是"污染避难所假说"。这一理论认为发展中国家之间的激烈竞争致使它们纷纷采取降低环境准入门槛的方式来吸引外资。发达国家借此机会通过国际投融资将高污染型产业转移向发展中国家，于是加剧了发展中国家的环境污染程度。本文采用各省的外商直接投资额来衡量各地区的外资水平，并利用各年的人民币对美元中间价，将其折算成人民币计价，再利用 GDP 平减指数消除每年的价格影响。

## (三) 数据说明

鉴于数据的可得性,本文选用 2000~2012 年 30 个省份 (由于西藏数据存在较大的缺失,暂时不予考虑) 作为本文的考察样本。原始数据来源于各期的《中国统计年鉴》《中国环境统计年鉴》以及相应的《地方统计年鉴》。另外中国东、中、西部三大地区之间各方面条件不尽相同,可能造成技术进步对环境污染影响的差异。因而本文首先考察全国整体的技术进步对环境污染的影响,然后做分地区检验以探求它们之间的异同。这里东部地区包括北京、天津、河北、辽宁、上海、江苏、浙江、福建、山东、广东和海南 11 个省市;中部地区包括山西、吉林、黑龙江、安徽、江西、河南、湖北、湖南 8 个省;西部地区包括四川、重庆、贵州、云南、陕西、甘肃、青海、宁夏、新疆、广西、内蒙古 11 个省市区。表 1 给出了本文选取变量数据的描述性统计结果。

表 1　　　　　　　　　　　变量的描述性统计

| 变量名 | 单位 | 均值 | 标准差 | 最小值 | 最大值 |
| --- | --- | --- | --- | --- | --- |
| 工业废水排放量 | 万吨/年 | 76 063.0000 | 64 599.8720 | 3 453.0000 | 296 318.0000 |
| 工业废气排放量 | 亿立方米/年 | 12 305.0000 | 11 159.9380 | 502.0000 | 77 185.0000 |
| 工业固体废弃物排放量 | 万吨/年 | 5 976.0000 | 6 021.1150 | 75.0000 | 45 576.0000 |
| 名义 GDP | 亿元/年 | 9 658.6860 | 9 717.3680 | 300.1300 | 57 067.9200 |
| 年均就业人数 | 万人/年 | 2 324.1000 | 1 546.7520 | 239.4500 | 6 519.9500 |
| 固定资本形成额 | 亿元/年 | 4 775.9230 | 4 776.8400 | 195.8100 | 26 808.8500 |
| 人均 GDP | 元/年 | 17 567.9550 | 12 165.2570 | 2 760.1040 | 67 116.5130 |
| 第二产业增加值 | 亿元/年 | 4 766.6470 | 5 123.1600 | 125.0900 | 27 700.9700 |
| 环境污染治理投资额 | 亿元/年 | 13.0920 | 12.5800 | 0.1010 | 84.4160 |
| 人均受教育年限 | 年/人 | 8.2600 | 0.9660 | 6.0400 | 11.8360 |
| 外商直接投资额 | 亿元/年 | 237.4200 | 303.9840 | 1.4180 | 1 515.9340 |

# 四、结果与分析

在回归估计之前,首先需要确定模型的门槛个数,以便正确设定模型形式。本文以技术进步水平作为门槛变量,分别对单一门槛假定、双重门槛假定以及三重门槛假定进行检验。结果如表 2 所示。

表2　门槛效应检验结果

| 项目 | F统计量 | P值 | BS次数 | 1%临界值 | 5%临界值 | 10%临界值 |
| --- | --- | --- | --- | --- | --- | --- |
| 单一门槛 | 52.1000 | 0.5860 | 300 | 111.7810 | 89.4610 | 83.8340 |
| 双重门槛 | 23.6320*** | 0.0080*** | 300 | 21.5720 | 14.5460 | 11.7760 |
| 三重门槛 | 5.1310 | 0.3670 | 300 | 17.0490 | 11.7780 | 9.9890 |

注：\*、\*\* 和 \*\*\* 分别表示显著性水平为10%、5%和1%。

表2的第一列与第二列分别列示了检验后得到的F统计量及其对应的P值。从中可以看出，门槛效应检验结果拒绝了模型存在单一门槛以及三重门槛的假定，而在5%的显著水平下，接受了模型存在双重门槛的假定。所以本文将计量模型设定为式（2）的形式。

表3　双重门槛值估计结果

| 项目 | 门槛估计值 | 95%的置信区间 |
| --- | --- | --- |
| 门槛值 $\hat{\gamma}_1$ | 1.2840*** | [1.2530, 1.3370] |
| 门槛值 $\hat{\gamma}_2$ | 2.2360*** | [2.1580, 2.2760] |

注：\*、\*\* 和 \*\*\* 分别表示显著性水平为10%、5%和1%。

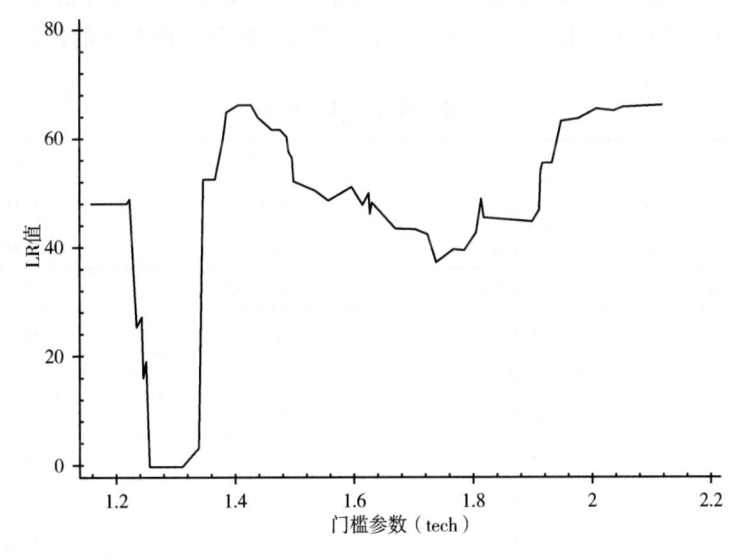

图1　第一个门槛估计值的似然比函数图

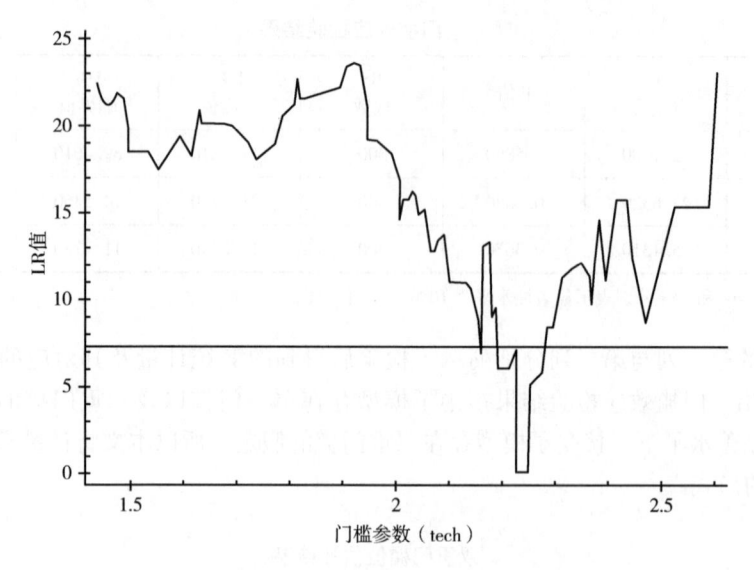

**图2　第二个门槛估计值的似然比函数图**

表3列示了具体的门槛估计值及其对应的95%的置信区间。图1和图2是两个门槛估计值所对应的似然比函数图。门槛估计值是似然比统计量 $LR$ 等于零时所对应的 $\gamma$ 值，所以本文得到的两个门槛估计值分别为1.2840（见图1）和2.2360（见图2）。而这两个门槛估计值所对应的95%的置信区间是指似然比统计量 $LR$ 小于5%显著性水平①时所构成的置信区间，即为图中虚线以下部分在横轴上的投影。

表4　　　　　　　　　　双重门槛模型估计结果

| 变量 | 系数 | 标准差 | P值 |
| --- | --- | --- | --- |
| $lntech \cdot I\,(t_{it} \leq \gamma_1)$ | 0.1578 *** | 0.0394 | 0.0000 |
| $lntech \cdot I\,(\gamma_1 < t_{it} \leq \gamma_2)$ | −0.0483 * | 0.0245 | 0.0500 |
| $lntech \cdot I\,(t_{it} > \gamma_2)$ | −0.0803 *** | 0.0255 | 0.0020 |
| $lny$ | 0.0253 | 0.0182 | 0.1670 |
| $lnis$ | 0.1010 *** | 0.0202 | 0.0000 |
| $lnfdi$ | −0.0078 ** | 0.0036 | 0.0330 |
| $lnhc$ | 0.0240 | 0.0505 | 0.6350 |
| $lner$ | 0.0047 | 0.0055 | 0.3850 |
| _cons | 0.0852 | 0.1572 | 0.5880 |

注：*、**和***分别表示显著性水平为10%、5%和1%。

---

① 经查表，似然比统计量 $LR$ 小于5%显著性水平的临界值为7.3500。

表4列示了门槛模型的估计结果。从表中可以看出,在第一个门槛估计值1.2840前后,技术进步对环境污染的影响系数产生了由正倒负的变化,表明二者之间存在着显著的倒"U"型曲线关系。下面我们来具体分析这一回归结果。

在技术进步水平小于1.2840时,技术进步对环境污染具有正向影响,其影响系数为0.1578,即随着技术的进步,环境污染呈现上升趋势。而当技术进步水平大于1.2840以后,技术进步对环境污染的影响系数变为负值,表明此后,随着技术的进步,环境质量会得到改善,并且在第二个门槛估计值2.2360前后,技术进步对于改善环境质量的效果呈现出明显差别。在技术进步水平大于1.2840小于2.2360时,技术进步对环境污染的影响系数为-0.0483,在这一阶段随着技术进步环境污染呈现缓慢的下降趋势。在技术进步水平越过第二个门槛值2.2360以后,影响系数变为-0.0803,表明在这一时期,技术的进步能够较大幅度地改善环境质量。这一回归结果说明了技术进步与环境污染之间并非简单的线性影响关系,而是呈现出单阶段上升与双阶段下降的倒"U"型曲线特征。

那么技术进步对环境污染的影响为什么会呈现单阶段上升与双阶段下降的倒"U"型曲线特征呢?这是因为在技术进步的初始阶段,社会经济总量比较低,环境规制也比较宽松,经济系统为了追求经济的快速增长,发展的多为高能耗、高排放的污染型产业,从而也引发了环境污染的加剧。伴随着经济的进一步发展,人们开始更加关注环保问题,因而对企业的环境规制也逐步加强。严格的环境规制限制了污染型企业的发展,于是企业开始寻求符合规制要求的清洁型技术,而清洁技术的应用在一定程度上改善了环境质量。因而在这一时期,技术进步对环境污染的影响系数变为负值。但是,在技术进步水平到达第二个门槛估计值以前,其对环境污染的改善效果还比较低。这是因为在此阶段,技术进步更多的是以末端治理的方式降低环境污染。这种方式无法从根本上解决环境问题,只能在一定程度上降低污染物的排放量。在技术进步水平越过第二个门槛值以后,技术进步对环境污染的影响更多地表现为新能源的使用以及清洁生产工艺的引入,而这些技术的应用可以从源头上降低工业生产过程的环境危害,因而环境污染在这一阶段会呈较大幅度的下降。

为了考察中国东、中、西部三大地区的技术进步对环境污染影响关系的异同,本文分别对东部以及中西地区进行实证考察。表5列示了门槛值估计结果。

表5　　　　　　　　　　门槛值估计结果

| 项目 | 门槛估计值 ||
| --- | --- | --- |
|  | 东部 | 中西部 |
| 门槛值 $\hat{\gamma}_1$ | 1.3360 *** | 1.2840 *** |
| 门槛值 $\hat{\gamma}_2$ | 2.1380 *** | 2.2090 *** |
| 门槛值 $\hat{\gamma}_3$ | — | 2.5220 *** |

注:*、**和***分别表示显著性水平为10%、5%和1%。

表 5 的估计结果显示,东部地区存在显著的双重门槛效应,而中西部地区则呈现三重门槛效应。表 6 列示了东部以及中西部地区门槛模型的估计结果。下面我们就这一结果做主要分析。

表 6　　门槛模型估计结果

| 变　量 | 东部 | 中西部 |
| --- | --- | --- |
| $lntech \cdot I\ (t_{it} \leq \gamma_1)$ | 0.2426 *** <br> (0.0692) | 0.2269 *** <br> (0.0481) |
| $lntech \cdot I\ (\gamma_1 < t_{it} \leq \gamma_2)$ | -0.0633 * <br> (0.0320) | -0.0082 <br> (0.0290) |
| $lntech \cdot I\ (\gamma_2 < t_{it} \leq \gamma_3)$ | -0.1082 *** <br> (0.0289) | -0.0335 <br> (0.0296) |
| $lntech \cdot I\ (t_{it} > \gamma_3)$ | — | -0.0757 ** <br> (0.0309) |
| $lny$ | 0.0177 <br> (0.0170) | 0.0023 <br> (0.0204) |
| $lnis$ | 0.0367 <br> (0.0300) | 0.1087 *** <br> (0.0288) |
| $lnfdi$ | -0.0198 ** <br> (0.0091) | -0.0041 <br> (0.0040) |
| $lnhc$ | -0.0166 <br> (0.0952) | 0.0301 <br> (0.0568) |
| $lner$ | -0.0064 <br> (0.0084) | 0.0013 <br> (0.0071) |
| _cons | 0.3289 ** <br> (0.1562) | 0.2207 <br> (0.1733) |

注:括号内数值为标准误,*、** 和 *** 分别表示显著性水平为10%、5%和1%。

从表 6 中可以发现,对于东部地区,技术进步对环境污染的影响与全国整体情况相类似,呈现出明显的单阶段上升与双阶段下降的倒"U"型特征。对于中西部地区,其估计结果大致呈现出一个"几"字型的倒"U"型特征,即在曲线的上升与下降阶段之间有一个水平区域,而在这一区域,技术进步对环境污染的影响并不明显。其原因可能在于,相比于东部地区,中西部地区经济发展以及技术水平还较为落后,但这也为中西部地区的发展带来了后发优势。因而,虽然在早期阶段,中西部地区可能会由于追求经济增速而忽视环境污染,致使环境污染快速上升,但当其发展到一定阶段以后,可以通过充分发挥其后发优势,学习和借鉴东部地区的先进经验,在保持经济增速的同时积极发展清洁型技术。这时,中西部地区便进入一个污染型技术和清洁型技术同时并存的状态。两者综合作用也使得该时期的技术进步对环境污染的影响并不明显。但随着技术水平的进一步发展,清洁型技术将逐步取代污染型技术而占据主导地位,此时中西部地区的环境污染便会呈现出明显的下降趋势。

## 五、结论及政策启示

本文创新性提出技术进步对环境污染影响的倒"U"型假说,并从经济发展阶段、环境规制的影响以及产业结构的变迁三个方面对其进行理论上的阐述。在此基础上,本文利用中国2000~2012年的分省区面板数据,采用门槛回归方法,实证考察了技术进步对环境污染的影响。

研究发现,技术进步与环境污染之间存在着显著的倒"U"型关系。对于全国整体而言,当技术进步水平小于第一个门槛值时,技术进步会加剧环境的污染,而当技术进步水平越过第一个门槛值后,环境质量逐步得到改善。具体地,在技术进步水平大于第一个门槛值而小于第二个门槛值时,环境污染呈缓慢下降的趋势;当技术进步水平越过第二个门槛值以后,环境污染则有较大幅度的下降。对于中国的三大地区而言,东、中西部地区的技术进步对环境污染的影响也呈现倒"U"型特征。其中,东部地区与全国整体状况相似,呈现单阶段上升以及双阶段下降的倒"U"型特征;中西部地区则呈现出一个"几"字型特征,即技术进步对环境污染的影响呈现从上升,到水平,再到下降的三阶段特征。

结合上文的分析与讨论,从政策层面来讲,一方面,鼓励政府加大对技术创新的投入力度,进一步完善技术创新的制度环境,使中国尽快越过倒"U"型曲线的拐点,将有利于充分发挥技术进步的正外部性,降低环境污染;另一方面,由于中西部地区与东部地区在经济发展以及技术水平等方面还有较大差距,因而中西部地区应积极学习和借鉴东部地区的先进技术与经验,在重视经济增速的同时,积极引进和发展清洁型技术,从而开拓经济发展和环境保护的双赢局面。

### 参 考 文 献

[1] 章琪,凌晨慧. 中国环境污染损失测算及成因探析 [J]. 城市建设理论研究,2014,4(31):46–51.
[2] 武雪芳. 我国大气氮氧化物排放标准的现状与展望 [R]. 大气流动源污染防治暨氮氧化物($NO_x$)排放管理与控制国际高级别咨商会议工作论文.
[3] 聂飞,刘海云. FDI、环境污染与经济增长的相关性研究——基于动态联立方程模型的实证检验 [J]. 国际贸易问题,2015(2):72–83.
[4] 许和连,邓玉萍. 外商直接投资导致了中国的环境污染吗?——基于中国省际面板数据的空间计量研究 [J]. 管理世界,2012(2):30–43.
[5] 刘渝琳,温怀德. 经济增长下的FDI、环境污染损失与人力资本 [J]. 世界经济研究,2007(11):48–55.

[6] 丁帅. 产业集聚、FDI 与环境污染——来自安徽省的面板数据 [J]. 世界经济研究, 2007 (11): 70-72.

[7] 杨仁发. 产业集聚能否改善中国环境污染 [J]. 中国人口·资源与环境, 2015, 25 (2): 23-29.

[8] 刘建民, 陈霞, 吴金光. 财政分权、地方政府竞争与环境污染——基于 272 个城市数据的异质性与动态效应分析 [J]. 财政研究, 2015 (9): 36-43.

[9] 郭志仪, 郑周胜. 财政分权、晋升激励与环境污染: 基于 1997~2010 年省级面板数据分析 [J]. 西南民族大学学报 (人文社会科学版), 2013 (3): 103-107.

[10] 张克中, 王娟, 崔小勇. 财政分权与环境污染: 碳排放的视角 [J]. 中国工业经济, 2011 (10): 65-75.

[11] 傅勇, 张晏. 中国式分权与财政支出结构偏向: 为增长而竞争的代价 [J]. 管理世界, 2007 (3): 4-13.

[12] 邓明丽, 常立农. 技术与环境的改善刍议 [J]. 科技情报开发与经济, 2008, 18 (33): 126-128.

[13] 胡振宇, 郭存芝. 工业污染与技术进步的 EKC 研究 [D]. 南京财经大学硕士论文, 2010.

[14] 孙军, 高彦彦. 技术进步、环境污染及其困境摆脱研究 [J]. 经济家, 2014 (8): 52-58.

[15] 夏思思, 潘诚. 低碳技术进步对安徽省碳排放影响的研究 [J]. 石家庄经济学院学报, 2012, 35 (3): 49-54.

[16] 李斌, 赵新华. 经济结构、技术进步、国际贸易与环境污染——基于中国工业行业数据的分析 [J]. 山西财经大学学报, 2011, 33 (5): 1-9.

[17] 樊海潮. 技术进步与环境质量: 个体效用的作用分析 [J]. 世界经济文汇, 2009 (1): 50-57.

[18] 景维民, 张璐. 环境管制、对外开放与中国工业的绿色技术进步 [J]. 经济研究, 2014 (9): 34-47.

[19] 赵新华, 李斌, 李玉双. 环境管制下 FDI、经济增长与环境污染关系的实证研究 [J]. 中国科技论坛, 2011 (3): 101-105.

[20] 原毅军, 谢荣辉. 产业集聚、技术创新与环境污染的内在联系 [J]. 科学学研究, 2015, 33 (9): 1340-1347.

[21] 丛林. 技术进步在产业结构调整中的作用机制 [J]. 福建论坛 (经济社会版), 2000 (3): 7-10.

[22] 陈雯. 环境库兹涅茨曲线的再思考——兼论中国经济发展过程中的环境问题 [J]. 中国经济问题, 2005 (5): 42-49.

[23] 许正松, 孔凡斌. 经济发展水平、产业结构与环境污染——基于江西省的实证分析 [J]. 当代财经, 2014 (8): 15-20.

[24] 贺俊, 刘亮亮, 唐述毅. 环境污染、财政分权与中国经济增长 [J]. 东北大学学报 (社会科学版), 2016, 18 (1): 23-28.

[25] 谭志雄, 张阳阳. 财政分权与环境污染关系实证研究 [J]. 中国人口·资源与环境, 2015, 25 (4): 110-117.

[26] 张军, 吴桂英, 张吉鹏. 中国省际物质资本存量估算: 1952~2000 [J]. 经济研究, 2004

(10): 35-44.

[27] 王敏, 黄滢. 中国的环境污染与经济增长 [J]. 经济学（季刊）, 2015, 14 (2): 557-578.

[28] 刘殿兰, 周杰琦. 技术进步、产业结构变动与中国的二氧化碳排放——基于省际面板数据的经验分析 [J]. 科技管理研究, 2015 (9): 230-237.

[29] 肖兴志, 彭宜钟, 李少林. 中国最优产业结构: 理论模型与定量测算 [J]. 经济学（季刊）, 2012, 12 (1): 135-162.

[30] 于泽, 章潇萌, 刘凤良. 中国产业结构升级内生动力: 需求还是供给 [J]. 经济理论与经济管理, 2014 (3): 25-35.

[31] 韩超, 胡浩然. 清洁生产标准规制如何动态影响全要素生产率——剔除其他政策干扰的准自然实验分 [J]. 中国工业经济, 2015 (5): 70-82.

[32] 曾贤刚. 环境规制、外商直接投资与"污染避难所"假说——基于中国30个省份面板数据的实证研究 [J]. 经济理论与经济管理, 2010 (11): 65-71.

[33] Walter I, Ugelow J. Environmental policies in developing countries [J]. Ambio, 1979, 8 (2): 102-111.

[34] Baumol W J, Wallace E. The theory of environmental policy (2nd ed.) [M]. Cambridge: Cambridge University Press, 1988.

[35] Ciccone A, Hall R. Productivity and the density of economic activity [J]. American Economic Review, 1996, (2): 33-48.

[36] Martin A, Hans L. Agglomeration and productivity: Evidence from firm-level data [J]. The Annals of Regional Science, 2011, 46 (3): 601-620.

[37] Virkanen J. Effect of urbanization on metal deposition in the Bay of Toolonlahti, Southern of Finland [J]. Marine Pollution Bulletin, 1998, 36 (9): 729-738.

[38] Frank A. Urbanair quality in larger conurbations in the European Union [J]. Environmental Modeling and Software, 2001, 16 (4): 399-414.

[39] Verhoef E T, Nijkamp P. Externalities inurban sustainability environmental versus localization-type agglomeration externalities in a general spatial equilibrium model of a single-sector monocentric industrial city [J]. Ecological Economics, 2002, 40 (2): 157-179.

[40] Ropke I Trade. development and sustainability—A critical assessment of the "Free Trade Dogma" [J]. Ecological Economics, 1994, (9): 13-22.

[41] Kunce M, Shogren J F. Efficient decentralized fiscal and environmental policy: A dual purpose Henry George tax [J]. Ecological Economics, 2008, 65 (3): 569-573.

[42] Antle J M, Heidebrink G. Environment and development: Theory and international evidence [J]. Economic Development and Cultural Change, 1995, 43: 603-625.

[43] McConnell K E. Income and the demand for environmental quality [R]. Paper presented at the Seventh Annual Conference of the EAERE held in Lisbon, Portugal, 1997.

[44] Bovenberg A L, Smulders S A. Transitional impacts of environmental policy in an endogenous growth model [J]. International Economic Review, 1996, 37 (4): 861-893.

[45] Frondel M J, Rennings K. End-of-pipe or cleaner production? An empirical comparison of environ-

mental innovation decisions across OECD countries [J]. Business Strategy and the Environment, 2007, 16: 571 – 584.

[46] Beise M, Rennings K. Lead markets and regulation: A framework for analyzing the international diffusion of environmental innovation [J]. Ecological Economics, 2005, 52 (1): 5 – 17.

[47] Hansen B E. Threshold effects in non-dynamic panels: Estimation, testing and inference [J]. Journal of Econometrics, 1999, 93 (2): 345 – 368.

[48] Grossman G, Krueger A B. Environmental impacts of a North American Free Trade Agreement [R]. NBER Working Paper, 1991.

[49] Cole, Elliott R J R. Determining the trade-environment composition effect: The role of capital, labor and environmental regulations [J]. Journal of Environmental Economics and Management, 2003, 46 (3): 363 – 383.

[50] Schultz T. Investment in human capital [J]. American Economic Review, 1961, 51 (1): 1 – 17.

# 欠发达地区开放政策取向研究：
# 一体化还是差别化
## ——基于新经济地理学视角[*]

刘军辉 安虎森[**]

**摘 要**：文章基于新经济地理学中间投入品模型，建立了研究欠发达地区开放政策的理论模型，并通过数值模拟和面板数据模型分析了边缘区不同对外开放政策对其经济发展的影响。研究表明：(1) 欠发达地区与核心区实行一体化政策和单边保护政策对欠发达地区影响则截然不同，对欠发达地区来讲，实行差别化的政策对自己更有利；(2) 欠发达地区内部一体化水平提高扩大了本地区有效市场规模，有利于产业向该地区转移，能够促进欠发达地区经济发展。这说明，欠发达地区政府在制定开放政策时，不仅要实行差异化的开放政策，还应尽可能消除区域内市场分割等，以提高区域内部一体化水平。

**关键词**：一体化政策与差异化政策 新经济地理学 产业转移 单边贸易保护

## 一、引 言

改革开放以来，伴随着我国经济飞速发展，地区发展差距也在不断扩大。国家"十三五"规划提出推动区域协调发展，支持革命老区、民族地区、边疆地区、贫困地区等欠发达地区经济发展。如何有效促进欠发达地区经济发展，缩小区域发展差距是一个亟待解决的现实问题。

影响地区差距的因素有很多，而区际开放度是一个重要的因素。屈子力（2003）认为提高市场一体化，降低市场的交易成本，实现产品、要素自由流动，提高分工水平，可以促进生产力发展。徐现祥等（2005）则认为消除地方市场分割、建立完善全国统一开放的市场有利于区域经济的协调发展。然而，范剑勇（2004）指出，市场一体化水平由低水平向中、高水平推进时，区间的经济差距先扩大后缩小。梁琦等（2012）基于异质性企业理论认为区域政策应加快市场一体化，并对欠发达地

---

[*] 基金项目：本文受2016年教育部人文社会科学研究青年基金项目"中国户籍制度改革路径选择研究——基于新经济地理学视角"资助，项目编号：16YJC790059。

[**] 刘军辉（1985-），男，汉，河南开封人，山西财经大学经济学院，讲师，博士。主要研究方向：新经济地理学、要素流动与产业转移等；安虎森（1952-），男，朝鲜族，吉林安图人，南开大学经济研究所教授、博士生导师。主要研究方向：新经济地理学、区域经济学、产业经济学。

区提供适度支持政策。何雄浪、李国平（2007）研究发现降低贸易成本有利于加快区域一体化进程，但会导致落后地区被锁定于传统产业，从而加大地区之间的差距。郑长德（2012）指出降低不发达地区与发达地区间的交易成本和降低不发达地区内部交易成本具有不同影响，前者会提高发达地区的产业集聚度，对不发达地区不利，而后者会促进不发达地区内部经济一体化，有利于不发达地区的发展。而安虎森、蒋涛（2006）明确提出要实现区域经济协调发展，应实行差别化政策而不应实行一体化政策。陆铭、陈钊（2008）指出除了倾向农村和内地的"平衡发展"道路和促进经济向沿海集聚的"追求效率"道路外，还存在通过转移支付来实现区域和城乡经济协调发展的第三条路。由上述研究可知，区际一体化究竟是缩小地区差距还是拉大了地区差距？对此学术界尚未形成统一认识。

近年来出现分析区际经济发展的新方法，比如赵星等（2016）基于新经济地理学理论，从知识创新与传递角度分析文化产业在空间上的集聚机制。安虎森等（2015）、张古等（2016）则基于德斯米特和罗西—汉斯伯格发展的分析空间发展理论，从连续时间和连续空间维度分析产业和区域经济在空间上的演化机制，这些研究在分析方法上具有一定的创新性。而本研究以 Fujita 等（1999）建立的新经济地理学多国多产业模型为基础，将地区间技术进步率差异和非对称贸易开放度等引入模型，从而全面分析不同区际开放度对欠发达地区经济发展的影响。该模型同时融合了中间产品需求、劳动力要素流动及技术进步等特征，与实际情况更加吻合，具有重要应用价值。

## 二、理论模型

假设存在三个地区，地区 1 和地区 2 为欠发达地区，地区 3 为发达地区，最初所有现代产业都位于地区 3。每个地区存在农业部门 $A$ 和现代部门 $M$，而农业部门生产函数形式为 $A(\Omega-\lambda)=(K/\eta)[(\Omega-\lambda)/K]^{\eta}$，$\Omega$、$\lambda$、$K$ 分别为该地区劳动力总数量、现代部门工人数量和农业部门土地要素投入量，$\eta$ 为参数，而现代部门企业需要固定投入和可变投入来生产相互替代的差异化产品，且固定投入和可变投入为劳动和中间投入品组合的柯布—道格拉斯函数，劳动和中间投入品所占份额分别为 $\alpha$、$1-\alpha$。

假设每个地区劳动力是同质的，劳动力不能在地区间流动，而可以本地区部门间流动。地区 $r$ 劳动力数量为 $\Omega_r$，并且地区 $r$ 有效劳动力数量受该地区技术进步率影响，如果地区 $r$ 技术进步率为 $L_r$，那么该地区有效劳动力数量为 $L_r \times \Omega_r$。而每个地区技术进步率与整个经济系统技术进步率水平和本地区工业化水平有关，令 $L_r = L \times \theta/(1+e^{-a(y_r-b)}+c)$，其中 $L$ 为经济系统外生的技术进步率，$y_r$ 为 $r$ 地区非农产业与农业就业人口之比，反映该地区工业化水平，$a$、$b$、$c$、$\theta$ 为参数。

为了简化，假设农产品没有运输成本，而工业产品在地区内无运输成本，在地区间存在冰山型运输成本。

## （一）消费者行为

代表性消费者在预算约束 $Y$ 下消费农产品和工业品组合，使得达到效用最大化。而农产品和工业品组合满足柯布—道格拉斯函数形式，且工业品组合为 CES 函数型，则消费者效用最大化时：

$$\max U = C_A^{(1-\mu)}(C_M)^\mu, C_M = \left(\int_0^n c(j)^{(1-1/\sigma)}dj\right)^{\sigma/(\sigma-1)}, \sigma > 1 \tag{1}$$

$$\text{s.t } P_A C_A + P_M C_M = Y \tag{2}$$

其中，$\mu$ 和 $1-\mu$ 分别为消费者对现代部门产品和农产品的支出份额，而 $C_A$ 和 $C_M$ 分别为消费者对农产品和工业品组合需求量，$c(j)$ 表示对第 $j$ 种产品的消费量，$\sigma$ 为工业品替代弹性，$P_A$ 和 $P_M$ 为农产品价格和工业品组合价格指数。

根据消费者效用最大化原理构造拉格朗日函数，即可得出消费者需求函数和工业品组合价格指数：

$$c(j) = \mu Y p(j)^{-\sigma}/(P_M)^{(1-\sigma)}, P_M = \left[\int_0^n p(j)^{1-\sigma}dj\right]^{1/(1-\sigma)} \tag{3}$$

## （二）生产者行为

1. 农业部门。

假定土地租金归农村劳动力所有，农村劳动力平均产出即为其平均收入。将地区 $r$ 农业部门生产函数除以该地区农业劳动力数量，即得到该地区农村劳动力平均产出，其表达式为 $AP = A[(\Omega_r - \lambda_r)L_r]/(\Omega_r - \lambda_r) = (1/\eta) \times [(\Omega_r - \lambda_r)/K]^{\eta-1} \times L_r^\eta$，则农村劳动力的平均工资 $\bar{w}_A = AP \times p_A$。以农产品为计价物，将 $p_A$ 标准化为 1。

2. 现代部门。

由前面假设，现代部门企业成本函数 $C(x) = P_P(F + a_m x)$，其中 $a_m$ 为单位产出需要的可变投入组合量，$x$ 为产出水平，$P_P$ 为劳动和投入品组合的价格指数。由于劳动和中间投入品组合形式为柯布－道格拉斯函数型，所以要素组合的价格 $P_P = w^\alpha(P_M)^{1-\alpha}$，其中 $w$，$P_M$ 分别为工人工资水平和工业产品组合的价格指数。根据企业利润最大化原理及零利润条件，可以得到工业品价格和企业均衡产量：

$$p = P_P a_m/(1 - 1/\sigma); x^* = F(\sigma - 1)/a_m \tag{4}$$

## （三）短期均衡

由（3）式需求函数可知，地区 $s$ 对地区 $r$ 生产产品需求量为

$$c_{r,s} = (p_r)^{-\sigma}(T_{r,s}/P_M^s)^{(1-\sigma)}E_s \tag{5}$$

在上式中，$E_s$ 为地区 $s$ 对地区 $r$ 产品支出，$T_{r,s}$ 为 $r$ 地区产品运到 $s$ 地区的冰山交

易成本。当市场达到短期均衡时,市场能够实现出清,各地区对 $r$ 地区生产产品需求量 $c_r$ 等于产品供给量,则

$$c_r \equiv \sum_{s=1}^{3} c_{r,s} = \sum_{s=1}^{3} (p_r)^{-\sigma} (T_{r,s}/P_M^s)^{(1-\sigma)} E_s = x^* \tag{6}$$

由(3)式和(4)式,可将工业品组合价格指数及工业品价格进一步表示为:

$$P_M^r = \left[ \sum_{s=1}^{3} n_s (p_s T_{sr})^{(1-\sigma)} \right]^{1/(1-\sigma)}; \quad p_r = w_r^\alpha (P_M^r)^{1-\alpha} \tag{7}$$

而各国工业品支出表达式为:

$$E_r = \mu[Y_r - \Omega_r \bar{Y}] + (1-\alpha) n_r p_r c_r \tag{8}$$

在上式中,第一项为地区 $r$ 居民对工业品支出,第二项为地区 $r$ 企业对中间投入品支出。由于 $n_r p_r c_r$ 为企业总收入,且总收入中 $\alpha$ 用来发工资,$1-\alpha$ 用来购买中间投入品,所以第二项即为企业对中间投入品支出。$\bar{Y}$ 为收入中用于购买农产品基本部分,当收入低于 $\bar{Y}$ 时,全部用来购买农产品。而各地区收入 $Y_r = L_r \lambda_r w_r + A[(\Omega_r - \lambda_r) L_r]$,其中 $w_r$ 为 $r$ 地区现代部门效率工资水平,$L_r \lambda_r$ 为有效劳动力数量,收入方程 $Y_r$ 第一项为现代部门工人工资收入,第二项为农业部门总收入。

由于现代部门工人工资收入刚好等于企业总收入用于劳动力工资支出部分,将地区 $r$ 每个厂商均衡产出水平 $x^*$ 标准化为 $1/\alpha$,则现代部门工资支出满足:

$$L_r \lambda_r w_r = \alpha n_r p_r c_r = n_r p_r \tag{9}$$

将(9)式代入(7)式即可求出工业品组合价格指数的表达式;将(7)式代入(6)式可以确定工资方程;将(9)式代入(8)式即可确定支出方程。那么,各地区价格指数方程、工资方程、支出方程和收入方程如下:

各地区价格指数方程:

$$(P_M^r)^{1-\sigma} = \sum_{s=1}^{3} L_s \lambda_s (T_{sr})^{1-\sigma} (w_s)^{1-\sigma\alpha} (P_M^s)^{-\sigma(1-\alpha)} \tag{10}$$

各地区工资方程:

$$[(w_r)^\alpha (P_M^r)^{1-\alpha}]^\sigma / \alpha = \sum_{s=1}^{3} (T_{rs}/P_M^s)^{1-\sigma} E_s \tag{11}$$

各地区支出方程为:

$$E_r = \mu_r [Y_r - \Omega_r \bar{Y}] + L_r \lambda_r w_r (1-\alpha)/\alpha \tag{12}$$

在上面式子中 $L_r = L \times \theta/(1 + e^{-a(y_r-b)} + c)$,其中 $y_r = \lambda_r/(\Omega_r - \lambda_r)$。当人口在部

门间流动均衡时，各地区现代产业部门和农业部门的工资水平相等，各地区农业部门效率单位工资水平为：

$$W_A^r = A[(\Omega_r - \lambda_r) \times L_r] / [(\Omega_r - \lambda_r) \times L_r] \tag{13}$$

**（四）长期均衡与现代产业部门转移的条件**

刚开始时，现代产业都位于发达地区3，其部门间效率工资水平都相等，即：$W_A^3 = w_3$，地区1和地区2满足 $W_A^1 \geq w_1, W_A^2 \geq w_2$。

如果地区2现代部门的潜在工资水平最先大于农业部门的工资水平，现代产业先向地区2转移，此时 $W_A^3 = w_3, W_A^2 = w_2, W_A^1 \geq w_1$。当地区1现代部门的潜在工资水平也开始大于农业部门的工资水平时，现代产业开始向地区1转移，此时 $W_A^3 = w_3, W_A^2 = w_2, W_A^1 = w_1$。

如果地区1现代部门的潜在工资水平最先大于农业部门的工资水平，现代产业先向地区1转移，此时 $W_A^3 = w_3, W_A^1 = w_1, W_A^2 \geq w_2$。当地区2现代部门的潜在工资水平也开始大于农业部门的工资水平时，现代产业开始向地区2转移，此时 $W_A^3 = w_3, W_A^1 = w_1, W_A^2 = w_2$。

## 三、一体化政策与差异化政策对欠发达地区影响的模拟分析

在前面已建立起发达地区与欠发达地区经济发展模型，借此分析欠发达地区经济发展规律。由于上述方程为隐函数形式，无法直接求出显性解，只能借助于计算机进行模拟分析，下面将研究不同开放政策对欠发达地区经济影响。

**（一）边缘区和核心区之间开放程度的差异对产业转移的影响**

现在假设两个边缘区和核心区之间具有不同的贸易成本，即边缘区与核心区开放程度不同。在这里所指的运输成本是一种广义的运输成本，它包括贸易时的自然成本和制度成本。其中自然成本主要是指自然原因导致的无法克服的成本，而制度成本往往指国家之间关税，准入门槛等。一般来讲，运输成本与区际开放度反向相关。此部分假定边缘区1到核心区的运输成本比边缘区2到核心区的运输成本低一些，而其他参数都相同。

如图1所示，图中模拟出的是各地区现代部门产业份额随技术进步率的变化情况。从图1中发现，随着技术进步，核心区3产业最先向边缘区2转移，而边缘区2与核心区开放度低于边缘区1。而人们通常认为产业应向与核心区一体化程度更高的边缘区1转移，模拟结论却恰恰相反，这究竟是为什么呢？新经济地理学理论认为，随着贸易自由度提高，经济活动集聚力会超过分散力，较高的运输成本（即较低的贸易自由度）往往有利于经济活动的分散，随着运输成本降低，流动要素加速向核心区集聚，经济活动会出现极化现象，这时贸易自由度提高往往不利于相对落后地区的经

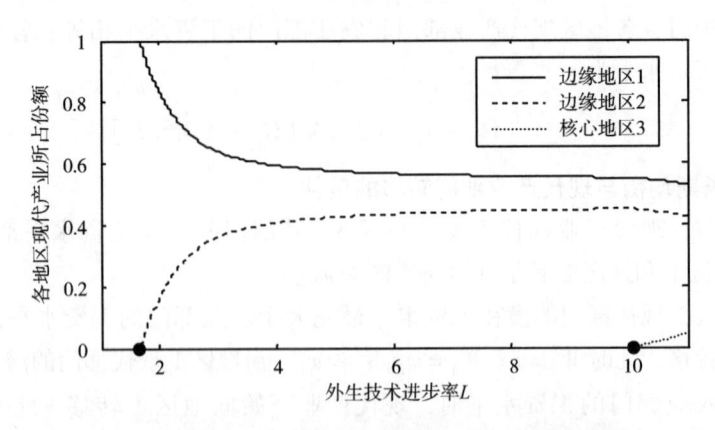

**图1 边缘区与核心区开放程度差异对产业转移的影响**

济发展。根据上述理论，便可解释为什么产业不先向边缘区1转移。这种规律是针对流动要素而言的，如果边缘区1存在不可流动要素或者资源，比如旅游资源等，这时提高核心区与该边缘区开放度，比如加强交通基础设施建设等，会促进发达地区人口到边缘地区消费，这对欠发达地区而言是有利的。于是可以得出如下结论：

结论1：边缘区与核心区贸易自由度越高越不利产业向边缘区转移，即核心区与边缘区间实行区域一体化的政策往往不利于边缘区经济发展。

**（二）边缘区内部的一体化程度对产业转移的影响**

本部分研究边缘区之间一体化程度变化对产业向边缘区转移的影响，在这里两个边缘区资源禀赋相同，且与核心区的贸易成本相同。图2为三个地区现代部门产业份额随着技术进步的变化情况，图3为核心区产业向边缘区转移临界值随着边缘区间贸易成本变化的情况。从图2中发现，随技术的进步核心区的产业同时向两个边缘区转移（图2中两边缘区产业份额曲线重合），达到一定阶段后边缘区与核心区的发展差距逐渐收敛。

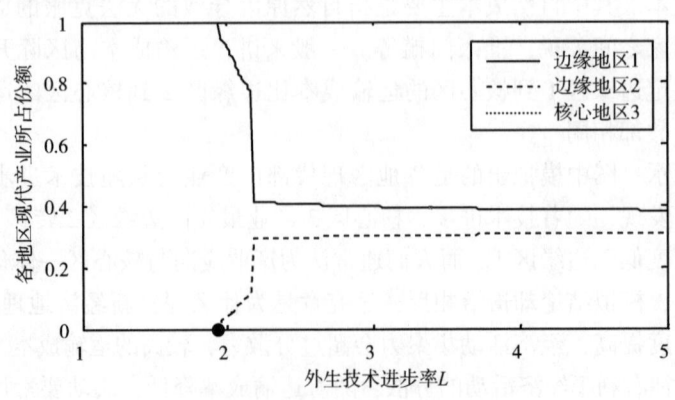

**图2 各地区现代产业所占份额**

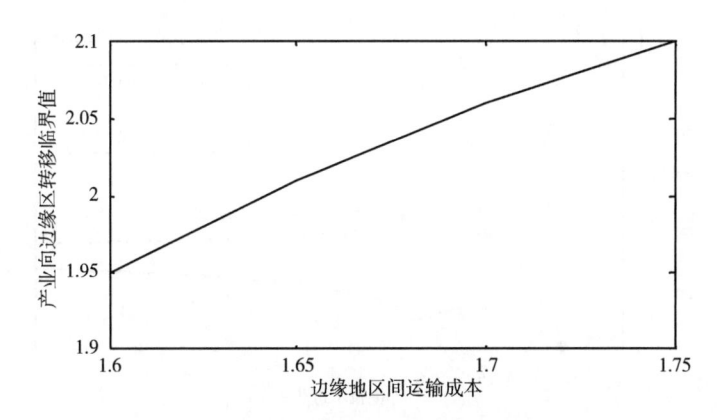

图3 边缘区一体化程度与产业转移临界值

从图3中可以看出,随着边缘区间一体化程度的提高(即运输成本变大),产业从核心区向边缘区转移的临界值变小,说明核心区产业向边缘区转移相对更为容易,这是由于边缘区内部一体化程度提高,可以增加边缘区有效市场规模,在区内市场效应及产业间关联效应作用下,产业更容易向边缘区转移。这说明实施提高边缘区内部一体化的政策,可以促进核心区产业向边缘区转移,比如完善市场配置资源的机制、改善区内的基础设施、提高区内政策的一致性等。从中可以得出如下结论:

结论2:边缘区内部一体化程度的提高,有利于核心区产业向边缘区转移。

(三) 边缘区对核心区实行单边保护政策对产业转移的影响

本部分假定边缘区2对核心区3存在单边贸易保护政策,即边缘区2的产品到核心区3的运输成本低于核心区3的产品运往边缘区2的运输成本。下面模拟在这种情况下产业向边缘区转移情况,图4和图5的区别在于核心区的人口规模差异,在图4中核心区人口规模与边缘区1和边缘区2完全相同,而图5中核心区的人口规模大于两个边缘区,其他参数值完全相同,模拟结果如图4、图5所示。

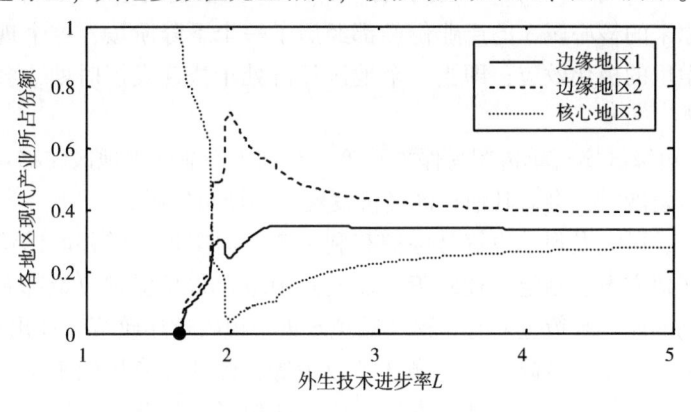

图4 单边贸易保护与产业转移 ($\Omega_3 = 1$)

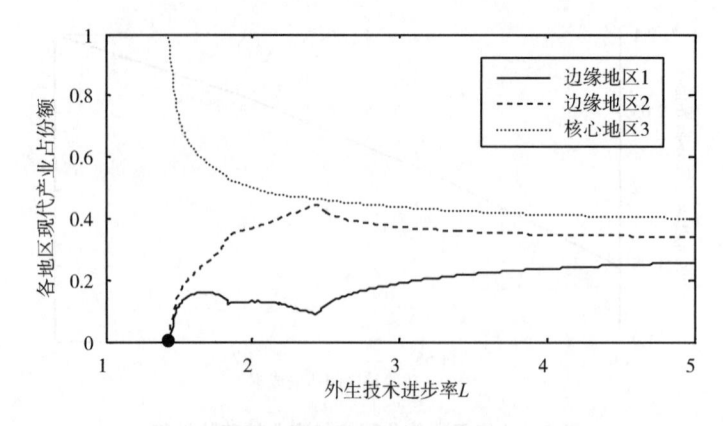

图5 单边贸易保护与产业转移（$\Omega_3 = 1.2$）

从图4和图5中发现，随着技术进步，核心区产业最先向边缘区2转移，随后向边缘区1转移，边缘区1和边缘区2的差别在于边缘区2对核心区3存在单边贸易保护，从模拟结果发现，实行单边贸易保护有利于产业向本地区转移，也就是说当本地实行贸易保护政策时对本地区是有利的。此外图4和图5中曲线差异明显，在图4中，当核心区3产业开始向边缘区2转移时，边缘区2产业份额上升非常迅速，以至于超过原来的核心区3的产业份额，这是由于产业向边缘区2转移之后，边缘区2对核心区3的单边贸易保护，使得核心区3的利益受到极大损害，甚至于出现边缘区2发展超过原来的核心区3的情况，同时由于现代产业发展对中间投入品的需求增加，产业内形成强大的产业关联度，就进一步强化了产业转移的趋势和速度。在图5中，我们对核心区3的优势进行适当强化，让核心区3的人口规模比另外两个地区大一些，此时曲线变化就缓和得多，但是结论仍然成立，即实行单边贸易保护政策有利于产业向本地区转移。

除此之外，从图4和图5中还发现，在现代产业快速向边缘区2转移的过程中，边缘区1和原来的核心区3的产业份额都经历了一个下降阶段，这个现象恰恰说明了区域经济学里的极化效应，即当一个地区经济处于快速发展时期，会抑制其他地区的经济发展。

结论3：边缘区实行单边贸易保护政策，有利于产业向本地区转移；同时当一个地区经济快速发展时，会对其他地区经济发展产生抑制作用。

在本部分，研究发现单边贸易保护有利于产业向本地区转移的结论，该发现能够很好地指导地方政府制定产业政策，而现实中单边贸易保护政策都有哪些呢？目前能够观察到的此类政策主要有，税收减免政策、税收返还政策（如出口退税），对企业补贴政策、土地优惠政策、金融扶植政策等，此外还有压低本币汇率政策。这些政策具有相同的特征，即让利于本地企业，这相当于降低了本地区产品运到其他地区的运输成本，使得本地区对其他地区形成一定的单边贸易保护效果。在现实中，经常会发现一些国家以反倾销等名义制定各种贸易保护政策,其理论依据就是实行单边保护政策对本国有利。此外,还会发现一些发达国家在进行自贸区谈判时,会对发展中国家实行非对称的关税政策,或者允许欠发达国家实行一定程度的保护政策,而发达国家之所以允许欠发达国家一定程度上实行保护政策,是由于发达国家在其他方面对欠发达国家具有绝对的优势,即使欠发达国家实行这样的政策也不会从根本上影响到发达国家的利益。

到此,已经比较全面地分析了贸易开放度对产业向欠发达地区转移的影响。近年来我国东部沿海地区一些企业逐渐向东南亚转移,并没有向中西部内陆地区转移,这是为什么呢?基于上述研究,我们从两方面来解释。首先,我们研究发现技术进步是产业转移的根本动力,这是因为技术进步促进经济的发展,提高了劳动力等要素价格,而对工资水平比较敏感的劳动密集型产业会寻找工资水平更低的地区,而东南亚地区工资水平普遍较低;其次,近年来人民币升值幅度较大,并且一些促进出口的优惠政策相继取消,就使得长期以来形成的单边保护政策效果大减,这些因素共同促使相关企业向东南亚地区而不是我国内陆地区迁移。那么怎样才能引导这些产业向我国内陆地区转移呢?第一,要选择交通便利,劳动力资源丰富,并且工资水平比较低的地区作为该类型产业承接特区;第二,对承接这类产业的地区实行特别优惠政策,赋予其一些其他地区没有政策,使该地区对其他地区和国家形成单边保护态势。

## 四、实证分析

上述模拟结果,在理论上证明了欠发达地区实行差异化政策有利于自身经济发展,而本部分将建立计量模型,对上述模拟结论进行验证。

**(一) 计量模型的设定**

为了进行简化,假设地区数量为2。在(15)式中,$L_s\lambda_s w_s$ 即为 $s$ 地区非农产值,记为 $NGDP_s$,S=1,2,则由(12)、(13)式可得:

$$\frac{NGDP_1}{NGDP_2} = \frac{[(P_M^1/P_M^2)^{1-\sigma} - T_{21}^{1-\sigma}][(P_M^2/P_M^1)^{1-\sigma}(E_1/E_2) + T_{12}^{1-\sigma}]}{[1 - T_{12}^{1-\sigma}(P_M^1/P_M^2)^{1-\sigma}][T_{21}^{1-\sigma}(P_M^2/P_M^1)^{1-\sigma}(E_1/E_2) + 1]} \quad (14)$$

则上式即可表述为

$$NGDP_1/NGDP_2 = f(P_M^1/P_M^2, E_1/E_2, \phi_{12}, \phi_{21}) \quad (15)$$

其中,$\phi_{12} = T_{12}^{1-\sigma}$,$\phi_{21} = T_{21}^{1-\sigma}$,为地区1与地区2相互开放度。由(16)式可知,地区相对发展差距与相互开放度、工业品价格指数、市场规模等有关。而相互开放度包括进口开放度和出口开放度。一般来说,一个地区进口开放度越小而出口开放度越大,表示该地区实行差异化政策,而进口与出口开放度越大,则表示该地区实行一体化政策。基于上述分析，我们选取美国、中国和墨西哥作为实证研究对象，其中美国代表核心区，中国和墨西哥代表两个边缘区，通过面板数据回归找出经济发展差距变化与开放度差异的关系，借此验证模拟结果。因此，计量模型设定为：

$$RNGDP_{it} = \beta_0 + \beta_1 fai_{it} + \beta_2 mp_{it} + \beta_3 pm_{it} + \beta_4 \vec{X}_{it} + u_{it} \quad (16)$$

其中，$t$ 表示时间，$RNGDP$ 为美国与中国、墨西哥非农产值比值，$fai$ 为美国对中国（或美国对墨西哥）进口与出口开放度比值，$mp$ 为美国对中国（墨西哥）市场规模比值，$pm$ 为中间投入品价格水平比值，$\vec{X}_{it}$ 控制变量向量，$u_{it}$ 为随机误差项。$\vec{X}_{it}$ 包括资本存量比值 $cap$，外商直接投资净值比值 $fdi$，工资水平比值 $wage$、经济发展水平比值 $devp$，净出口比值 $trplus$。

**（二）变量说明及数据来源**

1. 贸易开放度。

传统测度方法有外贸依存度法（Frankel，2000；Alcala & Ciccone，2004）和指标法（Dollars，1992；Sachs & Warner，1995）等。外贸依存度法只能捕捉到贸易开放的信息，不能反映一国在世界贸易中的地位，而指标法存在数据获得性较差的问题，此外，上述贸易开放度测算方法不能体现出贸易开放度非对称问题。而赵涤非等（2014）采用新方法计算我国农产品开放度，将进口开放度和出口开放度进行加权平均。本文借鉴赵涤非等人的研究，分别计算进、出口开放度，以此表示贸易开放度的非对称性，具体如下：

$$fai_{it}^{ex} = \frac{2X_{it}^2}{(GDP_{it} + GDP_{jt})\sum_{j=1}^{2}X_{jt}} ; fai_{it}^{im} = \frac{2M_{it}^2}{(GDP_{it} + GDP_{jt})\sum_{j=1}^{2}M_{jt}} \quad (17)$$

其中，$fai_{it}^{ex}$、$fai_{it}^{im}$ 分别为 $i$ 国对 $j$ 国出口开放度和进口开放度，$X_{it}$、$M_{it}$ 分别为 $i$ 国对 $j$ 国出口额和进口额，$GDP_{it}$ 和 $GDP_{jt}$ 为 $i$ 国和 $j$ 国的国内生产总值。

2. 市场规模与价格水平。

在我们的模型里，一个国家的市场规模包括工人支出和企业中间投入品支出，所以我们用家庭部门支出和中间投入品支出之和来衡量一个国家的市场规模大小。而国家间价格水平的比较，则通过计算某国 GDP 与购买力平价法 GDP 之间比例系数来确定该国相对于美国价格水平。

3. 向量 $\vec{X}_{it}$ 中各指标。

（1）资本存量用某国资本净值表示。

（2）$fdi$ 净值外国对本国直接投资和本国对外直接投资差额表示。

（3）劳动力工资用劳动力总收益除以劳动力数量表示。

（4）经济发展水平是用来度量该国技术进步率，在此以非农就业人口与农业就业人口比值表示。

本文研究样本区间为 1995～2009 年。其中中间投入品支出、劳动报酬数据来自 Wind 数据库，家庭部门支出来自 OECD 数据库。各国 GDP、购买力评价法 GDP、各部门劳动力就业数量及外商直接投资来自于 Word Bank 数据库。各国商品贸易和服务贸易来自 UN Service Trade 数据库和 UNCTAD 数据库。由于 1999 年之前只有商品贸易统计数据，1999 年后才有服务贸易统计数据，所以计算各国对美国贸易开放度时，1999 之前选用的是商品贸易数据，1999 年之后为商品贸易和服务贸易之和数据。

(三) 计量结果分析

我们先对模型进行固定效应回归，得到包含 F 检验的回归结果，发现 F 检验 p 值为 0.0000。然后再对模型进行随机效应回归，并进行 Hausman 检验，p 值为 0.0001。F 检验和 Hausman 检验结果表明固定效应模型更好一些。

观察数据结构，该面板数据是长面板，回归之前对组间异方差、组内自相关和组间同期相关进行了检验，检验 p 值分别为 0.6784、0.0017、0.6133，表明该面板数据存在组内一阶自相关。为此分别使用面板校正标准误（PCSE）、FGLS 和全面 FGLS 等回归方法对模型进行回归，结果见表 1：

表 1　　面板数据回归结果（Table 1: panel data regression results）

| RNDGP | (1) PCSE | (2) FGLS | (3) 全面 FGLS |
| --- | --- | --- | --- |
| fai | -0.267*** | -0.267*** | -0.170*** |
| mp | 1.554*** | 1.581*** | 1.665*** |
| pm | -18.60*** | -18.69*** | -16.11*** |
| wage | -0.0461* | -0.0495* | -0.0553** |
| devp | 2.353*** | 2.449*** | 3.209*** |
| cap | -0.0199 | -0.0331 | -0.0137 |
| fdi | -0.0862*** | -0.0883*** | -0.0707*** |
| traplus | -0.00755** | -0.00822** | -0.00827** |
| cons | 5.485*** | 5.320*** | 1.493 |
| N | 30 | 30 | 30 |

注：t statistics in parentheses
　　* $p<0.10$，** $p<0.05$，*** $p<0.01$。

从上述回归结果中可以看出，几种回归方法所得回归系数显著性基本一致，且结果相近，显示所选模型具有稳健性。观察各变量对地区发展差距影响，资本存量对美国与中国发展差距影响并不显著，而相对贸易开放度回归系数在 1% 水平上显著且为负，说明中国和墨西哥对美国实行差异化开放政策有利于中国和墨西哥，此外相对市场规模对地区间发展差距影响为正，即随着地区相对市场规模增加，地区间发展差距在拉大，这验证了本地市场效应的存在。而相对应的工业品价格指数和工资水平系数皆为负，表明随着地区间要素价格水平拉大，产业会从发达地区向欠发达地区转移。相对发展水平系数为正，说明国家间技术水平是影响国家间发展差距的另一个重要因素。此外，由于美国接受外商直接投资净值为负，且美国是贸易逆差国，如果外商直接投资净值与净出口相对值增加，则表明中国和墨西哥接受 FDI 和净出口都在增加，这两个变量回归结果是负值就表明 FDI 和净出口增加有利于本地区经济发展。

上述回归结果验证了差异化政策对欠发达地区经济发展的作用，表明所建模型具有很好的实用性。

## 五、结论与政策建议

目前研究大都认为，影响欠发达地区经济发展的因素主要有地区的整体发展水平、市场与人口规模、欠发达地区内部一体化程度等。而本研究则指出欠发达地区与发达地区开放度也影响其经济发展，并且发现欠发达地区与核心区实行一体化政策和单边保护政策对欠发达地区影响则截然不同，如果欠发达地区与核心区实行一体化政策明显不利于欠发达地区经济发展，而欠发达地区对核心区实行单边保护政策能明显促进边缘地区经济发展。因此，对欠发达地区来讲，实行差别化的政策显然对自己更有利。基于上述研究，欠发达地区需从以下几个方面制定适合自己的开放政策。首先，由于欠发达地区发展水平及与核心区一体化水平影响该地区产业承接能力，所以欠发达地区在选择产业承接地时最好与本区域内核心地区重合在一起，同时要相对远离具有强大极化效应的其他区域核心区，以提高产业转移的效率；其次，清除或尽可能降低本地区内部市场分割方面的隐性政策，提高区域内部一体化程度，同时还要提高区域内部交通等基础设施水平，打通与域外地区的交通，尽可能提高本地区的市场潜能；最后，政府在制定开放政策时，要实行差异化的开放政策。

## 附录：模拟参数

图 1 模拟参数：$T_{ii} = 1$；$T_{13} = T_{31} = 1.6$，$T_{12} = T_{21} = T_{23} = T_{32} = 1.67$，$\mu_i = 0.64$；$a = 1$，$b = 2.01$，$c = 3.3$；$\Omega_i = 1$；$\alpha = 0.76$，$e_1 = 1$，$\bar{Y} = 0.70$，$K = 0.42$，$\sigma = 6$，$\eta = 0.95$。

图 2、图 3 模拟参数：$T_{ii} = 1$；$T_{12} = T_{21} = 1.65$，$T_{13} = T_{31} = T_{23} = T_{32} = 1.75$；$a = 1$，$b = 1.8$，$c = 3.3$；$\mu_i = 0.64$；$\Omega_1 = \Omega_2 = 0.9$，$\Omega_3 = 1$；$\alpha = 0.70$，$e_1 = 1$，$\bar{Y} = $

$0.70$, $K = 0.42$, $\sigma = 6$。

图 4、图 5 模拟参数：$T_{ii} = 1$；$T_{12} = T_{21} = 1.67$；$T_{13} = T_{31} = 1.67$；$T_{32} = 1.67$；$T_{23} = 1.65$；$\alpha = 0.76$，$e_1 = 1$，$\bar{Y} = 0.70$，$K = 0.42$，$\sigma = 6$。$\mu_i = 0.64$；$a = 1$，$b = 2.01$，$c = 3.3$；$\Omega_1 = \Omega_2 = 1$。

## 参 考 文 献

[1] 屈子力. 内生交易费用与区域经济一体化 [J]. 南开经济研究, 2003 (2): 67 – 70.

[2] 徐现祥、李郇. 市场一体化与区域协调发展 [J]. 经济研究, 2005 (12): 57 – 67.

[3] 范剑勇. 市场一体化、地区专业化与产业集聚趋势——兼谈对地区差距的影响 [J]. 中国社会科学, 2004 (6).

[4] 梁琦、李晓萍等. 市场一体化、企业异质性与地区补贴——一个解释中国地区差距的新视角 [J]. 中国工业经济, 2012 (2): 16 – 25.

[5] 何雄浪, 李国平. 专业化产业集聚、空间成本与区域工业化 [J]. 经济学（季刊）, 2007, 6 (4).

[6] 郑长德. 基于新经济地理学视角的支持欠发达地区经济发展的政策研究 [J]. 西南民族大学学报（人文社会科学版）, 2012 (7): 95 – 100.

[7] 安虎森、蒋涛. 一体化还是差别化——有关区域协调发展的理论解析 [J]. 当代经济科学, 2006 (4): 53 – 63.

[8] 陆铭, 陈钊. 在集聚中走向平衡: 城乡和区域协调发展的"第三条道路" [J]. 世界经济, 2008 (8): 57 – 61.

[9] 赵星, 刘军辉, 马骥. 我国文化产业集聚的动力机制分析——基于空间经济学 TP 模型的方法 [J]. 西南民族大学学报: 人文社科版, 2016, 37 (4).

[10] 安虎森, 张古, 刘鹏. 分析"空间发展"的新方法——德斯米特和罗西—汉斯伯格的动态空间发展模型评述 [J]. 西南民族大学学报: 人文社科版, 2015, 36 (12): 121 – 129.

[11] 张古, 安虎森. 区域产业结构调整和演化机理分析 [J]. 西南民族大学学报: 人文社科版, 2016 (5).

[12] 李忠尚主编,《软科学大辞典·软科学与经济》, 辽宁人民出版社 1989 年版.

[13] 赵涤非, 郭媛, 万晓燕. 我国农村食品价格传导与食品消费的实证分析——基于新的贸易开放度测算方法 [J]. 经济学动态, 2014 (9): 47 – 55.

[14] Fujita M, Krugman P, Venables A J. The Spatial Economics: Cities, Regions, and International Trade [M]. 1999, MIT Press.

[15] Krugman P, Venables A J. The Seamless World: A Spatial Model of International Specialization [J]. Social Science Electronic Publishing, 1995.

[16] Krugman P, Venables A J. Globalization and the Inequality of Nations [J]. Quarterly Journal of Economics, 1995, 110 (4): 857 – 80.

# 城市生态环境评价的一个指标体系
## ——兼以长三角地区为例测评[*]

顾凯文　殷广卫[**]

**摘　要**：本文旨在针对城市生态环境构建一个评价指标体系，该指标体系包括三个准则层指标和具体22个方案层指标，方案层指标的权重通过层次分析法计算确定以减轻设定的主观性。在此基础上，以泛长三角地区为例，使用2013年的数据对27个城市进行测度并排序。最终结果显示：苏州、杭州、上海、南京、无锡这5个核心城市的生态环境状况处于领先位置，这似乎表明长三角地区经济发达的城市其环境治理状况也好，也许这是城市环境治理中规模经济的体现，值得进一步探究。

**关键词**：城市生态环境；评价指标体系；层次分析法；长三角；规模经济；集聚经济

## 一、引言和文献背景

近几十年来，中国经济增长堪称奇迹，工业化、城市化迅猛发展。与此同时，生态环境遭受的破坏和污染不断加重，城市因人口和工业密集，其生态环境面临的形势相当严峻，值得高度关注。本文探索建立一个评价城市生态环境的指标体系并对长三角地区各城市进行测度、排名，以推动全社会重视和改善城市生态环境。

自20世纪90年代以来，城市生态环境已成为国内学者研究和探讨的热点之一，高春风（2004）应用科学发展观理念，在剖析各类自然生态系统的基础上提出了关于生态安全的若干内涵，并构建了一个指标体系框架，同时研究了生态安全指标体系在生态安全评估和生态环境影响评价中的应用，为本文分析城市生态系统的内涵和构建评价指标体系提供了重要思路。左伟等（2003）也建立了一个关于区域生态安全的评价指标体系，其着眼点是比城市更大的区域概念，但同样富于启迪。张智和魏忠庆（2006）分析我国城市住区的环境状况及持续发展问题，提出了关于城市住区环境生态建设和可持续发展的相关对策。刘颂和刘滨谊（1999）则更早建立了

---

[*] 基金项目：国家自然科学基金面上项目"中国制造业集聚和转移的趋势与机制研究：新经济地理学框架时空成本视角"（项目号：71373080）

[**] 顾凯文，男，华东理工大学商学院金融系2014级本科生；殷广卫，男，华东理工大学商学院经济学系、经济发展研究所教师，经济学博士。

一个关于城市人居环境可持续发展的评价指标体系。这两项关于城市可持续发展并聚焦于环境的研究和评价指标体系构建为本文提供了直接的借鉴。

## 二、研究思路和方法

### (一) 研究思路

城市生态系统是城市人类与周围生物和非生物环境相互作用而形成的一类具有一定功能的网络结构，也是人类在改造和适应自然环境的基础上建立起来的特殊的人工生态系统，是包括生态环境因素在内的多方面综合因素的集合。20世纪80年代末经济合作和开发组织（OECD）与联合国环境规划署（UNEP）共同提出了P-S-R模型，即压力（pressure）—状态（state）—响应（response）模型（孙建丽，2008）。在P-S-R模型框架中，某一类环境问题可以由3个不同但又相互联系的指标类型来表达：压力指标，表征人类活动对环境造成的负荷；状态指标，表征环境质量、自然资源与生态系统的支持能力；响应指标，表征环境政策措施中的可量化部分。本文借鉴P-S-R模型建立了包括3个层次的城市生态环境评价指标体系。第一层次为目标层，即城市生态环境。第二层次为准则层，包括环境资源压力、环境治理、人文[①]这三个方面的准则因素，其实分别就是P-S-R模型分层中的压力P、状态S和响应R。具体而言，P指目前情况下，城市环境的负荷，S指目前人文因素影响下环境的现状，R指政府以及个人在生态方面所作出的改善行为。简单而通俗地讲，P、S、R分别指环境资源压力因素、环境治理因素、人文因素。第三层次为指标层，由可以直接度量的具体指标构成，是城市生态环境评价指标体系最基本的层面，根据所有这些具体指标通过模型算法可以计算得到用以表征或评价城市生态环境的综合指数。

### (二) 具体指标的选取及其含义

1. 环境治理指标。

三废利用价值总额：环境治理过程中，政府出资治理污染，减少对环境的人为影响，使废物得到一定程度的再利用，选择每个城市的三废利用价值总额作为政府环境治理的测度指标。

环境质量综合指标：包括工业废水排放达标量、工业二氧化硫排放达标量、工业粉尘排放达标量、工业固体废物处理率、城镇生活污水处理率、生活垃圾废物处理率。它们表征污染控制的现状，包括水、气、声、渣等各类废物的处理达标情况，这些指标能很好地反映城市当前的环境状态。

建成区绿化覆盖率：城市绿化覆盖面积占城市总土地面积的百分比。显然是反映

---

[①] 本文中的"人文"不是通常意义上的"人类文化"概念，它强调的是人类活动对生态环境的一般影响。由于人类的活动，人类生存其中的生态环境不断演变，这样，这种生态环境更多是人为因素造成的，是社会性的，其自然属性不断弱化，或者说，其自然属性越来越多地经过了人为加工、改造和人类经济社会活动的复杂影响。

城市生态环境的一个重要指标。

2. 资源压力指标。

人口自然增长率：一定时期内人口自然增长数（出生人数减死亡人数）与该时期内平均人口数之比，通常以年为单位计算，用千分比来表示，表征人口压力。

人口密度：每平方公里土地上平均居住的人口数，是表示人口密集程度的指标。

人均GDP：即人均国内生产总值，也就是某地区一定时期国内生产总值除以同时期平均人口。

其他指标：人均生活用水量、市辖区非建成区面积占行政区域土地面积比重、人均生活用电量、人均用煤量、人均城市道路面积、人均绿地面积，这五个指标表征几类重要资源的配置状况，都使用人均值。

3. 人文环境指标。

第一产业就业人口比重、第一产业GDP比重：第一产业是以利用自然力为主生产不必经过深度加工就可消费的产品或工业原料的部门，这两个指标主要反映人类产业经济活动对生态环境的影响。

工业总产值：工业总产值是工业企业在报告期内生产的工业产品总量价值，现阶段工业在人类经济活动中的地位无疑举足轻重。

每万人占有公交车量：它是公共设施及社会保障的人均占有量的一个代表性内容，可作为人文环境响应的代表性指标。

制造业从业人数：制造业是指对制造资源（物料、能源、设备、工具、资金、技术、信息和人力等）按照市场要求通过制造过程转化为可供人们使用和利用的工业品与生活消费品的行业，选择每个城市的制造业从业人数作为测度指标，此指标反映人文方面制造业人口对生态环境的影响。

（三）数据来源和计算方法

1. 数据来源。

本文中的长三角指的是以上海为中心，包括浙江，江苏和安徽三个省份有关地区的广义长三角地区，具体包括上海、苏州、无锡、杭州、宁波、南京、常州、绍兴、南通、温州、嘉兴、镇江、台州、泰州、金华、合肥、马鞍山、扬州、湖州、徐州、衢州、丽水、舟山、淮安、盐城、宿迁、连云港，共27个城市。资料来源于2014年上述各城市的统计年鉴。

2. 指标权重的计算方法。

确定指标权重的方法主要分为客观评价和主观评价法。虽然从统计方法上可以直接给出各项指标的权重，但事实上很难对每个指标的权重给出完全客观、准确的判断，因此本文运用层次分析法确定指标权重，从而使指标权重更为科学、客观。

层次分析法是20世纪70年代由美国运筹学家、匹兹堡大学教授萨蒂提出的一种多目标、多准则的决策方法，是一种定性和定量相结合的、系统化、层次化的分析方法，它可以将人们的主观判断实现数量形式的表达和处理。层次分析法的具体分析运用过程及步骤如下：1）明确问题；2）划分和选定相关因素：在明确问题的基础上，弄清问题的主要因素。主要因素要通过德尔斐法和理论分析方法确定；3）建立递阶层次结构模型，即把系统中所包含的因素分为不同层次，用框图形式排列说明层次的递阶结构和因素的从属关系，建立起系统结构；4）构建判断矩阵，即按照建立的结构图，构造判断矩阵，确定各层次有关因素在总目标中的优先次序；5）层次单排序及一致检验。

3. 权重的分配。

将作为构建目标的生态环境评价指标体系（a1）分为环境治理（b1）、环境资源压力（b2）、人文环境影响（b3）三个准则层，根据重要性设置权重为 0.750、0.125、0.125，具体如表 1 所示。对于方案层指标，在计算过程中通过两两对比指标的重要性，确定不同的比重。在环境治理方面，根据其重要性的不同两两进行比较，首先，考虑工业废水排放达标量，工业二氧化硫排放达标量、工业粉尘排放量达标量、工业固体废物处理率。因为它们是造成污染的最直接因素。2013 年初全国大多数城市 PM2.5 严重超标，主要是这些指标涉及的废物被大量排放造成。一些工业企业不负责任的做法，对环境的影响十分严重，不可忽视。接下来是城镇生活废物处理率和生活垃圾处理率，与植树造林或者绿化覆盖率提高相比，垃圾处理更为重要。只有从源头上治理，生态环境才能真正改善。

环境资源压力部分，我们将人口自然增长率与人口密度视为最重要的两个因素。较高的人口密度会对生态产生很多不良影响。其次，人均生活用电量与人均用煤量也会造成环境资源较大的压力。供电供煤的过程中排放的大量废气如二氧化硫、一氧化碳等对环境造成的压力十分巨大。与此同时，人均生活用水量、人均绿地面积也是两个不可忽视的重要指标。水资源、绿地资源是当今较为紧张的资源，它们的丰裕程度直接反映了生态品质。人均城市道路面积相比之下影响较小，因为人均城市道路面积的大小与汽车尾气的排放量联系不大。人均 GDP 在其中的影响较弱，因为 GDP 高低与生态环境的好坏没有必然联系，一个以牺牲环境为代价追求较高 GDP 的城市可能有着较差的生态环境，但是，有的城市较高的 GDP 是建立在环保基础之上的，即有些城市 GDP 很高，但环保或生态环境也很好。因此，不能以 GDP 的高低衡量生态环境的好坏，所以我们将其重要性安排得较为靠后。

最后是人文环境的影响。我们将第一产业总产值的比重和工业总产值的重要性排在最前。因为农业作为生产部门，农作物的种植总体上对生态环境是比较有利的，其正向的影响很大。工业对环境的破坏较为重要，工业总产值的影响很大，工业部门排放废气造成大气污染是工业对环境不良影响的代表性内容之一。其次重要的是每百万人拥有的汽车数量，可以反映工业化、城市化背景下人口和工业集聚对生态环境的综合性影响。第一产业就业人口比重和制造业从业人数被排在了较后的位置，因为前面已经从第一产业总产值比重和工业总产值角度考虑其影响，这里只是再次从人口角度考虑，其影响也比较间接。

以上三类因素对整体环境的影响有着不同的权重，环境治理是生态最重要的一个方面，其中工业废水排放达标量、工业二氧化硫排放达标量、工业粉尘排放量达标量、工业固体废物处理率都是直接影响生态环境的重要因素。城镇生活污水处理率、生活垃圾废物处理率、建成区绿化覆盖率也相当重要。环境资源压力和人文环境影响，各占1/8的权重。环境资源压力，如人均生活用水量、人均生活用电量、人均用煤量等都会在一定程度上对生态环境产生影响。人文环境影响方面，第一产业生产总值的比重对生态环境起正向影响，工业总产值等则主要是负向影响。

综上所述，表1为选取的各指标及其权重分配表：

**表1　　　　　城市生态环境评价指标体系及各指标权重表**

| 目标层 | 准则层 | 权重 wi | 方案层指标 | 权重 wi |
|---|---|---|---|---|
| 生态环境 a1 | 环境治理 b1 | 0.750 | 三废产品利用价值总额（万元）c1 | 0.0364 |
| | | | 工业废水排放达标量（吨）c2 | 0.1478 |
| | | | 工业二氧化硫排放达标量（吨）c3 | 0.1478 |
| | | | 工业粉尘排放量达标量（吨）c4 | 0.1478 |
| | | | 工业固体废物处理率% c5 | 0.1478 |
| | | | 城镇生活污水处理率% c6 | 0.0571 |
| | | | 生活垃圾废物处理率% c7 | 0.0398 |
| | | | 建成区绿化覆盖率% c8 | 0.0255 |
| | 环境资源压力 b2 | 0.125 | 人口自然增长率‰ c9 | 0.0334 |
| | | | 人口密度（人/平方公里）c10 | 0.0334 |
| | | | 人均GDP（元）c11 | 0.0037 |
| | | | 人均生活用水量 升/天 c12 | 0.0078 |
| | | | 市辖区非建成区面积占行政区域土地面积比重% c13 | 0.0022 |
| | | | 人均生活用电量（千瓦时）c14 | 0.0165 |
| | | | 人均用煤量（吨）c15 | 0.0165 |
| | | | 人均城市道路面积（平方米）c16 | 0.0037 |
| | | | 人均绿地面积（平方米）c17 | 0.0078 |
| | 人文环境影响 b3 | 0.125 | 第一产业就业人口比重 % c18 | 0.008 |
| | | | 第一产业GDP比重 % c19 | 0.045 |
| | | | 工业总产值（万元）c20 | 0.045 |
| | | | 每万人拥有公共汽（辆）c21 | 0.019 |
| | | | 制造业从业人数（万人）c22 | 0.008 |

## 三、长三角 27 城市生态环境评价

### (一) 数据处理

为确保不同城市各个指标之间的可比性,首先对数据进行无量纲化处理,计算公式为:

$$X_i^j = \frac{C_i^j}{\overline{C^j}}$$

其中,为原始数据,即 $i$ 城市 $j$ 指标的具体数据,$\overline{C}$ 为 $j$ 指标在长三角 27 城市中的平均值。在对数据进行无量纲化处理后,$X_i^j$ 乘以指标 $j$ 的权重 $W^j$ 并加总即得到最终结果 $Z^i = \sum_{i=1}^{22} X_i^j W^j$,具体如下面的表2、表3所示:

**表 2　　　　2013 年长三角地区 27 城市生态环境准则层指标排名**

| 城市 | 环境治理 b1 | 城市 | 环境资源压力 b2 | 城市 | 人文环境影响 b3 |
|---|---|---|---|---|---|
| 苏州 | 1.385 | 盐城 | 0.015 | 上海 | 0.363 |
| 杭州 | 1.377 | 丽水 | 0.027 | 苏州 | 0.223 |
| 上海 | 1.210 | 衢州 | 0.048 | 盐城 | 0.166 |
| 南京 | 1.061 | 淮安 | 0.058 | 杭州 | 0.156 |
| 无锡 | 1.047 | 金华 | 0.064 | 徐州 | 0.151 |
| 绍兴 | 0.868 | 徐州 | 0.066 | 南京 | 0.141 |
| 宁波 | 0.859 | 温州 | 0.067 | 无锡 | 0.140 |
| 常州 | 0.859 | 绍兴 | 0.080 | 连云港 | 0.138 |
| 徐州 | 0.834 | 扬州 | 0.084 | 宁波 | 0.135 |
| 嘉兴 | 0.764 | 泰州 | 0.086 | 南通 | 0.134 |
| 南通 | 0.732 | 湖州 | 0.087 | 淮安 | 0.134 |
| 泰州 | 0.709 | 南通 | 0.087 | 宿迁 | 0.124 |
| 镇江 | 0.674 | 舟山 | 0.091 | 常州 | 0.116 |
| 湖州 | 0.639 | 宿迁 | 0.101 | 扬州 | 0.116 |
| 合肥 | 0.625 | 台州 | 0.108 | 舟山 | 0.114 |
| 金华 | 0.612 | 连云港 | 0.110 | 合肥 | 0.112 |
| 淮安 | 0.610 | 嘉兴 | 0.118 | 泰州 | 0.107 |
| 扬州 | 0.607 | 宁波 | 0.127 | 绍兴 | 0.100 |
| 衢州 | 0.598 | 杭州 | 0.144 | 镇江 | 0.093 |
| 马鞍山 | 0.541 | 合肥 | 0.146 | 嘉兴 | 0.087 |

续表

| 城市 | 环境治理 b1 | 城市 | 环境资源压力 b2 | 城市 | 人文环境影响 b3 |
|---|---|---|---|---|---|
| 连云港 | 0.540 | 常州 | 0.154 | 湖州 | 0.086 |
| 宿迁 | 0.530 | 马鞍山 | 0.165 | 丽水 | 0.082 |
| 台州 | 0.527 | 无锡 | 0.193 | 台州 | 0.079 |
| 温州 | 0.526 | 苏州 | 0.194 | 马鞍山 | 0.074 |
| 盐城 | 0.526 | 镇江 | 0.224 | 衢州 | 0.073 |
| 丽水 | 0.525 | 南京 | 0.240 | 金华 | 0.066 |
| 舟山 | 0.464 | 上海 | 0.480 | 温州 | 0.065 |

表3　　2013年长三角地区27城市生态环境测评综合排名

| 排名 | 城市 | 综合结果 | 排名 | 城市 | 综合结果 |
|---|---|---|---|---|---|
| 1 | 苏州 | 1.091 | 15 | 湖州 | 0.501 |
| 2 | 杭州 | 1.070 | 16 | 淮安 | 0.482 |
| 3 | 上海 | 1.013 | 17 | 扬州 | 0.481 |
| 4 | 南京 | 0.844 | 18 | 金华 | 0.476 |
| 5 | 无锡 | 0.827 | 19 | 衢州 | 0.463 |
| 6 | 常州 | 0.678 | 20 | 连云港 | 0.436 |
| 7 | 宁波 | 0.677 | 21 | 马鞍山 | 0.435 |
| 8 | 绍兴 | 0.674 | 22 | 宿迁 | 0.426 |
| 9 | 徐州 | 0.653 | 23 | 台州 | 0.419 |
| 10 | 嘉兴 | 0.599 | 24 | 盐城 | 0.417 |
| 11 | 南通 | 0.577 | 25 | 温州 | 0.412 |
| 12 | 泰州 | 0.556 | 26 | 丽水 | 0.408 |
| 13 | 镇江 | 0.545 | 27 | 舟山 | 0.374 |
| 14 | 合肥 | 0.502 | | | |

### （二）长三角地区城市生态环境综合排名简析

就综合排名结果来看，苏州、杭州、上海名列前三甲，指标值均在1以上，南京、无锡紧随其后，但指标值不足0.85，与前三甲城市有一定差距。这5个城市都是长三角地区的核心城市，不仅经济发展得好，生态保护和环境治理水平也高。就准则层排名来看，这些核心城市在环境资源压力方面排名很靠后（按指标值递增顺序排名，越靠后压力值越大，上海的指标值最高，为0.48，远高于倒数第二位南京的0.24），受人文环境的影响也很大，但在环境治理方面的排名则相当靠前，从而它们尽管面临很大的环境资源压力和受到较强的人文环境影响，但由于治理得比较到位，总体生态环境得以维持在领先位置，不过，上海和南京没能排到第一、第二，除了其环境治理水平排名不及苏州和杭州，应该也与其自身环境资源压力的不利影响过大有关，同时上海的人文环境影响指标值也是最高的。

5个核心城市之后，常州、宁波、绍兴的综合指标值比较接近，都接近0.7，接下来的徐州综合指标值略低，但也达到了0.65以上。常州的环境资源压力指标值排名也比较靠后，与5个核心城市有较大的相似性，但其人文环境影响指标值排名中等，与宁波、绍兴相对比较接近，表现出相似性或同质性，这3个城市在环境资源压力指标值方面的相似性更强一些，都大致处于中等水平，排名虽不在一起，但指标值之间的差异并不过大。徐州的三个准则层指标值排名比较一致，都处于中等靠前位置。总的来看，这4个城市在环境治理方面指标值的接近使得它们最终的综合指标值也比较接近。

再接下来，嘉兴、南通、泰州、镇江、合肥、湖州这6个城市的综合指标值从0.6降至0.5，它们在三个准则层方面的指标值排名除镇江的环境资源压力指标值比较高之外都大致位于中等靠前位置，从而仍由环境治理的中等靠前水平决定了它们总体中等靠前水平的综合排名。

综合排名进一步向后的城市按顺序有淮安、扬州、金华、衢州、连云港、马鞍山、宿迁、台州、盐城、温州、丽水、舟山，它们的综合指标值从0.5逐步降至0.4，舟山最低为0.374。它们在环境资源压力和人文环境影响这两个准则层指标上呈现出了较大的差异性，其中值得注意的是盐城、丽水、衢州、淮安、金华这5个城市有着最低的环境资源压力指标值，同时金华、衢州、丽水受到的人文环境影响也很小，但即使如此，由于这些城市在环境治理方面的排名处于中等偏后至末等水平，其综合排名虽受到环境资源压力和人文环境两方面的影响而与环境治理指标排名不完全一致，但偏差很小，总的位次顺序基本未受影响，只有少数城市出现一到两位的次序变化。

## 四、总　　结

本文基于环境治理、环境资源压力和人文环境影响三个方面，选取22个指标构建了一个城市生态环境评价指标体系，并以泛长三角地区为例，使用2013年的数据对27个城市进行测度、排序。结果显示：苏州、杭州、上海、南京、无锡这5个核心城市的生态环境状况处于领先位置。评价指标体系可为其他地区的测评提供借鉴，更便利于对长三角地区开展后续测评。2013年的具体排名可为今后长三角地区有关城市重视、加强生态保护和环境治理起到一定的推动和促进作用。

测评结果还倾向于表明长三角地区经济发达的大城市其生态环境也好。基于三个方面的指标值对比分析，发现城市环境治理对城市生态环境总水平起着决定性作用。这似乎意味着城市环境治理过程中存在着明显的规模经济，但需要进一步的经验研究加以证实。如果结论成立，将意味着我们更有理由推动和促进大城市的发展，城市在规模扩大过程中因环境污染而带来的负面效应可以由环境治理的规模经济或集聚经济（如污染集中治理的平均成本更低从而效率更高）而得到更好地克服。

## 参 考 文 献

[1] 高春风. 生态安全指标体系的建立与应用［J］. 环境保护科学，2004（3）：38 – 40.

[2] 左伟，周慧珍，王桥. 区域生态安全评价指标体系选取的概念框架研究［J］. 土壤，2003（1）：2 – 7.

[3] 张智，魏忠庆. 城市人居环境评价体系的研究及应用［J］. 生态环境，2006（1）：198 – 201.

[4] 刘颂，刘滨谊. 城市人居环境可持续发展评价指标体系研究［J］. 城市规划汇刊，1999（5）：35 – 37.

[5] 孙建丽. 城市环境安全指标评价体系——以苏州市为例［J］. 环境科学与管理，2008（7）：173 – 178.

# 区域一体化、产业转移的福利效应研究[*]

皮亚彬[**]

**摘　要**：本文建立一个包含城市拥挤成本的非对称新经济地理学模型，分别从工人、地方政府和中央政府的视角，分析区域一体化的福利效应。区域一体化有助于社会总体福利改善，但对不同经济主体的影响不同：区域一体化总可以改善熟练工人的福利，但对不可流动工人的影响则取决于其区位。地方政府对区域一体化的偏好取决于其政策目标，若其目标是在"晋升锦标赛"中获胜，则总有地区倾向于市场分割策略；而以本地居民福利最大化为目标时，则两地区有机会通过区域一体化实现共赢。中央政府需要权衡效率和公平之间的关系，在通过区域一体化水平提高经济系统整体效率的同时，也必然会经历一个区域发展差距扩大的阵痛期，需要采取转移支付等措施来缓解区域差距过大带来的负面影响。

**关键词**：区域一体化　产业转移　福利分析　区际竞争

## 一、引　言

经济活动空间分布不平衡是空间经济的基本特征。区域经济的空间不平衡又伴随着地区间人均收入水平的差距。新经济地理学（NEG）基于企业层面的报酬递增、垄断竞争和冰山贸易成本，在一般均衡框架下解释了经济活动在空间上的集聚。商品在地区间的贸易成本是影响经济活动集聚和分散的重要因素，随着区域一体化水平提高，即区际商品贸易成本的下降，产业的空间布局会出现一个从分散到集聚、从集聚到再分散的过程。影响区际贸易成本的因素中，包括地理距离、交通基础设施、制度等因素，除地理距离外，其他因素都内生于社会经济环境中，受居民和政府的行为影响。在我国，中央政府和地方政府有能力通过基础设施建设乃至行政手段来影响区际贸易成本，进而重塑经济空间分布模式。经济集聚会对居民福利和地方政府官员产生影响，这又反过来会影响他们对区域一体化的态度。因而，有必要分析经济活动空间布局对经济主体的福利影响，综合分析居民和政府在区域一体化中的利益或福利变化，以及其对区域一体化的态度和应对策略。

---

[*] 基金项目：《中国制造业集聚和转移的趋势与机制研究：新经济地理学框架时空成本视角》，项目号：71373080。

[**] 皮亚彬（1988－），中国社会科学院工业经济研究所，博士后研究人员，研究方向：区域经济学、新经济地理学、城市群等。

经济活动空间分布变化产生的福利效应已日益引起学者的关注。大多数研究从社会总体福利的视角，或者是站在中央政府的视角，分析在不同区域一体化水平下，市场主体选择的经济空间布局模式是不是社会整体最优的。Baldwin 等（2003）认为，社会全局福利最大化的产业区位，随贸易自由度而变化，若区域一体化水平较低，产业在地区间对称分布时全局福利最优，当区域一体化水平较高时，产业集中在某一地区时全局福利最优。Ottaviano 和 Thisse（2002）基于线性偏好的新经济地理学模型，认为当区际贸易成本处于中等水平时，出现过度集聚，市场选择的结果不是社会最优结果；而当区际贸易成本非常高或非常低时，市场选择的结果与社会最优结果相一致。Pflüger 和 Südekum（2008）在新经济地理学模型中引入了城市拥挤成本，发现当区际贸易成本较高时，经济活动过度集聚，降低集聚程度能够提高社会总体福利；当区际贸易成本较低时，则表现为集聚不足，进一步集聚有利于提高社会总体福利水平。吴福向和蔡悦（2014）从个体福利和区域福利两个维度对造成我国产业空间布局不均衡的原因进行了分析，认为我国市场最优集聚水平与社会最优集聚水平发生了偏离，需要建立兼顾产业平衡的福利补偿手段。

在我国，地方政府在推动地区经济发展中发挥着更大的作用，地方政府之间的高度竞争，是中国经济高速发展的重要推动力。地方政府深度参与本地经济发展，直接影响经济活动空间布局，也通过影响区域一体化水平间接产业空间布局。政治集权和经济分权，以及嵌入在经济竞争当中的政治锦标赛使得地方政府有强烈的动力保护本地市场和本地企业，采取对外地商品实施更严格的质检、技检标准，重复检验等手段增加外地商品进入当地市场的成本。研究发现，由于区域一体化水平提高能够改变经济活动空间布局，地方政府官员既可能选择分割市场的政策，也可能选择整合区域经济的政策，选择何种策略取决于整合市场的成本和收益。尽管从局部利益来看，地方政府采取市场分割策略能够在短期内促进本地经济增长，但从整体上看，地区市场分割会使中国经济发展面临规模不经济的代价。

从居民福利的角度看，居民所在的区位、居民流动性等因素决定不同特征的居民从区域一体化中获得的福利。Charlot 等（2006）认为在经济集聚和扩散的选择中，无论贸易成本如何，核心区的居民更偏好集聚，而外围区域的居民更偏好分散，因而区域一体化以及相应的产业区位调整，难以实现帕累托改进。从国内研究来看，孙浩进和陈耀（2013）从演化经济学视角将产业转移引致的区域福利分为居民福利、企业福利和政府福利，认为中西部地区承接产业转移时获得福利最大是地方政府，居民获得的福利最少。安虎森等（2009）基于自由企业家模型（FE）分析了在初始禀赋对称情形下，产业空间布局对可流动工人和不可流动工人的福利影响，当区域一体化水平提高导致产业集聚时，产业聚集区域的不可流动工人的福利增加，产业流失区域的不可流动劳动力福利下降。产业完全集聚时，可流动工人福利达到最大。

从文献上看，大多数国外文献对区域一体化福利效应的研究，主要从社会福利视角分析市场选择的集聚程度的合理性,较少考虑地方政府的作用。国内的相关研究则没有全面考虑城市拥挤成本、区域一体化对产业布局的影响,或者没有考虑劳动力在流动性方面的异质性。本研究同时考虑城市拥挤成本、区域一体化水平,从中央政府、地方政府、异质性劳动力视角,多角度分析区域一体化和产业集聚的福利效应。此外,大多数 NEG 模型是在初始对称的两地区框架下讨论集聚和扩散的,尽管这种建模策略简化了分析,但是却难以较好地分析初始非对称地区间分布的情形。

本文可能的边际贡献体现在以下三个方面:第一,从中央政府、地方政府、熟练工人、欠发达地区非熟练工人、发达地区非熟练工人等多经济主体的视角,分析区域一体化和产业布局调整的福利效应。第二,理论假设更切合实际,在理论模型中,引入城市拥挤成本和初始劳动力分布非对称,采用数值模拟进行分析。第三,得出了一些新的结论,如发现在特定情形下,区域一体化可以改善所有经济主体的福利,并分析了 GDP 导向型和居民福利导向型地方政府对区域一体化的态度。

## 二、基本模型

1. 空间成本。

本文中,考虑两种类型的空间成本:一是劳动力在城市内部需要支付的通勤成本和住房成本;二是商品在地区间流动需要支付的运输成本。这两类成本都是影响经济活动空间集聚和扩散的重要力量。

(1) 城市内部空间成本。考虑一个包含两区域的经济体(分别记为地区 1 和地区 2)。每个区域内存在一个城市,城市内存在一个预先给定的核心地区 CBD,其占地面积很小,可以视为一个点。现代部门(工业)生产活动集中在城市中心地区中进行,而传统部门(农业)的生产活动分布在区域内广阔的土地上。

假设城市是"狭窄且长"的,城市熟练工人(企业家)的居住区域以 CBD 为中心向左右两边扩展。每名熟练工人消费 1 单位的土地,则熟练工人数量为 $\lambda_r$ 的城市的边界为 $[-\lambda_r/2, \lambda_r/2]$。熟练工人支付通勤成本到 CBD 工作,通勤成本是与 CBD 距离的线性函数,居住在距 CBD 为 $x$ 处的工人通勤到 CBD 的成本为 $\theta x$,其中 $\theta > 0$。由于距离 CBD 较低的区位可以节省通勤成本,因而具有较高的土地租金;而随着居住区位远离 CBD,熟练工人面临的通勤成本上升而土地租金下降。城市 $r$ 内居住在距 CBD 为 $x$ 处工人的城市成本为 $UC(r) = R(x) + \theta x$。

同时,我们假设城市获得土地的机会成本为 0,则城市边界处 $\lambda_r/2$ 的土地租金为 0。在城市内部土地市场均衡时,城市 $r$ 内所有工人的城市成本(所在区位的通勤成本 + 土地租金)相等。则在土地市场均衡时,与 CBD 距离为 $x$ 的区位,土地租金为 $R(x) = \theta(\lambda_r/2 - x)$。当城市内部土地市场达到均衡时,居住在城市 $r$ 的工人面临的城市成本为:

$$UC(r) = \theta \lambda_r/2 \tag{1}$$

熟练工人的城市成本取决于两方面的因素：一是熟练工人在城市内部移动单位距离的通勤成本为 $\theta$，其他条件不变，当城市内部交通基础设施改善时，城市成本会下降；二是城市成本随着城市人口 $\lambda_r$ 的扩张而增大，大城市居民面临的城市成本高于小城市居民，因而城市成本是促进经济活动从大城市向小城市扩散的力量。

（2）商品在区域间的运输成本。工业品在本地区内部销售时没有贸易成本，但在跨地区销售时存在区域间贸易成本。与传统的新经济地理学模型保持一致，本文假设工业品在跨区域销售时存在"冰山型"运输成本。具体而言，当厂商把 $\tau > 1$ 单位货物从本地区运送到其他地区时，实际到达目的地的只有 1 单位，$\tau - 1$ 单位的商品在运输过程中"融化"掉了。区际贸易成本的存在，使工业品在进入外地市场时面临竞争劣势。

2. 消费者。

参考 Pflüger 和 Südekum（2008）对消费者偏好的设定，假设所有消费者具有相同的偏好，代表性消费者的效用函数由以下拟线性效用函数表示：

$$U = \alpha \ln C_M + C_A, \quad C_M = \left( \int_{i=0}^{N} x_i^{1-1/\sigma} \mathrm{d}i + \int_{j=N}^{N+N^*} x_j^{1-1/\sigma} \mathrm{d}j \right)^{\sigma/(\sigma-1)} \tag{2}$$

其中，$C_M$ 为 CES 不变替代弹性函数，表示代表性消费者对差异化工业品组合的消费量，$C_A$ 是对同质的传统产品的消费量。$\alpha$ 为消费者对差异化工业品组合需求的系数，$\alpha$ 越大表示消费者越偏好工业品消费，每个消费者对本地（外地）代表性企业生产的工业品消费量为 $x_i(x_j)$，$\sigma$ 表示任意两种工业品之间的替代弹性，且 $\sigma > 1$。其中，$N$ 为北部地区企业数量，$N^*$ 为南部地区企业数量，则经济体系内企业的总数量为：$n^w = N + N^*$。

在本文中，采取的是拟线性效用函数，相比于采用柯布—道格拉斯型函数，拟线性函数得出的结论更为简便，同时能够保持模型的基本结论与采用柯布—道格拉斯函数时不发生太大的变化。采用拟线性函数的一个好处就是，消费者对工业品的需求与收入无关，消费者对工业品的支出总额为 $\alpha$，因而在计算厂商的利润函数时不需考虑各地区熟练劳动力和非熟练劳动力的收入水平，而只需考虑各地区的人口总量，从而大大简化了计算过程。

熟练工人的当期消费支出和收入相等，其面临的预算约束为：

$$P_M C_M + C_A = Y, \quad P_M = \left( \int_{i=0}^{N} p_i^{1-\sigma} \mathrm{d}i + \int_{j=N}^{N+N^*} (\tau p_j)^{1-\sigma} \mathrm{d}j \right)^{1/(1-\sigma)} \tag{3}$$

其中，$Y$ 是代表性消费者的对传统商品和工业品的总支出，不考虑消费者的储蓄和投资，非熟练劳动力的支出来源于工资，熟练工人的对工业品和传统商品的支出等于企业利润减去城市成本支出。假设所有消费者的收入水平都足够高，以保证其能够同时消费工业品和传统产品。$P_M$是工业品消费的总体价格指数，地区1消费者消费的本地生产的产品价格为$p_i$，由于产品跨地区销售存在"冰山型"交易成本，地区1消费者消费地区2商品的价格为$\tau p_j$，其中$p_j$为地区2厂商生产的商品在地区2销售的价格。

根据消费者效用最大化条件，可得消费者对工业品和传统产品的需求以及消费者的间接效用函数。

$$C_M = \alpha/P_M, \quad C_A = Y - \alpha$$
$$x_i = \alpha(p_i)^{-\sigma}P_M^{\sigma-1}, \quad x_j = \alpha(\tau p_j)^{-\sigma}P_M^{\sigma-1} \tag{4}$$

代表性消费者的效用水平受收入水平、工业品价格指数和城市成本的影响：

$$V = Y - \alpha\ln P_M - \alpha(\ln\alpha - 1) \tag{5}$$

3. 生产者和短期均衡。

假设经济系统中存在两大部门：传统部门和工业部门。传统部门是完全竞争的，其规模收益水平不变，非熟练工人生产同质化的传统商品$A$，传统商品在农村地区进行生产，且在区域之间可以无成本地自由流动。因而，传统产品的价格和非熟练工人的工资在两区域都是相等的，我们将传统产品作为计量单位，传统产品的价格标准化为1。假设每单位劳动力投入获得一单位的传统产品，非熟练工人的工资水平为$w = 1$。

工业品是一系列水平差异化的连续商品束，工业品的生产是规模收益递增的，每个企业仅提供一种差异化商品，每种工业品存在一定的垄断势力，但同时也面临来自其他同类工业品的竞争。每个企业需要1单位的熟练工人作为固定投入，并采用同质化的传统商品$A$作为可变投入。假设厂商的边际成本为$c$，即每多生产一单位的工业品，需要增加$c$单位的传统商品$A$。成本函数为$R + cX_i p_A$，其中，$R$表示熟练工人获得的收入，$p_A$表示传统商品的价格，$X_i$为企业生产的产品数量。根据市场出清条件，企业$i$的总产出$X_i = (\rho_1 + \lambda)x_i + (\rho_2 + 1 - \lambda)\tau x_i^*$，其中，$\rho_1$和$\rho_2$分别为两地区的非熟练劳动力数量，非熟练劳动力不可在地区之间自由流动，$\lambda$是位于地区1的熟练劳动力份额，$x_i^*$是地区2的代表性消费者对地区1生产的产品的消费量，由于存在冰山型运输成本，厂商需要为地区2消费者生产$\tau x_i^*$单位商品。设地区1企业在本地和地区2的销售商品的出厂定价分别为$p_i$和$p_i^*$，企业的销售收入是出厂价与出货量的乘积，则地区1企业在地区1的销售收入为$p_i x_i$，在地区2的销售收入为$\tau p_i^* x_i^*$。企业的超额利润函数为：

$$\Pi_i = (p_i - c)(\rho_1 + \lambda)x_i + (p_i^* - c)(\rho_2 + 1 - \lambda)\tau x_i^* - R \tag{6}$$

假设差异化产品的种类足够多，每种工业品的需求弹性为$\sigma$。厂商根据利润最大化原则，采取边际成本加成定价，厂商对销往地区 1 和地区 2 的产品出厂价相等：

$$p_i = p_i^* = \frac{\sigma}{\sigma - 1} c \tag{7}$$

企业的超额利润为零，熟练工人获得企业的全部剩余。根据（6）式、（7）式，企业的产出量 $X_i$ 与熟练工人的收入之间满足以下关系：

$$R = \frac{c}{\sigma - 1} [(\rho_1 + \lambda) x_i + (\rho_2 + 1 - \lambda) \tau x_i^*] \tag{8}$$

为了简便进一步的分析，令 $c = (\sigma - 1)/\sigma$，则两地区工业品的出厂价 $p_i = p_i^* = 1$。结合（3）、（4）、（8）式，可得熟练工人在地区 1 和地区 2 的收入水平为：

$$R = \frac{\alpha}{\sigma} \left[ \frac{\rho_1 + \lambda}{\lambda + (1 - \lambda)\phi} + \frac{\phi(\rho_2 + 1 - \lambda)}{\lambda\phi + (1 - \lambda)} \right]$$

$$R^* = \frac{\alpha}{\sigma} \left[ \frac{\phi(\rho_1 + \lambda)}{\lambda + (1 - \lambda)\phi} + \frac{\rho_2 + 1 - \lambda}{\lambda\phi + (1 - \lambda)} \right] \tag{9}$$

其中，$0 \leq \phi \equiv \tau^{1-\sigma} \leq 1$ 表示地区间的贸易自由度，该指标与地区间商品贸易成本负相关。贸易自由度越高，表示地区间贸易障碍越小，区域一体化程度越高。在后文中，如无特别说明，区域一体化是指区际贸易成本下降或贸易自由度提高。

将工业品价格代入价格指数表达式，结合式（3）和式（7），可得两地区的工业品价格指数：

$$P_M = [\lambda + (1 - \lambda)\phi]^{1/(1-\sigma)}, \quad P_M^* = [\lambda\phi + (1 - \lambda)]^{1/(1-\sigma)} \tag{10}$$

由于熟练工人的收入中需要有一部分用于支付城市成本，则北部工人可用于传统商品和工业品的消费支出为 $Y = R - UC$，结合式（5），北部地区熟练劳动力的福利水平为：

$$V = R - UC - \alpha \ln P_M - \alpha(\ln\alpha - 1) = \frac{\alpha}{\sigma} \left[ \frac{\rho_1 + \lambda}{\lambda + (1 - \lambda)\phi} + \frac{\phi(\rho_2 + 1 - \lambda)}{\lambda\phi + (1 - \lambda)} \right] - \frac{\theta}{2}\lambda$$

$$+ \frac{\alpha}{\sigma - 1} \ln[\lambda + (1 - \lambda)\phi] - \alpha(\ln\alpha - 1) \tag{11}$$

同理，南部地区熟练劳动力的福利水平为：

$$V^* = R^* - UC^* - \alpha \ln P_M^* - \alpha(\ln\alpha - 1) = \frac{\alpha}{\sigma} \left[ \frac{\phi(\rho_1 + \lambda)}{\lambda + (1 - \lambda)\phi} + \frac{\rho_2 + 1 - \lambda}{\lambda\phi + (1 - \lambda)} \right]$$

$$- \frac{\theta}{2}(1 - \lambda) + \frac{\alpha}{\sigma - 1} \ln[\phi\lambda + (1 - \lambda)] - \alpha(\ln\alpha - 1) \tag{12}$$

其中，$R$ 为熟练工人获得的利润收入，$UC$ 为熟练工人在城市的城市成本。根据（11）式、（12）式，熟练工人在地区 1 和地区 2 的实际效用水平差异为：

$$V - V^* = \frac{\alpha(1-\phi)}{\sigma}\left[\frac{\rho_1 + \lambda}{\lambda + (1-\lambda)\phi} - \frac{\rho_2 + 1 - \lambda}{\lambda\phi + (1-\lambda)}\right]$$
$$+ \frac{\alpha}{\sigma - 1}\ln\frac{\lambda + (1-\lambda)\phi}{\lambda\phi + (1-\lambda)} - \theta\lambda + \frac{\theta}{2} \tag{13}$$

产业空间布局是由熟练工人（企业家）根据在两地区的实际效用水平选择决定的。熟练工人的区位选择行为，受到四种效应的综合影响：本地市场效应、价格指数效应、市场竞争效应和城市拥挤效应。前两种是推动集聚的力量，本地市场效应是指本地市场规模越大，企业获得的利润越高，核心区的熟练工人的收入越高；价格指数效应指在核心区商品支付的运费更低，在同等支出水平下，核心区消费者获得的效用更高。后两种是促进扩散的力量，市场竞争效应是指核心区企业数量多，企业面临的市场竞争也越激烈；城市拥挤效应是指由于核心区城市人口数量多，导致城市通勤成本和住房成本上升，降低消费者实际收入。本地市场效应、价格指数效应和市场竞争效应都随着区际贸易成本的变化而此消彼长。因而，区域一体化的提高会影响经济活动的空间布局，进而影响居民的福利。

4. 企业的迁移决策。

在长期，熟练工人根据实际效用水平差异在不同地区自由流动。当存在地区间实际效用差异时，实际收入水平较低地区的熟练工人会迁往实际收入水平较高的地区。模型假设企业需要固定数量的熟练工人，因而企业迁移的过程与熟练工人迁移的过程相一致。设熟练工人在地区间的区位调整方程如下式：

$$d\lambda/dt = (V - V^*) \cdot \lambda \cdot (1 - \lambda) \tag{14}$$

当式（14）中 $d\lambda/dt > 0$ 时，地区1企业数量增加；当 $d\lambda/dt > 0$ 时，地区1企业数量减少；当 $d\lambda/dt = 0$ 时，熟练工人不能通过改变区位来进一步改善自身的福利水平，达到长期区位均衡。长期均衡状态可能表现为以下两种情形：其一，两个地区都有一定份额的产业，且 $V = V^*$；其二，所有熟练劳动力都集中在一个地区，即 $\lambda = 1$（或 $\lambda = 0$），且 $V > V^*$（或 $V < V^*$）。第一种均衡是内点均衡，此时熟练工人不在地区间转移的原因是地区间实际工资水平相等，熟练工人不能通过转移到另一地区而提高效用；第二种情形是所有产业都已经集中到核心区，且集聚是稳定的，从核心区逃逸到边缘区的厂商会发现自己实际收入水平下降。在下文的数值模拟中，采取的方法是将贸易自由度水平从0到1遍历，根据式（14）来确定在给定贸易自由度下均衡时的产业分布情形，并基于此进行福利分析。

## 三、区域一体化的福利效应分析

在长期均衡中，经济活动的空间分布是由每个熟练劳动力根据自身利益最大化原则进行迁移决策的结果。在现实中，我国政府对经济活动的区位也发挥着重要的影响力：首先，政府可以通过行政命令等手段影响国有企业的选址决策；其次，地方政府通过税收优惠、补贴、低价出让土地等手段来吸引外地企业到本地区落户，并可能采取市场分割措施保护本地企业；最后，中央政府和地方政府可以通过改善交通基础设施、降低区际贸易壁垒等手段影响区际贸易成本，进而影响产业空间布局和消费者福利。

由于所处的区位和利益取向不同，区域一体化对中央政府、地方政府、异质性劳动力三类经济主体的影响存在不一致。熟练劳动力更关注在不同地区间所能获得的利益的差异，在哪里获得的实际效用水平更高，熟练工人就迁往哪里，而不会关注对其他主体的福利影响。非熟练劳动力不能在地区之间流动，其福利水平受到产业空间布局和区际贸易自由度的影响。地方政府关注本地经济增长和相对产业份额的变化，当区域一体化造成本地产业份额损失时，地方政府反对一体化。中央政府的目标函数应该是全体居民福利的提升，但是也应该注意区域一体化进程中产生的收入差距扩大的问题。

下文分析中，首先讨论区域一体化水平对地区产业份额变化的影响，并在此基础上讨论发达地区和欠发达地区在应对区域一体化方面的态度；其次，区分聚集效应较强和聚集效应较弱的情形下，熟练劳动力、发达地区和欠发达地区非熟练劳动力在不同贸易成本条件下福利水平；最后，在构建社会总体福利函数的基础上，分析社会总体福利随区域一体化水平变化的趋势，并讨论中央政府应对区域一体化的策略。

1. 区域一体化与区域差距（见图1）。

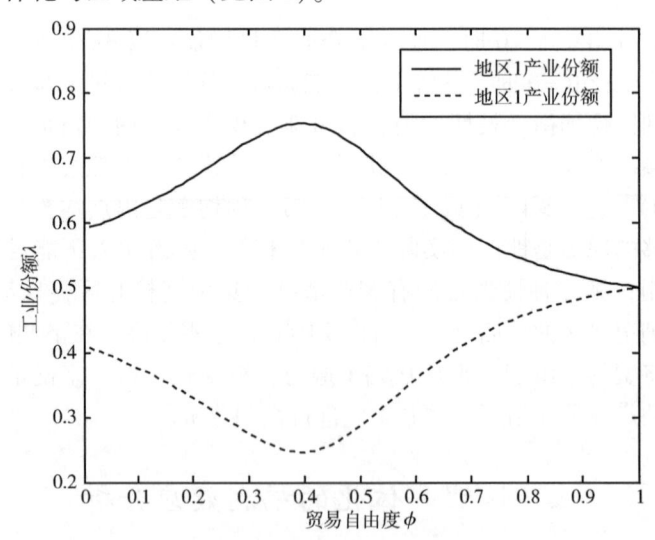

**图1 区域一体化与区域差距**

参数设置：$\alpha = 0.4$，$\sigma = 5$，$\rho_1 = 1.3$，$\rho_2 = 1$，$\theta = 0.2$

为了地区经济增长、税收收入等，地方政府之间进行着激烈的竞争，尤其是在"晋升锦标赛"的模式下，地方政府官员要想在晋升竞争中获胜，不仅要实现本地区经济的高速增长，更要保证本地区经济增长高于其他地区的水平，因而地方政府更关注本地区产业份额的相对变化。

首先分析随着一体化水平提高地区间产业份额的变化趋势，并在此基础上进一步分析处于不同位置的地方政府在面对一体化时的态度。$\rho_1 > \rho_2$，表示地区 1 是核心区，非熟练劳动力人口较多，地区 2 是边缘区，非熟练劳动力人口较少。

在图 1 中，当地区间的贸易自由度处于 0 和 0.4 之间时，区域一体化水平的提高会导致地区 1（经济发达地区）的产业份额进一步增加，而地区 2（欠发达地区）的产业份额进一步下降，地区之间的经济发展差距不断扩大。这时候，发达地区的政府希望能够推进一体化，为本地企业开拓市场；而欠发达地区的政府则阻挠一体化，实施地方保护主义，防止本地企业迁往发达地区。

当地区间的贸易自由度在 0.4 和 1 之间时，随着区域一体化水平的提高，地区 1 的产业份额会逐步下降，而地区 2 的产业份额开始上升，产业从核心区向边缘区扩散，地区之间的经济发展差距开始缩小。此时，在"晋升锦标赛"的模式下，发达地区的地方政府为了拥有更多的产业份额，会阻碍一体化进程的推进；而欠发达地区的政府为承接产业转移，则开始主动推进一体化。在长三角的一体化进程初期阶段，南京和杭州面临着来自上海的激烈竞争，经济活动发展受到抑制，但随着一体化进程的持续推进，地区之间贸易成本降低到临界值以下时，南京、杭州就开始从一体化中受益，并开始积极响应一体化。

综上，由于区域一体化会带来地区产业份额的"此消彼长"，当一体化能够导致本地区产业份额增加时，该地区政府官员就倾向于实施区域一体化政策；当一体化导致本地区产业份额下降时，地方政府就倾向于阻碍区域一体化的推进，由于一体化总是导致地区间相对产业份额的变化，总存在一些地区的产业份额在一体化进程中相对下降，这些地区的政府就有激励去采取地方保护主义等措施阻碍一体化的推进。

结论 1：区域一体化会带来地区产业份额的"此消彼长"，因而在 GDP 竞赛和"晋升锦标赛"的经济发展模式下，总有一个地区会采取市场保护措施。在区际贸易成本较高时，发达地区能够通过区域一体化增强集聚效应，欠发达地区则会采取地方保护措施；区际贸易成本较低而产生产业扩散时，欠发达地区希望通过一体化承接产业转移，而发达地区则反对一体化以阻止产业外迁。

2. 区域一体化与异质性劳动力的福利效应。

产业空间布局的调整是可流动工人根据自身效用最大化做出的区位选择。同时，他们的选择不可避免地产生外部性，影响不可流动工人的福利水平。由于不能在地区间自由流动，落后地区的非熟练劳动力不仅不能享受集聚带来的收益，反而可能因经济集聚而福利受损。因而,有必要分别讨论区域一体化对熟练劳动力、发达地区和欠发达地区非熟练劳动力的福利产生的差异化影响。

由于非熟练工人在地区间不能流动,两地区的非熟练工人从一体化中获得的收益(或损失)可能是不一致的。比如,当地区 1 产业份额增加时,地区 1 的工业品价格指数下降,地区 1 居民从中获益,但地区 2 工业品价格指数上升,地区 2 非熟练工人的福利会遭受损失。对于熟练工人来说,区域一体化会影响产业区位影响价格指数和城市成本,进而影响熟练劳动力的福利水平。我们将在给出各类型消费者实际效用水平表达式的基础上,分析区域一体化水平的提高对消费者福利的影响。

设地区 1 和地区 2 的非熟练劳动力工资收入水平都为 $I$,则北部地区非熟练工人的实际效用水平为:

$$V_L = I - \alpha \ln P_M - \alpha(\ln\alpha - 1) = I + \frac{\alpha}{\sigma - 1}\ln[\lambda + (1-\lambda)\phi] - \alpha(\ln\alpha - 1) \tag{15}$$

南部非熟练工人的实际效用水平为:

$$V_L^* = I - \alpha \ln P_M^* - \alpha(\ln\alpha - 1) = I + \frac{\alpha}{\sigma - 1}\ln[\phi\lambda + (1-\lambda)] - \alpha(\ln\alpha - 1) \tag{16}$$

根据式(15)和式(16),两地区的非熟练工人的收入水平不变,影响其效用水平的主要是当地商品价格指数的变化。价格指数的变化对非熟练工人福利的影响可以分解为两部分:(1)贸易成本的下降,当产业份额不变时,贸易自由度提高,商品总价格指数降低,非熟练工人的福利水平提高;(2)本地工业品市场份额上升,由于商品在本地区销售时不需要支付运输成本,本地区产业份额越高,非熟练工人就能够消费更多种类的低价商品,福利水平越高。贸易自由度的提高会导致产业区位的变化,其对非熟练工人福利的作用取决于上面两种效应的相对大小。当贸易自由度提高同时提高了某一地区的产业份额时,该地区的非熟练工人受益。当贸易自由度提高,如果贸易成本下降带来的成本节约超过产业份额减少带来的成本增加,则该地区非熟练工人仍能从一体化中受益;反之,其福利受损。

此外,需求弹性 $\sigma$,对工业品的偏好 $\alpha$,不可流动劳动力消费占总消费的比重 $(\rho_1 + \rho_2)$ 会对经济集聚产生影响,$\sigma$ 的值越小、$\alpha$ 值越大、$(\rho_1 + \rho_2)$ 值越小,聚集效应就越强,边缘区的非熟练工人福利受损就越大。在图 2 和图 3 中,分别模拟了在聚集效应较强 ($\alpha = 0.3, \rho_1 = 3, \rho_2 = 2$),以及较弱的情形下 ($\alpha = 0.5, \rho_1 = 1.5, \rho_2 = 1$),区域一体化对工人福利水平的影响。

熟练工人能够在地区间自由流动,所以在均衡时两地区熟练工人的福利水平相等。熟练工人、地区 1 和地区 2 非熟练工人的福利水平分别如(13)、(15)、(16)式所示。

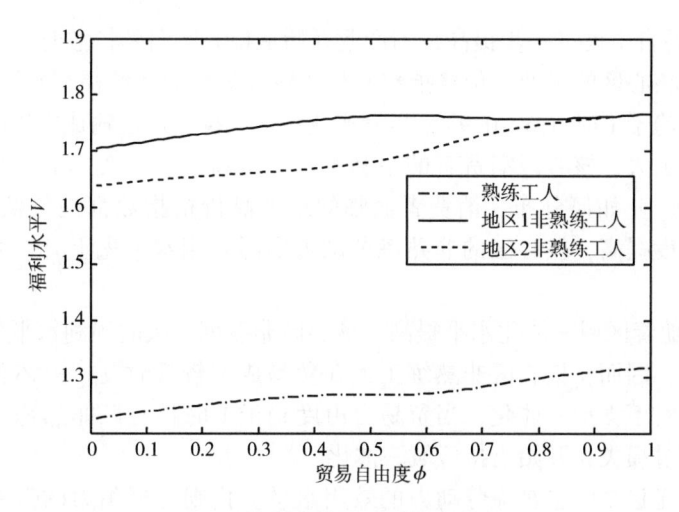

**图2 聚集力较强时的福利效应**

参数设置：$\alpha=0.5$，$\sigma=4$，$\rho_1=1.5$，$\rho_2=1$，$\theta=0.2$

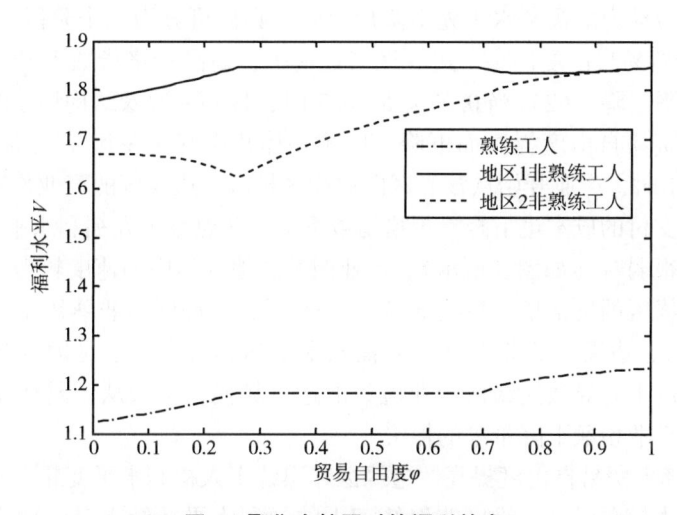

**图3 聚集力较弱时的福利效应**

参数设置：$\alpha=0.3$，$\sigma=4$，$\rho_1=3$，$\rho_2=2$，$\theta=0.2$

下面首先分析核心区（地区1）非熟练劳动力的福利变化情况，在图2和图3中，核心区的非熟练劳动力福利水平变化趋势基本一致。随着区域一体化水平提高，核心区产业份额增加，核心区消费者面临的工业品价格指数下降，福利水平上升；当所有产业集中在核心区时，核心区消费者的福利水平不随贸易自由度的提高而增加①。随着贸易自由度进一步提高,当产业开始从核心区向外扩散时,由于核心区产业份额减少,核心区的工业品价格指数上升,核心区消费者的福利水平下降;最后,当贸易自由度趋于1时($\phi>0.9$),尽管产业份额减少,但运输成本下降给消费者带来的福利效应更大,核心区消费者的福利水平又重新上升。实际上,当贸易自由度为1时,无论产业如何分布,消费者面临的工业品价格指数都是最低的。总体上,随着贸易自由度提高,核心区的非熟练劳动力实际效用水平先上升、后下降、最后再上升。

结论2:随着区域一体化水平提高,核心区非熟练工人的福利水平先上升、后下降最后再上升,因而,核心区非熟练工人在贸易成本较低时支持一体化,但当产业从核心区扩散时不支持一体化,当贸易自由度趋于1时核心区非熟练工人从一体化中的收益又超过损失,开始支持区域一体化。

边缘区(地区2)非熟练劳动力的效用水平变化则与聚集力的强弱有非常大的关系。边缘区的非熟练劳动力效用水平取决于贸易成本降低带来的好处以及产业迁出带来的损失两种力量的对比。当聚集力很强时(见图2),随着贸易自由度上升,边缘区非熟练劳动力的福利水平先下降后上升,具体可分为三个阶段。(1)当$\phi<0.27$时,随着贸易自由度提高,边缘区产业流失,商品价格指数上升,边缘区非熟练工人福利水平下降。(2)当$0.27<\phi<0.7$时,核心—边缘结构稳定时,边缘区商品价格指数随贸易自由度提高而下降,区域一体化引起边缘区工人福利水平提高。(3)当$\phi>0.7$时,产业开始从核心区向边缘区扩散,边缘区的产业份额增加,且对外地商品所需支付的成本也下降,价格指数下降,非熟练工人福利水平上升。

当聚集力很弱时(如图3所示),产业向发达地区集中的速度较慢,随着贸易自由度上升,边缘区的价格指数持续下降。$\phi=0$时,边缘区的非熟练工人福利水平最小;当$\phi=1$时,边缘区的非熟练工人福利水平达到最大。这是因为当聚集力较弱时,贸易自由度上升导致边缘区产业流失的速度较慢,工人从贸易成本降低中获得的好处超过了产业份额下降带来的损失。

结论3:随着贸易自由度提高,边缘区非熟练工人福利水平变化取决于聚集力的强度,当聚集力较弱时,边缘区非熟练工人的福利水平持续上升;而当聚集力较强时,边缘区非熟练工人福利水平先下降后上升。边缘区非熟练劳动力在贸易自由度较高的阶段总是支持区域经济一体化的;而在贸易自由度较低、聚集力较强时,边缘区非熟练工人反对区域经济一体化,当聚集力较弱时,边缘区非熟练工人支持区域经济一体化。

最后,我们分析熟练工人福利变化情况。熟练劳动力能够在地区之间流动,在长期均衡时熟练劳动力的效用水平相等。我们发现,无论在聚集力较弱还是聚集力

---

① 由于产业完全集聚时,$\lambda=1$,所以:$\frac{\alpha}{\sigma-1}\ln[\lambda+\phi(1-\lambda)]=\frac{\alpha}{\sigma-1}\ln[1]=0$。

较强的情况下,随着贸易自由度的提高,熟练工人的福利水平总能够提高,或保持不降低。

但是,在不同的阶段,熟练工人福利提升的内在经济机理不同。第一阶段,当贸易自由度较低时,福利提升主要来自于产业集中带来核心区价格指数降低,随着一体化水平提高,熟练工人可以通过集聚享受前后向关联,提高实际效用。第二阶段,当贸易自由度较高时,熟练工人福利提升主要来自于分散过程中城市成本的降低。区域一体化导致扩散,熟练工人城市成本降低,而产业转移造成的价格指数变化较小,熟练工人的效用随之提高。因而,熟练工人(企业家)为了自身利益总是有激励推动区域一体化。

值得一提的是,当贸易自由度上升超过一定限度时,经济活动可能会引起扩散,但熟练工人的福利水平依然是提高的。Charlot等(2006)认为,在任何情形下,熟练工人都偏好集聚,本文的结论与其不同。这种差异的产生是因为本文中引入了城市拥挤成本,在贸易自由度较高时,熟练工人既可以通过扩散避免在大城市的拥挤成本,也不会因为分散而导致收入下降和商品价格过高,因而在区域一体化水平较高时,熟练工人偏好分散。

结论4:随着贸易自由度上升,熟练工人的福利水平持续上升,因而熟练劳动力总是支持区域一体化。当熟练工人在社会体系中的话语权更强时,支持一体化的力量会增强。因而,在市场经济发达的区域,区域一体化程度可能会更高。

研究还发现,存在所有工人的福利同时改进的情形。当贸易自由度处于某一区间内,熟练工人和两地区的非熟练工人都从区域一体化中获益(如图2中$\phi$趋于1,以及图3中$\phi < 0.4$时的情形)。此时,地方政府是否选择一体化取决于政府的目标函数,当地方政府官员依然奉行"为晋升而竞争"时,仍有一个区域会反对一体化;但当地方政府将本地居民福利改善作为根本施政目标时,两地区都将选择区域一体化。

结论5:在某些条件下,区域一体化能够同时提高所有消费者的福利。地方政府放弃"晋升锦标赛"模式,而以居民的实际福利增长为基本决策目标时,更可能采取区域一体化策略。中央政府应改变地方政府官员考核方式,促使其在促进经济增长的同时,更注重民生改善,这样更有利于区域间以及城市群内部各城市之间的合作与协调。

3. 区域一体化与社会总体福利。

对中央政府来说,其政策目标应是居民总体福利的改进,既要关注核心区域的发展也要关注欠发达地区的发展,既关注熟练工人的效用改进也要关注非熟练工人的效用水平,如果区域一体化能够导致所有居民的总体福利水平上升,那么中央政府就应采取措施推进区域一体化,如果区域一体化导致部分居民总体福利水平下降,那么中央政府就不应盲目推进一体化。因而,中央政府在关注全体居民总福利的同时，也应注意到收入差距带来的负面影响。

本文首先采用功利主义的福利函数来分析区域一体化的总体福利效应。假设社会总体福利函数为所有居民福利水平的简单加总，每个居民的权重相等，这种社会总体福利函数的设定包含了公平的因素。社会总体福利水平是贸易自由度、地区产业份额的函数，经济系统达到长期均衡时，地区产业份额由贸易自由度内生决定。社会总体福利函数的表达式如下：

$$\Omega(\phi) = \lambda V + (1-\lambda)V^* + \rho_1 V_L + \rho_2 V_L^* \tag{17}$$

分别将 $V$、$V^*$、$V_L$、$V_L^*$ 的表达式代入式（17），并令非熟练劳动力的收入水平为1，可得社会总体福利函数为：

$$\Omega(\phi) = \lambda R + (1-\lambda)R^* - \frac{\theta}{2}[(1-\lambda)^2 + \lambda^2] + \frac{\alpha}{\sigma-1}(\lambda+\rho_1)\ln[\lambda+(1-\lambda)\phi]$$
$$+ \frac{\alpha}{\sigma-1}(1-\lambda+\rho_2)\ln[\phi\lambda+(1-\lambda)] + \xi \tag{18}$$

其中，$\xi = \rho_1 + \rho_2 - \alpha(1+\rho_1+\rho_2)(\ln\alpha-1)$ 是不随贸易自由度和产业份额变化的常数。式（18）显示了影响社会总体福利函数的因素：$\lambda R + (1-\lambda)R^*$ 表示熟练劳动力获得的收入总和，熟练劳动力获得的收入水平越高，其效用水平越高。$-\frac{\theta}{2}[(1-\lambda)^2+\lambda^2]$ 表示地区1和地区2熟练劳动力承受的城市成本之和，容易得到，当 $\lambda=0.5$ 时，城市拥挤成本造成的总体福利损失最小，当产业完全集聚时，城市拥挤成本造成的福利损失最大。$\frac{\alpha}{\sigma-1}(\lambda+\rho_1)\ln[\lambda+(1-\lambda)\phi]$ 表示地区1价格指数对位

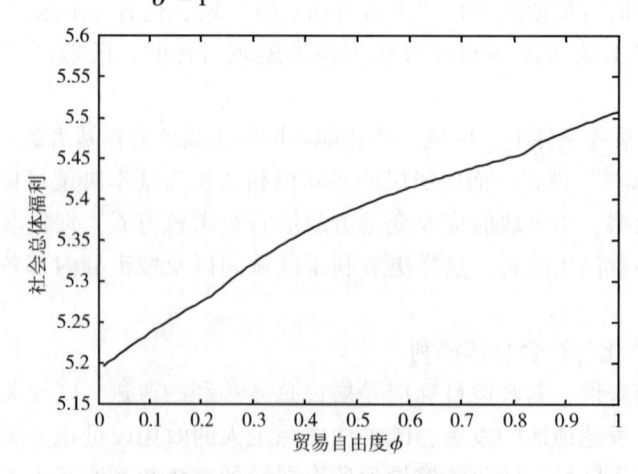

图 4  区域一体化与社会总体福利

注：参数设置为 $\alpha=0.4$，$\sigma=4$，$\rho_1=1.5$，$\rho_2=1$，$\theta=0.2$。

于地区 1 的熟练劳动力和非熟练劳动力福利水平的影响；同样，$\frac{\alpha}{\sigma-1}(1-\lambda+\rho_2)\ln[\phi\lambda+(1-\lambda)]$ 表示地区 2 价格指数对位于地区 2 消费者福利水平的影响（见图4）。

由于 $\lambda R+(1-\lambda)R^* = \alpha(1+\rho_1+\rho_2)/\sigma$，熟练劳动力获得的收入之和是消费者对工业品支出额的一个固定比例（具体推导过程见附录）。因而，可以将社会福利函数进一步化简为：

$$\Omega(\phi) = -\frac{\theta}{2}[(1-\lambda)^2+\lambda^2] + \frac{\alpha}{\sigma-1}(\lambda+\rho_1)\ln[\lambda+(1-\lambda)\phi]$$
$$+ \frac{\alpha}{\sigma-1}(1-\lambda+\rho_2)\ln[\phi\lambda+(1-\lambda)] + \zeta \quad (19)$$

其中，$\zeta = \rho_1+\rho_2+\alpha(1+\rho_1+\rho_2)(1-\ln\alpha+1/\sigma)$ 是不随贸易自由度和地区产业分布而变化的常数。

根据式（19）仍然无法直观地看出区域一体化和社会总体福利的函数关系，因而采取数值模拟，结果如图4所示。本文尝试了 $\alpha$ 和 $\sigma$ 在不同取值时的情形，社会总体福利水平随贸易自由度变化的趋势基本相同，研究结论是稳健的，具体的数值模拟结果不再一一列出。随着贸易自由度的提高，社会总体福利水平总是上升的。这意味着中央政府为了居民总体福利的改善，应该积极推进区域一体化进程。

但是，在区际基础设施建设和区域一体化水平提高的过程中，必然会经历一个区域发展差距扩大的阵痛期。只有区域一体化水平达到更高的水平时，中西部地区在劳动力成本和土地成本等方面的优势才会凸显出来，产业才会向中西部地区的扩散，缩小区域发展差距（见图1）。区域一体化的大趋势是不可逆转的，要真正缩小区际经济发展水平的差距，需要实现区际基础设施的跨越式发展，使区际贸易成本降低至较低的水平。同时，中央政府可以通过转移支付等手段，减轻欠发达地区的损失，减小区域一体化的阻力。

结论6：对中央政府来说，区域一体化水平提高能够提升社会总体福利。当贸易自由度比较低的时候，必须权衡区域一体化对总体效率和区域发展差距的影响；当贸易自由度较高时，通过区域一体化可以同时实现总体效率提高和区域发展差距缩小两个目标。

## 四、结论与启示

本研究构建一个引入城市拥挤成本和初始劳动力分布非对称的新经济地理学模型，从中央政府、地方政府、熟练工人、欠发达地区非熟练工人、发达地区非熟练工人等多经济主体的视角，分析区域一体化和产业布局调整的福利效应。区域一体化影响产业空间布局，进而影响地方政府和官员的福利；区域一体化和产业区位变化也影响地区商品价格指数和城市拥挤成本，对不同类型的工人产生差异化影响；从中央政府视角看，除了经济增长之外，通过区域一体化以及产业空间布局的优化，也能够促进消费者福利的改善，但区域一体化可能带来区域差距扩大。

本文分析了区域一体化对熟练工人和非熟练工人的福利效应，随着区域一体化水平提高，边缘区非熟练工人福利水平变化取决于聚集力的强度，当聚集力较弱时，边缘区非熟练工人的福利水平持续上升；而当聚集力较强时，边缘区非熟练工人辐射水平先下降后上升。因而，边缘区非熟练劳动力在区域一体化水平较高的阶段总是支持一体化的；而在一体化的初期阶段，当聚集力较强时，边缘区非熟练劳动力反对一体化，因为此时边缘区劳动力既无法通过迁移提高收入水平，又因为远离市场而难以享受到多样化廉价的商品。随着贸易自由度上升，熟练工人的福利水平持续上升，熟练劳动力总是支持区域一体化。当熟练工人在社会体系中的话语权更强时，支持一体化的力量会增强，因而，在市场经济发达的地区，区域一体化程度可能会更高。

地方政府之间为了地区经济增长、税收收入等进行着激烈的竞争，尤其是在"晋升锦标赛"的模式下，地方政府更关注本地产业份额的增加，当一体化能够导致本地区产业份额增加时该地区政府官员就倾向于实施区域一体化政策，反之，则阻碍区域一体化的推进，由于一体化总是能够带动地区间相对产业份额的变化，总存在一些地区的产业份额在一体化进程中相对下降，这些地区的政府就有激励去采取地方保护主义等措施阻碍一体化的推进。本文研究还发现，当地方政府放弃GDP至上，而以工人的实际福利水平为基本决策目标时，区域一体化可能会同时增加核心区和边缘区的居民福利水平。因而，中央政府可以通过一系列手段激励地方政府支持区域一体化，比如在对地方政府官员进行考核时，将考核重点从辖区GDP的增长，转移到居民福利的改善上，这有待于一系列新考核指标的构建。京津冀协调发展、长江经济带等区域发展战略，是我国推动区域协调的重要举措，其关键就在于如何通过加强城市群内和地区之间的市场一体化，通过基础设施建设和制度创新，激励地方政府放弃市场分割策略，促进城市群产业分工与区域协调。

区域一体化能够提升社会整体福利。但中央政府需要兼顾区域一体化的社会整体福利提升效应和区域不平衡效应。随着技术进步，社会组织方式变革和制度创新，区际贸易成本会越来越低，区域一体化的总体趋势不可逆转。本研究的启示是，中央政府一方面要顺应一体化趋势，推动区域经济一体化进程；另一方面，也要综合考虑各经济主体在区域一体化冲击下的福利变化，通过转移支付等行政手段减弱或消除区域一体化带来的不利影响。

## 附录1：

$$\lambda R + (1-\lambda)R^* = \lambda \frac{\alpha}{\sigma}\left[\frac{\rho_1 + \lambda}{\lambda + (1-\lambda)\phi} + \frac{\phi(\rho_2 + 1 - \lambda)}{\lambda\phi + (1-\lambda)}\right]$$

$$+ (1-\lambda)\frac{\alpha}{\sigma}\left[\frac{\phi(\rho_1 + \lambda)}{\lambda + (1-\lambda)\phi} + \frac{\rho_2 + 1 - \lambda}{\lambda\phi + (1-\lambda)}\right]$$

$$= \frac{\alpha}{\sigma}\left[\frac{\lambda(\rho_1 + \lambda)}{\lambda + (1-\lambda)\phi} + \frac{\phi\lambda(\rho_2 + 1 - \lambda)}{\lambda\phi + (1-\lambda)} + \frac{\phi(1-\lambda)(\rho_1 + \lambda)}{\lambda + (1-\lambda)\phi}\right.$$

$$\left.+ \frac{(1-\lambda)(\rho_2 + 1 - \lambda)}{\lambda\phi + (1-\lambda)}\right] = \frac{\alpha}{\sigma}\left[\frac{(\rho_1 + \lambda)(\lambda + (1-\lambda)\phi)}{\lambda + (1-\lambda)\phi}\right.$$

$$\left.+ \frac{(\rho_2 + 1 - \lambda)(\lambda\phi + (1-\lambda))}{\lambda\phi + (1-\lambda)}\right]$$

$$= \frac{\alpha}{\sigma}[(\rho_1 + \lambda) + (\rho_2 + 1 - \lambda)] = \frac{\alpha(1 + \rho_1 + \rho_1)}{\sigma}$$

## 参 考 文 献

[1] 朱希伟, 陶永亮. 经济集聚与区域协调 [J]. 世界经济文汇, 2011 (03): 1-25.

[2] 刘生龙, 胡鞍钢. 基础设施的外部性在中国的检验: 1988~2007 [J]. 经济研究, 2010 (3): 4-15.

[3] 邓明. 中国地区间市场分割的策略互动研究 [J]. 中国工业经济, 2014 (2): 18-30.

[4] 吴福象, 蔡悦. 中国产业布局调整的福利经济学分析 [J]. 中国社会科学, 2014 (2): 96-115.

[5] 张五常, 中国的经济制度 [M]. 北京: 中信出版社, 2009.

[6] 周业安, 赵晓男. 地方政府竞争模式研究——构建地方政府间良性竞争秩序的理论和政策分析 [J]. 管理世界, 2002 (12): 52-61.

[7] 周黎安. 晋升博弈中政府官员的激励与合作——兼论我国地方保护主义和重复建设问题长期存在的原因 [J]. 经济研究, 2004 (6): 33-40.

[8] 宋华盛, 何力力, 朱希伟. 二重开放、产业集聚与区域协调 [J]. 浙江大学学报: 人文社会科学版, 2010, 40 (5): 104-115.

[9] 徐现祥, 李郇, 王美今. 区域一体化、经济增长与政治晋升 [J]. 经济学: 季刊, 2007 (4): 1075-1096.

[10] 皮建才. 中国地方政府间竞争下的区域市场整合 [J]. 经济研究, 2008 (3): 115-124.

[11] 陆铭, 陈钊. 分割市场的经济增长——为什么经济开放可能加剧地方保护? [J]. 经济研究, 2009 (3): 42-52.

[12] 孙浩进, 陈耀. 我国产业转移的区域福利效应研究——演化经济学视角 [J]. 经济管理, 2013 (11): 24-35.

[13] 安虎森等. 新经济地理学原理 [M]. 北京：经济科学出版社, 2009: 348 – 352.
[14] 何力武. 新经济地理学福利分析进展回顾 [J]. 西南民族大学学报：人文社科版, 2009, 30 (6): 193 – 197.
[15] Krugman, P. Increasing returns and economic geography [J]. Journal of Political Economy, 1991, 99 (3): 483 – 499.
[16] Tabuchi T. Urban Agglomeration and Dispersion: A Synthesis of Alonso and Krugman [J]. Journal of Urban Economics, 1998, 44 (3): 333 – 351.
[17] Alonso-Villar O. A model of economic geography with demand-pull and congestion costs [J]. Papers in Regional Science, 2008, 87 (2): 261 – 276.
[18] Pflüger M, Südekum J. Integration, agglomeration and welfare. Journal of Urban Economics [J]. 2008, 63 (2): 544 – 566.
[19] Redding S J, Turner M A. Chapter 20 – Transportation Costs and the Spatial Organization of Economic Activity [J]. Handbook of Regional & Urban Economics, 2015, 5 (8): 1339 – 1398.
[20] Baldwin R E, Forslid R, Martin R, Ottaviano G I P, Robert-Nicoud F. Economic geography and public policy [M]. Princeton: Princeton University Press, 2003.
[21] Ottaviano G I P, Thisse J F. Integration, agglomeration and the political economics of factor mobility [J]. Journal of Public Economics, 2002, 83 (3): 429 – 456.
[22] Charlot S, Gaigné C, Robert-Nicoud F, et al. Agglomeration and Welfare: The Core-Periphery Model in Light of Bentham, Kaldor and Rawls [J]. Journal of Public Economics, 2004, 90 (1 – 2): 325 – 347.

# 文化距离、网络中心性与互联网创业融资[*]
## ——来自众筹数据的实证研究

穆瑞章 耿天成[**]

**摘 要**：对于互联网创业融资绩效而言，文化距离与社会网络是两项关键的影响因素，但是现有的理论研究成果并不能对二者之间的关系做出清晰的解释。文章基于社会嵌入理论，探讨了创业者与投资人之间的文化距离对融资绩效的影响作用，以及社会网络中心性在此过程中所扮演的角色。文章借助数据挖掘技术，生成了包含1802个创业项目信息及其创业者个人信息的截面数据库，并通过分析发现：创业者的社会网络中心性对创业者个人社会网络与投资人文化距离影响融资绩效的过程起到中介作用，并且创业者个人经验对上述过程起到一定的调节作用。最后，提出创业者应更加关注与投资人间的文化距离，改善在社会网络中所处的位置，并通过丰富个人经验等手段来提升创业融资绩效。

**关键词**：文化距离 网络中心性 社会嵌入 社会网络 创业融资 网络众筹

## 一、问题提出

"大众创业、万众创新"政策的实施激发了人们投身于创业浪潮的热情，而多层次资本市场体系的建立与完善则带动了创业投资领域的活跃。众多创业者已经意识到，资本是创业企业抢占市场先机、快速扩大优势的有力武器。然而，如何最有效地吸引到适合自己的投资方，却一直困扰着很多创业者，并已经成为学术界十分关注的重要议题。Becker-Blease 和 Sohl 认为，投资者判断创业项目时所使用的重要标准包括：所处行业、经营业绩以及拥有的实物资源情况。此外，投资人对创业项目进行评估时，会首要看重创业公司的一些基本的特征，如创业者的能力、行业状况、企业绩效等。然而在现实中，很多上述基本特征相近的创业公司却往往呈现出截然不同的融资结果，这一现象在面向跨地域、跨文化投资者进行融资的过程中显得更加突出。随着融资方式的国际化程度不断提高，一方面众多海外投资者进入中国寻

---

[*] 基金项目：国家社会科学基金一般项目"基于企业家隐性人力资本视角的科技型初创企业成长机理研究"（15BGL072）。

[**] 穆瑞章（1982-），男，天津人，天津财经大学商学院博士研究生，天津市经济发展研究院高级经济师，研究方向：创新与创业管理、服务营销、战略规划；耿天成（1995-），男，河北衡水人，中国人民大学商学院硕士研究生，研究方向：创新与创业管理（通讯作者）。

找有潜力的创业项目，另一方面创业者也主动通过海外众筹平台开展跨国融资。在跨文化、跨地域投融资活动日益活跃的大趋势下，影响创业者融资绩效的因素产生了哪些新的变化？双方之间的文化差异会对创业者的融资绩效产生怎样的影响？上述影响背后的作用机制如何？这些都是需要我们借助理论分析和实证研究予以解决的重要课题。

就文化因素如何影响创业融资绩效这一问题，国内外学者已经做出了一些有价值的探索。Gray 等的研究发现：创业团队与投资者之间较高的文化距离，会促使投资者在对项目进行评估时，提高对项目的风险评价，从而在做出投资选择时更为谨慎。国内学者刘威、李炳通过对 45 个经济体 19000 组跨境股权投资数据进行建模分析发现：投资人与被投资对象之间的文化距离，会对跨境股权投资业绩产生负面影响。上述学者在研究中得出了比较一致的结论，并对创业实践产生了一定的指导意义，但是本文认为这些研究仍存在以下不足：当前学者在探究创业团队与投资人之间的文化距离对于融资绩效的影响时，主要立足于创业团队的视角，却忽视了核心创业者文化特质的影响作用。核心创业者主要是指创业项目的主要发起人，或者核心管理团队成员等。在现实中，很多核心创业者的文化特质与公司整体文化特质往往并不一致，甚至大相径庭。而在很多互联网公司的融资过程中，决定最终融资绩效的并非是整个团队，而是核心创业者本人。郭正日、何理基于层次分析法所构建的创业投资项目评选指标体系显示，投资人在项目筛选过程中最为注重的两项因素分别是"企业家特质"与"市场吸引力"，这一点也符合创投界"看人"和"看市场潜力"的通俗说法。由此可知，在很多情况下核心创业者对于融资绩效的作用要高于创业团队，这一现象在创业实践中也屡见不鲜。例如雷军在成立小米公司之前，已经成为了互联网行业内的元老级人物。当他与晨兴创投商议投资之时，小米公司团队并未组建完成，甚至投资方也未过多问及业务本身的问题，因此可见关键创业者本人对于融资绩效的重要影响。上述现象在国际众筹网站融资方式下体现更为明显。以 Kickstarter.com 与 IndieGoGo.com 等为代表的众筹网站，其平台上的多数项目融资之时往往并不具备成熟的产品和完整的创业团队，投资人更多的是通过对几个核心创始人的了解来做出投资选择。因此本文认为，在研究文化距离对于融资绩效的影响时，不仅要从创业团队的层面进行探究，而且也应从核心创业者的角度加以考察。

关于核心创业者如何影响企业融资绩效，当前学术界也已经有了一些研究成果，并且可以被归为两类主要的研究视角：第一类研究着眼于创业者个人特征对于融资绩效的影响作用，例如创业者的性别、年龄等人口学因素，以及创业者的经验、教育水平等。另一类研究是选取创业者所嵌入的社会网络视角，探究创业者的社会嵌入情况对于融资绩效的影响，并且有一些学者发现创业者在社会嵌入的过程中所取得位置的有利程度与创业业绩呈正相关关系。而 Navis 和 Glynn 的研究更明确地指出，与风险投资人拥有较紧密关系的亲友或熟人更易于获得投资。上述研究看到了核心创业者对于融资的关键性作用，但是由于当前学术研究中并没有相关学者从文化距离层面考虑创业者对于融资的影响，所以关于上述结论在跨文化融资的大趋势下是否依然成立、核心创业者的作用是有所削弱还是增强，当前的研究成果并不能给出明确的回答。

为了弥补上述两种研究方向各自的不足，本文首先对这两种研究思路进行了整合，即立足于创业者视角、考察创业者的社会网络与投资人间文化距离对融资绩效的影响，从而既能够反映出核心创业者及其社会网络在融资过程中的关键作用，又能够考察在跨文化投资情境下上述作用的有效性。本文的另一项重要理论贡献在于：基于社会嵌入理论，创新性地引入了创业者的社会网络中心性作为中介变量。因为在现有的学术成果中，创业者与投资人之间文化差异对融资绩效的影响，以及创业者所处的社会网络中心性对融资绩效的影响这两类研究思路是相互独立的，从而导致文化差异与社会网络中心性这两项融资绩效影响因素之间的相互作用被学者们所忽视。因此，本文基于前述研究框架，对来自一家全球领先的产品众筹网站上的1802个创业项目及相应创业者的数据进行了系统分析，以回答下述问题：创业者社会网络与投资人之间的文化距离会对融资绩效产生怎样的影响？创业者与投资人之间的文化距离会如何影响创业者的社会网络中心性，从而间接影响创业公司的融资绩效？创业者应该如何调整自身及个人社会网络，以促进公司融资绩效的提升？

## 二、理论与假设

### （一）创业者个人社会网络与投资人文化距离对互联网创业融资绩效的影响

文化距离的概念最早由 Luostarinen 提出，用以衡量两类主体之间的文化差异，具体是指由于语言、文化习惯等方面的不同所带来的社会认知差异。在对文化差异进行量化的过程中需要从多个维度计算文化距离，其中使用最为普遍的是由荷兰心理学家 Hofstede 提出、由后来学者补充完善的五个文化维度，具体为：权力距离，不确定性规避，个人主义/集体主义，男性化/女性化，以及长期取向/短期取向。这些文化维度上的差异会深刻地影响人们的价值观念、态度和行为。随着国外较为成熟的互联网融资新模式被更多的创业者所熟悉和接受，创业者们所面临的融资环境也更多地跨越了国家、地域和文化的界限，通过上述文化维度体现出的文化距离也在不断扩大。因此，这种文化距离的扩大对跨文化背景下的投融资行为与效果也产生了多个维度的影响。

上述学术研究主要关注的是将创业公司或者创业团队看作一个整体来考察其文化特质，然而在实际的融资过程中，投资人往往并不会非常系统地感受到整个团队的文化氛围与文化理念，而是通过与公司核心创业者的接触，建立对于公司整体的文化印象。由于一些创业者往往在融资过程中扮演最主要的谈判人员，因此他们所展现的文化特性能否赢得投资人的好感，对于投资人的投资判断起到更为直接的决定作用。与此同时，相较于改变整个公司的文化氛围与特性，通过对核心创业者的文化维度进行调整以迎合投资人的需求，更加有效和切实可行。综合上述两个方面，本文认为从创业者个人角度出发，探究创业者个人社会网络与投资人之间文化距离对于融资绩效的影响，不仅可以弥补当前理论研究的不足，而且也具有更强的现实意义。

根据社会嵌入理论，创业者需要借助在与社会网络成员进行交往、建立关系的过程中实现社会嵌入，从社会网络成员那里获取丰富的创业资金、技术、人才和信息资源，才能够将自身的创业能力、教育水平和管理经验转化为经营业绩或融资成果。在社会嵌入的过程中，创业者能否在社会网络中占据有利的位置，即取得较高的社会网络中心性，对于能否充分发挥社会网络的价值具有重要的影响。根据Latora等在以往学者研究的基础上所提出测量方法，社会网络中心性包括两个维度：首先是紧密性，即某一个人或团体与周围社会网络成员的距离远近；其次是中距性，即某一个人或团队是否处于网络中信息传播连接通道的关键位置。然而，一些学者在后续研究中也指出了仅利用社会网络解释融资绩效的局限性，如Cooper等通过对2000多家企业创始人的社会网络数据的分析发现，单纯地研究社会网络的特性会带来某种程度上的模型内生性。于是本文通过在理论假设中引入文化距离维度，可以弥补社会网络单一解释的局限性。

综合上文所述原因，本文选择立足于创业者视角，将文化距离理论纳入社会嵌入理论的框架之中，基于互联网众筹平台的投资数据，综合分析创业者社会网络与众筹投资人文化距离对于融资绩效的影响，以及社会网络中心性对于融资绩效的影响，并针对二者之间所存在的相互影响关系进行探究。现有的一些研究已经证明，投资人等合作方更容易被具有类似教育水平、生活经历、地域文化、价值理念或其他人口统计学特征的人群所吸引。而创业者所选取的创业方向、采用的商业模式、对于企业未来的发展方向等判断都受到其过往教育经历、生活经历、成长环境等因素的影响，因此受到类似因素影响下的投资人更容易对创业者的项目本身及项目思路产生共鸣与认可；与此相反的是，如果创业者与投资人之间的教育背景、生活经历、文化理念等因素具有显著的差异甚至是冲突，则会产生更多的理念分歧，创业者在与投资人进行沟通并说服其对项目进行投资的过程中，会面临更高的障碍。因此创业者成员与投资人的文化距离会对融资绩效产生负向影响。同时，根据前文所论述，社会嵌入理论强调具有相似文化维度的人群更易于建立起社会网络关系，于是创业者个人的文化维度与其所处社会网络的整体文化维度会产生较高的相似度。因此，创业者所处社会网络的文化维度与整个团队的文化维度会产生一定的相似性，从而社会网络与投资人文化距离也会对融资绩效产生负向影响作用。

基于上述分析，本文提出如下假设：

**假设1**：创业者个人社会网络与投资人文化距离对互联网公司创业融资绩效有抑制作用。

**（二）创业者社会网络中心性对于创业者与投资人文化距离影响互联网创业融资的中介作用**

在现有的学术研究中，学者们往往独立讨论创业者与投资人之间文化差异对融资绩效的影响，以及创业者所处的社会网络位置对融资绩效的影响，从而造成了文化差异与社会网络位置这两项融资绩效影响因素之间的关系成为了未经讨论的缺失环节。结合现实经验我们可以推测，如果创业者的社会网络与众筹投资人的文化距离越接近，也就意味着两者之间拥有更多的文化相似性。由于文化距离较小的人群之间更有可能建立社会联系，当创业者与潜在投资人的文化距离越接近时，创业者有可能会吸引更多潜在投资人进入自己的社会网络，建立起社会网络关系。这也意味着：一方面，创业者自身与更多拥有投资资源的投资人建立起联系，即在社会网络中占据了更好的中距性；另一方面，较小的文化差异性也拉近了创业者与投资人之间的关系距离，即增强了紧密性，从而在双重维度上提升了创业者的社会网络中心性。社会网络中心性的提升，意味着创业者有机会从社会网络里更加丰富的潜在投资人手中获取融资资源，并且由于较小的文化差异拉近了创业者与投资人的关系紧密程度，从而从每位投资人手中获取资源的可能性也会增加。而当创业者与潜在投资人之间的文化距离越大时，一方面更难吸引到投资人进入自己的社会网络，另一方面与现有社会网络中投资人之间的关系紧密性较低，从而在中距性和紧密性两个维度上降低了创业者自身的社会网络中心性。而较低的社会网络中心性则抑制了创业者从投资者手中获取融资资源的机会，与此同时，创业者与投资者之间较大的文化距离也会进一步降低成功融资的可能性。因此，创业者的社会网络中心性的提高能够促进公司在众筹网站上融资绩效的提升，而社会网络中心性的下降则会抑制众筹网站上融资绩效的提高。

基于上述分析，本文提出如下假设：

**假设2**：创业者的社会网络中心性对创业者个人社会网络与投资人文化距离影响融资绩效的过程存在中介效应，创业者个人社会网络与投资人文化距离越高，则会降低创业者个人的社会网络中心性，从而抑制互联网创业融资绩效的提升。

**（三）创业者创业经验的调节效应**

Steffens等通过研究证明，创业成员所积累的创业经验体现在：能够更加有效地对客户与合作方的信息做出反应，并且基于这些信息做出高质量的判断与决策的能力。在其社会网络与投资人文化维度间的差异保持一定的情况下，如果创业者拥有更加丰富的创业经验，则会对投资人的文化维度和心理具有更好地了解，并且更加懂得在文化维度层面求同存异，拉近与投资人之间的距离，减少文化距离对社会网络中心性的负面影响，即创业经验的增加会负向调节创业者个人社会网络与投资人文化距离对创业者个人社会网络中心性的影响过程。同时，由于较高的社会网络中心性意味着创业者能够有机会更有效地获得社会网络中的创业资源和市场信息，而随着经验的增加，创业者会更加善于利用所处的社会网络位置与现有社会网络中的资源和信息，以及利用现有的人脉关系促成融资合作的达成。而对经验较少的创业者而言，与投资人谈判的次数较少，因而更难有效地把握投资人的文化偏好、心理特征与思维方式，一方面不仅无法通过语言上的沟通有效拉近与投资人的距离；另一方面甚至可能会进一步扩大与投资人之间的分歧，放大文化距离对于社会网络中心性的负面效应，即创业经验的缺乏会强化创业者个人社会网络与投资人文化距离对创业者个人社会网络中心性的负面影响作用。

基于上述分析，本文提出如下假设：

假设3a：创业者的创业经验对于创业者社会网络与投资人文化距离影响创业者社会网络中心性的过程起到负向调节效应。创业者的创业经验越丰富，创业者社会网络与投资人文化距离对创业者社会网络中心性的负面影响越弱。

假设3b：创业者的创业经验对于创业者社会网络中心性影响互联网创业融资绩效的过程起到正向调节效应。创业者的创业经验越丰富，创业者社会网络中心性对互联网创业融资绩效的正向影响越强。

基于以上假设，本研究模型如图1所示。

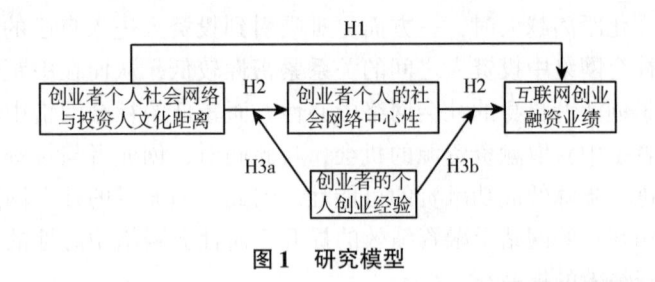

图1 研究模型

## 三、研究设计

### （一）数据收集

在收集互联网公司融资绩效数据方面，本文针对全球排名第二的互联网产品众筹网站Indiegogo.com进行了数据挖掘，获取了该网站上自2013年12月至2016年8月的1802个融资项目信息，及其创始人个人和社会网络的相关数据，并且通过Indiegogo.com提供的第三方网站中载明的创业者相关信息，编制了创业者相关个人社会网络和创业经验信息，剔除了项目信息和个人信息有缺失的观测值，并基于此建立起含有1796条项目观测值的分析数据库（见表1）。之所以采用数据挖掘方式获取众筹类融资的二手数据，而非进行一手的问卷调查或二手的上市公司数据库，主要考虑到：创业者的股权融资方式、条款和披露情况差异性较大、信息较为分散，从而数据的结构化水平较差，同时现有上市公司的二手数据库又缺乏本文所需的核心变量；而来自产品众筹网站的融资相关数据，信息维度完整、项目数量众多，具有较高的分析价值。现有技术已经可以将所有网络公开信息进行挖掘、整理，类似方法已经成为互联网商务研究领域的主流，尤其是在对于众筹融资这一新现象的研究中更为普遍。

本文之所以选择基于Indiegogo.com建立互联网企业融资数据库，主要是因为：(1) 该融资平台规模较大、发展成熟，截至2016年8月已有超过30余万家创业者的项目进行过注册融资；(2) 该平台是一家综合类产品众筹网站，对于创业者及众筹投资人的行业、地域、国籍均不设限制，因此能够获得丰富的跨文化、地域投融资数据，而跨国家、跨文化的投融资活动能够更好地展现文化距离对于创业者及其活动的影响（王宛秋、吴文玲）；(3) 创业者及众筹投资人在注册网站账号时，被要求登记个人信息和社会网络账号数据，从而有利于本文获取关于创业者及众筹投资人的人口统计学特征、文化维度信息及社会网络数据（见表1）。

表1　　　　　　　　　　　　　创业者相关特征分类统计

| 性别 | 数量（人） | 教育水平 | 数量（人） | 创业经验水平 | 数量（人） | 国家或地区 | 数量（人） | 国家或地区 | 数量（人） |
| --- | --- | --- | --- | --- | --- | --- | --- | --- | --- |
| 男性 | 1 082 | 博士学历 | 40 | 有创业经验 | 288 | 美国 | 791 | 日本 | 79 |
| 女性 | 714 | 硕士学历 | 280 | 无创业经验 | 1 508 | 英国 | 228 | 澳大利亚 | 33 |
|  |  | 本科学历 | 1 278 |  |  | 加拿大 | 229 | 韩国 | 16 |
|  |  | 本科以下学历 | 198 |  |  | 德国 | 159 | 中国香港 | 17 |
|  |  |  |  |  |  | 法国 | 114 | 中国台湾 | 28 |
|  |  |  |  |  |  | 新加坡 | 17 | 中国大陆 | 76 |
|  |  |  |  |  |  | 南非 | 6 | 智利 | 3 |

**（二）变量结构**

1. 因变量。

通过互联网产品众筹网站进行融资的项目，需要在项目正式面向投资者融资之前，设置一定的众筹目标及众筹期限，如果项目方能够在指定的众筹期限内达成目标，则宣告融资成功；反之则宣告融资失败，且参与众筹的投资人的资金会被统一返还至其账户。众筹目标往往以融资金额的方式呈现，并且由项目方和平台方协商确定。因此本文沿用以往学者的研究思路，选取该网站上所披露融资项目的最终认缴比例（具体为参与众筹的投资人所认缴的最终总投资额与项目预定融资目标之比）

作为模型的因变量。对于产品众筹企业而言，一方面，众筹项目的成功使得创业者能够获得企业发展的资金来源；另一方面，也代表着向众筹购买者进行了产品的预售，而且所交付的产品仅面向此次众筹项目的参与者。由此可见，众筹行为整合了融资、预售等的创业活动，将认缴比例作为因变量，可以有效地体现新型网络创业模式——产品众筹的融资绩效特征。这一因变量的选择也具有国外的相关文献支持，如 Meer 的研究，以及 Deng 和 Wang 针对跨境电商的研究，均采用了类似的针对融资绩效的测量方法。

2. 解释变量。

已有研究一般利用创业者与投资人所在国家、地区文化距离计算创业者与投资人总体文化距离，由于众筹平台要求创业者和投资人登记并且在网站标注其所在国家，因此，本文根据 Hofstede 五个文化维度的平均值测算创业者和投资人的文化气质评分，并将上述文化评分差值的绝对值的平均数作为文化距离变量。本文在生成网络中心性变量的过程中，采用了点中心性的计算方法：将所有的社交网络成员数量作为分母，创业者可以连接到的成员数量作为分子。具体操作过程中，我们利用了该众筹平台上类似于微博粉丝的"follow"功能，以"follow"创业者的注册用户数量除以行业内所有创业者"follow"用户的数量生成网络中心性变量。最后本文根据刘刚、王泽宇的研究，将创业者是否在该创业项目之前、曾在相关平台参与过众筹的虚拟变量作为本研究中的创业者经验变量。虽然是否曾在相关平台参与过众筹并非完全等同于创业者的经验，但是这些信息却是在众筹平台上所披露的关于创业者创业经验的唯一信息，也是投资人了解创业者经验的唯一信息渠道。互联网产品众筹平台上的融资模式不同于传统线下的股权融资模式，投资人在产品众筹平台上，无法对创业者完整的创业经验和历史等信息进行面对面的考察和沟通，产品众筹平台所披露的信息也有限，因此投资人需要在上述有限的信息约束下做出快速的投资判断。

3. 控制变量。

本文选取了六项对于创业项目最终融资绩效可能产生影响的变量作为模型的控制变量。首先，由于创业者的教育水平会对其文化维度、社会网络特征均产生一定的影响，从而可能间接影响公司的融资绩效，因此本文分别对创业者教育水平进行赋值，0 为本科以下，1 为本科，2 为硕士，3 为博士，以衡量创业者教育水平；其次，投资人在进行收益评估时，实际上评估的是折扣优惠减去产品滞后发货所带来的时间成本。而由于众筹网站会对产品价格折扣的力度加以限制，因此等待产品发货的时长——即项目的周期长短，则成为了投资人评估项目收益时的核心要素。因此本文将项目开放融资时间作为控制变量之一，根据众筹网站标示的项目开放天数即项目期限作为控制变量；同时，本文添加了技术虚拟变量为控制变量，根据创业者在参加众筹时是否已生产出产品样品反映其技术成熟度，对于已具备产品样品的公司取1，反之则取0；另外，本文参照王君泽等的研究，将该众筹网站上所列出的潜在投资者对于创业项目的积极评价数量设置为创业认同度控制变量。本文还添加了创业项目开放融资起始时间的季节虚拟变量。最后，添加了创业者所在国家虚拟变量。

此外，就市场前景与竞争状况这两项传统线下股权投资研究中的重要影响因素，在本研究中更多地体现为创业者是否在相关平台上参与过众筹。因为互联网产品众筹平台是一种兼具"公司融资"与"产品预售"的新兴模式，所以站在产品众筹投资人的角度，他们所预期的回报不是长期的股权增值回报，而是能否按时收到该公司所提供的产品或服务。如果创业者曾有过成功的众筹经验，则投资人则更倾向于认为，自己在本次众筹中也能够按时收到优质的产品或服务。同时，由于网络众筹与传统融资不同，通常只是回馈投资人以固定的产品或者服务，而不按照创业项目的远期收益进行投资利益分配，而且投资者在投资前已被告知其将获得的产品和服务，因此融资项目自身的盈利能力对于投资者的选择决策影响有限；加之由于数据来源的局限，我们无法得知该平台所有众筹融资项目的融资成本，难以测算其投资回报率，因此本文并未将融资项目的盈利能力列为本研究的控制变量。针对上述局限性，我们将努力在未来的研究中通过获取更加完善的数据加以弥补。

4. 计量模型。

根据前文变量结构设计，本文利用了截面数据的中介效应模型进行实证分析，对前文所提出的假设进行了验证。模型如下：

$$Y = \alpha_1 + \beta_1 X_1 + \sum \gamma_1 Z + \varepsilon \tag{1}$$

$$X_2 = \alpha_2 + \beta_2 X_1 + \sum \gamma_2 Z + \varepsilon \tag{2}$$

$$Y = \alpha_3 + \beta_3 X_1 + \beta_4 X_2 + \sum \gamma_3 Z + \varepsilon \tag{3}$$

其中，$Y$为融资项目的最终认缴比例因变量；$X_1$为创业者个人社会网络与投资人文化距离解释变量；$X_2$为创业者个人的网络中心性中介变量；$Z$为控制变量，包括创业者的教育水平、项目开放融资时间、技术虚拟变量、创业认同度、季节虚拟变量、创业者所在国家虚拟变量；$\varepsilon$为残差项。

根据温忠麟等的研究，当$\beta_1$、$\beta_2$、$\beta_4$回归结果显著，并且$\beta_3$取值变小或不再显著的情况下，解释变量通过中介变量发生效应，中介效应存在。

之后再对上述中介效应进行分组调节，通过检验不同分组中介效应是否依然存在进行稳健性检验，通过比较不同分组回归系数对调节效应进行检验。本文进一步利用众筹项目最终的融资金额作为因变量，进行稳健性检验，表5结果显示中介效应依然存在，本文的结果具有较强的稳健性。本文输出了不同样本条件下公式（1）～公式（3）的回归结果，具体结果见模型回归结果和分析。

## 四、互联网创业融资影响因素的模型回归结果及分析

本文选用 Stata 12.0 软件作为本研究的分析工具,输出了模型中各项变量的统计特征,以及相关系数的检验结果。通过表 2 可知,本研究所选取的各项解释变量与因变量之间的相关系数显著,多数解释变量与控制变量之间的相关系数均低于 0.3。由此可知,各项解释变量与因变量之间相关性较低,因此能够避免本研究模型的多重共线问题。

表 2　　　　　　　　　　模型统计特征和相关系数表

| | 平均值 | 标准差 | 最小值 | 最大值 | 1 | 2 | 3 | 4 | 5 | 6 | 7 |
|---|---|---|---|---|---|---|---|---|---|---|---|
| 1. 创业融资绩效 | 4.496 | 4.943 | 0 | 18.6 | 1 | | | | | | |
| 2. 文化距离 | 10.575 | 3.619 | 1.224 | 16.849 | -0.089*** | 1 | | | | | |
| 3. 网络中心性 | 0.036 | 0.009 | 0 | 0.0817 | 0.155*** | -0.287*** | 1 | | | | |
| 4. 创业者创业经验 | 0.161 | 0.368 | 0 | 1 | 0.0404* | -0.045** | 0.053** | 1 | | | |
| 5. 创业者教育水平 | 1.089 | 0.58 | 0 | 3 | -0.047** | -0.004 | -0.002 | -0.007 | 1 | | |
| 6. 项目期限 | 55.316 | 14.744 | 5 | 121 | -0.036 | -0.023 | -0.046* | 0.022 | 0.003 | 1 | |
| 7. 创业认同度 | 46.607 | 88.667 | 0 | 854 | 0.004 | -0.095*** | 0.183*** | -0.0137 | 0.036 | -0.016 | 1 |
| 8. 技术虚拟变量 | 0.339 | 0.474 | 0 | 1 | 0.017 | 0.026 | -0.033 | 0.043* | -0.086*** | -0.015 | 0.024 |

注:***、**、*分别代表在1%、5%和10%水平下显著。

由于本文所采用的互联网创业融资相关数据库为截面数据,因此选用中介调节作用模型进行回归,结果详见表 3 和表 4 中的模型(1)~模型(10)。

表 3　　　　文化距离影响融资绩效的主效应及网络中心性的中介效应检验

| | 融资绩效(1) | 融资绩效(2) | 融资绩效(3) | 创业者个人社会网络中心性(4) |
|---|---|---|---|---|
| 文化距离(创业者个人社会网络与投资人之间) | | -0.104*** (0.03) | -0.061** (0.031) | -0.001*** (0.000) |
| 创业者个人社会网络中心性 | | | 71.687*** (13.291) | |
| 创业经验 | | 0.398 (0.299) | 0.338 (0.297) | 0.001 (0.000) |
| 教育 | -0.446** (0.193) | -0.444** (0.192) | -0.432** (0.191) | 0.000 (0.000) |
| 项目期限 | -0.009 (0.008) | -0.01 (0.007) | -0.008 (0.007) | 0.000 (0.000) |

续表

|  | 融资绩效（1） | 融资绩效（2） | 融资绩效（3） | 创业者个人社会网络中心性（4） |
|---|---|---|---|---|
| 创业认同度 | 0.000<br>(0.001) | 0.001<br>(0.001) | −0.001<br>(0.001) | 0.000 ***<br>(0.000) |
| 技术虚拟变量 | 0.01<br>(0.233) | 0.019<br>(0.232) | 0.66<br>(0.23) | −0.001<br>(0.000) |
| 季节虚拟变量 | Included | Included | Included | Included |
| 创业者所在国家虚拟变量 | Included | Included | Included | Included |
| $R^2$ | 0.133 | 0.14 | 0.154 | 0.201 |
| F | 13.64 | 13.12 | 14.01 | 20.24 |
| 观测值数量 | 1 796 | 1 796 | 1 796 | 1 796 |

注：（1）***、**、*分别代表在1％、5％和10％水平下显著。（2）括号内为模型标准误。

表4 创业经验对于创业者社会网络中心性影响互联网创业融资绩效过程的调节效应检验

|  | 无创业经验 ||| 有创业经验 |||
|---|---|---|---|---|---|---|
|  | 融资绩效（5） | 融资绩效（6） | 创业者个人社会网络中心性（7） | 融资绩效（8） | 融资绩效（9） | 创业者个人社会网络中心性（10） |
| 文化距离（创业者个人社会网络与投资人之间） | −0.098 ***<br>(0.033) | −0.058 *<br>(0.034) | −0.001 ***<br>(0.000) | −0.136 *<br>(0.08) | −0.073<br>(0.081) | −0.001 ***<br>(0.000) |
| 创业者个人社会网络中心性 |  | 63.722 ***<br>(14.463) |  |  | 117.963 ***<br>(34.247) |  |
| 创业经验 | omitted | omitted | omitted | omitted | omitted | omitted |
| 教育 | −0.377 *<br>(0.209) | −0.364 *<br>(0.207) | 0.000<br>(0.000) | −0.852<br>(0.527) | −0.841<br>(0.516) | 0.000<br>(0.001) |
| 项目期限 | −0.012<br>(0.008) | −0.011<br>(0.008) | 0.000<br>(0.000) | 0.007<br>(0.023) | 0.011<br>(0.022) | 0.000<br>(0.000) |
| 创业认同度 | −0.001<br>(0.001) | −0.002<br>(0.001) | 0.000 ***<br>(0.000) | 0.001<br>(0.004) | 0.000<br>(0.004) | 0.000<br>(0.000) |
| 技术虚拟变量 | 0.116<br>(0.253) | −0.155<br>(0.251) | −0.001<br>(0.000) | −0.428<br>(0.617) | −0.349<br>(0.606) | −0.001<br>(0.001) |
| 季节虚拟变量 | Included | Included | Included | Included | Included | Included |
| 创业者所在国家虚拟变量 | Included | Included | Included | Included | Included | Included |
| $R^2$ | 0.141 | 0.153 | 0.205 | 0.16 | 0.195 | 0.181 |
| F | 11.66 | 12.15 | 18.21 | 2.68 | 3.24 | 3.11 |
| 观测值数量 | 1 508 | 1 508 | 1 508 | 288 | 288 | 288 |

注：（1）***、**、*分别代表在1％、5％和10％水平下显著。（2）括号内为模型标准误。

表5 稳健性检验结果

| | 总样本 | | 无创业经验 | | 有创业经验 | |
|---|---|---|---|---|---|---|
| | 融资金额(11) | 融资金额(12) | 融资金额(13) | 融资金额(14) | 融资金额(15) | 融资金额(16) |
| 文化距离(创业者个人社会网络与投资人之间) | -23 261.1** (6 789.813) | -13 679.92* (6 967.089) | -21 779.89*** (7 373.102) | -12 997.33* (7 594.308) | -30 278.21* (17 837.85) | -16 281.06 (17 953.57) |
| 创业者个人社会网络中心性 | | 1.60e+07*** (13.291) | | 1.42e+07*** (3 222 013) | | 2.63e+07*** (7 629 263) |
| 创业经验 | 88 629.72* (66 614.88) | 75 088.88 (66 141.35) | omitted | omitted | omitted | omitted |
| 教育 | -98 646.75** (42 862.03) | -95 939.58** (42 529.63) | -83 790.19* (46 462.28) | -80 926.25* (46 181.84) | -189 717.4 (117 331.5) | -187 165.8 (115 027.7) |
| 项目期限 | -2 200.63 (1 659.606) | -1 872.001 (1 647.748) | -2 750.802 (1 757.677) | -2 494.637* (1 747.863) | 1 518.406 (5 040.494) | 2 531.791 (4 950.178) |
| 创业认同度 | -121.957 9 (277.793 3) | -312.3 905 (277.8 733) | -187.157 (292.191) | -366.185 (293.229) | 144.3 647 (894.163) | -44.7 614 (878.307) |
| 技术虚拟变量 | 4 116.962 (51 716.46) | 14 571.36 (51 348.42) | 25 581.13 (56 296.04) | 34 347.65 (55 986.08) | -95 379.97 (137 537.4) | -77 747.8 (134 931.2) |
| 季节虚拟变量 | Included | Included | Included | Included | Included | Included |
| 创业者所在国家虚拟变量 | Included | Included | Included | Included | Included | Included |
| $R^2$ | 0.13 | 0.14 | 0.13 | 0.14 | 0.10 | 0.135 |
| F | 13.69 | 14.87 | 11.33 | 12.95 | 2.92 | 3.77 |
| 观测值数量 | 1 796 | 1 796 | 1 508 | 1 508 | 288 | 288 |

注:(1) ***、**、* 分别代表在1%、5%和10%水平下显著。(2) 括号内为模型标准误。

由表5的结果可知,创业者与投资者之间的文化距离对创业融资绩效有着显著的负向影响,文化距离越大,创业者越难以把握与文化特质相关的投资者特定的需求与偏好,创业者越难以获得较好的融资绩效。同时,在全部模型回归结果中,文化距离都对创业者在投资者中的社会网络中心性具有负向影响,由于社会网络中心性具有显著正向的创业融资绩效效果,并且在加入社会网络中心性的模型后,文化距离的创业融资负向作用有所减弱,因而创业者文化距离部分地通过降低创业者在投资者社会网络中位置的方式降低创业融资绩效,社会网络中心性对文化距离具有中介作用,因此假设1、假设2得到验证。

另外，本文将仅有一次创业经验的创业者与拥有两次以上创业经验的创业者进行分组回归，发现创业经验较为丰富的分组回归结果中，文化距离对于社会网络中心性的影响有着明显的减弱，并且通过了 $Z$ 值检验。在创业经验丰富的分组中，社会网络中心性对创业融资绩效的影响显著，换言之，丰富的创业经验能够弥补文化距离带来的对投资者社会网络中心性的负面影响，并且促进创业者利用在投资者中社会网络中心性的有利地位，提升创业融资绩效，因此，假设 3a 和假设 3b 得到验证。

## 五、研究结论与启示

### （一）研究结论

本文通过将文化距离理论纳入社会嵌入理论的框架之中，选择立足于创业者视角探究文化距离与社会网络位置对融资绩效的影响机制，基于对上述互联网众筹融资项目数据的分析，最终形成了下述研究结论及贡献：

（1）不同于以往学者主要从创业者层面关注文化差异对于融资绩效的影响，本文立足于投资人视角，并引入了创业者的社会网络变量，探究了创业者个人社会网络与投资人文化距离对于融资绩效的影响，并发现：创业者个人社会网络与投资人文化距离会对创业者的融资绩效产生抑制作用，并且创业者的社会网络中心性在这一过程中发挥着中介作用。如果创业者与投资人之间文化差异越小，则会吸引更多的投资人进入自己的社会网络，从而提升创业者在投资圈内的社会网络中心性，进而获得更高质量的投融资信息，以及在融资的过程中获得更好的信用背书。

（2）本研究还发现，创业经验对创业者个人社会网络与投资人文化距离影响创业者个人社交中心性的过程起到负向调节效应，即具有丰富经验的创业者懂得如何更好地减少文化差异所带来的负面影响。此外，创业经验对创业者个人社交中心性影响融资绩效也能够起到正向调节效应，即丰富的经验能够帮助创业者更好地发挥所处社会网络位置的作用，利用手中的信息与资源促进企业融资绩效的提升。

### （二）管理学建议

相较于调整创业团队的文化特征以适应投资人的文化偏好而言，创业者调整个人社会网络与投资人之间的文化距离更具可行性，同时也可以避免因迎合投资人需求而为创业者文化多样性带来的负面影响。因此本文基于创业者视角的研究成果，对于创业者自身的融资实践具有很强的现实指导意义。

（1）鉴于创业者个人社会网络与投资人文化距离会对创业者的融资绩效产生抑制作用，因此创业者应该在融资的过程中，选择与自己文化维度相近、思维理念更加类似的投资人，则更容易获得投资人对于公司价值的认同，从而提高融资的成功率。而考虑到社会网络中心性在这一过程中所起到的中介作用，创业者应该主动与自己具有一定文化距离的投资人建立社会网络联系，从而避免文化差异为自己的投资人网络所带来的限制，获得更为多元化的、更具价值的融资信息与人脉支持。

（2）考虑到创业经验所起到的调节效应，建议创业者能够通过系统地梳理总结创业过程中的经验教训、与成功的创业者交流听取经验、参加行业分析论坛等方式丰富自己的创业经验，尤其是通过主动训练和经验总结增强关于与不同文化背景下投资人交往的能力，做到"求同存异"，从而努力减少文化差异的负面影响，并充分发挥社会网络的价值以服务于企业的融资绩效。

## 参 考 文 献

[1] 刘威，李炳. 文化距离与跨境证券投资选择：影响及比较 [J]. 国际金融研究, 2016（3）: 72-83.

[2] 郭正日，何理. 创业投资项目评选指标体系构建研究 [J]. 北京工商大学学报（社会科学版）, 2011（4）: 88-93.

[3] 王宛秋，吴文玲. 跨国并购中的文化距离能"缩短"吗？——基于我国上市公司的证据检验 [J]. 北京工商大学学报（社会科学版）, 2015（4）: 93-101.

[4] 刘刚，王泽宇，程熙镕. "朋友圈"优势、内群体条件与互联网创业——基于整合社会认同与嵌入理论的新视角 [J]. 中国工业经济, 2016（8）: 110-126.

[5] 郑海超，黄宇梦，王涛，陈冬宇. 创新项目股权众筹融资绩效的影响因素研究 [J]. 中国软科学, 2015（1）: 130-138.

[6] 刘刚，王泽宇. 创业团队文化多样性与互联网创业融资——基于产品众筹数据的实证分析 [J]. 财贸经济, 2016（6）: 113-128.

[7] 王君泽，王雅蕾，禹航，徐晓林，王国华，曾润喜. 微博客意见领袖识别模型研究 [J]. 新闻与传播研究, 2011（6）: 81-88.

[8] 温忠麟，张雷，侯杰泰，刘红云. 中介效应检验程序及其应用 [J]. 心理学报, 2004（5）: 614-620.

[9] Becker-Blease J R, Sohl J E. New venture legitimacy: the conditions for angel investors [J]. Small Business Economics, 2015, 45（4）: 735-749.

[10] Gray S, Kang T, Yoo Y. National culture and international differences in the cost of equity capital [J]. Management International Review, 2013, 53（6）: 899-916.

[11] Zimmer C. Entrepreneurship through social networks. The art and science of entrepreneurship [M]. Cambridge: Ballinger, 2006.

[12] Navis C, Glynn M A. Legitimate distinctiveness and the entrepreneurial identity: influence on investor judgments of new venture plausibility [J]. Academy of Management Journal, 2011, 36（3）: 479-499.

[13] Luostarinen R. The internationalization of the firm [M]. Boston: Cengage Learning EMEA Publications, 1980.

[14] Hofstede G. Culture's consequences: international differences in work related values [M]. Beverly Hills: Sage Publications, 1980.

[15] Latora V, Marchiori M. A measure of centrality based on the network efficiency [J]. New Journal of Physics, 2007, 9: 188-203.

[16] Cooper A C, Folta T, Woo C Y. Information acquisition and performance by start-up firms [J]. Frontiers of Entrepreneurship Research, 1991, 36 (5): 276-290.

[17] Gomez C, Kirkman B L, Shapiro D L. The impact of collectivism and in-group/out-group membership on the evaluation generosity of team members [J]. Academy of Management Journal, 2000, 43 (6): 1097-1106.

[18] Freeman L C. A set of measures of centrality based on betweenness [J]. Sociometry, 1997, 40 (1): 35-41.

[19] Nieminen J. On centrality in a graph [J]. Scandinavian Journal of Psychology, 1974, 15 (1): 322-336.

[20] Steffens P, Terjesen S, Davidsson P. Birds of a feather get lost together: new venture team composition and performance [J]. Small Business Economics, 2012, 39 (3): 727-743.

[21] Kotha R, George G. Friends, family, or fools: entrepreneur experience and its implications for equity distribution and resource mobilization [J]. Journal of Business Venturing, 2012, 27 (5): 525-543.

[22] Chevalier J A, Mayzlin D. The Effect of Word of Mouth on Sales: Online Book Reviews [J]. Journal of marketing research, 2006, 43 (3): 345-354.

[23] Lin M, Visw Anathan S. Home bias in online investments: an empirical study of an online crowdfunding market [J]. Management Science, 2015, 62 (5): 1393-414.

[24] Meer J. Effects of the price of charitable giving: Evidence from an online crowdfunding platform [J]. Journal of Economic Behavior & Organization, 2014, 103: 113-124.

[25] Deng Z, Wang Z. Early-mover advantages at cross-border business-to-business e-commerce portals [J]. Journal of Business Research, 2016, 69 (12): 6002-6011.

# 区域经济结构转型升级机理分析[*]

安虎森　Muhammad Imran[**]

**摘　要**：高技能劳动力的转移和空间聚集有助于提升聚集区厂商的创新能力和技术水平，使这些产业部门逐渐发展成为新兴产业部门，新兴产业部门具有较高的技术水平和劳动生产率水平，从而单位土地产出高于传统的产业部门。在优势区位竞争中，这些高单位土地产出的新兴部门将挤走原有的传统产业部门，使原有传统产业部门的生产区位变成高生产率的新兴产业部门的生产区位，被挤出的传统部门则转移到土地价格相对便宜的市郊或边远地区。由技术水平提升导致的产值水平的提升，意味着区域经济增长；原有低效率的传统产业部门的生产区位被高效率的新兴产业部门取代，意味着区域经济结构转型升级；高效率的新兴部门挤出低效率的传统产业部门，意味着产业的区际转移，这就是区域经济结构演进的基本机理。

**关键词**：创新能力　区域经济增长　生产区位取代　区域经济结构转型

## 一、引　言

2015年12月中央经济工作会议召开以来，以习近平同志为核心的新一届领导集体，针对当前我国经济新常态提出了"供给侧"结构性改革战略，并从我国经济发展的阶段性特征出发，进行了"去产能、去库存、去杠杆、降成本、补短板"这一具有指导性、前瞻性、针对性的经济工作部署。"供给侧"结构性改革，就是从"供给侧"入手，围绕经济发展中的结构性问题进行改革，培育新的经济结构，强化新的发展动力，实现经济结构的转型升级，其核心是扩大有效供给和调整经济结构，其在实体空间上的反映就是区域经济总量的扩张和区域产业结构的演进。

改革开放三十多年来，得益于中央政府的倾斜政策、外商直接投资、基础设施投资以及长期的"人口红利"，我国东部地区获得了快速发展，东部地区也成了我国制造业的主要"聚集区"和经济发展的"隆起区"；广大中西部地区由于原有经济基础薄弱、改革开放初期无法享受政策红利、难以获得外商直接投资青睐等众多原

---

[*] 基金项目：本文系国家自然科学基金面上项目"区域经济发展与产业空间调整"（项目编号：71573142）、2015年度教育部人文社会科学重点研究基地重大项目"产业战略性转移与经济地理重塑"（项目批准号：15JJd790019）的阶段性成果。

[**] 安虎森（1952 -），男，吉林安图人，南开大学经济研究所教授，博士生导师。研究领域：区域经济学、产业经济学、新经济地理学。Muhammad Imran，南开大学经济研究所博士生。

因，制造业的发展相当滞后，主要充当东部地区的原材料供应地，与东部地区之间的经济发展差距不断拉大。尽管近年来中西部地区的某些经济指标超过了东部地区，但由于经济总量和发展阶段等方面的巨大差距，区域之间的经济发展差距持续加大。围绕如何实现区域协调发展问题，国内学者进行了大量研究，其中主要的主张之一就是促进东部地区的产业向中西部地区转移，通过利用这些转移来的产业促进中西部地区经济发展和产业的换代升级，同时产业的转出又可以为东部地区发展高端产业腾出空间。然而，理论界至今无法清晰地揭示出产业转移和区域经济结构演进的基本机理，尤其是在某些区位上，高生产率的新兴产业部门如何取代原有的较低生产率的制造业部门，进而实现该区位的经济增长和经济结构转型升级。现实中，区域经济增长和区域经济结构演进是区域发展的两个方面，二者无法分割。遗憾的是，至今许多研究把这两者割裂开来了。有鉴于此，本文将区域经济增长和区域经济结构演进纳入同一分析框架，在此基础上讨论区域经济结构演进的基本机理。我们将首先讨论传统的新古典经济理论和新经济地理学理论分析空间经济现象时的缺陷问题，然后从时空角度分析空间经济现象的基本理论，重点解释区域经济结构演进的基本机理。

## 二、新古典经济增长理论视角的空间经济解释

新古典的区域增长理论，一般解释为是有关提高收入水平和区际收敛的理论。本部分中的霍伊特模型和哈罗多—多马模型，强调需求因素是区域经济增长因而提高人均收入水平的主要的驱动力，博茨和斯坦的模型强调区际生产要素优化配置在区域经济增长中发挥重要作用。

1. 输出基础模型。

输出基础模型也称"霍伊特模型"，20世纪30年代，受德国联邦住房管理局委托，霍伊特建立一个简单的包含一个输出基础部门和一个自给部门的城市模型以预测城市发展[1]；20世纪50年代，诺斯把霍伊特基础模型中的城市经济变量改为宏观经济变量，使输出基础模型成为研究区域经济现象的重要模型[2]。输出基础模型认为，市场规模很大的经济体可以依靠自身力量实现经济增长，但市场规模较小的经济体无法依靠自身力量实现经济增长，其经济增长常常与外部环境紧密联系在一起，区外需求主要通过对当地产出的乘数效应和对当地基础生产部门就业人数的乘数效应带动本地经济增长。该模型利用凯恩斯的宏观经济理论揭示了区际贸易需求在区域经济发展中的重要作用，强调生产专业化是区域经济增长的关键因素，凭借这种

---

[1] H Hoyt. "Homer Hoyt on the Development of Economic Base Concept", *Land Economics*, 1954 (2).

[2] D North. "Location Theory and Regional Economic Growth", *Journal of Political Economy*, 1955 (63).

专业化生产能力,该区域可以向区外市场提供专业化的产品,不断扩大区外市场。

输出基础模型研究了市场容量较小的经济体如何发展经济的问题,强调了区际贸易对市场容量较小经济体经济增长的重要作用。该模型的重要启示是,通过发展具有本地特色的专业化部门,增强生产能力和竞争能力是区域经济增长的重要途径。但该模型存在一些缺陷,首先,尽管该模型强调专业化生产能力是区域经济增长的决定因素,但它无法解释这种专业化生产能力的形成问题。其次,输出基础模型认为供给不存在短缺,只要外部需求增加,区内就有足够的生产要素和生产能力立即扩大生产。但现实中,不可能每个区域都拥有足够的生产要素和生产能力,因此外部需求的扩张在短期内可能导致价格水平的上涨而不是产出量的扩大。

2. 哈罗德—多马区域经济模型。

哈罗德—多马经济增长模型[1]认为,决定一国经济增长的最主要的因素包括影响全区域投资水平的储蓄率以及反映生产率水平的资本—产出率。后来,理查森利用该模型解释了区域经济系统的动态变化[2]。改造后的哈罗德—多马区域经济模型认为,如果区外资本输入能够弥补储蓄与投资之差额,那么在投资超过储蓄的情况下也可以实现区域经济增长。不同于把区外需求视为区域经济增长引擎的输出基础模型,该区域经济模型认为来自区外的投资活动是推动本地经济增长的主要动力,而有限的区内储蓄、较低的资本—产出比以及负向贸易平衡是阻碍区域经济发展的主要因素。根据该模型的逻辑,经济体不仅可以利用区内的储蓄进行投资,也可以从区外输入资本进行投资;当区内消费能力低于生产能力,进而存在大量储蓄剩余时,资本输出有利于区域经济增长;同理,劳动力短缺的区域可以通过输入劳动力解决劳动力供需不匹配的问题。这就意味着,当区内资源短缺时,输入区外资源有助于促进区域经济增长,这同时意味着通过输入区外资源,可以实现区际发展差距的收敛。

根据哈罗德—多马区域经济模型的逻辑,欠发达地区是资本的净输入地区,但该模型无法解释这种吸引资本的能力来自何方的问题,从国家角度来考虑,则可以利用高利率等宏观经济政策变量来解释这种吸引力,从区域角度来考虑,则可以利用区位条件的优劣来解释这种吸引力,但该区域经济模型考虑的经济空间是均质空间,不存在区位优劣问题,因此就无法从区位条件的优劣来解释这种吸引力的区际差异问题。其次,尽管该模型提出了区际生产要素的转移问题,但它没能揭示生产要素区际转移的机制,因为该模型并不是为了解释生产要素转移问题而设计的,它缺乏有关生产要素转移的基本机理的解释。再有,根据该区域经济模型,区际发展差距是可以收敛的,然而现实并非如此,一方面,许多欠发达地区是资本的净输入

---

[1] R Hawtrey. "Mr. Harrod's Essay in Dynamic Theory", *The Economic Journal*, 1939 (49); E. D. Domar, *Essay in the Theory of Economic Growth*, London: Oxford University Press, 1957.

[2] H W Richardson. Regional economics, Trowbridge, Wiltshire: World University, Redwood Press, 1969.

地区，这些地区利用这些输入资本可以促进区域经济的发展，这意味着区际发展差距是可以收敛的；另一方面，这些欠发达地区又是劳动力的净输出地区，劳动力的大量输出是因为这些地区实际收入水平很低，且这些转出的劳动力中的大部分是具有较高技术水平的人力资本，这意味着区际发展差距又是发散的。该模型无法解释上述似乎相矛盾的现实。

3. 有关生产要素转移的新古典区域经济模型。

输出基础模型和哈罗德—多马的区域经济模型，主要是从区外需求和区外供给角度解释了区域经济发展问题。不同于这两种模型，博茨和斯坦的新古典区域经济增长模型[1]所强调的是生产要素区际转移在区域经济增长中的作用。尽管哈罗德—多马模型也涉及生产要素转移问题，但该模型没能解释要素转移的基本机理。在新古典经济理论中，经济增长来源于技术进步和生产要素增长两个方面，如果在短期内没有发生技术进步，则经济增长主要取决于资本和劳动力增长率，一个地区的资本增长率正比与该地区区内储蓄中可用于投资的资本数量以及本地区与其他地区之间资本收益率之差，同理，一个地区的劳动力增长率正比与该地区的人口增长率以及本地区与其他地区之间工资率差异，资本增长率或劳动力增长率越大，经济增长率就越大。根据新古典经济理论，区域经济增长的核心又是区际和区内资源的优化配置问题。博茨和斯坦的区域经济模型认为，要实现区际资源的优化配置，则生产要素应配置在劳动生产率和资本收益率高的地区，且认为在开放经济条件下，市场力可以实现生产要素的优化配置。假设存在南、北两个区域，北部为发达地区，资本丰富而劳动力缺乏，南部为落后地区，劳动力丰富而资本缺乏。由于新古典的规模收益递减假设，如果某一地区稀缺某种生产要素，则该地区该生产要素的回报率较高。因此，在市场力作用下，资本从资本充裕的北部地区向资本缺乏的南部地区转移，劳动力从劳动力丰富的南部地区向劳动力缺乏的北部地区转移，这不仅实现了区际资源要素的优化配置，而且还提高了南部和北部生产要素的回报率，进而促进了区域经济增长。

新古典区域经济模型的主要贡献是，它强调了生产要素转移对区域经济增长的重要作用，揭示了实现生产要素区际优化配置的机制。由于区域层面的要素流动障碍比起国家层面要少得多，因此比起国家层面，这种生产要素转移模型在区域层面上更具有意义。但该模型也存在一些问题。首先，根据该模型的逻辑，发达地区对劳动力具有较强的吸引力，而欠发达地区对资本具有较强的吸引力。但根据新古典的规模收益递减假设，大量欠发达地区劳动力转入发达地区，会降低发达地区的劳动力的平均工资水平，这将减弱发达地区对劳动力吸引力；欠发达地区对资本具有吸引力是因为该地区较低的工资水平和较低的生产成本，因而劳动密集型产业也就

---

[1] G H Borts and J L Stein. *Economic Growth in a Free Market*, New York: Columbia University Press, 1964.

成了欠发达地区的主要产业部门，但欠发达地区的这种优势无法比拟发达地区在资本充裕、高水平人力资本、技术和知识密集型产业以及经济聚集带来的巨大的规模效应等方面的先发优势，只能以较低的生产成本同发达地区进行竞争。因此，尽管该模型指出区际发展差距是可以收敛的，但这种结果最终导致区际发展差距的进一步发散。其次，根据新古典的规模收益递减假设，本模型认为资本倾向于向欠发达地区转移因为这些地区的资本收益率较高，但在现实中，资本是向在技术创新、技术扩散以及聚集经济等方面具有巨大优势的资本密集的发达地区转移而不是向不具有这种优势和缺乏各种制度供给的欠发达地区转移。本模型认为，劳动力是从欠发达地区向发达地区转移，但现实中的劳动力转移常常取决于区域经济发展状况，如果某一地区的经济增长预期是负向的，将难以吸引劳动力流入；从欠发达地区向发达地区转移的劳动力，通常都具有某种较高技能的劳动力，这种较高技能劳动力的流失将加大区际发展差距。最后，本模型没有考虑各种生产要素的转移成本。在现实中，各种生产要素的转移需要支付很大的成本，这种成本主要指经济成本、制度供给缺失带来的制度成本以及心理成本，正因为这种成本的存在，现实中的要素转移不会按着本模型所指出的方向转移或者根本不会发生转移。

由上面的讨论中可以看出，输出基础模型强调区外需求是区域经济增长的主要推动力，哈罗德—多马区域经济模型强调区外供给对区域经济增长的重要作用，新古典区域经济模型强调区际生产要素优化配置在区域经济增长中的重要作用。上述这些新古典的区域经济理论从不同角度解释了区域经济增长的动力问题，但这些理论重点讨论的是区域经济是如何增长的问题，没有讨论伴随区域经济增长的区域经济结构的演进问题。

## 三、新经济地理学视角的空间经济解释

从新古典理论的讨论中可以看出，新古典理论最基本的假设是规模收益递减和完全竞争。正因为这种规模收益递减假设，资本充裕的发达地区的资本边际收益率低于资本缺乏的欠发达地区的资本边际收益率，这种资本边际收益率的区际差异促使资本从资本充裕的发达地区向资本贫乏的欠发达地区转移，当发达地区和欠发达地区的资本边际收益率相等时，资本不再流动，此时可以实现区域经济协调发展，这是新古典理论对区域经济趋同现象的解释。但在现实中，资本常常是从资本贫乏的欠发达地区向资本充裕的发达地区转移，而不是按着新古典理论所指出的方向转移。如果我们生活在新古典理论所假设的规模收益递减和完全竞争的世界中，那么我们无法解释现实中大量的大中小型企业并存的现象，也无法解释城市的形成以及经济活动在空间上的聚集现象，因为如果不存在规模收益递增现象，则经济活动完全可分为极其微小的基本的生产单元，不可能出现经济活动在某一区位上的聚集现

象，如果此时出现经济活动空间聚集，则肯定存在价格扭曲因而不是帕累托最优。因此，在新古典理论框架下研究空间经济问题时，不得不假设经济活动空间聚集和城市是外生决定的，且把这种经济活动空间聚集机制视为一种"黑箱"。因此，在规模收益递减和完全竞争框架下的空间经济研究对诸如为何发生经济活动聚集、在何地发生、受到何种作用力的影响以及是否稳定等问题上，无法给出令人信服的解释。为此，克鲁格曼[1]利用迪克西特和斯蒂格利茨[2]的规模收益递增和最优产品多样化理论，建立了能够解释经济活动空间聚集的新经济地理学理论框架。新经济地理学理论不仅可以解释经济活动空间聚集的驱动力、空间聚集的基本机理，还可以解释区域经济增长以及区际发展差距之原因。在新经济地理学模型中，经济活动空间聚集是由克鲁格曼式的金融外部性所推动的，也就是区际实际收入水平的差异导致劳动力的区际转移，劳动力的区际转移又导致制造业的区际转移，最终导致经济活动在某一空间上的聚集，而生产要素在某一空间上的聚集提高该区域的要素生产率进而促进该区域的经济增长。新经济地理学模型具有动态化的特征，其最重要的动态化特征就是经济聚集与技术创新相互强化而形成的循环累积过程，这种循环累积过程最终导致经济增长极和塌陷区。

新经济地理学理论分析空间经济问题的关键在于区域经济中普遍存在的三种效应。第一种效应是市场接近效应，它是指在其他条件相同的情况下，厂商将选择市场规模较大的区位作为生产区位，因为市场需求较大才能生产更多的产品，而生产更多的产品才能享受规模经济带来的收益递增的好处，同时接近市场还有助于节省销售环节中的运输成本和其他费用，也就是节省贸易成本。第二种效应是消费者的生活成本或厂商的生产成本效应。我们假设消费者是同质的，都偏好多样化的消费。在厂商聚集的地区，生产的产品种类较多，这意味着为满足偏好多样化的消费者的需求从外区域输入产品时，输入的产品种类相对较少，因此该区域消费者和生产者只需承担较低的贸易成本。这意味着该区域消费者的生活成本和厂商的生产成本较低。第三种效应是市场拥挤效应，它是指厂商的大量聚集将导致厂商之间竞争加剧，最终降低盈利水平。上述三种效应将产生两种性质的作用力，聚集力和分散力。因市场接近效应和生活成本效应（或生产成本效应）的存在，消费者选择生活区位和厂商选择生产区位时选择厂商聚集的区位，因此这两种效应产生的力是聚集力；市场拥挤效应则会抑制厂商向经济活动密度较大区位的聚集，这种效应产生的力就是分散力。

如果聚集力和分散力处于非均衡状态，就会产生不断强化经济聚集区域区位优势的循环累积过程。假设南、北两个区位初始时完全对称，由于偶发性原因，初始

---

[1] P Krugman. "Increasing Returns and Economic Geography", *Journal of Political Economics*, 1991 (3).

[2] A K Dixit and J E Stiglitz. "Monopolistic Competition and Optimum Product Diversity", *American Economic Review*, 1977, 67 (3): 297-308.

处于均衡状态的两个区位受到了某种轻微的扰动，例如有少量工业劳动力，从南部转移到了北部。作为工业部门生产者的劳动力同时也是消费者，他们常把工资收入消费在自己就业的地区，因此劳动力转移扩大了北部的市场规模。根据市场接近效应，南部的厂商将向北部转移，并逐渐加强北部地区的生活（生产）成本效应和市场拥挤效应：一方面，北部厂商数量的增加导致产品种类增多，使北部居民的生活成本和厂商的生产成本下降，进而吸引更多南部的劳动力和厂商向北部地区转移；另一方面，北部厂商数量的增加会不断加剧厂商间的竞争，降低厂商盈利水平，劳动力的工资收入也随之下降，即市场拥挤效应将阻碍厂商和劳动力向北部地区的转移。如果聚集力大于分散力，则其合力表现为聚集力，制造业活动将不断向北部聚集，生产要素的空间聚集可以提高要素的生产率，进而促进北部地区的经济增长，这种过程循环反复，直到所有制造业活动都集中到北部为止，按照系统动力学的观点，这是一种正反馈机制；如果聚集力小于分散力，则其合力表现为分散力，这种分散力将抑制经济活动进一步向北部地区聚集，且还倾向于抵销已经发生的扰动，直到恢复区域的对称状态，按照系统动力学的观点，这是一种负反馈机制，在负反馈机制作用下，不会产生经济活动空间聚集的循环累积过程。

　　尽管新经济地理学模型很好地解释了经济聚集的驱动力、经济增长和形成区际差距的机理，但也存在较多的缺陷。首先，该模型涉及的区位数量较少，难以有效地表述丰富的经济活动空间分布特征。尽管可以将其扩展成包含很多区位的情况，但讨论三个以上区位时，这些模型将失去跟踪分析能力，同时也难以与现实数据进行匹配，大大降低了模型的可预测性。其次，这些模型中的经济聚集通常是"突发性"聚集，且这种经济聚集如果发生，通常将持续下去，直到形成极端的核心—边缘结构为止，这与现实不符。再次，在此模型中，虽然经济总量水平和总体的福利水平会得到改善，但区际发展差距永远存在。但在现实中，并不存在这些模型所预测的绝对的区际差距。最后，新经济地理学模型同样没有阐释区域经济结构的演进过程以及基本机理。

## 四、时空角度的空间经济解释

　　区域经济增长和区域结构演进是区域发展的两个方面，区域经济增长表现为生产能力和经济规模的扩大，涉及的是时间问题，区域结构演进表现为新的经济结构取代原有的经济结构，它所涉及的则是空间问题。因此，要解释区域发展过程，则一方面要解释区域经济增长的机理，另一方面要解释原有经济结构被新的经济结构替代的机理。尽管新古典区域经济理论很好地诠释了区域经济增长的机理，新经济地理学理论也很好地阐述了经济活动空间聚集以及区域经济增长的机理，但这些理论都没有解释区域经济结构如何演进的问题。要从时空角度解释空间经济问题，就必须建立既包括区域经济增长又包括区域经济结构演进的空间经济分析框架,德斯米特和罗西—汉斯伯格为在新古典框架内建立这种空间经济分析方法做出了重要贡献①。

  1. 时间维度的技术水平提升和区域经济增长。

  假设经济系统中存在制造业和服务业两个部门,厂商的生产函数具有规模收益递减特征。初始时制造业部门技术水平较高,处于产业发展的成熟阶段,而服务业部门技术水平较低且处于产业发展的起步阶段。由于制造业部门是成熟的产业部门,发展历史较长,制造业部门就业人数相对于服务业部门较多,制造业部门劳动力就业份额高于服务业部门。某一行业技术创新概率的高低,常与受过培训的劳动力数量有关,因此大量劳动力就业于制造业部门,就提高了制造业部门的创新成功的概率,因而技术水平和生产率水平也较高。

  劳动力大量就业于制造业部门,一方面提升了制造业部门的技术水平和劳动生产率,但另一方面,由于规模收益递减假设,技术水平的提升意味着不再需要更多的劳动力而是需要较少的劳动力与之相匹配,也就是说,随技术水平的提升,劳动力需求逐渐减少。因此,在这两种作用力作用下,劳动力聚集导致的技术水平提升效应逐渐被规模收益递减效应所抵销,当技术水平达到某种水平时,制造业部门不能再雇佣更多的劳动力,大量的剩余劳动力从制造业部门退出来。为了解决就业问题,这些从制造业部门退出来的劳动力就转向开始起步的服务业部门,同时自然增长的劳动力也主要进入服务业部门。这些从制造业部门退出的劳动力具有与当时制造业技术水平相适应的人力资本水平,是高水平人力资本,因此尽管制造业部门生产技术和服务业部门生产技术不可通用,但这些高水平人力资本在服务业部门的聚集,创造了服务业部门启动技术创新的条件,开启了服务业部门的技术创新过程。从制造业部门转移到服务业部门的高水平劳动力越多,服务业部门技术创新概率也就越高。

  技术存在空间溢出效应,尽管技术溢出遵循空间衰减规律,制造业部门和服务业部门的技术还不可通用,但这种技术溢出对新兴的服务业部门技术水平的提升具有很大的促进作用。此时制造业部门已步入产业发展的成熟阶段,这意味着制造业部门通过技术创新进一步提高劳动生产率的空间较小,但此时服务业部门刚进入快速发展阶段,通过技术创新进一步提高劳动生产率的空间还很大。因此,劳动力大量向服务业部门转移以及技术的空间溢出效应,极大地促进了服务业部门技术创新能力的提升。当这种外生的技术创新冲击下的服务业部门技术创新达到某一水平时,服务业部门将开启内生的技术创新过程,这种内生的技术创新过程和外生的技术溢

---

  ① Klaus Desmet and Esteban Rossi-Hansberg. "Innovation in Space", *American Economic Review*, 2012 (3); Klaus Desmet and Esteban Rossi-Hansberg, "Spatial Development", *American Economic Review*, 2014 (4).

出的叠加，使得服务业部门的技术水平逐渐接近制造业部门或在有些部门开始超过制造业部门的技术水平，且逐渐发展成为新兴的产业部门。

如果服务业部门的技术水平超过制造业部门的技术水平，则其劳动生产率水平也将高于制造业部门，在其他条件相同的情况下，服务业部门单位面积土地产值将大于制造业部门的单位面积产值。因此，在某一区位上，新兴的服务业部门取代原有较低劳动生产率的制造业部门，则可以实现该区位产值的扩张。如果这种过程在其他区位上也可以得到复制，则可以实现区域经济的全面增长，这种区域经济增长是技术进步或技术创新带来的结果，这是从时间角度对区域经济增长过程的分析。

2. 空间维度的区域经济结构转型升级。

制造业部门和服务业部门从事生产活动时都要占有一定数量的土地，但土地资源是有限的，因此总存在着制造业部门和服务业部门间对具有优势区位的土地的竞争，这种竞争必然提升土地价格。如果新兴服务业部门的技术水平超过传统制造业部门，则在其他条件相同的情况下，服务业部门单位面积产值将大于制造业部门的单位面积产值，因而能够支付高于制造业部门的土地竞标租金，从而获得原先被制造业部门占据的具有优势区位的土地，制造业部门则不得不在其他区位上寻找其生产区位。随着新兴服务业部门取代原先的制造业部门获得优势区位，在外部规模经济、技术扩散效应和技术创新效应的激励下，大量的生产性服务业部门将聚集在此地，进而提高服务业部门的产值份额和就业份额，使该区位从以制造业为主的经济结构逐渐转变为以生产性服务业为主的经济结构。如果这些被挤出的制造业部门在郊区找到了租金较低的区位，则会形成由制造业部门聚集而成的工业园区；如果在郊区无法找到较低租金的生产区位，则这些制造业部门将不得不在远离原先生产区位的地区寻找新的生产区位，或者遭淘汰，这就是我们常说的产业转移或产业结构优化。如果这种过程可以在其他区位上得到复制，则整个区域的经济结构得到转型升级，这就是整个区域经济结构的演进过程。这种某区位原有的经济结构由新的经济结构所取代的过程，就是从空间角度的区域经济发展过程。

如果服务业部门的技术水平很高且进入产业发展的成熟阶段，则它又通过上述机制带动制造业部门技术水平的提升，并使制造业部门取代服务业部门将成为该地区经济发展的主要动力，使得制造业部门和服务业部门技术水平和生产率水平交替上升，导致整个区域经济的持续增长和经济结构的不断演进。

由上可知，时空角度的区域经济分析，其着眼点在于技术进步带来的经济总量增长和产业空间布局发生变化而导致的经济结构的转型过程。我们可以举美国从20世纪初到21世纪初的100多年间经济结构的演进过程为例。在20世纪初，美国经济结构已发生了很大的变化，农业不再是支撑国民经济的主导产业，制造业所占的比重越来越高，在制造业部门就业的劳动力比重越来越大。从20世纪初开始的以电子技术为代表的通用技术的发展，极大地促进了美国的工业化进程，使得美国制造业部门逐渐发展成为成熟的产业部门。从20世纪90年代开始的以信息通信技术为代表的另一类通用技术的发展，再次使美国的经济结构发生了深刻的变化，服务业部门逐渐发展成为新兴产业部门。随着服务业部门技术水平逐渐赶上甚至超过制造业部门，劳动力快速地从制造业部门向服务业部门转移，土地价格和住房价格也快速提升，制造业的主导地位逐渐被服务业所取代。在产业空间分布方面，服务业部门开始向美国东北部和中西部地区聚集，这些地区曾经是美国的主要制造业地区，而制造业部门逐渐向南部地区转移；与此同时，服务业部门聚集地区的土地价格逐渐上升，通常高于制造业部门聚集地区的土地价格，且随着服务业的较快发展，高地价现象在空间上出现了扩散趋势。

## 五、小　　结

通常意义上的区域发展，不仅包括区域经济增长，还包括区域经济结构的演进过程。要解释区域经济发展，不仅要解释区域经济增长的问题，还要解释区域经济结构是如何演进的问题。传统的新古典经济理论，从区外需求、区外供给以及区际要素流动角度解释了区域经济增长的基本机理，然而它们无法解释区域经济结构演进过程及其基本机理。新经济地理学理论虽然能够很好地解释了经济增长的驱动力和经济空间聚集的基本机理，但同样也无法揭示区域经济结构演进过程及其基本机理。

时空角度的空间研究，不仅强调区域经济增长问题，还要强调通过产业布局变动而展现出来的经济结构的演进问题。首先，高技能劳动力的转移、聚集在提升产业创新能力方面具有重要作用。某行业进入成熟阶段以后，随技术水平和劳动生产率的提升，该行业不再吸纳更多的劳动力，相反，劳动力将从成熟部门退出来转向新兴产业部门。这些高水平人力资本在新兴产业部门的聚集，将开启这些产业部门的创新过程，并促使这些部门的技术提升速度超过成熟部门的技术提升速度，逐渐发展成为新兴的产业部门。这些新兴产业部门的技术和劳动生产率水平高于成熟的传统产业部门，单位面积产值高于成熟的传统产业，这就实现了区域经济增长。其次，随着新兴产业部门单位面积产值超过成熟的传统产业部门，原有传统产业的生产区位被新兴产业部门所取代。从空间角度而言，这是某一区域经济结构转型和升级的过程。当两种产业部门为占据某一优势区位展开竞争时，新兴产业部门有能力支付较高的竞标租金，因此这些曾被传统产业部门占据的区位被新兴产业部门所取代。最常见的例子是城市中的中心区位被以金融保险、现代物流、信息和科技服务等为主要内容的生产性服务业所取代，传统的制造业部门转移到城市边缘或遭淘汰，城市中心区位逐渐成为该城市的CBD的现象。再次，高生产率的新兴产业部门占据优势区位，较低生产率的传统产业部门转移到土地价格较低的地区，这种过程是土地资源和人力资本重新配置的过程。如果这些被挤出的产业部门无法在城郊选择适合于它们的生产区位，则这些产业不得不转移到较远的地区，例如当东北和华北去钢铁产能时，在南部的北部湾沿岸正形成由湛江钢铁基地、防城港钢铁基地、越南河静钢铁基地所组成的世界新的"钢三角"，这是大尺度空间范围内的产业转移现象。如果这些被挤出的产业部门，在近郊或远郊都无法找到新的生产区位，则遭到淘汰，这就是产业结构的优化或升级。

# 当前东北地区经济下行成因与对策分析

薄文广　肖月明　张　琪*

**摘　要**：2010年后，东北地区已呈现出经济下行态势且趋势愈发明显。重工业和国企为主"双单一"经济结构、创新能力较低引致价值链低端、外部资源利用较少和人才外流以及地方政府低水平路径依赖等因素互相强化，使当前东北经济陷入不利循环累积困局。在对策上应以中央分类指导精准施策为基础，高效服务型有为地方政府构建为突破，产业结构优化和升级为根本，创新创业能力提升为支撑，加大对内和对外开放为保障。

**关键词**：东北地区　经济下行　单一经济结构　路径依赖

黑龙江龙煤集团欠薪事件、东北外流人口超百万、东北经济断崖式下滑、投资不过山海关等新闻事件使得东北经济振兴的成效等问题再次获得了全社会的关注，党和国家领导人也多次就东北经济振兴等问题发表重要讲话或做出重要批示，这些都说明了东北地区经济转型发展的复杂性和艰巨性。

## 一、当前东北地区经济发展的主要特征

1. 经济总体呈现下行且趋势愈发明显。

自从2003年东北振兴战略实施以来，东北地区经济发展经历了一段较高速增长时期，2003~2013年间，东北三省经济平均增速均在国家增速之上，特别是2008年推出四万亿元政策后，以重工业为主的东北地区经济更是取得了快速发展，2009~2012年，东北地区经济同比增速达到了12.34%，超过同期全国平均增长率3.21个百分点。但在进入到2013年后，东北地区经济增速以超过全国平均水平的趋势呈现下行特征，且下滑态势明显，2014年和2015年，东北地区经济平均增长率分别仅为5.97%和5.07%，分别仅为同期全国平均水平的81%和73%，2015年东北三省同比增长率均居全国倒数几位（除了山西经济增速位于全国倒数第二外，其他后三位均为东北地区），2016年第一季度，辽宁经济甚至出现了同比增长率仅为-1.3%的负增长，东北地区平均经济增长率进一步降低到只有全国平均增速的50%。

---

*　薄文广（1978-），男，经济学博士，南开大学经济研究所副教授，主要研究方向：区域经济与产业经济；肖月明、张琪，南开大学经济学院硕士研究生。

2. 固投和进出口呈现较全国平均更大降幅。

2002年之前，东北地区投资与GDP之比约为30%，2003~2013年上升明显，从35.71%上涨到86.39%，涨幅高达50.68个百分点，而同期，全国投资与GDP之比仅上涨35.21个百分点。2013年后，东北地区固定资产投资经历了快速下降过程，其中2014年，辽宁省和黑龙江省固定资产投资分别为24 730亿元和9 828亿元，分别比上年同比下降1.5个和14.81个百分点，2015年，作为东北三省中固定资产投资最大的辽宁省固定资产投资继续负向增长。与固定资产投资大幅下降相类似，2003~2011年，东北地区与全国进出口态势基本一致，且平均增幅强于全国平均水平，但进入2012年后，东北地区进出口降幅超过全国平均水平，且下降幅度日益扩大，2015年度，辽宁、吉林与黑龙江进出口分别下降28.44个、15.83个和45.99个百分点，而同期全国进出口仅下降8.1个百分点。东北三省固定资产投资和进出口相对于全国更大幅度的下降也使得未来投资和进出口贸易更加谨慎，更进一步延缓了东北地区的经济振兴。

3. 地方财政收支平衡压力日益加大。

由于东北地区经济的下行特别是重工业为主的固定资产投资和工业生产出现较大问题，导致地方政府一般预算收入比其GDP增速更大的幅度下滑，2015年，全国31个省、直辖市、自治区中，只有3个省份地方政府一般预算收入呈现负增长，除了同比下滑9.8%的山西外，黑龙江省同比下滑10.46%，辽宁省更是大幅下降33.4个百分点，降速处于历史最低水平。只有吉林省情况较好，地方政府一般预算收入同比轻微上涨2.15个百分点。与地方财政收入大幅下滑形成鲜明对比的是，社会保障，教育卫生等民生支出的财政支出依然处于较高速增长态势，2015年，东北地区一般预算收入为4 520亿元，而其财政支出总计为11721亿元，财政支出收入比由2014年的2.01快速上升到2015年的2.59，地方财政收支平衡压力日益加大，地方政府针对产业发展可以施展的产业促进空间日益减小。

## 二、当前东北地区经济下行原因分析

1. 重工业和国企为主"双单一"经济结构易受外部环境变化影响。

从历史上特别是新中国成立初期，东北三省就拥有较高现代化程度、适于开展重工业的客观基础以及临近苏联的地理位置（苏联援建中国156个重点项目中位于东北地区有58个，占比达到37.2%），产业发展在国内处于领先局面，大庆、辽河油田的开发以及人少地多的土地资源使得东北产业形成了以资源开采等重工业和农业为主的产业结构。

虽然2003年出台的东北振兴战略实施以来，东北地区重工业比重有所下降，但2014年，东北地区重工业占比依然在78%，高于全国平均水平近9个百分点，且这些重工业集中在钢铁，煤炭，石油等。对重工业特别是对基础能源原料如煤炭、钢铁、石油和基础装备行业的过度依赖，使得东北地区经济发展易受外部环境变化的影响，"十二五"规划以来，世界主要经济体对这些大宗产品需求下降，这些都对东北地区相关产业发展造成了严重不利影响。

此外，随着国有企业从民用的最终消费品生产中日益退出而高度集中在各种中间品及原材料自然资源类产品生产，在企业类型上东北地区经济已经形成了以国企为主导的产业形态，民营企业普遍规模较小，且多依附国企上下游发展，并且受到国企体制的限制，没有发展成为与国企平等甚至是形成竞合关系互促互进的经济主体。2015年，在全部规模以上工业企业总资产中，国有控股企业所占比例平均为38.9%，而东北地区国有控股企业所占比例平均为51.6%，黑龙江省更是高达61.4%。

东北地区现存的一些国有企业特别是以自然资源开采为主的重工业企业由于承担了较多的社会稳定职能，政企分开的程度和简政放权的力度不够，导致一些领域的市场化改革远未完成，这反过来又降低了经济运行效率，也给企业发展带来沉重负担，导致其在激烈市场竞争中更加处于不利地位，黑龙江省龙煤集团共有25万职工，其劳动生产率却只有全行业平均水平的34%，2014年亏损接近60亿元。而黑龙江省本级财力仅为300亿元，东北经济结构性和体制性弊端并没有发生根本性的改变。

东北地区以重工业为主和国企[①]为主的"双单一"经济结构互相依赖，互相强化，使东北地区经济具有天然脆弱性，更易受到外部环境的影响。

2. 创新能力较低导致产业发展停留在价值链低端。

创新是一个国家和地区发展的不竭动力，特别是随着我国人口红利的逐步减少，创新已经成为我国经济转型和度过中等收入陷阱的重要支撑。东北地区高等院校和科研机构众多，据统计，2014年，每10万人中高等高校在校学生数辽宁、吉林和黑龙江分别为2 932人、3 168人、2 555人，均高于全国2 488人的平均水平。但是东北地区研发成果的当地转化率不高，科研优势远远没有转化为现实的经济优势。更为重要的是，作为科技创新主体的企业研发投入和研发产出都较低，处于全国最落后地位。2014年东北地区规模以上工业企业中，有研发机构的企业数和有研发活动的企业数占比分别为3.57%和7.14%，分别是全国平均水平的28.32%和42.37%，分别仅为西部地区的51.67%和66.76%。主营业务收入中新产品所占比重为7.28%，不仅低于全国平均水平（12.90%），甚至低于西部地区水平（7.8%），与东部地区水平（12.91%）更是相差甚远。

---

[①] 我们并不是说，相对于民营企业和外资企业来说，国有企业在经济发展甚至是经济运行效率中就天然具有劣势，而是说，由于东北地区国有企业大都集中在附加值较低，且竞争程度激烈的产业链低端，生产的产品议价能力较弱，这与上海国有企业的产业分布形成了鲜明的对比。如上海汽车、交通银行、宝钢等2015年上海100强企业前三强。

企业研发投入的落后也使得东北地区产业大多集中在产业链低端。当前，东北地区的乙烯产能占全国的23%左右，但其下游的化学纤维产能不足全国的1%，钢铁行业面临同样的困局，东北地区九大钢厂中62%的产量都集中在建筑钢材和热轧卷板等低附加值的初级产品环节，与之形成鲜明对比的是，2005～2013年间，东北地区集成电路、微型电子计算机等高端装备制造业产品在全国占比均不到0.5%。在改革开放前的计划经济时期，国内其他区域还必须购买东北地区的重工业产品，而在全球化日益深入背景下，则可以通过进口性价比更高的西方发达国家的重工业设备和产品来满足需要，据统计，2014年，仅广东省电器及电子产品和高新技术产品进口额就高达1656亿美元和1932亿美元，而进口自东北地区的份额几乎达到可以忽略不计的程度。

　　此外，作为国家产业发展新旧动能转换支撑，一些战略新兴产业发展得到了国家的大力政策扶持，其在中国经济版图中所占比重也日益上升，而按照行业增加值排序，辽宁、吉林和黑龙江三省前10大产业中均没有战略新兴产业[①]。在"互联网+"成为国家发展战略背景下，2015年度中国互联网100强中，整个东北地区只有一家企业上榜（排名88位的主要业务是网络推广和网页设计的黑龙江龙采科技集团有限责任公司）。

　　东北地区产业研发投入较低导致其产业发展更多停留在价值链条底端，在战略新兴产业发展中处于绝对滞后局面，使其经济发展日益低端化。

　　3. 外部资源利用较少和人才流出使得经济发展日益封闭化。

　　中国经济由闭关锁国的计划经济向日益开放化和国际化的市场经济转型过程中，进出口贸易和外国直接投资对于中国经济腾飞无疑发挥了重要促进作用，而对于东北地区来说，2003～2014年间，东北三省占全国进出口贸易总额的比重长期维持在3.9%～4.5%之间，而同期，东北三省占全国GDP的比重在8.7%～9.4%之间，2015年，东北地区占全国进出口贸易总额的比重只有3.44%，而同期东北地区占全国进GDP比重依然为8.4%。东北地区与国外的经贸合作水平远远低于全国平均水平，在对外部资源利用上，东北地区日益封闭。

　　而在吸引外部资本例如外资上，由于东北地区经济发展较慢等客观因素以及东北地区营商环境不佳[②]等主观因素，也使得外来资本较少流入东北地区[③]，2015年，

---

　　① 由于篇幅所限，文章中并没有详细列出2014年东北三省按照行业增加值排序的前10大产业的具体产业名称，由兴趣者可以向作者索取。

　　② 一项针对中国七大地区营商环境的调查显示，2001～2011年期间曾在东北开展投资或有实际经营的外地企业中，有66.4%的企业"已停止在东北地区经营"或"在未来5年内有离开意愿"，有51.3%的企业认为，在东北地区发展遭遇到的最大阻力来自于"当地政府以及相关政策"，这两个选项在国内七大区域排名中均位于最高。

　　③ 公开渠道无法找到2015年黑龙江省国民经济和社会发展统计公报，但按照统计局公布的最新数据，黑龙江2015年1～10月共吸引的外国直接投资同比下降5个百分点。

辽宁省吸引外国直接投资为51.9亿美元，同比降幅高达34.4%，吉林省吸引外国直接投资21.27亿美元，同比增长8.20%。而在内资流入上，根据《中国股权投资市场2015全年回顾与展望》统计，2015年，全国天使投资机构共对外投资2075起，投资总金额101亿元，而整个东北地区共获得4起天使投资，金额总计700万元人民币，投资起数和投资额分别仅占全国的0.19%和0.07%，从某种程度上，东北地区已经被最前沿和最有风险意识的天使资本所放弃。

此外，北上广深等一线城市近些年来经济发展的重要因素之一就是由源源不断的年轻外来流动人口流入。与之相反，近些年来，东北地区则面临着人口停滞甚至是大量年轻有活力人口流出的不利态势，据统计，2005~2014年，辽宁、吉林和黑龙江人口年均增长率分别为3.96‰、1.33‰和0.34‰，而同期全国平均人口年均增长率为4.52‰。另外，根据人口普查数据，2010年东北三省历年累加的人口净流出规模达到219万人，相比2000年的净流出规模，扩大了5倍[①]。东北地区通常来说，人口流出的更多是大学毕业生等中青年而非孩童或是老年群体，这部分相对中高端人才的流出对东北地区未来产业结构优化调整以及经济振兴会起到更加不利的作用。

进出口贸易、资本等外部资源的减少以及人口特别是中青年优质人口的流出等使得东北地区经济发展越来越封闭化，经济振兴的难度也日益增加。

4. 地方政府低水平路径依赖使东北经济日益桎梏。

由于东北地区有着光荣的发展历史、巨大的经济发展潜力、国家边境安全重要的地位以及实际发展效果的不尽如人意之间巨大的反差，使得国家对东北地区相继出台了众多的发展战略或是帮扶举措[②]，但东北地区地方政府一直没有很好深入理解和创新利用好这些含金量较高的战略或政策。

后金融危机时期，特别是新常态背景下，国家对所谓区域发展的支持都不是在给予传统的大量财税和资金扶持（无论是政治生态的公平性还是经济生态的效率性都不允许这样做），而通常是允许某些方面的"先行先试。当前，各个地区能否充分利用国家批复的各种发展战略在很大程度上取决于地方政府和中央及相关部门进行有机互动和利益博弈的顺利与否。东北地区地方政府依然还停留在简单的"等、靠、要"的传统老路上，在地方政府创新利用的"先行先试"改革促进经济发展上，天津促进融资租赁产

---

[①] 东北地区各省的外流人口总量并不是国内最大，甚至虽然比不上湖北、重庆等传统的劳动力输出大省，但东北的人口密度也远低于这些省份。在对劳动力资源的利用效率同等情况下，人口流失对人口密度更小的东北地区的经济影响可能更为严重。

[②] 具体包括2003年《关于实施东北地区等老工业基地振兴战略的若干意见》、2007年《东北地区振兴规划》、2009年《国务院关于进一步实施振兴东北地区等老工业基地振兴战略的若干意见》、2010年《东北四省区合作框架协议》、2014年《关于近期支持东北振兴若干重大政策举措意见》、2015年《关于全面振兴东北地区等老工业基地的若干意见》、2016年《中共中央国务院关于全面振兴东北地区等老工业基地的若干意见》等。在发展战略或是政策出台数量上在全国所有区域中都位于领先地位。

业快速发展的经验①给东北地区②创新利用好国家赋予的先行先试提供了很好借鉴。

此外，由于历史因素等原因，东北地区一直存在着政府强势，市场和社会发展弱势的不平衡特征，这种不平衡特征使得东北地区本已弱小的社会和非国有企业的发展更加举步维艰，而低水平政府管理和治理又使得人才和资本对东北地区更加远离，根据社科院数据统计，仅以办企业所需的登记物权的流程来讲，上海只要4步，而东北地区最少的城市沈阳需要12步，此外，辽宁近些年里相继增加中小企业厅、辽河管理局、凌河管理局、沈阳经济区办、沿海经济办、大伙房水库管理办、青山工程办公室等诸多正厅级机构③，政府的日益膨胀进一步压缩了企业和社会的发展空间，东北地区政府、市场、社会三者之间的互促互进远没有形成。

目前东北地区已经形成了中央政府政策扶持—（未创新使用）产业提升有限—通常是国企为主的传统重工业受到更多照顾—对民企和外企排挤—技术创新不足—（外部环境变化）经营困境—争取更多中央政府政策扶植的恶性循环，这种低水平强势路径依赖使东北经济日益桎梏。

上述结构、内部、外部、体制等四个因素彼此交织在一起，互相强化和影响，形成了不利的循环累积，从而使得东北地区经济陷入到当前发展困局中。

## 三、促进东北地区经济振兴的对策建议

1. 以中央分类指导精准施策为基础。

党中央和国务院为了支持东北地区经济振兴，近些年相继出台了多部意见、政策和举措，为了管理便利，这些区域扶持政策几乎都是"一刀切"，而包括辽宁、吉林和黑龙江三省自然、经济、社会发展条件差异显著。在实践中"一刀切"政策往往面临针对性不强、难以落地等不足。当前时期，东三省经济发展也呈现日益分化态势。吉林发展速度与全国水平相当，黑龙江与全国差距在不断缩小，辽宁压力最大。2016年上半年，辽宁省实际 GDP 增长率仅为 -1.0%。中央政府应该进一步细化政策支持，针对东北一些资源枯竭地区城市、棚户区地区、偏远落后地区以及中心城市等不同类型区域实施差异化支持力度。

另外，中央及各部委的扶持资源由于条块分割都是各行其是，很大程度上成了"撒胡椒面"式的均等化，而大大降低了资源的使用效率。建议中央应整合相关资

---

① 天津融资租赁产业发展的思路可具体参见薄文广、安虎森. 中国区域发展战略的演进及对地方政府的启示[J]. 南开学报（哲学社会科学版），2013（5）.

② 从某种程度上，天津融资租赁主要集中在飞机、轮船、石油加工、重型机械等重型装备上，而东北地区正是这些重型装备制造的优势地产，相对于天津而言，东北地区发展重型装备制造的融资租赁产更加顺理成章。

③ 直到2015年，辽宁省委才下定决定清除阻力"消肿"，逐渐消化掉了这些增加的厅局。

源，同时制定市场化的分配资源和第三方为主的后续评估机制，以更好地为国内区域政策的管理和完善进行有益探索。

中央政府也应改变过去更多注重资金支持的硬支持方式，转而更多给予制度创新和先行先试的软支持，中央对东北支持并不应该只是简单的项目支持，而应该重点放在单纯凭借三省各自力量难以解决的问题，如中央组织南方发达省份与东北三省的长期的对口合作机制，中央部委东北籍专业人才在东北地区相应业务部门挂职锻炼等机制。

2. 以高效服务型有为地方政府构建为突破。

就当前中国经济而言，政府及相关部门的管理水平对于一个地区经济发展发挥着日益重要的作用。就更大意义而言，与（特别是集中在加工环节）的制造业相对而言更看重硬成本不同，新兴产业和高附加值的现代服务业对圈层氛围、政府高效管理和服务、商业服务业配套等所谓的社会软环境更为看重，而社会软环境的打造在很大程度上也取决于地方政府的管理水平。

当前东北地区低水平的政府管理在新常态下越发成为了阻碍东北经济振兴的体制原因。因此东北地区应以辽宁自贸区获批为契机，建立和完善准入负面清单、行政审批权力清单、政府监管清单等清单管理体系，减少地方政府对市场的不合理干预和对市场主体的不合理管制，建设各企业主体公平竞争的市场体系，打造高效服务型有为地方政府。

此外，新常态下，一些"不聪明的"地方政府还在按照之前的思路，来被动地等待中央政府的自上而下的政策或是资金照顾，而即使是一些"聪明的"地方政府也常常陷入"有想法，没办法"的困境中。因为"先行先试"政策的推出都是对之前相关政策或规定的某种突破，而在没有改革容错机制情形下，中央部委及地方政府相关人员更多会选择（个体）风险最小的原则而非（集体）收益最大的原则。因此东北地区地方政府应加快推行允许改革失败的容错免责机制，更好地发挥地方政府的基层创新作用，同时通过恰当的制度设计，使央地形成良性互动，合力推动东北地区经济转型发展。

3. 以产业结构优化和升级为根本。

"一产偏高、三产偏低"的不利产业结构且低端化是东北地区经济陷入困局的结构原因。东北地区应继续加大规模化农业种植和深加工水平，延长农业产业链条，如发展现代农业综合体，提高农业附加价值（在某种程度上，东北农业是以保证全国粮食安全的集体收益而承担了从事大量农业生产的个体损失，因此在粮食主产区和主销区之间，国家应该建立相关的利益补偿机制）。

在二产业发展上，应利用供给侧改革契机，紧紧围绕产业结构调整，加快推进东北地区工业产业转型升级。集中东北地区科技实力较强的优势谋划一些未来国家重点的战略新兴产业，利用东北地区制造业优势积极向生产性服务业如融资租赁、商业保理等方向进行扩展和延伸,同时,积极利用"互联网+"与东北地区潜在优势,如农业、林业、生态、冰雪、旅游、体育等产业进行有机结合,提升东北产业的厚度和高度。

另外,在国企深化改革大背景下,应加大对东北地区国企改革力度,不能采取单纯降低国企比重,甚至卖给民企和外企等简单方式,而是要借鉴重庆国企改革的成功经验,积极完善东北国企投融资体制机制,对某些战略产业形成政府领投,带动民资和外资跟进,三者互促互进的共生局面。

4. 以创新创业能力提升为支撑。

企业创新能力缺失导致东北产业停留在附加值较低的价值链低端,是东北地区经济下行的内部原因,东北地区应通过内部创新能力培育与外部创新能力引进来提升创新创业能力。充分发挥东北地区内部科技资源较丰富的优势,打通制约科技优势转化为创新优势的壁垒,搭建政、产、学、研、金协同创新机制,在科技成果的所有权、处置权和收益分配权等方面进行先行先试,推动国家重点实验室、企业技术中心及大型仪器设备向社会特别是对民营企业开放和共享,鼓励东北地区企业采用融资租赁方式(政府给予租补贴)更新和购买先进设备等。同时在住房购置、个人所得税减免、职务职称等方面制定人才挽留政策,以保住东北地区创新的人才基础。

在外部创新能力引入上,应以提升个人施展空间为重点,积极吸引东北籍的海外高层次人才和国内其他地区的人才,同时积极开展与中关村等国内高科技产业园区的合作,采用异地共建、委托托管等模式,积极引入外部创新资源和产业资源。利用国家大力推动大众创业、万众创新的契机,鼓励企业有一技之长的员工创业,开办小微企业,创造更多新业态和新岗位,有效减轻东北地区的就业压力,为经济振兴提供民生保障。

5. 以加大对内和对外开放为保障。

发展模式相对封闭的内循环是东北地区经济发展较慢的重要外部原因,外部资源特别是优质资源的流入对于打破当前东北困局具有重要的催化作用。因此应进一步加大东北地区对内(东北之外的国内其他省份)对外开放力度。在中央政府支持下(中央政府更应多做雪中送炭而非锦上添花的事情),可以尝试在东北地区经济发展较好或潜力较大地区划定一个产业合作区,具体可由国内市场化程度和政府管理水平较高的粤苏浙或京津沪以及东北地区所在地方政府合作运营,产业规划、运营、招商引资等运营机制和政策完全按照输出地标准来进行,并采取收益共享、风险共担的市场化方式运作,以此作为突破口,并吸引国内资本进入,渐次提升东北经济活力和市场化水平。

在对外开放上,应积极利用辽宁自贸区获批的制度优势,整合丹东、绥芬河、珲春等重点边境口岸城市,以开放倒逼改革。同时,积极融入和对接国家"一带一路"倡议,以面向东北亚合作为重点(当前东北亚合作实际进展不大,这也是东北地区进出口下降较大的重要外部原因),依托现有综合保税区、边境经济合作区,中德高端装备制造园区等合作平台,全面提升东北地区对外开放水平,形成强大的外生动力,并与内生动力形成有效合力,共同助力东北经济走出困局。

## 参 考 文 献

[1] 刘洋. 东北地区经济下行特征与成因分析. 宏观经济管理, 2015 (8): 43 - 46.
[2] 杨玲, 张新平. 人口年龄结构、人口迁移与东北经济增长. 中国人口·资源与环境, 2016 (9): 28 - 35.
[3] 薄文广, 安虎森. 我国区域发展思路的演进与未来展望. 南开学报(哲学社会科学版), 2016 (3): 115 - 124.
[4] 张泰. 新一轮东北经济振兴要补三个短板. 中国经济周刊, 2016 (34): 62 - 64.

# 技术创新对"资源诅咒"的化解探析
## ——基于中国地级城市数据的分析

周亚雄[*]

**摘　要：** 本文基于技术创新是否可以破解"资源诅咒"的思考，构建了一个附加技术创新的两地区三要素模型，通过理论推理证明了技术创新有利于缩小资源型城市与其他城市间的发展差距，而只有当技术创新率大于资源衰减率时资源型城市才可能最终破解资源诅咒。接着本文利用我国220个地级及以上城市1999~2007年的面板数据进行了计量检验，结果表明：在我国地级城市层面不存在显著的资源诅咒现象，但是经济增长依然具有明显的投资推动与资源依赖特征；资源丰裕程度对固定资产投资、人力资本投入以及企业家活力存在挤出效应。人力资本流失与资源丰裕度下降的双重作用使得资源诅咒的潜在威胁依然存在。由于技术创新对资源型城市作用不明显，资源型城市缺乏动力进行发展方式转型，因而从长期看潜伏着出现"资源诅咒"的威胁。

**关键词：** 技术创新　特定要素　资源诅咒　挤出效应

## 一、引　言

　　自然资源是区域发展不可或缺的物质基础和先决条件，世界上许多资源富集的国家、地区依托其资源禀赋优势实现了经济的快速增长，如挪威、科威特、卡塔尔等均是拥有丰富资源且经济表现非常良好的国家（Røed and Erling，2004）。但是大量的发展例证也表明丰裕的自然资源也可能成为区域发展的魔咒——"资源诅咒"，如许多石油、矿产和其他自然资源丰裕国家的经济增长在长期低于那些自然资源缺乏的国家。Auty（1993）首次将资源富集国家经济增长反而比较缓慢的现象称为"资源诅咒"，认为丰裕的资源对一些国家的经济增长并不是充分的有利条件；Sachs 和 Warner（1995，2001）等学者的研究表明，拥有丰裕资源的国家比资源贫乏的国家经济增长得更慢；也有学者对"资源诅咒"假说持否定态度（Alexeev & Conrad，2009）。

　　对于"资源诅咒"产生的原因，大量文献认为存在5种可能的传导机制：（1）价格的剧烈波动。Frankel（2010）认为资源型产品的供给与需求价格弹性较低，一个较小的供给与需求冲击会引起价格的巨大波动，周期性波动的价格会导致不必要的交易成本、增加经济风险。（2）挤出效应。Matsuyama（1992）认为农业等原始部

---

[*] 周亚雄，杭州电子科技大学经济学院副教授。主要研究方向：新经济地理学、区域经济学、产业经济学。

门的繁荣会将生产要素从制造业部门挤出,而制造业部门却是有利于经济增长的;Gylfason(2001)认为资源型部门对高科技、服务业等同样具有挤出效应。(3)制度弱化。Acemoglu、Johnson、Robinson和Thaicharoen(2003)认为在资源型国家容易导致腐败、不平等、阶级敌对、独裁等现象。(4)"荷兰病"。自然资源以及相关原料出口行业的发展会导致本国贸易条件恶化,使制造业等非资源型部门变得不具竞争力,物质资本和人力资本将会转移至初级产品部门,制造业部门便因此萎缩并削弱了经济长期增长的动力(Corden et al.,1982)。(5)对教育的忽视。Gylfason(2001)认为由于自然资源产业对高技术工人和高质量资本密集度的要求低,因为过多的人口被锁定于低技术密集的资源产业,从而使从业者以及他们的子女不能拥有良好的教育条件并提升其学习能力。同时大量的文献将重点集中于如何规避资源诅咒,并提出了如制度创新、货币政策、汇率政策等措施来破解资源诅咒(Frankel,2010;Corden et al.,1982),也有许多文献研究表明技术创新是规避资源诅咒的一个有效措施(McLean & Taylor,2001;Frankel,2010)。21世纪以来许多国内学者从不同角度对我国是否存在资源诅咒进行了研究,徐康宁、王剑(2006)认为在我国省际层面存在资源诅咒;邵帅、齐中英(2008)认为在我国西部存在能源开发对技术创新和人力资本投入的挤出效应以及政治制度弱化效应而阻碍经济增长;胡援成、肖德勇(2009)指出人力资本投入水平是制约我国省际层面资源诅咒现象存在的关键因素,人力资本投入能够有效解决资源诅咒现象。与前述学者的研究结论不同,方颖、纪珩、赵扬(2011)利用1997~2005年我国95个地级及以上城市的数据和横截面模型研究表明在我国地级城市层面不存在资源诅咒。

总体来看,现有文献大多侧重于针对一定的指标、利用计量模型判别资源诅咒假说是否成立,并对资源诅咒的传导机制与规避措施进行全面的阐述,但是对于技术创新与资源诅咒间的内在机理尚未能完全厘清。本文试图构建一种附加技术创新的二地区三要素模型,探究技术创新与"资源诅咒"间的内在机理,并在城市层面给予验证。本文结构安排如下,第二部分通过一个理论模型讨论技术创新破解资源诅咒的可能性,第三部分用我国220个地级及以上城市1999~2007年的面板数据模型分析资源诅咒的破解,第四部分讨论了潜在的资源诅咒威胁的各种传导途径,第五部分为全文的结论。

## 二、基于特定要素模型的解释

### (一)基本假定

假设一个经济体由两个地区构成:资源型地区1与非资源型地区2。经济中拥有三种生产要素:劳动$L$、资源$K_1$与资本$K_2$,其中劳动可在两地区间自由流动,资源$K_1$与资本$K_2$分别为地区1与地区2天然拥有的不可流动的特定要素,而且资本具有累积特征：$\dot{K}_2>0$（$\dot{K}=(\mathrm{d}K/\mathrm{d}t)/K$，以下符号的含义相同），但资源是可耗竭的，即 $\dot{K}_1<0$。为了防止地区1因资源耗竭而衰亡，假设地区1在资源使用上具有技术创新 $A>1$、$\dot{A}>0$，于是地区1实际可用于生产的资源禀赋为 $AK_1$，显然 $AK_1>K_1$，也就是说本研究假设技术创新能够在外生资源禀赋 $K_1$ 既定的条件下，通过提高生产效率、发展替代资源等技术手段而提高地区1实际可用于生产的资源量，从而实现资源可持续利用的目标。

假设两地区构成一个完全竞争市场，生产具有规模收益不变特征，并实现充分就业。地区1使用含有技术创新的资源 $AK_1$ 与劳动 $L$ 生产一种资源型产品，产量为 $x_1$，价格为 $p_1$；地区2使用资本 $K_2$ 与劳动 $L$ 生产一种非资源型产品，产量为 $x_2$，价格为 $p_2$。为研究方便起见，不考虑技术创新的价格，假设 $L$、$K_1$、$K_2$ 的价格分别为 $w$、$r_1$、$r_2$，且 $\dot{p}_1=0$，$\dot{p}_2=0$，$\dot{L}=0$[①]。

在此需要对本模型所讨论的技术创新做一些必要的说明，首先，通过假定资本具有累积特征而表明非资源型地区也存在技术进步；其次，本模型中引入的技术创新具有广义概念，$A$ 可以是新生产技术的引入以及市场机制、基础设施等社会生产环境的改善而对经济增长产生的促进作用。再次，从长期来看 $A$ 也代表非资源型的接续与替代产业的生产技术创新，所有这些技术创新在生产函数中均可表达为单位产出所需资源投入的下降，也就是说本研究假设技术创新能够在外生资源禀赋 $K_x$ 既定的条件下，通过提高生产效率、发展资源替代产业以及非资源型产业等技术手段而提高资源型地区实际可用于生产的资源量，从而实现资源可持续利用的目标。

(二) 模型构建[②]

根据上述假定，可知每个生产部门在均衡时必然满足经济利润为0，则：

$$\begin{cases} a_{L1}w + a_{K1}r_1 = p_1 \\ a_{L2}w + a_{K2}r_2 = p_2 \end{cases} \tag{1}$$

其中，$a_{Li}$（$i=1$、2）表示地区 $i$ 生产一单位产品的劳动投入，$a_{Ki}$（$i=1$、2）表示地区 $i$ 生产一单位产品的特定要素投入。因为经济社会实现了充分就业，故下式必然成立：

$$\begin{cases} a_{K1}x_1 = AK_1 \\ a_{K2}x_2 = K_2 \\ a_{L1}x_1 + a_{L2}x_2 = L \end{cases} \tag{2}$$

---

[①] Frankel（2010）的研究表明从1870年到"一战"期间，资源型国家的贸易条件呈微小的上升趋势，两次世界大战之间呈下降趋势，第二次世界大战后到20世纪70年代呈上升趋势，80~90年代又呈下降趋势，21世纪的前10年又呈上升趋势，所以长期来看资源型国家贸易条件的变化具有不确定性。

[②] 限于篇幅的考虑，我们在此只列出了主要推导步骤，若读者有兴趣，可向作者索要完整的推导过程。

式（1）、（2）构成了一个完全竞争并充分就业的经济社会，对其取全微分，可得：

$$\begin{cases} \dot{p}_1 = \theta_{L1}\dot{w} + \theta_{K1}\dot{r}_1 \\ \dot{p}_2 = \theta_{L2}\dot{w} + \theta_{K2}\dot{r}_2 \end{cases} \tag{3}$$

$$\begin{cases} \dot{x}_1 = \dot{K}_1 + \dot{A} - \dot{a}_{K1} \\ \dot{x}_2 = \dot{K}_2 - \dot{a}_{K2} \\ \dot{L} = \lambda_{L1}\dot{x}_1 + \lambda_{L1}\dot{a}_{L1} + \lambda_{L2}\dot{x}_2 + \lambda_{L2}\dot{a}_{L2} \end{cases} \tag{4}$$

其中，$\theta_{Li} = \dfrac{a_{Li}w}{a_{Li}w + a_{Ki}r_i}$，$\theta_{Ki} = \dfrac{a_{Ki}r_i}{a_{Li}w + a_{Ki}r_i}$（$i=1、2$）为生产一单位产品的成本中劳动与特定要素所占份额，且 $\theta_{Li} + \theta_{Ki} = 1$。$\lambda_{Li} = \dfrac{a_{Li}x_i}{a_{L1}x_1 + a_{L2}x_2}$（$i=1、2$）为产品 $i$ 生产中对劳动的需求份额，且 $\lambda_{L1} + \lambda_{L2} = 1$。式（4）中的前两个等式分别表示两地区产出水平的绝对变化率。令 $\sigma_i = \dfrac{\dot{a}_{Ki} - \dot{a}_{Li}}{\dot{w} - \dot{r}_i}$ 为产品 $i$ 生产中劳动与特定要素的替代弹性，从而可得：

$$\begin{cases} (\dot{w} - \dot{r}_1)\sigma_1 = \dot{a}_{K1} - \dot{a}_{L1} \\ (\dot{w} - \dot{r}_2)\sigma_2 = \dot{a}_{K2} - \dot{a}_{L2} \end{cases} \tag{5}$$

解联立方程（3）~（5）可得要素价格的变化公式：

$$\begin{cases} \dot{w} = \dfrac{1}{\Delta}[\lambda_{L1}(\dot{K}_1 + \dot{A}) + \lambda_{L2}\dot{K}_2] \\ \dot{r}_1 = -\dfrac{\theta_{L1}}{\Delta\theta_{K1}}[\lambda_{L1}(\dot{K}_1 + \dot{A}) + \lambda_{L2}\dot{K}_2] \\ \dot{r}_2 = -\dfrac{\theta_{L2}}{\Delta\theta_{K2}}[\lambda_{L1}(\dot{K}_1 + \dot{A}) + \lambda_{L2}\dot{K}_2] \end{cases} \tag{6}$$

其中，$\Delta = \lambda_{L1}\dfrac{\sigma_1}{\theta_{K1}} + \lambda_2\dfrac{\sigma_2}{\theta_{K2}}$ 为大于 0 的常数。根据成本最小化条件 $\theta_{Li}\dot{a}_{Li} + \theta_{Ki}\dot{a}_{Ki} = 0$ 及替代弹性 $\sigma_i$ 可得：

$$\begin{cases} \dot{a}_{K1} = \theta_{L1}\sigma_1(\dot{w} - \dot{r}_1) \\ \dot{a}_{K2} = \theta_{L2}\sigma_2(\dot{w} - \dot{r}_2) \end{cases} \tag{7}$$

将式（6）、（7）代入式（4）中的前两个等式可以得到两地区绝对产出的变化公式：

$$\begin{cases} \dot{x}_1 = (\dot{K}_1 + \dot{A})\dfrac{1}{\Delta}\left(\lambda_{L1}\sigma_1 + \dfrac{\lambda_{L2}\sigma_2}{\theta_{K2}}\right) - \lambda_{L2}\dfrac{\theta_{L1}\sigma_1}{\Delta\theta_{K1}}\dot{K}_2 \\ \dot{x}_2 = -\lambda_{L1}\dfrac{\theta_{L2}\sigma_2}{\Delta\theta_{K2}}(\dot{K}_1 + \dot{A}_1) + \dfrac{1}{\Delta}\left(\dfrac{\lambda_{L1}\sigma_1}{\theta_{K1}} + \lambda_{L2}\sigma_2\right)\dot{K}_2 \end{cases} \quad (8)$$

式（8）中的两式相减进一步可以得到两地区相对产出的变化公式：

$$\begin{aligned}\dot{x}_2 - \dot{x}_1 =\ & \dfrac{1}{\Delta}\left(\dfrac{\lambda_{L1}\sigma_1}{\theta_{K1}} + \dfrac{\lambda_{L2}\theta_{L1}\sigma_1}{\theta_{K1}} + \lambda_{L2}\sigma_2\right)\dot{K}_2 \\ & + \dfrac{1}{\Delta}\left(-\lambda_{L1}\sigma_1 - \dfrac{\lambda_{L1}\theta_{L2}\sigma_2}{\theta_{K2}} - \dfrac{\lambda_{L2}\sigma_2}{\theta_{K2}}\right)(\dot{K}_1 + \dot{A})\end{aligned} \quad (9)$$

在保持其他变量不变的条件下，分别考虑是否存在技术创新，根据式（6）可以得到表1所示的要素价格变化率，根据式（8）、（9）可以得到表2所示的产出变化率。

**表1** 要素价格变化率表

| | | $\dot{A} = 0$ | | $\dot{A} > 0$ | | | |
|---|---|---|---|---|---|---|---|
| 资源型地区 | $\dot{K}_1 < 0$ | $\dot{w}^{00} < 0$ ① $\dot{r}_1^{00} > 0, \dot{r}_2^{00} > 0$ | $\dot{K}_1 < 0$ $\dot{K}_1 + \dot{A} < 0$ | $\dot{w}^{10} < 0$ $\dot{w}^{10} > \dot{w}^{00}$ | $\dot{r}_1^{10} > 0$ $\dot{r}_1^{10} < \dot{r}_1^{00}$ | $\dot{r}_2^{10} > 0$ $\dot{r}_2^{10} < \dot{r}_2^{00}$ |
| | | | $\dot{K}_1 < 0$ $\dot{K}_1 + \dot{A} > 0$ | $\dot{w}^{10} > 0$ $\dot{w}^{10} > \dot{w}^{00}$ | $\dot{r}_1^{10} < 0$ $\dot{r}_1^{10} < \dot{r}_1^{00}$ | $\dot{r}_2^{10} < 0$ $\dot{r}_2^{10} < \dot{r}_2^{00}$ |
| 非资源型地区 | $\dot{K}_2 > 0$ | $\dot{w}^{01} > 0$ $\dot{r}_1^{01} < 0, \dot{r}_2^{01} < 0$ | $\dot{K}_2 > 0$ $\dot{A} > 0$ | $\dot{w}^{11} > 0$ $\dot{w}^{11} > \dot{w}^{01}$ | $\dot{r}_1^{11} < 0$ $\dot{r}_1^{11} < \dot{r}_1^{01}$ | $\dot{r}_2^{11} < 0$ $\dot{r}_2^{11} < \dot{r}_2^{01}$ |

注：上标第一个数字0表示不存在技术创新时的情况，1表示存在技术创新时的情况；第二个数字0表示资源型地区特定要素变化的影响，1表示非资源型地区特定要素变化的影响。

①保持其他变量不变，在式（6）中令 $\dot{K}_2$ 等均为0即可得，其他结果的计算类同。

表 2　　　　　　　　　　　两地区的绝对产出与相对产出变化率

|  | $\dot{A}=0$ |  |  | $\dot{A}>0$ |  |  |
|---|---|---|---|---|---|---|
| 资源型地区 | $\dot{K}_1<0$ | $\dot{x}_1^{00}<0$<br>$\dot{x}_2^{00}>0$ | $\dot{x}_2^{00}-\dot{x}_1^{00}>0$ | $\dot{K}_1<0$<br>$\dot{K}_1+\dot{A}<0$<br>$\dot{K}_1<0$<br>$\dot{K}_1+\dot{A}>0$ | $\dot{x}_1^{10}<0$<br>$\dot{x}_1^{10}>\dot{x}_1^{00}$<br>$\dot{x}_1^{10}>0$<br>$\dot{x}_1^{10}>\dot{x}_1^{00}$ | $\dot{x}_2^{10}-\dot{x}_1^{10}>0$<br>$\dot{x}_2^{10}-\dot{x}_1^{10}<\dot{x}_2^{00}-\dot{x}_1^{00}$<br>$\dot{x}_2^{10}-\dot{x}_1^{10}<0$<br>$\dot{x}_2^{10}-\dot{x}_1^{10}<\dot{x}_2^{00}-\dot{x}_1^{00}$ |
| 非资源型地区 | $\dot{K}_2>0$ | $\dot{x}_1^{01}<0$<br>$\dot{x}_2^{01}>0$ | $\dot{x}_2^{01}-\dot{x}_1^{01}>0$ | $\dot{K}_2>0$<br>$\dot{A}>0$ | $\dot{x}_1^{11}\gtreqless 0$<br>$\dot{x}_2^{11}\gtreqless 0$ | $\dot{x}_2^{11}-\dot{x}_1^{11}\gtreqless 0$<br>$\dot{x}_2^{11}-\dot{x}_1^{11}<\dot{x}_2^{01}-\dot{x}_1^{01}$ |

### （三）没有技术创新时的情况

1. 要素价格的变化。

若不考虑技术创新（$\dot{A}=0$），从表1中的第2、3列可以看到：

A：在资源型地区，（1）由于资源不断衰减（$\dot{K}_1<0$），资源劳动比下降，在技术水平不变的情况下，劳动的边际产出将趋于递减；同时因为资源变得更为稀缺，劳动变得相对过剩，将导致劳动工资趋于递减（$\dot{w}^{00}<0$），资源价格趋于递增（$\dot{r}_1^{00}>0$）。（2）资源型地区劳动工资趋于递减，使得劳动流向非资源型地区，非资源型地区的资本劳动比下降，在劳动的边际产出不变的条件下，资本的边际产出上升，资本价格趋于递增（$\dot{r}_2^{00}>0$）。

B：在非资源型地区，①由于资本不断累积（$\dot{K}_2>0$），资本劳动比上升，在技术水平不变的情况下，劳动的边际产出将趋于递增；同时因为资本变得相对过剩，劳动变得稀缺，会导致劳动工资趋于递增（$\dot{w}^{01}>0$），资本价格趋于递减（$\dot{r}^{01}<0$）。②非资源型地区劳动工资趋于递增，劳动将从资源型地区流出，资源型地区的资源劳动比上升，在劳动的边际产出不变的条件下，资源的边际产出下降，资源价格趋于递减（$\dot{r}_1^{01}<0$）。

此时，在资源型地区存在劳动价格递减的趋向，非资源型地区存在劳动价格递增的趋向，所以劳动具有从资源型地区流向非资源型地区的要素转移效应，持续的要素转移则将在长期导致资源型地区的发展落后于非资源型地区。

2. 经济产出的变化。

由表2的第2~4列可以看到：

A：在资源型地区随着资源不断递减，经济的绝对产出水平将呈递减趋势（$\dot{x}_1^{00}<0$）。

B：在非资源型地区随着可投入生产的资本量的不断增加，经济的绝对产出水平将呈递增趋势（$\dot{x}_2^{01}>0$）。而且在 $\dot{K}_1<0$ 与 $\dot{K}_2>0$ 的共同作用下，资源型地区的产出相对于非资源型地区呈下降趋势（$\dot{x}_2^{01}-\dot{x}_1^{00}>0$）。这说明若不存在技术创新，资源型地区不论是经济的绝对水平还是相对水平均呈现下降趋势，在长期资源型地区将不可避免地落后于非资源型地区。于是可得如下命题：

命题一：如果没有技术创新，那么资源型地区在长期必将落后于非资源型地区。

**（四）存在技术创新条件下的情况**

1. 要素价格的变化。

若考虑技术创新（$\dot{A}>0$），由表1中的第4~7列可以看到：

A：当技术创新率较低（$\dot{K}_1+\dot{A}<0$）时，在资源型地区，（1）与没有技术创新时相比，劳动力工资递减趋势有所改善（$\dot{w}^{10}>\dot{w}^{00}$），但是由于技术创新率较低，尚不能完全改变资源型地区工资递减的总体趋势（$\dot{w}^{10}<0$），即资源型地区依然面临要素转移效应的威胁；（2）引入技术创新后，特定要素价格依然趋于递增，但递增趋势会减弱（$\dot{r}_1^{10}<\dot{r}_1^{00}$、$\dot{r}_2^{10}<\dot{r}_2^{00}$）。

B：当技术创新率较高（$\dot{K}_1+\dot{A}>0$）时，在资源型地区，（1）技术创新所引致的生产率水平的提升完全抵销了资源衰减对劳动力工资的负向作用，工资的变化率逆转并趋于递增，此时资源型地区克服了工资下降而导致的要素转移效应。（2）由于资源型地区的生产率水平大幅度提升，资源稀缺程度趋缓，特定要素价格也趋于递减（$\dot{r}_1^{10}<0$、$\dot{r}_2^{10}<0$），此时两地区企业的投资成本下降，投资热情增加。

C：在非资源型地区，来源于资源型地区的技术创新强化了资本积累的比较优势，提升了工资水平的递增趋势（$\dot{w}^{11}>\dot{w}^{01}$），同时资本价格具有递减倾向（$\dot{r}_2^{11}<\dot{r}_2^{01}$）。

由此可见，技术创新有利于改善资源型地区要素转移的劣势，但是只有当技术创新率达到一定的门槛值时，才能完全扭转资源型地区工资递减的绝对劣势。

2. 经济产出的变化。

由表2中的第5~7列可以看出：

A：当技术创新率较低（$\dot{K}_1+\dot{A}<0$）时，技术创新使生产率提升的正向作用不能完全抵销资源衰减的负向作用，经济的绝对产出水平下降。就相对产出水平而言，资源型地区与非资源型地区的发展差距依然在逐渐扩大，只是扩大的速度在减小。这说明，较低的技术创新只是减缓了资源型地区经济衰退的趋势，而不能完全逆转。

B：当技术创新率较高（$\dot{K}_1+\dot{A}>0$）时，生产率的提升完全抵销了资源衰减的负向作用，资源型地区绝对产出水平由递减逆转为递增。这说明只有当资源型地区的技术创新率不低于资源衰减率这一门槛值时，从长期来看，资源型地区才能彻底摆脱资源诅咒的威胁。

C：在非资源型地区，随着资本量不断递增（$\dot{K}_2>0$），其绝对产出水平也呈现递增态势（$\dot{x}_2^{11}>0$）。虽然此时两地区相对产出水平的变化趋向不确定，但可以肯定的是，若资源型地区的经济水平落后于非资源型地区，那么两地区间的发展差距将缩小；若资源型地区的经济水平高于非资源型地区，则资源型地区将变得更为发达。

上述分析表明，只要存在技术创新，即使技术创新只来自于资源型地区，即使技术创新的程度并不高，对两地区也是有利的。但就长期来看，只有技术创新率超越资源衰减率这一门槛值（$|\dot{K}_1|<\dot{A}$）时资源型地区才能完全摆脱资源诅咒。此时，两地区的工资水平均趋于递增，劳动的要素转移效应被克服；特定要素价格趋于下降，企业的生产成本趋于下降，新兴企业不断涌现，经济产出水平呈递增态势，整体经济实现了双赢。由此我们可以得到如下命题：

命题二：技术创新可以抑制资源型地区的衰退，但只有当技术创新率超过门槛值（技术创新率大于资源衰减率）时，资源诅咒假说才可能被破解。

## 三、计量模型分析

### （一）模型设定与变量定义

基于经济增长与自然资源、资本、技术创新关系的考虑，本文构造如下计量模型：

$$pgdp_{kt} = \alpha_0 + \alpha_1 \ln pgdp_{k,t-1} + \alpha_2 lmia_{kt} + \alpha_3 vesgdp_{kt} \qquad (10)$$
$$+ \alpha_4 inst_{kt} + \alpha_5 stud_{kt} + \alpha_6 lscie_{kt} + u_{tk}$$

其中，下标 $k$ 代表城市，$t$ 代表年份，$u_{tk}$ 为随机扰动项，人均地区生产总值增长率 $pgdp$ 为被解释变量，$\ln pgdp_{(t-1)}$ 为滞后一期的人均地区生产总值的对数。

1. 自然资源丰裕度指标的选择。

目前的文献中自然资源丰裕度指标主要有三类：（1）用某类资源占全国该类资源的比重，如徐康宁、韩剑（2005）以各省区能源储量占全国的比重度量资源丰裕度；（2）用资源类产业的某项经济指标度量，如采掘业职工收入占地区职工总收入的比重（丁菊红、邓可斌，2007）、采掘业固定资产投资占固定资产投资总额的比重（徐康宁、王剑，2006）、能源工业产值占地区工业总产值的比重（邵帅、齐中英，2008）；（3）用采掘业从业人员占地区总从业人员的比重度量（徐康宁、王剑，2006，方颖、纪衍、赵扬，2011）。本文认为资源储量变化比较缓慢以及受新储量不断被探明的影响,资源丰裕度应该是一个相对稳定的值,所以相对而言用采掘业人口比重度量资源丰裕度较为准确。采掘业人口比重(lmia) = 采掘业人口/地区单位从业人口,其中地区单位从业人口 = 年末单位从业人员 + 城镇私营和个体从业人员。

2. 其他解释变量说明。

固定资产投资比重:vesgdp = 固定资产投资/地区生产总值,用以度量地区资本丰裕度;

用于度量地区创新能力的指标:

科研人口比重:lscie = 科学研究从业人口/地区单位从业人口;

在校大学生比重:stud = 在校大学生数/地区总人口;

制度变量:inst = 城镇私营和个体从业人员/地区单位从业人员,用以度量企业家活力。

(二)样本选择、数据来源与方法

本文选择了1999~2007年我国287个地级及以上城市中资料较为全面的220个城市。王青云(2002)认为采掘业从业人员占全部从业人员的比重在5%以上是界定资源型城市的指标之一,而目前鲜有文献对资源型城市按资源丰裕度进一步细分。本文认为当采掘业从业人员占全部从业人员的比重在20%以上时,资源型产业对就业有很强的吸纳力,资源依赖型的发展特征更为明显,而且表现出与资源丰裕度较低城市不同的发展特征,据此将220个城市分为三组:(1)166座非资源型城市(lmia < =5);(2)39座资源中等城市(5 < lmia < =20);(3)15座资源丰裕城市(lmia > 20)。① 本文数据来源于《中国城市统计年鉴》(1999~2008)、《中国统计年鉴》(1999~2008)。

(三)计量检验与分析

我们对220个样本分别从全样本、非资源型城市、资源中等城市、资源丰裕城市四个方面进行回归分析。在回归方法上,分别进行混合回归、固定效应回归与随机效应回归,并使用 LM 检验进行随机效应与混合回归的判别,使用传统 Hausman 检验与稳健 Hausman 进行随机效应与固定效应的判别。为消除异方差,对人均地区生产总值取对数,并在 Stata11 软件中使用聚类稳健的标准差。计量回归结果如表3所示。

表3    经济增长计量回归结果

| 变量 | 全样本 | 非资源型 | 资源中等 | 资源丰裕 |
| --- | --- | --- | --- | --- |
| $\ln pgdp_{k,t-1}$ | -10.476<br>(-2.96)*** | -13.787<br>(-3.12)*** | 1.2674<br>(1.59)♀ | -13.438<br>(-2.99)** |

---

① 限于篇幅的考虑,我们在此没有列出各类城市样本。

续表

| 变量 | 全样本 | 非资源型 | 资源中等 | 资源丰裕 |
| --- | --- | --- | --- | --- |
| $lmia$ | 0.0969<br>(0.96) | 0.0432<br>(0.12) | 0.1410<br>(1.73)* | 0.4077<br>(4.60)*** |
| $vesgdp$ | 0.1126<br>(2.72)*** | 0.1027<br>(2.33)** | 0.1252<br>(3.65)*** | 0.2958<br>(3.85)*** |
| $inst$ | 0.2370<br>(5.48)*** | 0.2508<br>(5.01)*** | 0.1241<br>(2.90)*** | 0.3694<br>(4.81)*** |
| $lscie$ | 3.0446<br>(1.85)* | 3.4339<br>(2.27)** | -0.0944<br>(-0.09) | 6.0711<br>(1.20) |
| $stud$ | 0.9666<br>(2.04)** | 1.3326<br>(2.39)** | -0.0952<br>(-0.19) | 1.1070<br>(0.76) |
| 常数项 | 85.195<br>(3.04)*** | 112.59<br>(3.21)*** | -8.8666<br>(-1.30) | 93.303<br>(2.64)** |
| $R^2$ | 0.1118 | 0.1300 | 0.1217 | 0.2004 |
| 模型设定 | FE | FE | P | FE |
| 样本数量 | 1757 | 1325 | 312 | 120 |

注：表中各解释变量的数值表示模型的回归系数，括号内的数值表示系数的 t 和 z 检验值；Fe 表示固定效应、Re 表示随机效应、P 表示混合效应；"♀"、"*"、"**"、"***"分别表示15%、10%、5%、1%的显著性水平。

1. 我国地级城市层面不存在资源诅咒现象。

横向来看，采掘业人口比重 $lmia$ 的系数均为正，经济增长率与资源丰裕度间不存在"资源诅咒"假说所设定的那种负相关关系。$lmia$ 的系数在资源中等城市和资源丰裕城市分别通过了10%和1%的显著性水平检验，而在全样本和非资源型城市并不显著。这说明从全部城市来看，资源与经济增长间不存在显著的相关关系，非资源型城市经济增长摆脱了资源依赖，而资源型城市的经济增长对资源具有显著的依存关系，特别是 $lmia$ 的系数在资源丰裕城市、资源中等城市与非资源型样本下呈明显的下降趋势，这表明存在资源越丰裕则对经济增长的推动力越大的内在关系。经济增长率与资源丰裕度间的关系表明在我国地级城市层面"资源诅咒"假说已被破解。

2. 经济增长具有明显的投资驱动型特征。

在各类样本下固定资产投资比重 $vesgdp$ 的系数均为正，且通过了1%的显著性检验，这说明固定资产投资对经济发展具有明显的正向作用，我国地级城市经济依然具有明显的投资推动型特征。

3. 创新对资源型城市经济增长的作用非常有限，资源诅咒的潜在威胁依然存在。

首先，企业家创新活力在各种样本条件下均为正，且在全样本、非资源型城市、资源中等城市通过了1%的显著性水平检验。这说明企业家创新活力以及制度创新对经济增长具有显著的推动作用，这是因为自20世纪90年代初期我国提出建立社会主义市场经济体制以来我国的市场化程度逐渐提升，特别是自2001年我国加入WTO以后，我国的对内对外开放度进一步加强，可以说1999~2007年是我国市场化进度不但在面上不断拓展，而且在质上不断深化的重要时期，来自于市场化改革的制度创新自然成为经济增长的重要源泉。

其次，从技术创新的人力资本投入来看，科研人口比重 lscie 与在校大学生比重 stud 的系数在全样本和非资源型城市均为正，且通过了10%或5%的显著性水平检验；而且 lscie 与 stud 的系数在资源型中等城市均为负且不显著，在资源丰裕城市均为正且不显著。这说明就全部城市而言，人力资本对经济增长具有显著的推动作用，而从分类样本来看，非资源型城市的经济增长具有一定的技术推动型特征；而资源类城市科技人力资本投入尚未达到突破资源约束的门槛值，特别是资源中等城市形成了科技人力资本的洼地。

最后，从现实来看资源型城市面临着人力资本流失与资源丰裕度下降的双重威胁。图1表明资源丰裕度与职工平均工资间存在明显的"U"型曲线关系，这是因为资源中等城市中包括盘锦、抚顺、阜新、辽源、白山、伊春、白银、石嘴山等资源枯竭、经济转型困难、下岗失业严重的国家资源枯竭型城市，从而人力资本具有从资源中等城市流出的要素转移效应。图2表明1999~2007年在各类样本下采掘业人口比重呈下降趋势，当然这与1998年以来随着我国国有企业改革的逐渐深化而导致的下岗失业，以及随着我国工业化进程的持续推进、采掘企业改进技术装备而产生的对低技能劳动者的替代等因素有关，资源类城市的资源禀赋明显下降是一个不争的事实。由此可见，我国资源类城市技术创新能力不足与资源丰裕度下降交错的窘境表明资源依赖型经济增长方式的可持续发展能力较差，资源诅咒的潜在威胁依然存在。

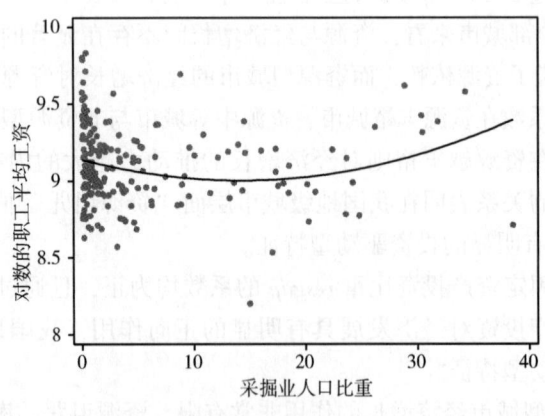

**图1 采掘业人口比重与职工平均工资**

图2 历年采掘业人口平均比重

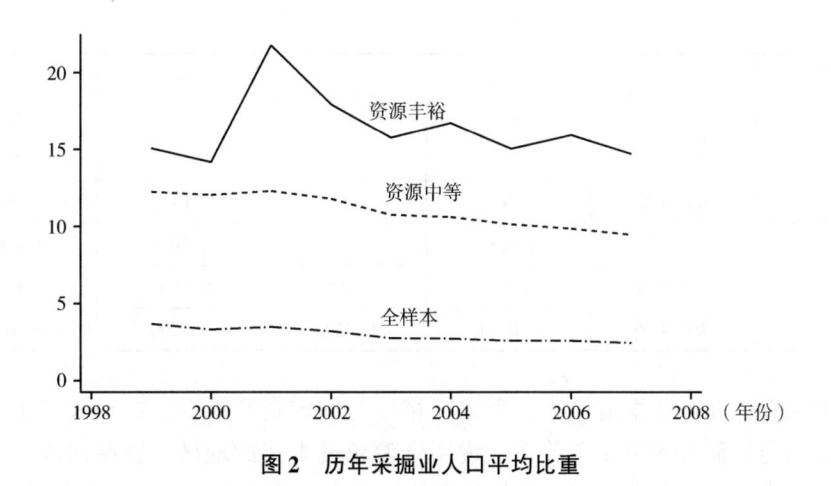

## 四、潜在的"资源诅咒"威胁

由于我国地级城市层面存在资源诅咒的潜在威胁，特别是资源中等城市面临着资源与人力资本不足的发展困境，于是本文建立如下计量模型以研究潜在"资源诅咒"的传导路径。

$$X_{tk} = \beta_0 + \beta_1 lmia_{tk} + u_{tk} \tag{11}$$

式（11）中各符号的定义与式（10）相同。计量结果如表4所示。

表4　潜在"资源诅咒"传导路径计量回归结果

| 变量 | | vesgdp | inst | lscie | stud |
|---|---|---|---|---|---|
| lmia | 全样本 | -0.73125<br>(-3.08)*** | -0.92682<br>(-3.16)*** | 0.00056<br>(0.12) | -0.02344<br>(-3.03)*** |
| | 资源中等 | -0.45854<br>(-2.13)** | -0.68980<br>(-2.95)*** | -0.00076<br>(-0.15) | -0.00764<br>(-1.43) |
| | 资源丰裕 | -0.06156<br>(-0.42) | -0.21618<br>(-0.98) | -0.00070<br>(-0.10) | -0.01200<br>(-0.56) |
| 常数项 | 全样本 | 38.8646<br>(33.68)*** | 36.1525<br>(25.40)*** | 0.82575<br>(37.40)*** | 1.09855<br>(10.76)*** |
| | 资源中等 | 42.1073<br>(13.23)*** | 36.6094<br>(11.51)*** | 0.70077<br>(7.76)*** | 0.70023<br>(4.47)*** |
| | 资源丰裕 | 37.2902<br>(6.90)*** | 27.9261<br>(4.14)*** | 0.46510<br>(2.43)** | 0.84120<br>(1.27) |

续表

| 变量 | | *vesgdp* | *inst* | *lscie* | *stud* |
|---|---|---|---|---|---|
| 模型设定 | 全样本 | Fe | Fe | Fe | Re |
| | 资源中等 | Re | Re | Re | Re |
| | 资源丰裕 | Re | Re | Re | Re |
| $R^2$ | 全样本 | 0.0157 | 0.0403 | 0.0000 | 0.0043 |
| | 资源中等 | 0.0405 | 0.1005 | 0.0001 | 0.0034 |
| | 资源丰裕 | 0.0133 | 0.0596 | 0.0000 | 0.0456 |

横向来看，在全样本情形下，资源丰裕度与固定资产投资、在校大学生比重以及企业家活力呈显著的负相关关系，说明资源越是丰裕的地区，资源对固定资产投资、人力资本投入以及企业家活力越具有挤出效应；从资源型与资源中等城市来看，资源丰裕度对固定资产投资和企业家活力具有显著的挤出效应。

纵向来看，资源对固定资产投资具有显著的挤出效应，这主要是由于我国很多资源型城市是在20世纪五六十年代建立的（王青云，2003），经过半个世纪的发展，产业结构、城市结构已基本完善，而且资源型城市大多地处偏远地区，在全球化与知识经济时代吸引投资的能力较弱。

资源对企业家活力也具有显著的挤出效应，这主要是由于资源型产业往往是需要大规模投资的行业，而且在一些城市往往是先有资源型企业后有城市，所以大型或特大型国有企业常常在资源型城市占据主导地位，国有经济比重过高对市场经济具有一定的挤出效应。

在校大学生比重在全样本情形下具有显著的被挤出效应，而在所有资源型样本下未能通过显著性检验，这主要是由于我国的高等院校主要分布在大中城市，在资源型城市高等院校与科研机构的力量非常薄弱，如2007年在校大学生比重在全部城市、非资源型城市和资源型城市分别为1.81%、1.99%和0.97%，从而导致在校大学生比重在非资源型城市远大于资源型城市，以至于按在校大学生比重度量的人力资本指标更多地表现为与是否是资源型城市相关，而与具体的资源丰裕度无关，这更加凸显了资源对人力资本的挤出效应。

科研人口比重在任何样本情形下均与资源丰裕度没有显著的关系，这主要是由于目前我国整体的科技水平还比较低，主要分布于大型中心城市的科研机构拥有大量的专业科技人才，除此之外包括资源型企业在内的大型企业一般拥有为生产服务的科技人才，从而形成了在数量分布上似乎资源对科研人口不存在显著的挤出效应，但是从图2中我们已看到资源型城市，特别是资源中等城市对人才的吸引力很弱。

比较奇怪的是在资源丰裕样本下，资源丰裕度与控制变量均不具有显著性，本文认为这并不说明资源丰裕城市已经彻底摆脱了资源诅咒的潜在威胁，而恰恰暗示着这类城市可能潜伏着更大的诅咒威胁。这是因为良好的资源禀赋往往会吸引大量资本投向资源型产业，必然会促进资源型产业及相关加工制造业的发展，并会间接促进与资源型产业相关联的服务贸易业的发展，从而在表面上形成资源不是挤出而是促进了投资与区域市场经济水平。但与此同时过度倚重资源的发展模式会形成产业结构单一、知识结构固化、城市功能僵化等经济特征，一旦资源枯竭、投资收益下降，则城市的转型将会异常艰难，所以资源的暂时丰裕只是掩盖了资源丰裕城市面临的潜在威胁。由于数据的约束，不能从投资资金流向与服务业类型上证明资源丰裕城市是否存在资源的挤出效应是本文的一个遗憾，也将是今后的研究方向。

## 五、主要结论

本文通过一个两地区三要素模型以及 220 个城市面板的计量回归分别从理论与实证两方面讨论了中国地级城市层面技术创新破解"资源诅咒"假说的关系，得到以下一些结论：

首先，技术创新是资源型地区破解资源诅咒的重要举措之一，而且只有超越特定门槛值的技术创新才能实现资源型地区的可持续发展。显然如果没有技术创新，则随着资源衰减资源型地区必将衰退，而只要存在技术创新，就有利于区域差距收敛；但从长期来看，只有技术创新率超越资源衰减率时资源型地区才能完全摆脱资源诅咒。

其次，在本文所界定的样本条件下，我国地级城市层面不存在显著的资源诅咒现象，但资源诅咒的潜在威胁依然存在，而且对市场化制度创新与固定资产投资的挤出效应是资源类城市潜在资源诅咒威胁的主要传导路径。由于资源型城市具有特定的产业结构类型、特殊的城市发展路径以及大多地处偏远地区的区位约束使得资源型城市吸引投资的能力较弱；过高的国有经济比重对市场机制具有一定的挤出效应；在人力资本指标上更多地表现为与是否是资源型城市相关，而与具体的资源丰裕度无关。

最后，目前我国资源型城市大多采取粗放的资源依赖型增长方式，技术创新还没有成为经济增长的重要驱动力，以经济市场化为核心的制度创新成为资源型城市规避"资源诅咒"的重要驱动因素。但是资源依赖的经济增长方式是不可持续的，而且经济市场化的制度红利也在逐渐弱化，资源诅咒的威胁已很严峻，这一点在资源中等表现得比较明显；与此同时，丰裕的资源暂时麻痹了资源丰裕城市对资源诅咒威胁的紧迫感，导致该类城市的潜在危机更为严重。所以本文在政策层面上认为我国资源型城市应当加强技术创新力度，具体而言，在资源中等城市要积极培育更为完善的市场经济体系、发展多元化的产业体系，从提高居民收入水平着手克服人力资本流失现象，提高城市经济的转型能力；资源丰裕城市需要在资源开发初期

（资源丰裕时期）着手进行经济转型，重视发展接续产业与替代产业、培育多元化的经济发展模式。

## 参 考 文 献

[1] 徐康宁，王剑. 自然资源丰裕程度与经济发展水平关系的研究 [J]. 经济研究. 2006（1）：78 – 89.

[2] 邵帅，齐中英. 西部地区的能源开发与经济增长——基于资源诅咒假说的实证分析 [J]. 经济研究. 2008（4）：147 – 160.

[3] 胡援成，肖德勇. 经济发展门槛与自然资源诅咒——基于我国省际层面的面板数据实证研究 [J]. 管理世界. 2007（4）：15 – 23.

[4] 方颖，纪珩，赵扬. 中国是否存在资源诅咒 [J]. 世界经济. 2011（4）：144 – 160.

[5] 徐康宁，韩剑. 中国区域经济的资源诅咒效应：地区差距的另一种解释 [J]. 经济学家. 2005（6）：96 – 102.

[6] 丁菊红，邓可斌. 政府干预、自然资源与经济增长：基于中国地区层面的研究 [J]. 中国工业经济. 2007（7）：56 – 64.

[7] 王青云. 资源型城市经济转型研究 [M]. 北京：中国经济出版社，2003.

[8] Roed, L and Erling. "Escaping the Resource Curse and the Dutch Disease? When and Why Norway Caught up with and Forged ahead of Its Neighbors," Discussion Papers, 2004, No. 377.

[9] Auty, R M. "Sustaining Development in Mineral Economies: The Resource Curse Thesis", London: Routledge, 1993.

[10] Sachs, J and Warner, A. "Natural Resource Abundance and Economic Growth", NBER Working Paper, 1995, No. 5398.

[11] Sachs, J and Warner, A. "The Curse of Natural Resources", European Economic Review, 2001, 45, pp. 827 – 838.

[12] Alexeev, M and Conrad, R. "The Elusive Curse of Oil," Review of Economicsand Statistics, 2009, 91, pp. 586 – 598.

[13] Frankel, J. "The Natural Resource Curse: a Survey" NBER Working Paper, 2010, No. 15836

[14] Matsuyama, K. "Agricultural Productivity, Comparative Advantage, and Economic Growth" Journal of Economic Theory, 1992, 58, pp. 317 – 334.

[15] Gylfason, T. "Natural resources, education, and economic development" European Economic Review, 2001, 45, pp. 847 – 859.

[16] Acemoglu, D, Johnson, S, Robinson, J and Thaicharoen, Y. "Institutional Causes, Macroeconomic Symptoms: Volatility, Crises and Growth" Journal of Monetary Economics, (Elsevier), 2003, 50, pp. 49 – 123.

[17] Corden, W M and Neary, J P. "Booming Sector and De-Industrialization in a Small Open Economy" Economic Journal, 1982, 92, pp. 825 – 848.

[18] McLan, I W and Taylor, A M. "Australian Growth: A California Perspective" NBER Working Paper, 2001, No. 8408.

# 转移支付与区际经济发展差距

吴浩波[*]

**摘　要**：本文提出包括资本配置效应、市场接近效应、市场拥挤效应和所得税效应等转移支付政策的作用机理。分析表明，补贴欠发达地区企业经营利润的转移支付政策可以吸引发达地区的经济活动向欠发达地区转移但并不能扩大欠发达地区的收入和市场规模。同时，尽管它可以实现福利水平区际公平的目标，但会导致国民经济整体福利水平的损失。此外，区际贸易条件的改善不仅能减少转移支付导致的福利损失，而且能降低实现福利水平区际公平目标的补贴率要求。

**关键词**：资本配置效应　市场接近效应　最优补贴率

## 一、引　言

在实施区域协调发展战略的过程中，转移支付政策发挥着相当重要的作用，例如在 2000~2012 年间，中央财政累计对西部地区的转移支付规模达到 8.5 万亿元，有力地促进了西部地区基础设施、环境保护、农业农村、教育科学、医疗卫生、社会保障等经济社会事业的发展。整体而言，转移支付政策在提高欠发达地区居民的收入水平等方面起到了积极的作用，然而转移支付影响区际经济发展差距的作用机理却不是十分清楚。本文的转移支付政策，主要是指中央政府在平衡预算约束条件下把部分中央财政收入通过某种方式对特定地区特定产业部门进行补贴的政策，比如中央财政对特定地区的财政贴息、企业亏损补贴、生产补贴等。税费减免也是财政补贴的一种，比如西部大开发政策就规定当地鼓励类产业的企业所得税在 2001~2010 年间可享受 15% 的税率优惠。所以，本文的转移支付政策具体是以中央政府在全国范围内按照统一的税率征收（个人和企业）所得税，然后根据某种比例把这些税收收入补贴给欠发达地区的工业企业的形式为代表。

研究转移支付政策与区际经济发展差距之间关系的文献很多，然而从理论角度解释其作用机理的文献却较少。马拴友等（2003）、尹恒等（2007）、贾晓俊等（2012）的实证研究认为，当前中国的转移支付政策并未有效地缩小区域经济发展差距；范子英等（2010）认为中国转移支付政策对公平的注重是以牺牲效率为代价的。

---

[*] 吴浩波（1983 - ），男，湖南醴陵人，经济学博士，讲师，研究方向：新经济地理学、城市经济学。

也有些学者开始从新经济地理学的视角分析转移支付政策与区域经济收敛之间关系，如何文等（2013）认为相对于税收政策，转移支付政策难以缩小区域经济发展的差距，安虎森等（2013）认为补贴欠发达地区工业企业会导致吸引投资与缩小区际差距两大目标的分离，而补贴欠发达地区劳动者有利于两大目标的统一。不过，这些从新经济地理学视角的研究都以区域资源禀赋的对称分布为前提。目前我国东西部之间的经济发展差距很大，因此这种以资源禀赋对称分布的视角研究转移支付与和区际协调发展之间的关系可能是不合适的。

理解转移支付的作用机理的关键是理解其资本配置效应、市场接近效应以及所得税效应。资本配置效应是指补贴提高了欠发达地区企业的收益水平，向外界发出的信号是欠发达地区的资本收益率高于发达地区，因此存在经济活动从发达地区向欠发达地区转移的趋势。市场接近效应是指企业选择市场规模较大的地区进行生产。任何企业都具有规模收益递增的潜能，但能否实现规模经济在很大程度上取决于市场规模的大小，而市场规模又取决于禀赋的规模和单位禀赋的收益。在本文中，尽管发达地区的劳动力禀赋略小于欠发达地区，然而其资本禀赋远高于欠发达地区，因此其市场规模较大。此外，资本可以自由转移，但是资本所有者通常不会转移，所以资本收益都返回到其所有者居住的地区。实施转移支付政策后，欠发达地区的高资本收益率吸引发达地区的企业转移到欠发达地区，然而其收益返回发达地区，因此这种企业转移没有扩大欠发达地区的市场规模，也难以改变市场规模初始的非对称分布。所以，这些转移到欠发达地区的企业在市场接近效应作用下又有选择市场规模较大的发达地区的可能。这种市场接近效应与资本配置效应的作用方向是相反的。在现实中，尽管在短期内不会发生这种资本投资的往返现象，然而任何投资在市场规模较小的欠发达地区的资本都有转移到市场规模较大的发达地区的倾向，因此从理论角度分析作用机理时应该指出这种效应的存在。转移支付政策还通过所得税效应对发达地区的经济活动产生负向的影响，因为在两个地区征收相同税率的税收来补贴欠发达地区的企业，就等于扩大了欠发达地区的市场规模，这会导致发达地区的企业产生向欠发达地区转移的趋势。值得注意的是资本配置效应是通过提高欠发达地区资本收益率的方式吸引发达地区企业向欠发达地区转移，而所得税效应是通过扩大欠发达地区的市场规模的方式吸引发达地区的企业向欠发达地区转移。资本配置效应和所得税效应具有促使经济活动在空间分散的趋势，是政府行政力量配置资源的结果。市场接近效应则具有促使经济活动空间聚集的趋势，是市场配置资源的结果。本文所说的企业和产业转移，是指在这些效应作用下的一种总体趋势。

本文以马丁和罗杰斯（1995）的模型为基本框架，研究中国转移支付政策对区际经济发展差距的作用机理和福利影响，建立以产业份额、市场规模、所得税税率和资本收益率为内生变量的一般均衡分析框架，并在此基础上讨论转移支付政策对实现区际协调发展以及区际福利水平公平两大目标的影响。

## 二、理论模型

### (一) 基本框架

假设有两个区域、两个部门和两种生产要素。两个地区指东部地区和西部地区，它们在偏好、技术、交易成本等方面是对称的，但在资本禀赋、劳动力禀赋方面是非对称的。两个部门指农业部门和工业部门。农业部门以规模收益不变和完全竞争为特征，利用劳动力生产同质产品，农产品在区内和区际交易无成本。工业部门以规模报酬递增和垄断竞争为特征，利用资本和劳动力生产差异化的产品，工业产品在区内交易无成本而在区际交易遵循冰山交易成本。劳动力为不可流动要素，而资本为可流动要素，但资本所有者选择在一地居住，因此资本收益返回其所有者居住的地区进行消费。代表性消费者的偏好为双层效用函数，即 $U = C_A^{1-\mu} C_M^{\mu}$, $C_M = (\int_{i=0}^{n^w} c_i^{(\sigma-1)/\sigma} di)^{\sigma/(\sigma-1)}$，$0 < \mu < 1 < \sigma$。其中，$C_A$ 和 $C_M$ 分别表示同质的农产品消费和差异化的工业品消费组合，$\mu$ 为工业品消费组合的支出份额，$1-\mu$ 为农产品消费的支出份额，$c_i$ 为第 $i$ 种工业品的消费数量，$\sigma$ 为任意两种差异化的工业品之间的替代弹性，$n^w$ 为差异化的工业品的种类数。因为假设每家企业只生产 1 种工业品，因此 $n^w$ 也是企业总数。

农业部门以规模报酬不变和完全竞争为特征的假设是为了贴近中国农业生产中小农数量众多，生产规模过小的实际。在我国，数量庞大的农户拥有小块的面积相等、土地肥沃程度相近的土地的承包权，使得农产品生产的市场准入门槛极其相近。而生产规模偏小又容易使得农户在市场上失去议价权，只能成为价格的接受者，结果必然是农业生产者之间的竞争非常激烈。农产品在区内和区际交易无成本实际上限制了农业生产者只能向其所在地区的周边就近供给产品。双层效用函数中不变替代弹性效用函数表明消费者对工业产品具有多样性偏好。这种多样性偏好既使得生产差异化工业产品的企业之间为获得市场而相互竞争，又保证企业可以自由地进入（或退出）并使得工业部门内企业的长期利润趋近于零。所以，这个假设是促使工业部门形成垄断竞争市场结构的因素之一，表明了本文理论模型的适用范畴。

根据消费者效用最大化条件，可以求出东部地区消费者对第 $i$ 种工业品的需求函数为 $c_i = \mu E p_i^{-\sigma} / P_M^{1-\sigma}$, $P_M = (\int_{i=0}^{n^w} p_i^{1-\sigma} di)^{1/(1-\sigma)}$, $E = \pi K + w_L L$。其中 $P_M$ 为东部地区消费者所面对的工业品价格指数，$p_i$ 为东部地区第 $i$ 种工业品价格，$E$ 为东部地区的支出水平（也等于收入水平），$\pi$、$w_L$ 分别表示东部地区单位资本收益和单位劳动力报酬，$K$、$L$ 分别为东部地区的资本禀赋和劳动力禀赋，本文以"*"表示西部地区的经济变量，西部地区各种表达式与东部地区相同。若令东部地区生活成本指数为 $P =$

$p_A^{1-\mu}P_M^\mu$（$p_A$ 为农产品价格），则东部地区消费者的间接效用函数，也就是福利水平（或实际收入）为：

$$V = E/P = E/(p_A^{1-\mu}P_M^\mu) \tag{1}$$

假设每家企业利用 1 单位资本作为其固定成本，每单位产出需要 $a_M$ 单位劳动力，则产出量为 $x_j$ 时的可变成本为 $a_M x_j w_L$，总成本为 $\pi + a_M x_j w_L$。根据利润最大化的一阶条件，东部地区工业品的价格遵循边际成本加成定价法则，即 $p = a_M w_L/(1-1/\sigma)$。由于区际交易存在冰山交易成本，因此到岸价和出厂价之比为 $\tau$。东部地区的资本收益率可以写成 $\pi = px/\sigma = (bE^w/n^w)\{s_E/[(s_n + \phi(1-s_n)] + \phi(1-s_E)/[\phi s_n + (1-s_n)]\}$。其中，$E^w$ 为经济系统的总支出，$s_E = E/E^w$ 为东部地区的市场规模，$s_n = n/n^w$ 为东部地区的产业份额，$\phi = \tau^{1-\sigma}$ 为贸易自由度，$b = \mu/\sigma$ 为常数。经过标准化（安虎森等，2009），工业品出厂价可以标准化为 1。这样可以设 $\Delta = s_n + \phi(1-s_n)$、$\Delta^* = \phi s_n + (1-s_n)$、$B = s_E/\Delta + \phi(1-s_E)/\Delta^*$，则东部地区的资本收益率可以写成 $\pi = bBE^w/K^w$。根据定义，东部地区市场规模 $s_E$ 为：

$$s_E = (1-b)s_L + bs_K \tag{2}$$

东部地区的市场规模 $s_E$ 是由要素禀赋所确定的，因而在任何时刻都成立。在计算东部地区的资本要素收入时，仅需假设全体资本所有者根据相同的方式分散投资即可。在资本收益率套利条件下，东部地区的产业份额 $s_n$ 为：

$$s_n = \frac{1}{2} + \frac{1+\phi}{1-\phi}\left(s_E - \frac{1}{2}\right) \tag{3}$$

**（二）转移支付政策——全国征税后补贴欠发达地区企业**

本文仅考虑所得税，包括企业所得税和个人所得税，不涉及流转税。为了集中研究转移支付政策对区际经济发展差距的影响，假设所得税税率在企业与个人之间、在区域之间都是相等的。同时，所得税和补贴只影响要素的税后（或补贴后）收入，不影响税前（或补贴前）收入，且不会改变微观经济个体的决策方式（何文等，2013）。

假设转移支付政策以中央政府在全国范围内征收（企业和个人）所得税，然后按照欠发达地区（西部地区）企业生产利润的某个比例给予补贴为代表。根据《新帕尔格雷夫经济学大辞典》的解释，转移支付（或称转让交易）是对交换交易的替代，是一种普遍存在的公共的或私人的对社会财富分配进行调整的行为。在本文中，转移支付将集中于社会财富的"区际转移"，具体是指中央政府给予欠发达地区的微观经济个体以直接补贴和（或）优惠扶持的政策。依据交易主体的不同，转移支付可分为政府与企业之间和政府与劳动者之间；依据交易方式的不同，又可分为一次性定额给付和按照比例给付；而依据征税范围的不同，还可分为全国范围征税和仅在地区范围内征税（Dupont et al.，2006，安虎森等，2013）。

然而，不论是交易主体的不同，比如政府与欠发达地区的劳动者之间，还是交易方式的不同，比如给予欠发达地区劳动者一次性定额补助，还是所得税征收范围的不同，比如仅在欠发达地区征税，其作用机理是相似的，结论也是相近的。其中，以全国征税补贴欠发达地区企业的形式最具代表性，也更加完整地揭示了转移支付政策对产业份额和市场规模在区域之间转移的作用机理，所以本文的论述都是围绕着这种形式而展开。需强调的是，对于转移支付的理解不应局限为财政资金的直接补贴，还应包括各种各样的优惠，比如税费减免政策等，都是社会财富再分配的实现形式。因而转移支付不仅仅体现为中央政府的财政资金安排向欠发达地区倾斜，还体现在西部大开发、中部地区崛起和振兴东北老工业基地等区域协调发展战略上。

本文将转移支付政策的补贴率设定为 $z$。通常地，这个补贴率是由中央政府依据一定的原则而设定的，是外生的政策变量。然而在福利分析中，补贴率 $z$ 不再是外生给定的，而是由微观经济个体福利水平必须实现区际公平的目标而内生地决定的。实施转移支付政策必须有相应的税收收入，假设所得税税率为 $t$。依据资本收益率的套利原则，当税后和补贴后的区际资本收益率相等时，才不会发生资本的区际转移，即：

$$\pi(1-t) = \pi^*(1-t+z) \tag{4}$$

式中，$\pi$ 和 $\pi^*$ 分别表示东部地区和西部地区的资本收益率。式（4）意味着，如果要实施转移支付，那么东部地区的资本收益率必须高于西部地区的资本收益率，才能使得税后和补贴后东部和西部的资本收益率相等。为了简化分析，引入财税政策系数 $f=(1-t+z)/(1-t)$，从而 $\pi=f\pi^*$（$f \geq 1$）。财税政策系数 $f$ 既是补贴率 $z$ 的增函数，又是所得税税率 $t$ 的增函数。后来可以发现，所得税税率也是补贴率的增函数，因此本文暂以财税政策系数 $f$ 作为补贴率 $z$ 的代理变量。根据式（4），长期均衡时东部地区的产业份额为：

$$s_n = \frac{(1-\phi^2)s_E - \phi(f-\phi)}{(1-\phi)\{[s_E + f(1-s_E)] - \phi[fs_E + (1-s_E)]\}} \tag{5}$$

当没有转移支付政策（$z=0$，$f=1$）时，式（5）和式（3）是一致的。然而当中央政府执行转移支付政策时，式（5）表明产业份额 $s_n$ 已是市场份额 $s_E$ 的非线性函数。可以证明转移支付政策的实施不会改变国民经济的名义总支出（或总收入）[①]，并且资本收益占总支出的比例仍为 $b$，劳动力报酬占比仍为 $1-b$。结合资本收益率的套利方程，长期均衡时东部地区的资本收益率为：

---

① 见附录（二）。

$$\pi = \frac{bfE^w}{fs_n + (1 - s_n)} \tag{6}$$

由于 $f > fs_n + (1 - s_n) > 1$，式（6）再次表明实施转移支付政策之后，东部地区的资本收益率高于实施转移支付政策之前，而西部地区的资本收益率却低于政策实施之前。实际上，这是转移支付政策的执行导致企业转移，从而改变了区域内企业之间的竞争程度所致——企业退出的地区由于企业之间竞争减弱而资本收益率上升，而企业进入地区由于竞争加剧而资本收益率下降。这是转移支付政策调整资本区际配置的重要作用机理之一。

假定实施注册地纳税原则，也就是资本在被使用地区完税。国民经济所得税总额为 $T = t[w_L L + (s_K^n K\pi + s_{K^*}^n K^* \pi)] + t\{w_L L^* + [(1 - s_K^n)K\pi^* + (1 - s_{K^*}^n)K^* \pi^*]\}$，等式右边第一项和第二项分别为东部地区和西部地区所得税总额。式中，$s_K^n$ 和 $s_{K^*}^n$ 分别表示居住在东部地区和居住在西部地区的资本所有者投资在东部地区的资本禀赋份额，$1 - s_K^n$ 和 $1 - s_{K^*}^n$ 分别表示居住在东部地区和居住在西部地区的资本所有者投资在西部地区的资本禀赋份额，$K$ 和 $K^*$ 分别表示东部地区和西部地区的资本禀赋规模。而补贴资金总额应为 $Z = z[K(1 - s_K^n)\pi^* + K^*(1 - s_{K^*}^n)\pi^*]$。由于资本所有者投资偏好相同，因此有如下关系式成立：$s_n = s_K s_K^n + (1 - s_K)s_{K^*}^n = s_K^n$。根据平衡预算约束，长期均衡时所得税税率应为：

$$t = \frac{bz(1 - s_n)}{fs_n + (1 - s_n)} \tag{7}$$

式（7）表示了所得税税率 $t$ 与补贴率 $z$ 之间的隐函数关系。在长期均衡时，东部地区的支出规模为 $E = (1 - t)\{w_L L^w + s_K K^w[(1 - t)s_K^n \pi + (1 - t + z)(1 - s_K^n)\pi^*]\}$。如果投资在西部地区的企业可以获得补贴，那么东部地区的企业转移到西部地区也可以享受这种补贴。但是由于资本所有者仍居住在东部地区，因此这些转移到西部地区的企业所获得的收益和补贴都返回到东部地区，放大了东部地区的市场规模。结合式（6），长期均衡时东部地区的市场规模为：

$$s_E = (1 - t)\left[(1 - b)s_L + \frac{bfs_K}{fs_n + (1 - s_n)}\right] \tag{8}$$

到此为止，式（5）、（7）、（8）就构成了全国征税补贴欠发达地区企业生产利润的转移支付政策的一般均衡框架。其中，式（5）由资本收益率的套利条件决定，式（7）是由平衡预算约束条件决定，式（8）由劳动力充分就业和资本充分使用的条件决定。

## 三、作用机理分析

### (一) 直接效应

对式 (5) 取全微分①,可得如下结果:

$$\frac{\mathrm{d}s_n}{s_n} = A\left[-(f-1)(1-\phi^2)(1-s_E)\frac{\mathrm{d}f}{f-1} + (f-\phi)(1-f\phi)\frac{\mathrm{d}s_E}{s_E}\right], A>0 \quad (9)$$

实际上,转移支付政策是将东部地区生产要素所有者的收益通过行政手段强制性地转移给西部地区,向外界发出了西部地区的资本收益率高于东部地区的信号,从而吸引企业向西部地区转移。这是转移支付政策的第一个直接效应,即资本配置效应。从式 (9) 也可以看出,财税政策系数 $f$ 使得东部地区的产业份额呈现负向变化,也就是转移支付政策的执行直接地导致东部地区的产业份额 $s_n$ 下降。

在补贴政策吸引企业从东部地区转移到西部地区之后,东部地区企业之间的竞争将会减弱,从而促使该地区企业的资本收益率上升。当然,这种资本收益率的上升具有吸引企业迁往东部地区的趋势。同时,东部地区的资本所有者仍然居住在当地,仅仅是资本被使用的区域发生了转移,因此资本所获收益和补贴将返回到东部地区,增加东部地区的收入和市场规模。式 (10) 方括号内第一项即为转移支付政策对东部市场规模 $s_E$ 的直接影响,其强度与西部地区的产业份额 $1-s_n$ 成正比。这说明,如果西部地区的产业份额越大,尽管所获得的补贴越多,但是东部地区的资本所有者也从中分享到了部分的补贴。

$$\frac{\mathrm{d}s_E}{s_E} = C\left[(1-s_n)\frac{\mathrm{d}f}{f-1} - fs_n\frac{\mathrm{d}s_n}{s_n}\right] - \frac{\mathrm{d}t}{1-t}, C>0 \quad (10)$$

如果政府要加大对西部企业的补贴力度,那么必须提高所得税税率。因此所得税效应的存在就意味着所得税税率 $t$ 对东部地区的产业份额 $s_n$ 的偏微分为正数。此外,如果东部地区的产业份额很大而西部地区产业份额很小,由于需要补偿的产业份额很小,那么中央政府可以征收较低税率的所得税。换句话说,所得税税率 $t$ 对东部地区的产业份额 $s_n$ 的偏微分为负数。对式 (7) 求取全微分后可得:

$$-\frac{\mathrm{d}t}{1-t} = D\left[-(1-s_n)\frac{\mathrm{d}f}{f-1} + fs_n\frac{\mathrm{d}s_n}{s_n}\right], D>0 \quad (11)$$

资本配置效应、市场拥挤效应和所得税效应是转移支付政策对产业份额、

---

① 前提条件: $0<s_n(s_E)<1$。计算表明,实施转移支付政策以后,发达地区的产业份额 $s_n$ 比市场规模 $s_E$ 减小得更快,因此只须 $0<s_n$ 即可。

市场规模和所得税税率的直接作用。式（9）、（10）和（11）还揭示了东部地区的市场规模 $s_E$ 和东部地区的产业份额 $s_n$ 之间的相互影响，比如在市场接近效应作用下，市场规模 $s_E$ 的增加必然吸引企业向当地转移，从而东部地区的产业份额 $s_n$ 有所增加。

转移支付政策还对东部和西部的资本收益率产生相反的影响。对西部地区企业的补贴使得在东部地区的产业份额减小，从而东部地区的企业之间的竞争程度就减弱，那么当地的资本收益率将上升。相反地，对西部地区企业的补贴使得西部地区的产业份额增加，这就加剧了西部地区的企业之间的竞争，使得当地的资本收益率下降。这意味着，资本的退出和进入能够影响地区内的单位资本的收益水平，并且这种影响是相反的，如下式所示：

$$\begin{cases} \dfrac{\mathrm{d}\pi}{\pi} = \dfrac{f-1}{fs_n + (1-s_n)} \left[ \dfrac{1-s_n}{f} \dfrac{\mathrm{d}f}{f-1} - s_n \dfrac{\mathrm{d}s_n}{s_n} \right] \\ \dfrac{\mathrm{d}\pi^*}{\pi^*} = -\dfrac{s_n(f-1)}{fs_n + (1-s_n)} \left[ \dfrac{\mathrm{d}f}{f-1} + \dfrac{\mathrm{d}s_n}{s_n} \right] \end{cases} \quad (12)$$

**（二）间接效应和净效应**

产业份额 $s_n$ 不仅是财税政策系数 $f$ 的函数，也是市场规模 $s_E$ 的函数。而市场规模 $s_E$ 又是财税政策系数 $f$ 的函数，它又受到所得税税率 $t$ 和产业份额 $s_n$ 的影响。式（9）中第二项表明市场接近效应促进工业生产活动的集聚，使得企业的区位集中于市场规模较大的地区。不过，东部地区市场规模受到两种相反的作用机理的影响，一是资本收益回流到东部地区，二是在东部地区征收所得税。前者扩大东部地区的市场规模，而后者减小东部地区的市场规模。除了上述作用机理以外，如果区域内的企业数量减少，那么企业之间的竞争强度将减弱，资本收益率将上升，因而又存在吸引企业区域内重新聚集的趋势。也就是说，对区内产业份额的变动趋势而言，存在负反馈机制。

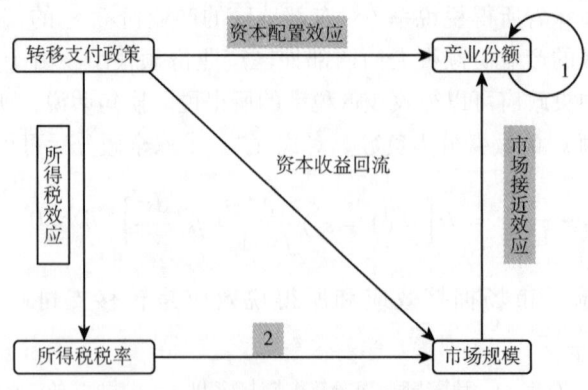

**图1 转移支付对产业份额的作用机理**

图 1 解释了转移支付对东部地区的产业份额 $s_n$ 的 3 种作用机理。除了属于直接效应的资本配置效应以外,既有通过市场拥挤效应和资本收益回流导致东部地区的市场规模 $s_E$ 扩大,从而吸引企业和资本迁往东部地区,也有通过所得税效应导致东部地区的市场规模 $s_E$ 减小,从而促使企业和资本迁出东部地区。"1"表示如果东部地区的产业份额 $s_n$ 减少,那么企业之间的竞争将减弱,导致资本收益率上升,而资本收益率的上升将吸引企业回迁。"2"表示在东部地区征收所得税导致可支配收入的减少,因而市场规模减小。求解式(9)、(10)和(11)构成的方程组,可以得到转移支付对东部地区的产业份额 $s_n$ 的净效应为①:

$$\frac{\mathrm{d}s_n}{s_n} = -E[(f-1)(1+\phi)(1-\phi)(1-s_E) - (C-D)$$
$$(f-\phi)(1-f\phi)(1-s_n)]\frac{\mathrm{d}z}{z}, E > 0 \tag{13}$$

在式(13)中,方括号中第一项表示转移支付的资本配置效应的综合结果;而第二项表示市场接近效应的综合结果,它来自于转移支付分别对东部地区的市场规模 $s_E$ 和所得税税率 $t$ 的直接效应。资本配置效应代表的是政府"看得见的手"干预经济的力量,而市场接近效应则是市场"看不见的手"配置资源的力量。企业就是在这两种力量约束下,选择合理的区位从而最大化自身利润的。可以证明在大多数条件下,式(13)方括号中两种相反作用的结果是:$z\mathrm{d}s_n/s_n\mathrm{d}z < 0$。因此在转移支付的作用机理中,起主导作用的是资本配置效应(见图 2)。

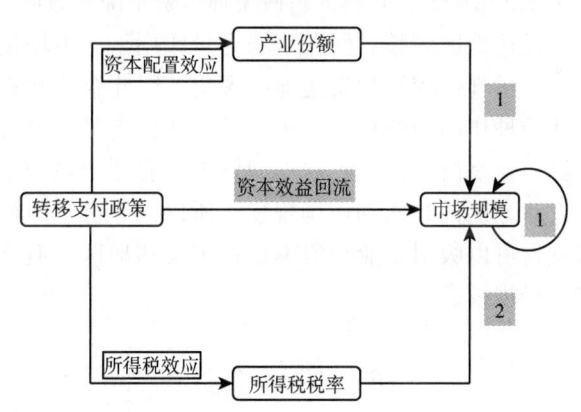

**图 2 转移支付对市场规模的作用机理**

尽管转移支付能够吸引企业和资本从发达地区转移到欠发达地区,但这种产业转移能否缩小区际发展差距呢?倘若以常见的市场规模 $s_E$ 来衡量区际经济发展差距

---

① 见附录(一)。

(Dupont and Martin, 2006, 安虎森等, 2013), 则答案是悲观的。图 2 也解释了转移支付对东部地区的市场规模 $s_E$ 的 3 种作用机理。除了属于直接效应的资本收益回流以外, 首先是转移支付影响了东部地区的产业份额 $s_n$ 从而产生了对市场规模 $s_E$ 的影响。然而式 (13) 已表明转移支付使得东部地区的产业份额 $s_n$ 减小, 因此在市场拥挤效应的作用下, 东部地区企业之间的竞争程度减弱, 提高了单位资本的收益率, 一定程度上扩大了东部地区的市场份额 $s_E$。其次, 征收所得税补贴欠发达地区的企业后, 东部地区的可支配收入在减少, 而西部地区的可支配收入在扩大。在图 2 中, 圆弧中的"1"与表示产业份额对市场规模影响的"1"是不同的。前者使得市场规模减小, 后者使得市场规模变大。同样地, 通过求解式 (9)、(10) 和 (11) 构成的方程组, 可以得到转移支付对东部地区的市场规模 $s_E$ 的净效应为:

$$\frac{\mathrm{d}s_E}{s_E} = F(C - D)\frac{\mathrm{d}z}{z}, F > 0 \qquad (14)$$

在式 (14) 中, 参数 $C$ 表示的是转移支付对东部地区的市场规模的直接作用, 代表了市场配置资源的力量; 而参数 $D$ 表示的是所得税效应, 代表了行政配置资源的力量。而转移支付能否促进区域经济发展差距的缩小仍然取决于两种力量的相对大小。可以证明在任意条件下, 转移支付对东部地区的市场规模 $s_E$ 影响的最终结果为: $z\mathrm{d}s_E/s_E\mathrm{d}z>0$。所以, 如果以市场规模衡量区域之间的经济发展差距, 那么转移支付难以促进区际经济发展的收敛。

结论 1: 在行政力量作用下, 转移支付政策通过资本配置效应和所得税效应促使发达地区的资本向欠发达地区转移。而在市场力量作用下, 市场接近效应和市场拥挤效应又促使资本向市场规模较大的发达地区聚集, 因此企业和资本是否发生实质性转移, 取决于上述两种作用力的相对大小。尽管转移支付政策可以吸引企业和资本转移到欠发达地区, 但是由于资本收益返回资本所有者居住的地区, 因此转移支付政策难以增加欠发达地区的收入和市场规模。所以, 尽管全国征税补贴欠发达地区企业利润的转移支付可以吸引企业和资本迁往欠发达地区, 但是难以同时扩大欠发达地区的收入和市场规模。

## 四、实证检验

本文通过 1995~2012 年间的省域面板数据对理论模型进行实证检验。产业份额以当地规模以上工业企业的资产份额衡量, 市场规模以收入法的地区生产总值份额衡量。利用《中国财政年鉴》中"中央补助地方收入"衡量转移支付政策的补贴资金（马拴友等，2003），并利用营业盈余①（绝对值）衡量资本收益，因此补贴率 $z$ 即是以"中央补助地方收入"占营业余额的比例来衡量，其余数据均来自于《中国统计年鉴》（1996～2013）。计量模型参考式（13）和式（14），分别检验转移支付与产业份额和市场规模之间的实证关系。

西部地区的产业份额：

$$isp_{it} = \alpha_0 + \alpha_1 tpp_{it} + \varepsilon_{it}, i = 1,2,\cdots,11, t = 1,2,\cdots,18 \quad (15)$$

西部地区的市场规模：

$$msp_{it} = \beta_0 + \beta_1 tpp_{it} + \nu_{it}, i = 1,2,\cdots,11, t = 1,2,\cdots,18 \quad (16)$$

其中，$isp_{it}$ 指西部地区某省（自治区、直辖市）$i$ 在第 $t$ 年的产业份额，$msp_{it}$ 指西部地区某省（自治区、直辖市）$i$ 在第 $t$ 年的市场规模，$tpp_{it}$ 指西部地区的某省（自治区、直辖市）$i$ 在第 $t$ 年所获得的"中央补助地方收入"占其资本收益的比率。而 $\alpha_0$、$\alpha_1$、$\beta_0$ 和 $\beta_1$ 均为待估系数，$\varepsilon_{it}$ 和 $\nu_{it}$ 为扰动项（见表1）。

表1　　　　　　　　　　　　实证检验结果

| | 西部地区的产业份额 ||||  西部地区的市场规模 ||||
|---|---|---|---|---|---|---|---|---|
| | FE | GLS | D-GMM | S-GMM | FE | GLS | D-GMM | S-GMM |
| $z$ | -0.037 (0.028) | -0.031*** (0.004) | 0.023*** (0.007) | 0.020*** (0.006) | -0.057*** (0.021) | -0.066*** (0.006) | -0.018** (0.009) | -0.016** (0.008) |
| Constant | 1.657*** (0.081) | 1.256*** (0.032) | -0.044 (0.127) | -0.179* (0.109) | 1.790*** (0.064) | 1.602*** (0.044) | 0.746*** (0.294) | 0.595*** (0.226) |
| AR（1） | | | 0.070 | 0.085 | | | 0.032 | 0.068 |
| AR（2） | | | 0.592 | 0.596 | | | 0.630 | 0.882 |
| Sargan | | | 0.999 | 1.000 | | | 1.000 | 1.000 |
| Hansen J | | | — | 1.000 | | | — | 1.000 |
| Adj-$R^2$ | 0.3301 | — | | | 0.3545 | | | |
| 样本 | 198 | 198 | 165 | 176 | 198 | 198 | 165 | 187 |

注释：括号内数值为回归系数的标准差，*、**、*** 分别表示10%、5%和1%的显著性水平。

本文将中国划分为三个区域：东部、西部和其他地区②。从式（13）、式（14）中可以看出，系数 $C$、$D$、$E$、$F$ 等均是补贴率、产业份额、市场规模的函数，因此

---

① 由于生产税净额和固定资产折旧均与资本有关，且补贴对象必须为税前和补贴前的资本收益，因此将其并入到营业盈余中。

② 东部地区包括京、津、冀、沪、苏、浙、闽、鲁、粤、琼；西部地区包括蒙、桂、渝、川、贵、滇、陕、甘、青、宁、新；其他地区包括辽、吉、黑、晋、徽、赣、豫、鄂、湘。因为西藏自治区的虚拟补贴率异常地大，所以未将其纳入。为了检验模型的稳定性，本文也研究了其他地区，所得结论与对西部的一致。

计量模型要求解决模型的内生性问题。所以，本文采用动态面板模型（盛斌等，2012），分别以差分广义矩估计法（D-GMM）和系统广义矩估计法（S-GMM）进行回归，相应的结果列于表1。差分-Sargan检验表明系统广义矩估计法中的额外矩条件都是有效的。

以西部地区的产业份额为例。不论是个体固定效应模型（FE），还是广义最小二乘法（GLS）模型，补贴率$z$的回归系数符号都为负，然而由于模型具有内生性，这些回归系数将是有偏的和非一致的。差分广义矩估计法和系统广义矩估计法的结果表明，补贴率$z$对西部地区的产业份额的回归系数为正值，且其取值范围为0.020~0.023之间，也就是说补贴率每增加1个百分点，西部地区的产业份额可以增加0.020~0.023个百分点。最后，以系统广义矩估计法的结果来分析，中国转移支付政策使得西部地区的产业份额确实增加了，且其市场规模却减小了。这些发现与理论模型预测的结论是一致的。

这个结论与马拴友等（2003）、尹恒等（2007）、范子英等（2010）的结论相同，转移支付不但没有促进区际经济发展差距收敛，反而扩大了地区差距。不过，本文认为这个结果是转移支付政策自身存在缺陷所致，尤其是如果中央政府对欠发达地区的直接补贴和（或）优惠扶持政策不能实实在在地为这些地区所完全享有，那么几乎所有的转移支付计划的预期目标都难以达成。所以，不论是1994年"分税制"改革以来的转移支付制度安排，还是西部大开发、中部地区崛起和振兴东北老工业基地等国家区域协调发展战略都必须努力达到直接补贴和（或）优惠扶持政策在欠发达地区的生根落地，使得当地的生产要素所有者直接享有，并进一步促进当地经济的发展。

# 五、福利分析

理论模型和实证检验都表明，若以市场规模来衡量区域经济发展差距，则全国征税后补贴欠发达地区企业的转移支付政策难以实现区域协调发展。然而，不论是在我国，还是在欧盟内部，都存在规模庞大的转移支付计划，表明了这种政策必然有其合理性。如果将研究层面从区域推进至微观经济个体，那么可以发现转移支付在实现福利水平（Puga, 1999, Baldwin et al., 2003）区际公平的目标方面具有重要的积极意义，也可为更好地制定和执行转移支付政策找到某种合理的准则。

（一）福利分析

鉴于实际衡量工业价格指数和生活价格指数的限制，本文采用数值模拟的方法就转移支付对微观经济个体福利水平的影响进行探讨。在数值模拟之前，需要对有关经济参数进行标定。需要标定的参数共有6个：$s_L$、$s_K$、$\sigma$、$\mu$、$b$，其中$b = \mu/\sigma$。依据理论模型，参数$b$指资本收益在总支出中的比例，因此可以地区生产总值衡量总支出，而以营业盈余（绝对值）衡量资本收益。通过 1995~2012 年 31 个省（自治区、直辖市）的面板数据，采用回归方法得到数值约为 0.286。依据《中国统计年鉴》（1992~2010）中投入产出基本流量表（最终使用部分），采用以进出口值调整的最终消费数据，并仅以农业和工业作为估算对象，参数 $\mu$ 的范围约为 0.446~0.638，其均值为 0.592。所以，工业品之间的不变替代弹性系数 $\sigma$ 可标定为 2.070。尽管 $s_L$ 指东部地区劳动力禀赋的份额，然以劳动者报酬的份额衡量更符合理论模型中的定义，而 $s_K$ 亦是如此（见表 2）。

表 2　　　　　　　　　　参数标定结果

| $s_L$ | $s_K$ | $b$ | $\mu$ | $\sigma$ |
|---|---|---|---|---|
| 0.498 | 0.588 | 0.286 | 0.592 | 2.070 |

依据参数标定结果，图 3 数值模拟了转移支付对不同地区不同要素所有者福利水平的影响。可以发现，发达地区要素所有者的福利是受损的，且当补贴率相同时，劳动者（上图）的福利损失远大于资本所有者（下图）的福利损失。这是因为尽管发达地区资本所有者的税后收益增加了，然而企业迁出使得生活成本上升，因此发达地区资本所有者的福利水平是下降的。而发达地区的劳动者，除了按固定税率 $t$ 缴纳所得税以外还得承受生活成本上升的不利影响。反过来，欠发达地区要素所有者的福利水平得以改进，这是因为尽管转移支付政策不能扩大欠发达地区的市场规模，然而企业从发达地区迁入欠发达地区，对劳动者而言不仅降低了生活成本，而且企业的迁入必然增加对劳动力的需求，提高了他们的劳动报酬，因而劳动者的福利水平提升了。同时，企业迁入对欠发达地区资本所有者而言，除了可以享受生产成本下降的好处外还能享受政府的补贴。因此欠发达地区资本所有者福利水平的改进程度高于劳动者。需要补充的是，尽管不同的贸易自由度会影响微观经济个体福利水平变动的程度，然而不会改变福利水平的变动趋势。

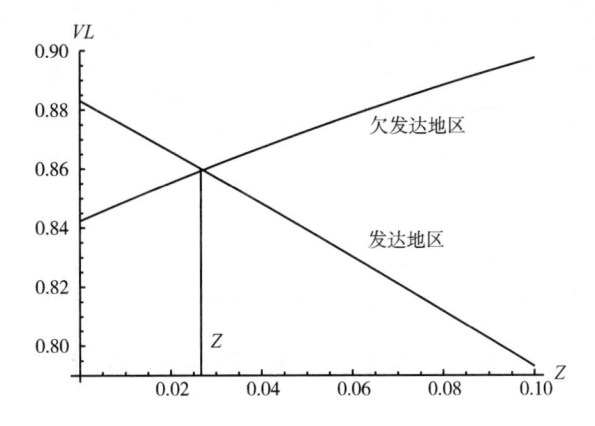

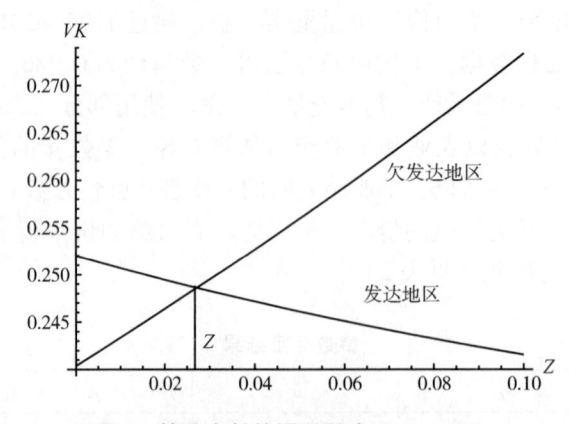

**图3　转移支付的福利影响（$\tau=1.80$）**

由此可见，转移支付政策对不同地区不同要素所有者的福利水平的影响是不同的。这就促使了不同的利益集团的形成，它们对转移支付的态度是截然不同的。发达地区的劳动者和资本所有者将反对转移支付政策，而且劳动者的反应强度将大于资本所有者的反应强度。值得指出的是，即使区际贸易条件发生改变，转移支付政策对不同地区不同要素所有者的福利水平的定性影响是不会发生变化的。

福利分析还表明，转移支付政策的实施总会导致整体福利水平的损失。图4模拟了转移支付政策对经济系统的整体福利水平的影响。从图4中可以看出，当贸易自由度一定时，补贴率越高，国民经济整体福利水平的损失程度就越大。因此，尽管转移支付政策不会影响名义总收入（或总支出），然而实际总收入（或总支出）却是不断下降的。

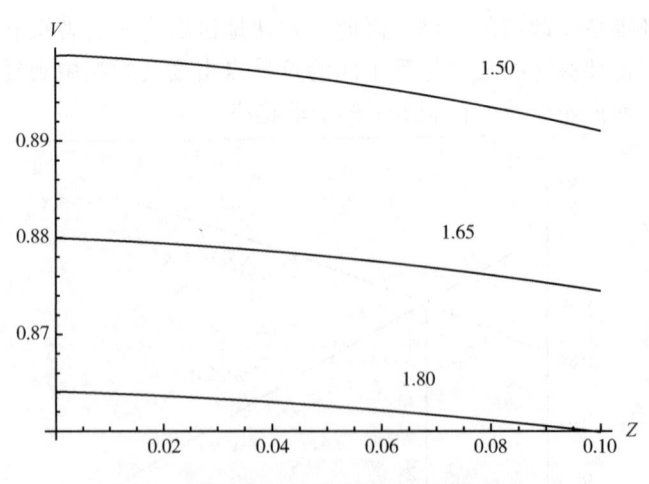

**图4　转移支付对整体福利水平的影响**

**(二) 区际公平**

如果要素所有者不能流动，那么在区际名义收入水平相等的假设下，生活成本（或生产成本）就是影响福利水平区际差异的主要因素。在劳动力和资本禀赋非对称的模型中，转移支付吸引发达地区的企业转移到欠发达地区，这就使得欠发达地区的生活成本（或生产成本）下降，而发达地区的生活成本（或生产成本）上升，实现缩小实际收入水平区际差距的目标，这是转移支付在促进区域经济协调发展战略目标上的积极意义所在。

以资本所有者为例。在长期均衡时，发达地区和欠发达地区资本所有者的税后以及补贴后的名义收益在区域间是相等的。因此，区际资本所有者的实际收益水平相等只须区际物价指数相等即可，而这又等价于区际产业份额相等，即两个地区的产业份额各占 1/2（$s_n = 0.5$）。这种结论对劳动力而言仍然是成立的。因此，使得两个地区的产业份额各占 1/2 时的补贴率 $z^*$ 就是实现福利水平区际公平目标的补贴率（见图3）。需要注意的是，首先尽管当补贴率等于 $z^*$ 时，同种要素所有者之间的福利水平是相等的，但是实现福利水平区际相等目标是以牺牲发达地区要素所有者的福利为代价的，而且国民经济整体福利也是受损的。其次在该补贴率下，区际市场规模通常是不相等的，且发达地区的市场规模要大于欠发达地区的。再次，福利水平区际相等有赖于区际名义收入水平的相等和区际物价指数水平的相等，而这严格地要求一个有利于生产要素自由流动的市场环境的存在，包括实现劳动者的自由迁徙，资本投资便利化等条件。再其次，这个最优补贴率的存在也为转移支付政策的制定和执行提供了一种可供参考的合理准则，既可以避免补贴不足又可以避免过度补贴的出现。最后，如果区际贸易条件得到改善（$\tau$下降），那么转移支付所导致的整体福利水平损失较小，实现福利水平区际公平目标对补贴率的要求也较低。

结论2：全国征税补贴欠发达地区企业的转移支付政策使得发达地区要素所有者的福利水平受损，而欠发达地区要素所有者的福利水平得以改进。然而，国民经济整体福利水平是受损的。在此过程中，转移支付的实施有利于福利水平区际公平目标的实现，而最优补贴率应是使得发达地区和欠发达地区的产业份额保持相等时的补贴水平。

这里的结论与郭庆旺等（2008）可能存在着偏差，原因在于衡量微观经济个体福利水平的方法不同。本文的福利水平指的是微观经济个体的实际收入，而个体享有的地方公共服务，如公共医疗卫生服务、公共交通基础设施服务等，仅是个体福利水平的重要组成部分，而非全部。所以如何更加全面的衡量个体的福利水平，特别是如何衡量企业迁移使得生活和生产成本发生改变是未来转移支付对个体福利水平影响的重要方向。

结论2和结论1似乎相互矛盾，然而深入地分析，则可发现它们并不矛盾。在这里，市场规模实际上是以收入法衡量的名义地区生产总值份额。当自由转移的资本处于稳定状态时，所有资本的收益率是相等的，而且资本所有者不能转移，因此所有资本收益都返回到资本所有者所在的地区。一个地区所拥有的资本禀赋越多，其市场规模也就越大。因此，若以相对市场规模（资源禀赋）来衡量区域之间经济发展的差距，则转移支付政策难以实现缩小区际差距的目标。然而，转移支付吸引企业和资本从发达地区迁往欠发达地区具有重要的公平意义。当不存在补贴时，企业和资本聚集在发达地区提高了发达地区就业机会，也降低了发达地区的生活成本（或生产成本），因此发达地区的实际收入水平远高于欠发达地区的实际收入水平。如果实施转移支付政策，则可以吸引发达地区的资本向欠发达地区转移，扩大欠发达地区的产业份额，在增加欠发达地区就业机会的同时降低当地的生活成本（或生产成本），因此转移支付政策能够缩小微观经济个体在福利水平上的区际差距。最优补贴率就是实际收入水平在区域之间趋于相等时的补贴率。可以看出，结论1涉及的是资源禀赋占有结构的问题。尽管转移支付增加了欠发达地区实际使用的资本量，然而这并没有改变资本原有的所有结构，因而资本收益分配结构不会发生变化，显然就不能改变原有的市场份额结构。结论2涉及的是资源禀赋使用结构的问题。转移支付扩大了欠发达地区使用的资本总量，这就提高了欠发达地区的就业机会进而提高了总体的收入水平，又降低了欠发达地区的物价指数水平，这两者的总和必然提高欠发达地区的福利水平。

## 六、结　　论

对于将财政收入通过各种方式和途径补贴给欠发达地区，扶持当地产业发展的转移支付，本文基本否定了这样的政策在缩小区际经济发展差距方面的积极意义。这个结论是基于对转移支付的作用机理和实证检验而得出的。资本可以自由转移而资本所有者不能转移，这就意味着转移到欠发达地区的资本在当地获取的资本收益以及补贴都将返回到资本所有者居住的地区，这反而扩大了发达地区的市场规模。同时，任何企业都有选择市场规模较大地区作为其生产区位以实现规模经济的潜在趋势。如果资本配置效应使得企业从发达地区转移到欠发达地区，那么发达地区将因企业移出而降低企业之间的竞争，最终使得当地企业的资本收益率上升。与之相反，欠发达地区由于企业移入而竞争加剧，当地企业的资本收益率就呈现下降的趋势。所有这些效用都使得发达地区的收入和市场规模增大，而欠发达地区的收入和市场规模减小，导致区际之间的经济发展差距进一步地拉大。同时，在行政力量作用下，转移支付通过资本配置效应和所得税效应促使发达地区的企业和资本向欠发达地区转移。尽管在市场力量作用下，市场接近效应和市场拥挤效应促使企业和资本向市场规模更大的发达地区聚集，然而最终资本配置效应在企业和产业转移中发挥主导性作用，使得欠发达地区的企业和资本份额有所增加。之所以转移支付对欠发达地区进行补贴和（或）优惠扶持的政策导致当地的企业和产业份额有所增加而收入和市场规模未能相应增加，从而缩小区际经济发展差距，关键是因为资本所有结构和资本使用结构是分异的。

不过，从微观经济个体层面而言，转移支付在促进福利水平区际公平方面具有重要意义。补贴欠发达地区企业的转移支付政策使得发达地区要素所有者的福利水平受到损失而欠发达地区要素所有者的福利水平得以提升，而且损失部分要大于增加部分，因此国民经济整体福利水平是受损的。尽管转移支付导致整体福利水平的损失，但是有利于福利水平区际公平目标的实现，欠发达地区个体和发达地区个体之间的福利水平差距缩小了。同时，依据福利水平区际公平的要求，转移支付存在着一个最优的补贴水平；而且如果区际贸易条件得以改善，欠发达地区的交通基础设施得以改进，那么不仅整体福利水平的损失程度将减小，而且实现福利水平区际公平目标的补贴率也降低了。

本文存在着一些不足之处，比如企业和资本的转移无需重置成本、资本所有者仅在其居住地生活、数值模拟依赖于经济参数的标定结果等。尽管这些严格的假设符合一定的实际，然而也是未来研究需要重点突破的方向。

## 附录：

（一）转移支付对产业份额和市场规模的净效应。

先对式（5）求取对数，后求取全微分，并整理可得：

$$\frac{\mathrm{d}s_n}{s_n} = A\left[(f-\phi)(1-f\phi)\frac{\mathrm{d}s_E}{s_E} - (f-1)(1-\phi^2)(1-s_E)\frac{\mathrm{d}f}{f-1}\right] \quad (1.1)$$

其中 $A = \dfrac{(1+\phi)s_E}{[(1-\phi^2)s_E - \phi(f-\phi)]\{[s_E + f(1-s_E)] - \phi[(1-s_E) + fs_E]\}} > 0$。

同样地，对式（8）求取对数，后求取全微分，并整理可得：

$$\frac{\mathrm{d}s_E}{s_E} = -\frac{\mathrm{d}t}{1-t} + C\left[(1-s_n)\frac{\mathrm{d}f}{f-1} - fs_n\frac{\mathrm{d}s_n}{s_n}\right] \quad (1.2)$$

其中 $C = \dfrac{f-1}{\left[(1-b)s_L + bs_K \dfrac{f}{fs_n + (1-s_n)}\right][fs_n + (1-s_n)]^2} > 0$。

注意到 $z = (f-1)(1-t)$，从而式（7）可以整理为：

$$1 - t = \frac{fs_n + (1-s_n) - b(f-1)(1-t)(1-s_n)}{fs_n + (1-s_n)}$$

对上式求取对数，再计算全微分可得：

$$-\frac{\mathrm{d}t}{1-t} = \frac{(f-1)\mathrm{d}s_n + s_n\mathrm{d}f - b\mathrm{d}[(f-1)(1-t)(1-s_n)]}{fs_n+(1-s_n)-b(f-1)(1-t)(1-s_n)} - \frac{(f-1)\mathrm{d}s_n+s_n\mathrm{d}f}{fs_n+(1-s_n)}$$

令 $[1] = (f-1)(1-t)(1-s_n)$，对其求取对数和全微分：$\mathrm{d}[1] = [1]\left(\dfrac{\mathrm{d}f}{f-1} - \dfrac{\mathrm{d}t}{1-t} - \dfrac{\mathrm{d}s_n}{1-s_n}\right)$。将该式代入全微分的表达式，并整理可得：

$$-\frac{\mathrm{d}t}{1-t} = D\left[fs_n\frac{\mathrm{d}s_n}{s_n} - (1-s_n)\frac{\mathrm{d}f}{f-1}\right] \tag{1.3}$$

其中 $D = \dfrac{b(1-t)(f-1)}{[fs_n+(1-s_n)]^2} > 0$。

将式 (1.3) 代入式 (1.2) 中，可得：$\dfrac{\mathrm{d}s_E}{s_E} = (C-D)\left[(1-s_n)\dfrac{\mathrm{d}f}{f-1} - fs_n\dfrac{\mathrm{d}s_n}{s_n}\right]$。由于 $C-D = \dfrac{z}{[fs_n+(1-s_n)]^2}\left(\dfrac{1}{s_E}-b\right)$，并且 $0 < s_E < 1$，$0 < b < 1$，因而得到 $C-D > 0$。这说明转移支付通过市场配置效应和所得税效应对市场规模的净效应仍是正向的。继续将上式代入式 (1.1) 中，可得：

$$\frac{\mathrm{d}s_n}{s_n} = G\frac{\mathrm{d}f}{f-1} \tag{1.4}$$

其中，$G = -A\dfrac{(1+\phi)(1-\phi)(f-1)(1-s_E) - (f-\phi)(1-f\phi)(C-D)(1-s_n)}{1+Afs_n(f-\phi)(1-f\phi)(C-D)}$，等号右侧分子中第一项正是转移支付的资本配置效应，第二项是净市场接近效应。尽管 $G$ 是 $f$ 的函数，然而在多数情形下①都有 $G < 0$。

将式 (1.4) 代入式 (1.3) 中，可求得财税政策系数对均衡的所得税率的净效应为：

$$-\frac{\mathrm{d}t}{1-t} = DH\frac{\mathrm{d}f}{f-1}$$

其中，$H = fs_nG - (1-s_n) < 0$。再将上式代入到式 (1.2) 中，可得：

$$\frac{\mathrm{d}s_E}{s_E} = -(C-D)H\frac{\mathrm{d}f}{f-1}$$

在这里，我们补充财税政策系数 $f$ 与转移支付的补贴系数 $z$ 之间的正比例关系的证明。由于 $f-1 = z/(1-t)$，则有 $\mathrm{d}z/z = (1+DH)\mathrm{d}f/(f-1)$。同样地，在多数情形

---

① 根据我国的实际进行参数标定，采用数值模拟方法得出的条件为：工业品的替代弹性系数 $\sigma$ 不是特别的大（$\sigma \leq 2.50$），且补贴率 $z$ 较小（$z \leq 20\%$）。

下都有 $1 + DH > 0$。因此，$E = \dfrac{G}{1 + DH} < 0$，$F = -\dfrac{(C - D)H}{1 + DH} > 0$。

（二）名义总支出（或总收入）$E^w$ 保持不变。

根据所得税征收和转移支付政策补贴的属地原则，全体要素所有者的名义总收入（或总支出）$E^w$ 应为：

$$E^w = (1-t)w_L L + K[(1-t)s_K^n \pi + (1-t+z)(1-s_K^n)\pi^*] \\ + (1-t)w_L L^* + K^*[(1-t)s_{K^*}^n \pi + (1-t+z)(1-s_{K^*}^n)\pi^*]$$

对上式进行整理，并分别厘清要素的税前收入、所得税以及转移支付总额可得：

$$E^w = w_L L + K[s_K^n \pi + (1-s_K^n)\pi^*] + w_L L^* + K^*[s_{K^*}^n \pi + (1-s_{K^*}^n)\pi^*] \\ - t\{w_L L + [s_K^n K\pi + s_{K^*}^n K^*\pi] + w_L L^* + [(1-s_K^n)K\pi^* + (1-s_{K^*}^n)K^*\pi^*]\} \\ + z[K(1-s_K^n)\pi^* + K^*(1-s_{K^*}^n)\pi^*]$$

上式的第二行即为全国所得税总额，第三行即为补贴总额。根据平衡预算约束条件，二者应是相等的，从而得到：

$$E^w = w_L L^w + K[s_K^n \pi + (1-s_K^n)\pi^*] + K^*[s_{K^*}^n \pi + (1-s_{K^*}^n)\pi^*]$$

结合全体资本所有者以相同方式做分散投资的行为假设，即 $s_K^n = s_{K^*}^n$，以及 $s_n B + (1-s_n)B^* = 1$，可得：$E^w = w_L L^w/(1-b)$。

**参 考 文 献**

[1] 安虎森，周亚雄，朴银哲. 差异化税率、转移支付和区域差距收敛分析 [J]. 西南民族大学学报，2013（1）：144 – 151.

[2] 范子英，张军. 中国如何在平衡重牺牲了效率：转移支付的视角 [J]. 世界经济. 2010（11）：117 – 138.

[3] 何文，安虎森. 财税政策对经济总量和区域差距的影响研究——基于多维框架的新经济地理学理论分析 [J]. 财经研究，2013（6）：4 – 15.

[4] 贾晓俊，岳希明. 我国均衡性转移支付资金分配机制研究 [J]. 经济研究. 2012（1）：17 – 30.

[5] 马拴友，于红霞. 转移支付与地区经济收敛 [J]. 经济研究，2003（3）：26 – 33.

[6] 毛捷，汪德华，白重恩. 民族地区转移支付、公共支出差异与经济发展差距 [J]. 经济研究，2011（2）：75 – 86.

[7] 盛斌，吕越. 外国直接投资对中国环境的影响——来自工业行业面板数据的实证研究 [J]. 中国社会科学，2012（5）：54 – 75.

[8] 尹恒，康琳琳，王丽娟. 政府间转移支付的财力均等化效应——基于中国县级数据的研究 [J]. 管理世界，2007（1）：48 – 55.

[9] Dixit, A K and Stiglitz, J E. "Monopolistic Competition and Optimum Product Diversity", American Economic Review, 1977, 67（3）：297 – 308.

[10] Fujita Mashahisa. "A Monopolistic Competition Model of Spatial Agglomeration: Differentiated Product Approach", Regional Science and Urban Economics, 1988, 18 (1): 87 – 124.

[11] Karen Helene Ulltveit-Moe. "Regional Policy Design: An Analysis of Relocation, Efficiency and Equity", European Economic Review, 2007, 51 (6): 1443 – 1467.

[12] Krugman, Paul. "Increasing Returns and Economic Geography", Journal of Political Economy, 1991, 99 (3): 483 – 499.

[13] Ottaviano, G I P and Puga Diego. "Agglomeration in the Global Economy: A Survey of the 'New Economic Geography'", The World Economy, 1998, 21 (6): 707 – 731.

[14] Ottaviano, G I P. "Monopolistic Competition, Trade, and Endogenous Spatial Fluctuation", Regional Science and Urban Economics, 2001, 31 (1): 51 – 57.

[15] Ottaviano G I P. Takatoshi Tabuchi, and Jacques-Francois Thisse, "Agglomeration and Trade Revisited", Intenational Economic Review. 2002, 43 (2): 409 – 435.

[16] Philippe Martin, Carol Ann Rogers. "Industrial Location and Public Infrastructure", Journal of International Economics, 1995, 39 (3 – 4): 335 – 351.

[17] Puga Diego. "The Rise and Fall of Regional Inequalities", European Economic Review, 1999 (43): 303 – 334.

[18] Richard Baldwin. Rikard Forslid, Philippe Martin, Gianmarco Ottaviano and Frederic Robert-Nicoud, *Economic Geography and Public Policy*, New Jersey: Princeton University Press, 2003.

[19] Starrett D. "Market Allocations of Location Choice in a Model with Free Mobility", Journal of Economic Theory, 1978 (37): 21 – 37.

[20] Vincent Dupont and Philippe Martin. "Subsidies to Poor Regions and Inequalities: Some Unpleasant Arithmetic", Journal of Economic Geography, 2006, 6 (2): 223 – 240.

# 环境管制、人力资本流动与区域发展*
## ——环境库兹涅茨曲线形成机制研究

何 文**

**摘 要**：本文将消费者对于环境质量的偏好纳入到消费者的效用函数之中，构建了一个空间一般均衡模型，分析地方政府如何设定当地的环境标准，从而导致人力资本流动，进而影响了区域环境质量演化的轨迹，形成了环境库兹涅茨曲线。研究认为，当一个区域的经济规模较小或环境质量较好时，地方政府就会缺乏环境管制的动力。区域政府过分重视短期的经济增长，会导致：发达地区的环境演化轨迹为倒"U"型的环境库兹涅茨曲线，而落后地区的环境质量则会持续退化。只有持之以恒保护环境，才能保证长期内的经济发展。

**关键词**：环境管制 环境标准 区域发展 环境库兹涅茨曲线 人力资本流动

## 一、引 言

改革开放以来，我国经济迅速发展，但付出了惨重的环境代价——森林破坏、水土流失、土地荒漠化、耕地较少和使用超载、水资源枯竭以及水污染、空气污染等。世界上很多国家（包括欧美发达国家）在其经济发展的过程中也都同样曾出现与我国类似的环境遭受破坏的经历，那么环境质量随着经济发展而恶化的情况是否又会在经济发展到一定水平之后出现逆转从而使环境得到改善呢？也就是，环境库兹涅茨曲线（Environment Kuznets Curve，EKC）是否必然出现，而我国是否已经达到了 EKC 的拐点了呢？

1993 年 Panayotou 首次提出 EKC，揭示出环境质量开始随着经济发展而退化，但是当经济发展到一定水平后又会随着经济发展而改善，即环境污染与人均收入之间所呈现的倒"U"型关系，也就是环境质量与经济发展之间所呈现的"U"型关系。EKC 被提出之后，环境质量与经济发展之间的关系成为相关领域学术研究的热点问题，众多学者从经济结构（Grossman & Krueger，1991；Shafik，1992；Panayotou，1993）、市场机制（Thampapillai & Hanf & Thangavelu，2003；Lanoie & Laplante &

---

\* 基金项目：教育部人文社科青年基金项目（我国环境管制与区域经济协调发展的耦合关系研究——基于空间经济学视角，14YJC790043）。

\*\* 何文，男（1981 - ），上海理工大学管理学院讲师；研究方向：新经济地理学。

Roy，1998）、收入需求弹性（Manuelli，1995；Kwon，2001；Khanna，2002）、科技水平（López，1994；Suri，1994；Copeland & Taylor，2004）、国际贸易（Selden & Song，1994；Markus，2002）和政府政策（Deacon，1994；Grainger，1998；Torras & Boyce，1998）等视角对 EKC 形成的动因进行了分析，极大丰富了人们对于 EKC 形成机理的认识。但是，也有很多学者对于 EKC 的存在提出了质疑，认为 EKC 的实证研究和内生机理研究都缺乏足够的说服力，环境质量与经济发展水平之间并不存在单一的关系，并且认为当前太多的力量集中于研究 EKC 具体呈现出什么形状，而较少放在研究 EKC 的生成机理上，这在一定程度上将研究引入了歧途（佘群芝，2008；钟茂初、张学刚，2010）。

为了探讨 EKC 形成的内生机制，本文将从污染主体的微观行为入手。污染的主体是经济活动单位，因此经济活动单位在空间的移动是空间不同构成部分（也就是区域）环境质量变化的一个重要原因。而不同区域的环境管制部门（通常是政府，本文用政府进行表述）结合本区域的经济状况确定环境标准进行环境管制又是该区域环境质量变化的另一个重要原因。因此，揭示经济活动单位空间移动的内在机理以及环境标准与经济发展水平的联系是破解环境质量与经济发展之间关系的关键。本文把消费者对于环境质量的偏好纳入到效用函数中，通过构建空间一般均衡模型，解释区域要素流动机制以及分析环境标准的选择，从而得到环境质量和经济发展水平的关系，解析 EKC 形成的内在机制。

本文的结构安排如下：第二部分构建模型的基本框架；第三部分讨论区域环境标准如何制定；第四部分讨论环境演化轨迹，最后一部分进行简单的总结。

## 二、模型基本框架

为了简化分析，假设经济系统包含本地和外地两个区域（文中分别用无上标、上标"*"和上标"w"表示本地、外地和整个经济系统的变量），两个区域在消费者偏好、生产技术、交易成本等方面都相同；包含农业和工业两个生产部门（文中分别用下标"A"和"M"表示）[1] 以及一个进行环境管制的政府部门；存在资本和劳动力两种生产要素（文中分别用下标"H"和"L"表示）。农业部门以规模报酬不变技术和完全竞争市场结构为特征，仅使用劳动力一种要素作为可变投入生产同质的农产品，且不产生污染；工业部门以规模报酬递增技术和垄断竞争市场结构为特征，分别使用资本和劳动力两种要素作为固定和可变投入生产差别化的工业品，并产生污染；政府部门向造成污染的企业收取环境管制费用（为了简化处理，假设

---

[1] 农业部门和工业部门只是通用表述，从产业结构来理解更为恰当，也就是分别表述为完全竞争部门和寡头垄断部门。

这笔费用从企业的营业利润中收取,从而不影响企业的成本结构),用于购买产品进行环境的治理和保护。农产品没有交易成本;工业品在区域间交易遵循"冰山交易成本($\tau$)"。劳动力只在区域内流动,不能跨区域转移;而本文的资本为人力资本,可以在区域间流动,流动的驱动力为区域间的实际福利差异。

分别用 $L$、$H$ 表示本地所拥有的劳动力禀赋和资本量;分别用 $s_L$、$s_H$ 表示本地的劳动力份额和资本份额:$s_L = L/L^w, s_H = H/H^w$。

### (一)消费者行为

消费者的效用函数为双层效用函数,总效用函数是消费农业品和工业品并对环境质量有所偏好的 C-D 型函数;子效用函数是消费差别化工业品的 CES 型函数:

$$U = C_M^\mu C_A^{1-\mu} Q^\gamma, C_M = \left( \sum_{i=1}^{n^w} c_i^{(\sigma-1)/\sigma} \right)^{\sigma/(\sigma-1)}, 0 < \mu < 1 < \sigma, \gamma > 0, Q > 0 \tag{1}$$

这里,$U$ 为总效用函数,$C_A$ 为农业品消费量,$C_M$ 为工业品组合的消费量,$Q$ 表示量化的消费者居住区域的环境质量,$\mu$、$1-\mu$ 和 $\gamma$ 分别表示消费者对农业品、工业品和环境质量的偏好程度,$c_i$ 为第 $i$ 种工业品的消费量,$\sigma$ 为任意两种工业品的替代弹性,$n^w$ 为工业品的种类数。分别用 $P_A$、$p_i$ 和 $P_M$ 表示农业品、第 $i$ 种工业品和工业品组合的价格,用 $Y$ 表示消费者的收入。那么消费者的预算约束为:

$$P_A C_A + P_M C_M = Y, P_M C_M = \sum_{i=1}^{n^w} p_i c_i$$

最优化消费者的效用函数可以得到消费者对于农业品和工业品的消费量。假设政府部门支出结构与消费者相同,即同样以 $\mu$ 和 $1-\mu$ 的支出份额分别购买农业品和工业品,这样就可以得到整个区域对于农业品和工业品的总需求量,用 $E$ 表示(本地的)总支出,也就是:

$$C_A = (1-\mu)E/P_A, C_M = \mu E/P_M, c_j = \mu E p_j^{-\sigma}/P_M^{1-\sigma}, P_M = \left( \sum_{i=1}^{n^w} p_i^{1-\sigma} \right)^{1/(1-\sigma)} \tag{2}$$

### (二)生产者行为

假设生产每单位农业品需要消耗 $a_A$ 单位的劳动力,用 $w_L$ 表示劳动力工资,那么两个区域农产品的价格分别为:$P_A = w_L a_A$,$P_A^* = w_L^* a_A$。农产品不存在交易成本,可知 $P_A = P_A^*$,从而两个区域劳动力工资相等,把劳动力工资作为计价单位,设 $w_L = w_L^* \equiv 1$。

对于工业部门,假设所有企业同质且可以自由进出市场,那么每个企业就只生产一种产品[①]。选取合适的度量单位,可以设定每个企业把一单位资本作为固定投

---

[①] 由于垄断竞争的市场结构和企业的成本函数,因此利润最大化时每个企业只生产一种工业品。

入，从而工业品种类、企业数量和资本量就都相等，区域的企业份额与资本份额同样也相等。用 $x$ 表示单个企业的产量，设每单位产出需要 $a_M$ 单位劳动力，那么每个企业的成本函数可以写成 $w + a_M x$。企业的产出包括本地和外地两个区域的市场需求，由于存在冰山交易成本，基于企业的同质性，可以去除下标，把企业的产量简化表示为：$x = c + \tau c^*$ 这里 $c$ 和 $c^*$ 分别表示本地和外地的需求量。这样就可以得到企业的利润函数 $\pi = px - (w + a_M x)$。代入式（2），最大化企业的利润可以得到工业品的价格：

$$p = \frac{a_M}{1 - 1/\sigma}, \quad p^* = \tau p \tag{3}$$

由于可以自由进出市场，因此企业的净利润为零。从而销售收入中可变成本所占份额为 $1 - 1/\sigma$，固定成本 $w$ 所占的份额为 $1/\sigma$：

$$w = px/\sigma \tag{4}$$

代入式（2）、（3），可以得到企业的营业利润：

$$w = bE^w B/H^w, b \equiv \mu/\sigma < 1, B = s_E/\Delta + \phi s_E^*/\Delta^*, s_E = E/E^w, \\ \Delta = s_H + \phi(1 - s_H), \Delta^* = \phi s_H + (1 - s_H) \tag{5}$$

这里，$\phi = \tau^{1-\sigma} \in (0, 1)$ 表示区域间的贸易开放度。同理，可设 $B^* = \phi s_E/\Delta + s_E^*/\Delta^*$。

假设劳动收益、资本收益和环境管制费用都只在其所在区域支出，从而本地的总支出等于劳动收益加上资本（收取环境管制费用前的）收益：$E = L + wH$。这样，就可以求出整个经济系统的总支出和市场规模布局：

$$E^w = L^w/(1 - b), s_E = (1 - b)s_L + bBs_H \tag{6}$$

选取适当的计量单位，可以令 $L^w = 1 - b$，$H^w = 1$，从而

$$E^w = 1, s_E = E, s_H = H \text{ 且 } w = bB, w^* = bB^* \tag{7}$$

**（三）污染与环境标准**

假定只有工业部门产生污染，从而只对企业进行环境管制。设企业每单位产量产生污染量为 $q_0$，那么每个企业的污染总量就是 $q_0 x$。用 $q$ 表示环境（管制）标准，依据这一标准从每个企业的营业利润中收取 $qq_0 w$ 作为环境管制费用①，购买产品以减少污染量。假设减少的污染量与环境管制费用成正比，从而选择适当的污染计量单位，可以令所减少的污染量与所使用的金额相等，设 $q \geq 0$，$0 < q_0 < 1$。

---

① 文中抽象化了环境保护的过程，我们可以认为这笔金额可以是通过对企业征税而由政府来主导的，当然环境保护的支出可能来自于任何税收种类。

为了简化分析，假设区域间不存在污染扩散，并认为企业的污染量可以进行简单叠加，由于企业的同质性，从而可以设 $Q = Q_0 + Hq_0(qw - x)$，其中，$Q_0$ 为区域的环境初始禀赋（也就是没有任何企业时的环境质量），假设 $Q_0 > q_0 H^w x|_{H=H^w}$。根据式（3）和式（4）可以得到，$x = (\sigma - 1)w/a_M$，选取合适的要素投入计量单位，可以令 $a_M = \sigma - 1$，从而 $x = w$。这样就有

$$Q = Q_0 + Hwq_0(q - 1) \tag{8}$$

我们称 $q < 1$ 为不足的环境标准，$q \geq 1$ 为充分的环境标准①。

## （四）人力资本

根据式（1）和（2），可以得到人力资本的实际福利（间接效用）水平，用 $\omega$ 表示：

$$\omega = w(1 - qq_0)Q^\gamma/P, \ P = P_A^{1-\mu}P_M^\mu, \ P_M = \left(\sum_{i=1}^{n^w} p_i^{1-\sigma}\right)^{1/(1-\sigma)} \tag{9}$$

由于人力资本具有空间流动性，因此人力资本的空间分布是一个内生变量。人力资本空间流动的驱动力是区域间的实际福利差异。令 $a \equiv \mu/(\sigma - 1) < 1$，设 $\Omega = \ln(\omega/\omega^*)$，那么

$$\Omega = \ln(1 - q_0q) - \ln(1 - q_0q^*) + \ln(B/B^*) + a\ln(\Delta/\Delta^*) + \gamma\ln(Q/Q^*) \tag{10}$$

人力资本流动方程可以表示为：

$$\dot{s}_H = \Omega s_H(1 - s_H) \tag{11}$$

## 三、环境标准

上一节介绍了模型的基本框架，并求出了各主要参数的表达式，接下来我们分析人力资本空间布局的均衡情况。均衡是指人力资本流动处于稳定的状态，也就是当 $\dot{s}_H = 0$ 时 $s_H$ 所处的状态。根据人力资本流动方程可以知道有两类均衡：①内点均衡（$0 < s_H < 1$），此时资本分散在两个区域，并且所有资本都具有相同的效用，实现内点均衡的条件为 $\Omega = 0$；②核心—边缘结构（$s_H = 0$ 或 1），这时所有资本聚集在一个区域。当然，并非所有的均衡都是稳定的。稳定均衡是指经济系统所处于资本的某种空间布局，如果该布局发生一个微小变动（这个变动可能是偶然的），那么经济系统会产生一个负反馈，使布局恢复原状。显然，稳定均衡要求：①以本地为核

---

① 可以认为，此时不仅消除了污染，还进一步改善了环境。现实中，政府对无污染的企业收税并用于改善环境，就属于这种情况。

心区的核心边缘结构稳定的条件为 $\Omega|_{s_H=1} > 0$；②以外地为核心区的核心边缘结构稳定的条件为 $\Omega|_{s_H=0} < 0$；③内点均衡稳定的条件为：在该均衡点上 $\partial\Omega/\partial s_H < 0$。

接下来，我们讨论环境标准的确定及其对资本均衡布局的影响。在本节中，我们仅考虑区域间人口和环境禀赋对称的情况，即设 $s_L = 1/2$、$Q_0 = Q_0^*$。

(一) 统一的环境标准

如果整个经济系统的环境标准相同，设为 $\bar{q}$，那么 $\text{sgn}\{\partial\Omega/\partial\bar{q}\} = \text{sgn}\{s_H - 1/2\}$。这就意味着，提高统一的环境标准有利于资本份额较大的地区，从而可能加剧资本聚集。我们可以求出统一的环境标准下资本均衡布局情况及对应的条件。

1. 内点均衡。

显然，稳定的内点均衡为对称结构，即 $s_H = 1/2$。通过求解 $\left.\dfrac{\partial\Omega}{\partial s_H}\right|_{s_H=1/2} < 0$，可以得到，对称结构稳定的范围为 $\phi \in [0, \phi^{B1}) \cup (\phi^{B2}, 1]$，令 $A = \dfrac{b\gamma q_0(\bar{q}-1)}{2Q_0 + b\gamma q_0(\bar{q}-1)}$①，那么

$$\phi^{B1} = \begin{cases} \dfrac{1+ab+2A}{(1+a)(1+b)} - \dfrac{2\sqrt{A(1+ab+A)+\dfrac{(a+b)^2}{4}}}{(1+a)(1+b)}, & [(a+b)/2]^2 \geq -A(1+ab+A); \\ 1, & [(a+b)/2]^2 < -A(1+ab+A) \end{cases}$$

$$\phi^{B2} = \begin{cases} \dfrac{1+ab+2\sqrt{[(a+b)/2]^2+A(1+ab+A)}}{(1+a)(1+b)}, & \bar{q} < 1 \\ 1, & \bar{q} \geq 1 \end{cases} \quad (12)$$

2. 核心边缘结构。

假设本地为核心区，也就是 $s_H = 1$。此时，$\Delta = 1$，$\Delta^* = \phi$，$B = 1$，$B^* = \dfrac{1+b}{2}\phi + \dfrac{1-b}{2\phi}$，$Q = Q_0 + bq_0(\bar{q}-1)$，$Q^* = Q_0$。因此，如果令 $f(\phi) = \phi^a\left(\dfrac{1+b}{2}\phi + \dfrac{1-b}{2\phi}\right)$，$C(q) = \left[1 + \dfrac{bq_0(q-1)}{Q_0}\right]^\gamma$，那么核心边缘结构稳定的条件为

$$f(\phi) < C(\bar{q}) \tag{13}$$

可以判断，

(1) 如果 $f\left(\sqrt{\dfrac{(1-a)(1-b)}{(1+a)(1+b)}}\right) > C(\bar{q})$，即 $\bar{q} > 1 + \dfrac{Q_0}{bq_0}\left\{\left[f\left(\sqrt{\dfrac{(1-a)(1-b)}{(1+a)(1+b)}}\right)\right]^{1/\gamma}\right.$

---

① 文中假设了 $Q_0 > bq_0$，从而，在一般情况下，可以认为 $Q_0 > b\gamma q_0/2$ 这一条件能够满足。

-1}，那么核心边缘结构在任何贸易开放度下都不稳定；

（2）反之，核心边缘结构稳定的贸易开放度范围为 $\phi \in (\phi^{S1}, \min(1, \phi^{S2}))$，这里，$\phi^{S1}$ 和 $\phi^{S2}$ 分别为 $f(\phi) = C(\bar{q})$ 的两个解，$\phi^{S2} > \phi^{S1}$。

由此，我们可以画出不同的贸易开放度和环境标准组合下的稳定均衡资本布局图。

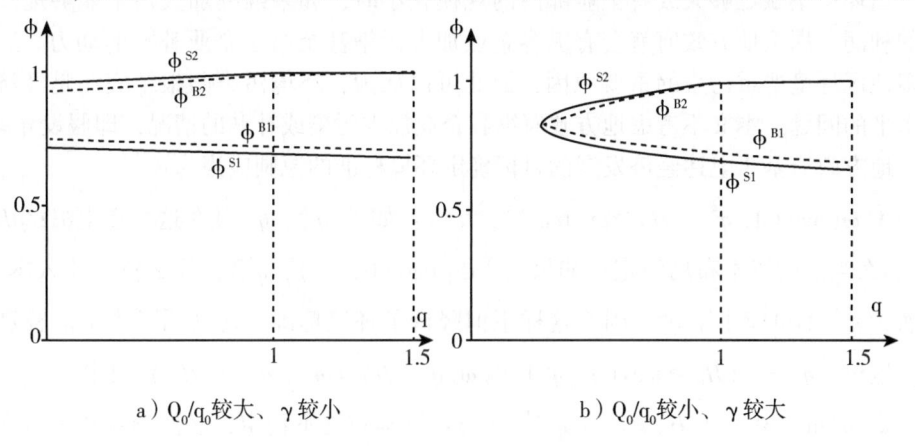

a) $Q_0/q_0$ 较大、$\gamma$ 较小    b) $Q_0/q_0$ 较小、$\gamma$ 较大

**图 1　统一的环境标准下的稳定均衡资本布局**

图 1 中两条虚线分别表示 $\phi^{B1}$ 和 $\phi^{B2}$，在虚线所围成的区域内对称均衡不稳定，其他区域对称均衡均稳定；两条实线分别表示 $\phi^{S1}$ 和 $\phi^{S2}$，在实线围成的区域内核心边缘结构稳定，其他区域核心边缘结构不稳定；$\phi^{B1} > \phi^{S1}$，$\bar{q} \geq 1$ 时，$\phi^{B2} = \phi^{S2} = 1$，$\bar{q} < 1$ 时，$\phi^{B2} < \phi^{S2}$。

### （二）区域竞争

事实上，由于各地区可以根据本区域的情况调整环境标准，因此很难在一个较大的地域范围内施行统一的环境标准，区域间会存在争夺资本的竞争，地方政府因而自主设定环境标准，用 $\bar{q}^K$ 表示（本地）自主选择的环境标准。

首先，我们考虑地方政府根据以下几个目标来确定环境标准：①最大化本区域的名义和实际 GDP：$\max(wH + L)$ 或者 $\max(wH + L)/P$；②招商引资，提高本区域对于资本的吸引力：$\max\Omega$；③提高本地的资本量（工业部门）规模：$\max H$（$\max n$）。

可以判断，上述几个目标是一致的，其结果都必然是 $\max_q \omega(q, H)$。由于 $\omega''_{qq} < 0$，因此，根据 $\omega'_q(q^K) = 0$，当且仅当

$$q^K = \frac{\gamma + q_0 - Q_0/(bHB)}{(1 + \gamma)q_0} \tag{14}$$

此时 $\omega(q, H)$ 取得最大值，我们称 $q^K$ 为资本合意的环境标准。根据式（14）可以判断，

$$\frac{\partial q^K}{\partial Q_0}<0 、\frac{\partial q^K}{\partial H}>0 、\frac{\partial q^K}{\partial \gamma}>0 \tag{15}$$

如果 $Q_0 \geq b(\gamma+q_0)$，则 $q^K \leq 0$；如果 $Q_0 < b(\gamma+q_0)$，那么当 $H \leq H^K$ 时，$q^K \leq 0$；当 $H > H^K$ 时，$q^K > 0$，这里，$H^K$ 由 $H^K B|_{H=H^K} = Q_0/[b(\gamma+q_0)]$ 确定。

当环境禀赋足够大或者工业部门的规模较小时，如果继续加大污染能够提高企业的利润，那么地方政府就会有纵容企业加大污染甚至给予企业补贴的动力。这是很多地区环境严重污染的重要原因，因此可以认为，环境污染归根结底还是经济发展水平的问题。本文不考虑地方政府纵容企业加大污染或补贴的情况，即假设 $q \geq 0$。

地方政府基于上述经济发展的目标确定环境标准的原则应当为：

① $\omega(\max(0, q^K), H) \geq \omega^*(\bar{q}^{*K}, H^*)$：如果 $\bar{q}^K = q^E$ 且在这一点上 $\partial\Omega/\partial H < 0$，那么当前的资本布局稳定；如果 $\bar{q}^K \in [\max(0, q^K), q^E)$，那么资本流入本地；显然，$\bar{q}^K$ 不可能小于 $q^K$，因为这样不但降低了环境标准，还削弱了本地的福利优势。这里，$q^E = q^E(H) \geq \max(0, q^K)$ 由 $\omega(q^E, H) = \omega^*(\bar{q}^{*K}, H^*)$ 决定。

② $\omega(\max(0, q^K), H) < \omega^*(\bar{q}^{*K}, H^*)$：资本布局不稳定，必然导致资本流入外地，为了防止资本过快的外流，本地的环境标准将设定为 $\max(0, q^K)$。

一个地区具有福利优势就可以设定较高的环境标准，却不影响资本的流向；如果不具有福利优势，较低的环境标准更有利于延缓资本流失。我们接下来分类讨论稳定均衡及其条件（仅讨论 $H \geq H^*$ 的情况，$H < H^*$ 的情况同理可得）：

1. $q^K > 0 、q^{*K} > 0$

此时，$H > H^K$、$H^* > H^K$。显然，在均衡时，各区域都会把环境标准设定为资本合意的环境标准，即 $\bar{q}^K = q^K$、$\bar{q}^{*K} = q^{*K}$，均衡稳定的条件为 $\partial\Omega/\partial H < 0$。可以判断，此时有两类均衡 ① $H = 1/2$，$\bar{q}^K = q^K = \bar{q}^{*K} = q^{*K} = \frac{\gamma+q_0-2Q_0/b}{(1+\gamma)q_0}$，均衡稳定的贸易开放度范围与式（12）当 $\bar{q} = q^K$ 时相同；② $2H > 1/2$，$\bar{q}^K > \bar{q}^{*K}$。这种情况要求 $Q_0 < b(\gamma+q_0)/2$。

2. $q^K \leq 0 、q^{*K} \leq 0$（且 $H^* > 0$）

从而均衡时各区域都会设定环境标准为 0，即 $\bar{q}^K = 0$，$\bar{q}^{*K} = 0$，均衡稳定的条件同样是 $\partial\Omega/\partial H < 0$。可以判断，此时，稳定均衡为 $H = 1/2$，贸易开放度范围与式（14）当 $\bar{q} = 0$ 时相同。这种情况要求 $Q_0 \geq b(\gamma+q_0)/2$。

3. $q^K > 0 、q^{*K} \leq 0$（且 $H^* > 0$）

从而 $\bar{q}^K = q^K$ 和 $\bar{q}^{*K} = 0$。该均衡稳定的条件同样是 $\partial\Omega/\partial H < 0$。这种情况要求 $Q_0 < b(\gamma+q_0)$。

4. $q^K > 0 、q^{*K} \leq 0$（且 $H^* = 0$）

从而必然有 $\bar{q}^{*K}=0$。如果 $\omega(q^K,1)>\omega^*(0,0)$，核心边缘结构稳定，此时，$\bar{q}^K=q^E\geq q^K>0$，这里，$q^E=q^E(1)$。如果 $\omega(q^K,1)<\omega^*(0,0)$，那么核心边缘结构不稳定。这种情况要求 $Q_0<b(\gamma+q_0)$。

5. $q^K\leq 0$、$q^K\leq 0$（且 $H^*=0$）

那么，同样有 $\bar{q}^{*K}=0$，由于 $q^K\leq 0$，因此，如果 $\omega(0,1)>\omega^*(0,0)$，那么核心边缘结构稳定，此时，$\bar{q}^K=q^E\geq 0$，这里，$q^E=q^E(1)$；如果 $\omega(0,1)<\omega^*(0,0)$，那么核心边缘结构不稳定。这种情况要求 $Q_0\geq b(\gamma+q_0)$。

由于在一般条件下无法得到均衡的解析解，因此，我们选择合理的参数，借助数值模拟进行分析，如图 2 所示。

（1）对称　（2）部分聚集　（3）核心边缘
$\mu=0.4, \sigma=5, \gamma=0.2$

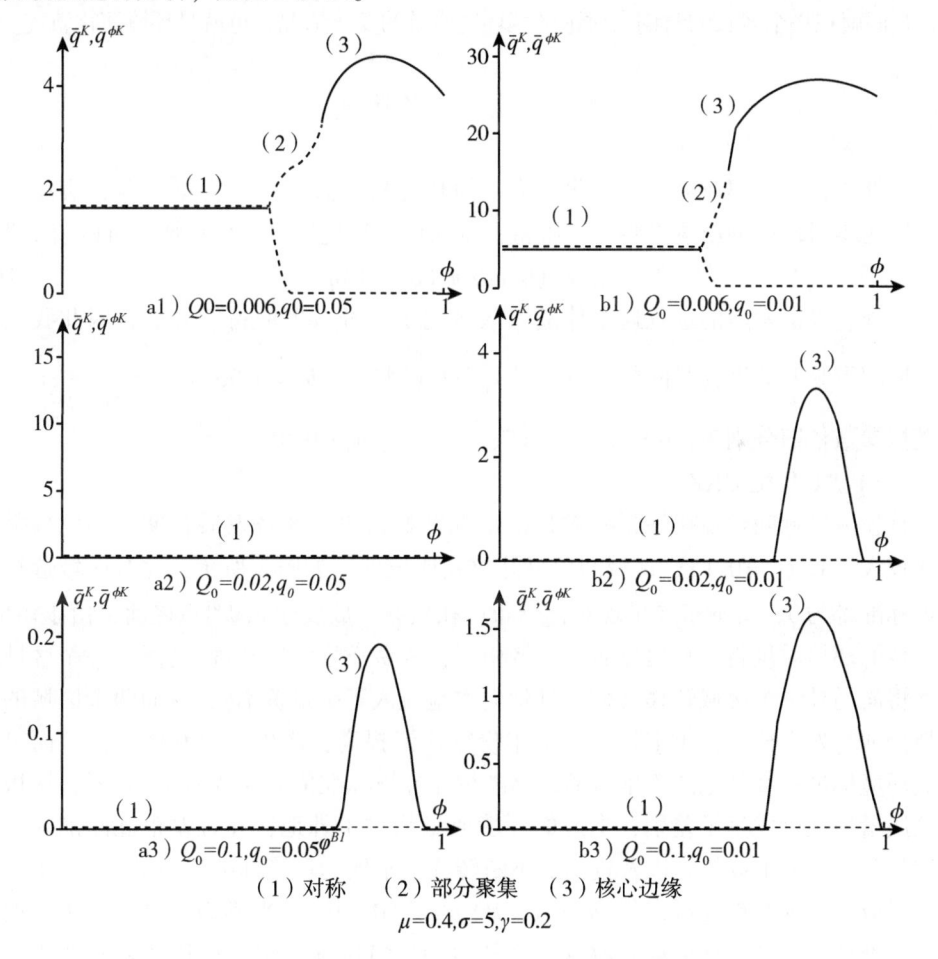

**图 2　不同贸易开放度下区域选择的环境标准**

（实线和虚线表示 $\bar{q}^K$，点线表示 $\bar{q}^{*K}$）

在图 a1 和 b1 中，环境禀赋很小（$Q_0 = 0.006$），存在对称、部分聚集（$H > H^* > 0$）和核心边缘三种稳定均衡；而如图 a3、b3 和 b2 所示，如果环境禀赋较大（$Q_0 > 0.1$ 的均衡情况与图 a3、b3 类似），则存在对称和核心边缘结构两种稳定均衡；如图 a2 所示，如果环境禀赋适中且污染的增量很大，就只存在对称稳定结构。

我们可以把本部分所讨论的均衡称为短期均衡。这是由于，虽然本节假定了两个地区的环境禀赋相等，但是这种情况事实上很少出现。即使两个区域一度出现环境禀赋接近，但是除非一直维持在对称均衡，否则其他任何均衡（包括核心—边缘结构和部分聚集结构）都会不同幅度地改变各区域的环境质量，从而使区域环境禀赋变得不再对称，这样某个区域就会具有环境禀赋优势，均衡情况也自然会发生一些变化。此外，区域政府对于环境保护是否具有更为长远的眼光和规划同样会影响区域环境质量。接下来，我们就在一个较长的时期内讨论区域环境质量的变化情况，也就是环境演化轨迹。

## 四、环境演化轨迹

长期中，环境禀赋会发生变化。为了简化分析，假设环境污染不存在衰减，任何时期污染对环境的影响都将一直维持，从而区域环境质量的变化情况可以表示为：

$$Q_{t+1} = Q_t + H_t w_t (q_t - 1) q_0 \tag{16}$$

此外，经济发展的过程通常伴随着区域间贸易开放度的持续降低，因此我们假设区域间贸易开放度为时间的函数，设 $\tau_0 = 2$（对应的 $\phi_0 = 0.0625$），$\tau_{t+1} = \frac{9}{10}\tau_t$。其余模拟参数依旧分别为：$\mu = 0.4$、$\sigma = 5$、$\gamma = 0.2$、$q_0 = 0.05$。

### （一）"U" 型 EKZ

首先从区域间环境初始禀赋对称的情况开始讨论。经济发展初期，环境禀赋通常比较大（设 $Q_0 = 0.1$），区域间贸易开放度比较低，如图 3 所示，此时区域选择的环境标准都为 0，资本布局呈现对称分布；在贸易开放度达到 $\phi^{B1}$ 点之前，由于污染，各区域的环境质量将一直退化而且保持相等；贸易开放度超过 $\phi^{B1}$ 之后，一个区域的资本将向另外一个区域转移（假设外地向本地流入了少量资本），从而两个区域的环境情况就将发生分歧：①本地由于资本份额逐渐提高，产生了福利优势，从而可以提高环境标准；②外地的资本份额逐渐减少，环境标准依旧保持为 0。这样，区域间环境质量情况就发生了差别，本地的环境质量超过了外地，并且差距逐渐加大。随着贸易开放度的继续提高以及资本的不断转移，本地的环境标准达到了 1，这个临界点所对应的贸易开放度可以根据 $\omega(1, H) = \omega^*(0, H^*)$ 来判断。之后，①本地的环境标准持续提高，环境得到改善；②外地的环境持续恶化，直到完全成为"资本荒漠"。假设在贸易开放度达到 $\phi^{B1}$ 从而对称均衡不稳定时，本地的资本份额突然从 0.5 增加到了 0.51，整个演化过程如图 3 所示。

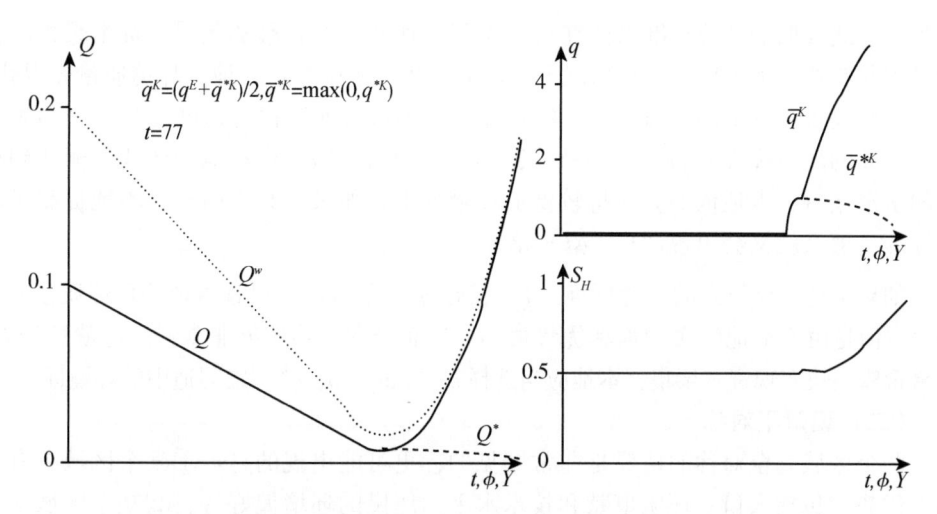

**图 3　区域间环境初始禀赋对称时，环境演化轨迹以及环境标准和资本布局的变化**
（本地选择较高的环境标准）

图 3 中（以及下文的其他图中），分别用实线、虚线和点线表示本地、外地和整个经济系统的情况。随着贸易开放度逐步提升，本地和整个经济系统的环境演化轨迹呈现出"U"型，而外地的环境质量则一直恶化。直到实现资本的完全聚集（$s_H$ 达到 0.99），整个过程共花费了 77 期（在图上用 $t$ 值表示）。需要注意的是，虽然本文并不分析经济的内生增长，但是，无论人口、资本总量的增加，还是技术水平的提高，都会外生地提高经济总量，从而贸易开放度的提高和经济发展是同步的。

如果本地一直保持最低的环境标准，这就会在短期内造成更大的福利优势，从而在短期内加速资本内流，但是，如图 4 所示，由于未能迅速产生本地的环境质量

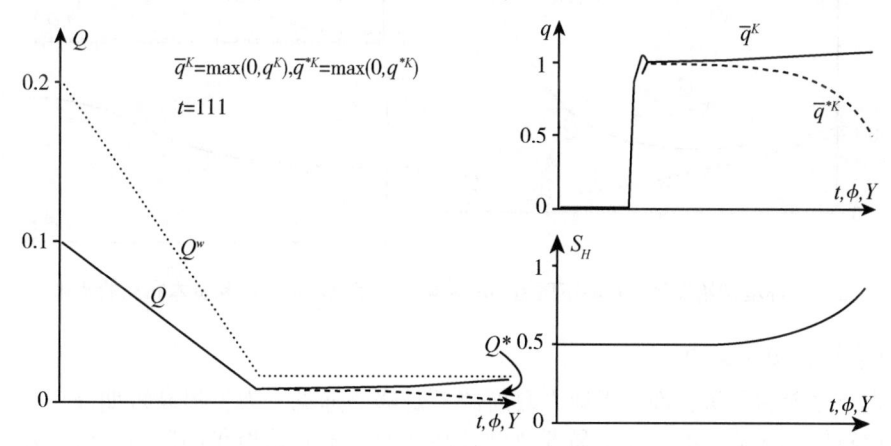

**图 4　环境初始禀赋对称时环境演化轨迹以及环境标准和资本布局的变化**
（本地选择最低的环境标准）

优势，因此较低的环境标准未能在长期中起到加速产业转移的效果，资本聚集的整个过程共花费了111期。这种情况下，环境演化轨迹则是：本地的环境质量先退化，然后缓慢改善；外地的环境则是持续退化，只不过后期退化的速度（相对于与本地选择较高的环境标准）较慢。当然，我们没有理由相信，当本地的产业份额达到很高的水平之后，本地依旧会保持较低的环境标准，如果在某个时点，本地提高了环境标准，那么就又会出现"U"型EKZ。

如果本地选择很高的环境标准，$\bar{q}^K$接近$q^E$，很显然，尽管本地的环境质量改善很快，但是由于本地的实际福利优势很小，从而资本转移速度非常慢。这就意味着，如果希望最快实现资本聚集，本地应当选择$q^E$与$\max(0, q^K)$之间适中的环境标准。

（二）禀赋不对称

两个区域完全对称的情况是非常罕见的，更可能出现的是：①某个区域具有天然的优势，包括人口、环境禀赋和技术水平、居民的环境偏好等；②某个区域由于某种外在的原因（可能是迫于某种压力，也可能是偶然性事件）提高了本区域的环境标准。发生上述的情况会较早地导致两个区域的环境情况产生差异，从而一定程度上影响了资本的流向。

考虑环境初始禀赋非对称（其余情况都可以类似分析）的情况，如图5所示，由于本地的环境禀赋具有优势，并采取适中的环境标准，这样环境演化轨迹呈现"U"型；而外地的环境质量情况则持续退化。

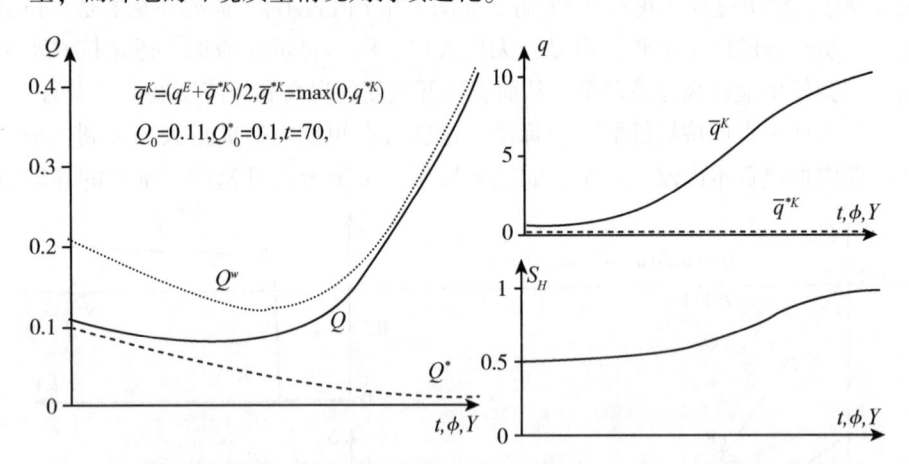

图5　环境初始禀赋非对称下区域环境演化轨迹以及环境标准和资本布局的变化

（三）远见与短视

本节之前的分析，都基于地方政府缺乏足够的远见，为了提高短期吸引资本而设定比较低的环境标准。在贸易开放度较高从而资本开始聚集的阶段，资本流出的区域这样做在短期内一定程度上会延缓资本流失，但由于环境质量的持续退化，在长期依旧无法改变资本流失和环境恶化的局面。如果区域政府愿意承受短期的压力和诱惑，却会获得长远的利益。

如图 6 所示，本地和外地的初始环境禀赋分别为 0.2 和 0.1，由于初期有巨大的环境质量优势，为了更快的资本内流，本地制定了较低的环境标准，而外地政府比较有远见，一直维持充分的环境标准。这样，对于本地，虽然在初期资本快速内流，但是由于本地对于外地的环境优势逐渐弱化直到被逆转，于是资本又外流了，直到资本完全聚集在外地。

当然，区域政府一直保持短视，在产业份额很高时依旧保持较低的环境标准是很少见的，更可能的是当环境质量降低到一定水平之后，提高环境标准。那么，如果两个区域的政府都相当有远见，设定了充分的环境标准，环境又如何演化呢？

如图 7 所示，如果两个区域都选择了充分的环境标准，那么资本流动速度将大大减缓。并且，对于资本流入的本地而言，选择最低的环境标准资本时聚集速度最快（图 b）中本地完全聚集资本需要 2600 期快于图 a）的 4200 期）。

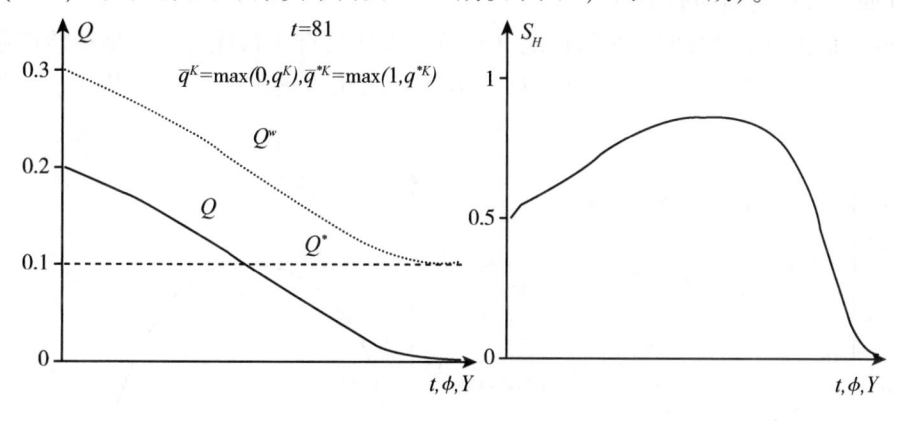

**图 6 远见与短视**

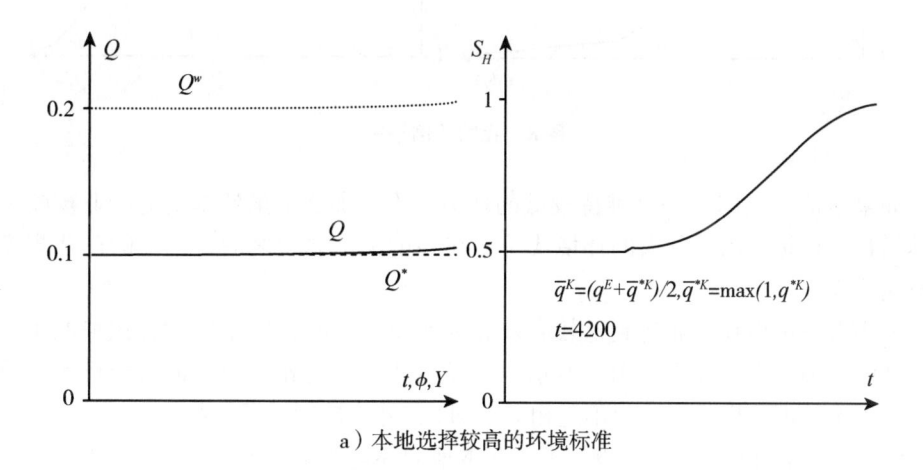

a）本地选择较高的环境标准

357

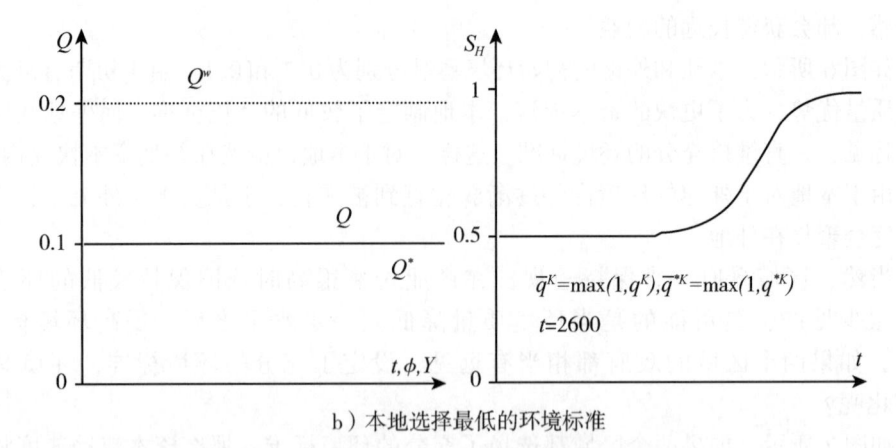

**图 7　两个有远见的政府**

b) 本地选择最低的环境标准

**(四) 我国可能的轨迹**

最后，我们结合我国的实际情况（也就是本地具有人口优势，但是初始产业规模较小，设 $s_{L0}=0.7$、$s_{H0}=0.1$），对我国环境演化可能的轨迹进行模拟，如图 8 所示。

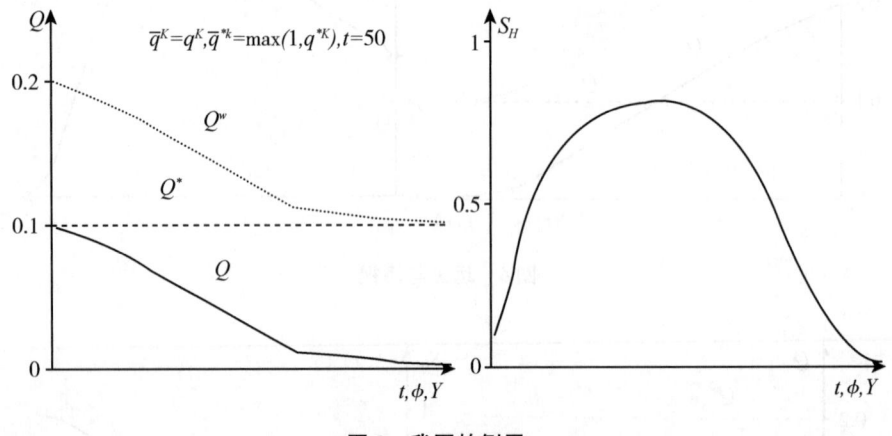

**图 8　我国的例子一**

如果本地（我国）一直维持较低的环境标准，那么，虽然本地的产业规模一度迅速增长，但是付出了巨大的环境代价，在环境极度恶化之后，本地的产业规模又会迅速流失。

如果考虑本地在产业达到比较高（$s_H$ 达到 0.8）时，鉴于环境恶化采取了不低于外地的环境标准，那么如图 9 所示，这样会使环境恶化停止，但由于环境质量的劣势，资本依旧缓慢外流，只不过相对于图 8，外流速度慢了一些。

综合上述的分析，我们可以知道，当本地的环境质量处于劣势时，只有尽早把本

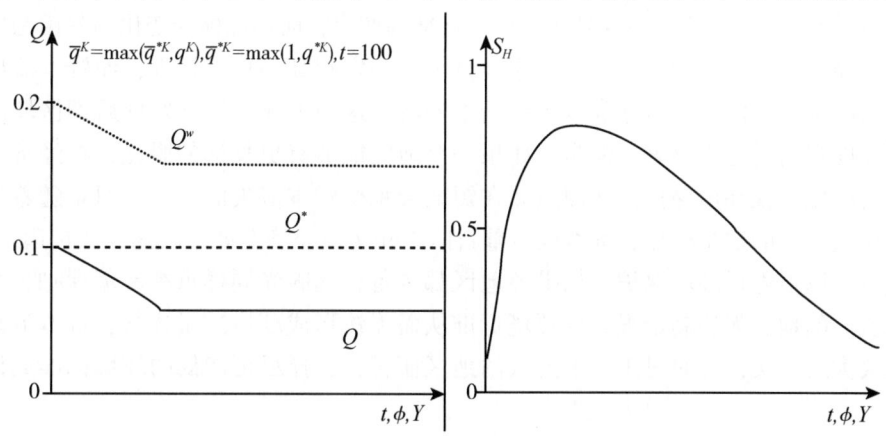

地的环境标准提高到外地的环境标准之上,才有可能在长期内实现本地的经济发展。

**图 9  我国的例子二**

## 五、总　　结

本文构建包含消费者对于环境质量偏好的空间一般均衡模型,分析人力资本在区域间的流动,剖析了区域环境标准的确定,从而得到各种情况下的环境演化轨迹,并解释 EKC 形成的内生机制。

如果能够对各区域制定统一的环境标准,那么提高环境标准有利于资本份额较大的地区,从而可能加剧资本聚集。未能完全遏制污染之前,居民对于环境的偏好是区域资本布局的一种分散力,其强度随着环境标准的提高而减弱,直到实现完全遏制污染甚至改善环境,居民对于环境的偏好转变为区域资本布局的一种聚集力。

在一个较大的区域内制定统一的环境标准是很困难的,各区域会根据当地具体情况制定不同的环境标准。当一个区域的产业规模太小或环境质量很好时,地方政府就会缺乏环境管制的动力。此时,如果继续加大污染能够提高企业的利润,那么地方政府甚至会纵容企业加大污染或者给予污染性企业补贴,这是环境污染的重要原因。基于这样的原因,发展滞后的地区在经济发展初期通常不注重当地的环境保护引进高产值和高污染的行业(比如化工行业等),而发达地区则会限制本地的污染性行业并且大力发展清洁环保行业(比如服务业等)。

环境质量情况在长期的变化使得不同地区产生了迥异的环境演化轨迹。如果各地区更关注短期的经济发展,环境演化轨迹将呈现出倒"U"型的 EKZ——随着经济发展,区域间的贸易开放度逐渐提高,在经济发展初期,各区域的环境质量都持续退化,但是当经济发展到一定水平,当区域间的贸易开放度足够高之后,资本开始流动,资本流入的区域由于福利优势从而可以选择较高的环境标准使得环境质量逐渐改善，而资本流出的区域依旧施行较低的环境标准从而环境质量继续退化。倒"U"型EKZ形成的直接原因是区域环境标准的变化，而环境标准变化则是因为资本流入的地区具有较大的福利优势，这样就可以制定较高的环境标准，而资本流出的区域只能施行较低的环境标准以延缓资本外流，这种情况在经济发展后期区域间贸易开发度很高时尤为显著。但是，如果一个地区能够有更长远的眼光，在经济发展的早期就更重视环境保护，从而虽然在短期会承受资本流失的压力，但是随着当地环境质量优势的逐步凸显，资本也会重新回流并实现经济发展。因此，从长远来说，应当持之以恒进行环境保护。如果各地区都具备长远眼光同样重视环境保护，由于资本流入的地区无法制定很高的环境标准从而无法形成环境质量优势，资本流动速度就会大大减缓，此时对于资本流入的地区而言，选择尽可能低的环境标准或许更有利。

以我国为代表的很多发展中国家，在经济发展初期具有"人口红利"但是经济发展水平比较低，从而不注意环境保护，施行了较低的环境标准，虽然在一段时期内，这使得经济迅速发展，但是在付出惨重的环境代价之后又将面临着经济发展乏力、资本外流的局面，一个很典型的例子就是近年来我国很多富人纷纷向国外移民，重要原因之一也是由于国外环境质量的比较优势，富人移民同时也意味着其所拥有的大量财富的向国外转移。出现了环境质量退化之后，哪怕提高环境标准，但只要这一标准未能超过国外，也只是延缓资本和产业外流而已，除非能够施行超过国外发达国家的环境标准。

在现实中，发达地区重视环境保护，而落后地区为了经济发展而破坏环境，这样的例子非常多。但是，如果在环境质量已经产生明显的劣势之前无法加大力度进行环境保护，快速发展就会是昙花一现。率先改善环境的地区会获得重要的环境优势，而发展滞后的地区不论是在环境标准上采取追随策略还是继续保持原有较低的环境标准都难以避免产业和资本的流失。这就是很多发达地区争先恐后不断提出日益提高的环境标准的原因之一，在这种情况下，虽然明知道环境保护的好处，但落后地区通常缺乏足够力度将其付诸实践。

环境保护与经济发展的关系，在幅员辽阔但区域差距很大的我国又有一些新的意义。东部沿海地区，特别是北京、上海等城市经济发展水平较高从而开始愈发注重环境保护，将污染性行业向内陆地区转移，内陆地区为了经济发展争先恐后（或迫不得已）地承接这些行业，继续破坏已经脆弱的环境。从我国整体考虑，这种以邻为壑的行为最终会让彼此都受损。从可持续发展的角度考虑，这就需要从中央到地方都把目光放长远，从长期的视角来看待环境保护和经济发展的关系。

## 参 考 文 献

[1] 安虎森等.新经济地理学原理（第二版）[M].经济科学出版社，2009.

［2］余群芝. 环境库兹涅茨曲线的理论批评综论［J］. 中南财经政法大学学报，2008（1）.

［3］钟茂初，张学刚. 环境库兹涅茨曲线理论及研究的批评综论［J］. 中国人口资源与环境，2010（2）.

［4］Copeland, B R, M S Taylor. "Trade, growth and the environment"［J］. *Journal of Economic Literature*, 2004（42）.

［5］Deacon, R. "Deforestation and the rule of law in across section of countries"［J］. *Land Economics*, 1994（4）.

［6］Grainger, A. "The forest transition: An alternative approach"［J］. *Area*, 1998（3）.

［7］Grossman, G, A B Krueger. *Environmental Impacts of a North American Free Trade Agreement*［A］. NBER. National Bureau Economic Research Working Paper［C］. Cambridge MA, 1991.

［8］Khanna, N. "The Income elasticity of nonpoint source air pollutants: revisiting the Environmental Kuznets"［J］. *Economics Letters*, 2002（77）.

［9］Kwon, O S. *Economic Growth and the Environment: The EKC Curve and Sustainable Development, an Endogenous Growth Model*［D］. D. C. Washington: A Dissertation for PhD of University of Washington, 2001.

［10］Lanoie, P, B Laplante, M Roy. "Can capital markets create incentives for pollution control?"［J］. *Ecological Economic*, 1998（26）.

［11］López, R. "The environment as a factor of production: The effects of economic growth and trade liberalization"［J］. *Journal of Environmental Economics*, 1994（27）.

［12］Manuelli, R E. "A positive model of growth and pollution controls"［A］. NBER. Working Paper［C］. 1995.

［13］Markus, P. "Technical progress, structural change, and the Environmental Kuznets Curve"［J］. *Ecological Economics*, 2002（42）.

［14］Panayotou, T. "Empirical tests and policy analysis of environmental degradation at different stages of economic development"［A］. International Labour Office. Working Paper or Technology and Employment Programme［C］. Geneva, 1993.

［15］Shafik, N. "Economic growth and environmental quality: Time series and cross country evidence background"［A］. World Bank. Paper f or World Development Report［C］. 1992.

［16］Thampapillai, D J, C H Hanf, S M Thangavelu, et al. "The Environmental Kuznets Curve Effect and the Scarcity of Natural Resources"［Z］. Leave from Macquarie University NSW. 2003.

［17］Suri, V, D Chapman. "Economic growth, trade and the energy: Implications for the Environmental Kuznets Curve"［J］. *Ecological Economics*, 1994,（25）.

［18］Selden, T M, D Song. "Environmental quality and development: Is there a Kuznets Curve for air pollution emissions"［J］. *Journal of Environmental Economics and Management*, 1994（27）.

［19］Torras, M, J Boyce. "Income, inequality, and pollution: A reassessment of the Environmental Kuznets Curve"［J］. *Ecological Economics*, 1998（25）.